COUTUMES DU BAILLIAGE D'AMIENS,

TANT GENERALES

QUE LOCALES ET PARTICULIERES.

Avec les Notes de Maître Charles du Molin.

ET AUTRES REMARQUES PARTICULIERES.

De M. Jean-Marie Ricard, Avocat en Parlement.

Augmentées de plusieurs autres nouvelles Remarques.

Suite du Traité des Donations Entrevifs & Testamentaires.

A PARIS,

Chez

GUILLAUME CAVELIER, Grande Salle du Palais, à la Palme.

MICHEL GUIGNARD & CHARLES ROBUSTEL, ruë Saint Jacques, près la Fontaine Saint Severin, à l'Image Saint Jean.

ET

NICOLAS GOSSELIN, Grande Salle du Palais, à l'Envie.

M. DCCXII.

AVEC PRIVILEGE DU ROY.

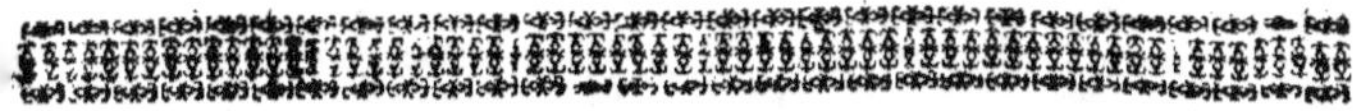

PREFACE

De Maître Jean-Marie Ricard, 1661.

COMME les Coûtumes qui regissent les Provinces de ce Royaume, sont une des principales parties de nôtre Jurisprudence Françoise, j'en ai fait une étude particuliere pendant quelques années. Et quoique d'abord en m'y appliquant je n'eusse autre pensée que mon utilité particuliere, & le dessein de satisfaire aux obligations de ma profession ; néanmoins ayant reconnu que le Public avoit fait un accueil assez favorable à des observations que j'avois faites sur la Coûtume de Paris, qui ont été imprimées contre ma volonté, & sur un exemplaire que je n'avois point reveu, avec la Conference de Maître Gilles Fortin ; je me suis laissé aller à mettre au jour d'autres Remarques sur la Coûtume de Senlis, que j'ay choisie particulierement, tant parce qu'elle gouverne une partie du Beauvoisis, où j'ai pris ma naissance, que par la consideration de ce qu'elle contient des décisions fort singulieres, & qui avoient besoin d'explication. Les mêmes raisons font que je donne aussi presentement au Public la Coûtume d'Amiens, à quoi je me suis d'autant plus facilement résolu, que combien que ce fût celle de toutes nos Coûtumes, sur laquelle Me Charles du Molin avoit le plus écrit ; toutesfois on avoit obmis de joindre au texte, dans toutes les impressions qui s'en font faites, plus de la moitié de ses Notes, que j'ai restituées en leurs lieux.

Au reste, j'ai suivi, en interprétant cette Coûtume, la même regle que je me suis prescrite à l'égard des autres, de ne parler que des difficultez particulieres qui concernent la Coûtume ; estimant qu'il est fort inutile de rebattre les questions generales qui se trouvent traitées par tout, & que l'on satisfait suffisamment à ceux qui recherchent les explications des Coûtumes, quand ils y trouvent la résolution des questions qui naissent des termes particuliers avec lesquels la Coûtume se trouve conçûë. Je n'entends pourtant point blasmer ceux qui en usent autrement, chacun ayant ses motifs differents, dont je laisse à juger.

AVIS

Sur cette nouvelle Edition.

La proximité de la Coûtume d'Amiens qui régit une partie du Bailliage de Beauvais, m'ayant donné lieu d'éclaircir plusieurs difficultez de ladite Coûtume, ou que nous avons eu à juger, ou qui m'ont été proposées, ou que je me suis fait à moi-même; j'en ai fait un Recueil que j'ai appliqué aux articles de la Coûtume & aux Remarques de Me Jean-Marie Ricard. Et comme j'ai déja donné au Public des Additions sur tous les Ouvrages de cet Autheur, hormis sur cette Coûtume, je me suis trouvé engagé d'inclination à donner aussi celles que j'ai faites, où je me suis réduit autant que j'ai pû, aux difficultez particulieres de la Coûtume, suivant le dessein de Me J. M. R. & j'ai omis ce que j'avois déja traité, qui pouvoit avoir rapport à cette Coûtume sur les Donations, le Don mutuel, la Coûtume de Senlis, sur la Pratique de Me J. Lange, & principalement dans les deux petits Traitez, en quels cas les Coûtumes sont réelles, personnelles ou mixtes, & des actions de reprises, de remplois & d'indemnitez de la femme, qui sont à la fin de l'histoire de Beauvais.

Fautes à corriger dans les nouvelles Additions de la Coûtume d'Amiens, distinguées par une marque de cette maniere ¶

PAge 6. Colonne 2. contestation, *lisez* confiscation.

p. 8. c. 1. serci, *lisez* forci.

Ibid. à la fin, d'autres Seigneurs, *lisez* coseigneurs.

p. 16. c. 2. ligne 5. qu'il sera, *lisez* qu'il a été.

Ibid. intrinseque, *lisez* exterieure.

p. 19. c. 2. *morbitatis*, lisez *orbitatis*.

p. 26. c. 2. lagant, *lisez* lagaut.

p. 27. c. 2. l. 54. aussi dans la, *lisez* & que dans la.

p. 29. c. 1. en Coûtume les Légataires d'une quote noble, *lisez*, en cette Coûtume les Légataires d'une quote notable.

Ibid. c. 2. aux dettes, *lisez* qu'aux dettes ; ou bien ôtez *ne*, à la fin de la ligne precedente.

Ibid. c. 2. réputées, *lisez* reservées.

p. 30. autentiquement, *effacez* ment.

p. 32. c. 1. à la fin, a aussi, *lisez* ont.

Ibid. c. 2. l. 38. succession, *lisez*, cession.

p. 34. c. 2. de doüaire, *lisez*, dû aux.

p. 35. par acte qui, *lisez*, pour.

Ibid. entre témoins, *lisez*, entre conjoints ; si ce n'est pour la part dont la Coûtume permet de disposer.

p. 36. c. 1. à moins qu'il ne profite, *lisez*, si ce n'est lorsqu'il ne profite pas.

Ibid. lig. 11. cette Coûtume, *ajoûtez*, qui permet de disposer.

p. 38. c. 2. l. 24. quoiqu'il vienne à manquer, *lisez*, lorsqu'il vient à manquer.

p. 41. c. 2. on en, *lisez*, on n'en.

Ibid. la reprise, *ajoûtez*, des deniers stipulez propres.

p. 44. c. 2. l'acquereur ne soit en, *lisez*, le vendeur.

p. 47. c. 2. à la fin, le Sentence, *lisez*, les.

p. 49. lig. 26. c. 1. des dix, *ajoûtez*, ans.

Ibid. con, *lisez*, contre, & effacez tre à la ligne suivante.

Ibid. c. 2. *lisez*, prescrire ces dettes.

p. 50. c. 1. le fondement des rentes, *lisez*, l[e] fond.

Ibid. actuellement, *lisez*, activement.

Ibid. c. 2. affectuée, *lisez*, effectuée.

p. 51. c. 1. du moins, *lisez*, du mois.

p. 55. c. 2. *froces sive frausta*, lisez, *frocci siv[e] frausta*.

p. 55. c. 1. l'eau n'est, *lisez*, est.

p. 57. c. 1. dans le cas de l'art. 195. *lisez*, 196.

p. 61. c. 2. réputées, *lisez*, réservées.

p. 65. c. 2. sur l'auteur, *lisez*, l'authentique.

L'absence de l'Authour des nouvelles Additions, la difficultée de lire son écriture & de trouver les renvois éloignez ou égarez, ont été cause qu'il s'est glissé plusieurs fautes qu'il a tâché de corriger tant dans l'errata, que dans la Table des matiéres, où il rétablit le sens & supplée à plusieurs choses qui avoient besoin d'explications. Il prie aussi les Lecteurs de recourir à ses Remarques sur la Coûtume de Senlis où il a traité quantitez d'autres questions plus au long, qu'il n'étoit pas à propos de répéter.

TABLE DES TITRES DE LA COUTUME generale du Bailliage d'Amiens.

I. DE Fiefs, Page 1
II. De Donations, 10
III. De Testamens, 15
IV. De Successions, 18
V. De droits appartenans à gens mariez, 33
VI. De Doüaires, 37
VII. De Baillistres & enfans mineurs, 39
VII. bis. Des Hypotheques, 42
VIII. De Prescription, 49
IX. Des Retraits lignagers & féodaux, 50
X. Des droits des Seigneurs & Justiciers, Jurisdictions & amendes, 54
XI. De Criées, 68

DES COUTUMES LOCALES DE LA Ville, Loy, Mairie, Prevôté, Echevinage & Banlieüe d'Amiens, 71
De la Prevôté de Moustreul sur la mer, 74
De la Prevôté Foraine de Beauquesne du soté d'Artois, & delà la Riviere d'Aubie, 82
De la Prevôté de saint Riquier, 83
De la Prevôté de Doullens, 84
De la Prevôté de Foulloy, ibid.
De la Prevôté de Vimeu, ibid.

Procès verbal, 85

TITRES DE LA COUTUME LOCALE DE GERBEROY.

I. DE haute Justice, 114
II. De basse Justice, 115
III. De matiére féodale, ibid.
IV. De succession de Fiefs, 116
V. De successions en general, 118
VI. D'hypotheque, 119
VII. Des Exécuteurs de Testament, ibid.
VIII. De Douaires, ibid
IX. De Prescription, 120
X. De ceux qui ont puissance d'aliener, & comment tiennent telles aliénations ou constitutions de rentes, 121
XI. De Donations, ibid.
XII. De Retraits lignagers, 122
XIII. D'échange, 123
XIV. De droits Seigneuriaux, ibid.
XV. De saisine, 124
XVI. De Sentence contumace, 125
XVII. D'Arrêts & main-mise, ibid.
XVIII. De conjoints par mariage, ibid.
XIX. De Criées, ibid.
XX. Les héritages baillez à surcens ou rente, 127
XXI. De loüage, ibid

COUTUMES
DU BAILLIAGE
D'AMIENS.
TANT GENERALES
QUE LOCALES ET PARTICULIERES.

MISES & redigées par écrit, de l'advis des trois Estats dudit Bailliage, par nous Christofle de Thou, Chevalier, Conseiller du Roy en son Privé Conseil, & Premier Président en sa Cour de Parlement, Barthelemy Faye, & Jacques Viole, aussi Conseillers dudit Seigneur en sadite Cour, Commissaires à ce deputez.

Coûtumes.] Jugé par Arrest rendu en la Cinquiéme Chambre des Enquestes, au rapport de M. de Thurin au procés du Vidame d'Amiens, Seigneur de Pequigny le 7. Septembre 1571. que cette Coûtume avoit dû être observée du jour qu'elle avoit été arrestée, & publiée en l'Assemblée des Etats, combien, qu'elle n'eût été apportée au Greffe de la Cour, que long-temps aprés. La raison qu'en rend M. Loüet qui fait mention de ces Arrests, en son Recüeil, lettre C. nombre 20. est decisive; sçavoir que les Coûtumes ne s'apportent point au Parlement, pour y être homologuées ou verifiées, mais seulement pour y être gardées par forme de dépost public.

TITRE PREMIER.
De Fiefs.
ARTICLE I.

QUAND un vassal va de vie à trépas, le Seigneur feodal peut quarante jours aprés faire saisir par sa Justice le fief dudit vassal, & prendre à son profit tous les fruits & revenus d'iceluy, & en joüir jusques à ce que l'heritier du trépassé l'ait relevé, payé les droits, & fait les devoirs en tels cas requis. Et en doit user comme bon pere de famille sans aucune chose demolir, ne autrement en mal user. Mais s'il ne fait saisir, ne fait ledit Seigneur les fruits siens.

Par sa Justice.] Quoyqu'elle ne soit que basse & fonciere, qui suffit pour faire les exploits de seigneurie, & est même particulierement instituée pour cet effet, & propre aux fiefs.

La saisie se peut aussi faire en vertu de Commission du Juge superieur ou du Juge Royal.

II.

Aprés laquelle saisie faite sur ledit fief, ne peut l'heritier, ou autre pretendant droit en icelle, empêcher directement ou indirectement en quelque maniere que ce soit, la main dudit Seigneur de fief, ains est tenu l'en laisser & souffrir joüir, ou les commissaires qui par luy auront été commis. Et si ledit vassal enfraint malicieusement la saisie & main mise du Seigneur dûëment faite & signifiée, il encourt l'amende de soixante livres parisis

III.

Et s'il y a opposition à ladite saisie, elle tiendra nonobstant ladite opposition avec pareille defense & peine que dessus.

IV.

Et afin que les vassaux ne pretendent cause d'ignorance de ladite saisie, ledit Seigneur feodal est tenu la faire signifier au chef-lieu du fief saisi, si aucun en y a, sinon au portail de l'Eglise Parochiale du lieu, & par affiches.

V.

Pour quelque temps que le Seigneur feodal joüisse du fief saisi, il ne peut prescrire la propriété dudit fief. Mais en est garde seulement, de maniere que l'heritier est toûjours en son entier de relever ledit fief, en payant les droits & devoirs & frais de la saisie, & en retablissant les fruits pris par le vassal durant ladite saisie, & payant l'amande, au cas d'infraction de main-mise.

VI.

Si le fief saisi se trouve avoir été baillé à ferme sans fraude, le fermier ou laboureur doit joüir de son bail pendant la saisie, en payant au Seigneur feodal la redevance telle qu'eût pris le vassal.

VII.

Les droits de relief en proprieté sont tels, que pour chacun fief noble tenu en plein hommage, est dû au Seigneur feodal, soixante sols parisis, avec vingt sols, parisis pour droit qu'on dit chambellage. Et pour chacun fief tenu en Pairie, est deu audit Seigneur feodal pour droit de relief, dix livres parisis, avec quarante sols parisis pour droit de chambellage.

Fief noble tenu en plein hommage.] Tous les fiefs qui sont tenus à soixante sols parisis de relief, & vingt sols de chambellage, ou par plus grande tenuë, sont reputez nobles, & tenus en plein hommage par l'article 15. de cette Coûtume.

Il paroît par le procés verbal qu'il y a eu opposition à cet article, & à quantité d'autres, par M. l'Evêque de Beauvais, à cause de son Vidamé de Gerberoy, qui est assis dans l'étenduë de cette Coûtume, & auquel par une Coûtume locale & particuliere redigée en l'année 1507. avec les gens des trois Ordres du Vidamé, le relief est du revenu entier d'une année, ou d'une somme pour une fois, proportiunnée à ce revenu, de laquelle on convient ou le dire de Pairs. Et quoy que cette Coûtume locale ne se trouve point redigée avec la Coûtume generale d'Amiens, neanmoins Messire Augustin Potier Evêque de Beauvais, y a été maintenu, par Arrest du 14. Aoust 1621. comme ayant repris le procés au lieu de Messire René Potier precedent Evêque, contre Jean de Senemont Ecuyer, & Damoiselle Gabrielle de Tiercelin sa femme, appellans de la Sentence renduë par le Bailly du Vidamé de Gerberoy le 27 Septembre 1607. par laquelle la saisie faite du fief de Lignieres scis à Feuquieres, à la requeste du Procureur Fiscal du Vidamé, avoit été declarée bonne & valable, ordonné qu'elle tiendroit jusques à ce que les défendeurs eussent payez les droits de relief dêus au demandeur, selon les Us & Coûtumes du Vidamé de Gerberoy, avec gain de fruits depuis saisie & dépens; laquelle Sentence a été confirmée par l'Arrest, sans avoir égard à l'inscription en faux formée en ce procés, contre l'original manuscrit de cette Coûtume locale de Gerberoy, par Geoffroy de Tiercelin, sieur de Brosses & de Feuquieres, receu partie intervenante au procés, & appellant de la même Sentence. Il s'agissoit du relief de mary, & bail deû par le sieur de Senemont à cause de sa femme, qui avoit soûtenu ne devoir pour ce relief que soixante sols parisis, suivant la disposition de cet article 7. de la Coûtume generale.

VIII.

Et en relief de bail n'y échet que simple relief tel que dessus, sans aucun droit de chambellage.

En relief de bail.] Ce relief est deu par le mary à cause des fiefs qui appartiennent à sa femme, ou qui luy échéent pendant leur mariage, & par le gardien noble qui fait les fruits siens.

Relief, tel que dessus.] C'est à dire, suivant qu'il est expliqué par l'article precedent.

IX.

Si femme tenant fief se marie, le mary est tenu le relever comme mary & bail de sa femme, pour desservir ledit fief, & doit relief tel comme dessus. Et à faute de faire ledit relief, le Seigneur feodal le peut faire saisir & gouverner sous la main de sa Justice, aux dépens du revenu d'iceluy fief : mais ne fait les fruits & profits siens.

X.

Et quand le fief échet à une femme constant son mariage, soit par succession, don testamentaire, ou par don entre-vifs fait en avancement d'horie & de succession : en ce cas le mary & la femme sont tenus de relever la proprieté dudit fief, & payer droit de relief & chambellage selon la nature d'iceluy, & n'est ledit mary tenu relever de bail.

XI.

Quand le relief de proprieté est fait par la femme ou par son mary constant son mariage, elle n'est plus tenuë relever ledit fief aprés le trépas de son mary.

XII.

Avant qu'aucune personne, soy disant heritier d'autruy, puisse dire avoir droit réel és fiefs dont il se veut dire heritier, & d'iceux faire dessaisine au profit d'autruy és mains des Seigneurs feodaux, dont ils sont tenus, ou de leurs officiers, faut qu'il ait relevé iceux fiefs, & payé ausdits Seigneurs feodaux, ou satisfait de leurs droits, & fait les devoirs.

Au profit d'autruy.] *Id est si hæres cedit extraneo prius debent solvi jura per hæredem deinde per cessionarium : secus dividendo vel assignando cohæredibus quia nulla novà jura deberentur.* **C. M.**

XIII.

Quand le vassal va de vie à trépas, tenant un ou plusieurs fiefs, & l'aîné & plus proche heritier d'iceluy s'abstient d'apprehender lesdits fiefs, ou aucuns d'iceux, les puisnez & chacun d'eux en son ordre peuvent relever & apprehender lesdits fiefs. Pour raison duquel relief, n'est dû que simple droit de relief & chambellage. Et est tenu le Seigneur recevoir lesdits puisnez, encore que l'aîné eût relevé autres fiefs d'icelle succession

L'aisné & plus proche heritier.] *Hæc copula, &, stat pro alternativa ampliando.* **C. M.**
Et apprehender lesdits fiefs.] *Sine solutione novorum aliquorum jurium quia hîc nulla est cessio, & sic hîc §. differt à præcedenti in quo est cessio & mutatio manus de uno in alium.* **C. M.**

XIV.

Aprés que le vassal a été reçû à relief, il est tenu de bailler denombrement par écrit dudit fief sous son séel, ou autrement en forme auttentique : & par iceluy declarer en quoy se consiste ledit fief & tout ce qu'il entend tenir de son Seigneur, avec les charges & servitudes dont ledit fief est chargé envers ledit Seigneur, & ce dedans quarante jours aprés ledit relief.

A l'égard des fiefs qui appartiennent aux femmes mariées, il ne suffit pas que le mary seul presente l'aveu, mais il doit l'être par la femme de l'autorité de son mary, parce qu'il s'agit d'une obligation réelle.

Aprés que le vassal.] C'est à dire, le proprietaire, & ainsi l'aveu n'est pas deu aprés un simple relief de bail.

XV.

Et si aprés lesdits quarante jours, ledit vassal est delayant de ce faire, le Seigneur feodal peut par faute de denombrement baillé, faire saisir & mettre en sa main ledit fief, & le faire regir & gouverner aux dépens des fruits d'iceluy, jusqu'à à ce que ledit vassal aura baillé sondit dénombrement, ou qu'en personne, ou par procureur il se soit soûmis en la main dudit Seigneur, ou de son Bailly, de le bailler dedans temps competant, en quoy faisant, le vassal doit avoir main-levée à son profit de sondit fief, en payant par luy les mises de justice raisonnables

XVI.

Mais si ledit vassal n'avoit fourny dans le temps de ladite submission, ledit Seigneur peut derechef faire saisir ledit fief en sa main, & regir & gouverner aux dépens des fruits, jusques à ce que ledit vassal ait effectuellement baillé ledit dénombrement. Et si aprés ladite prise & saisie dûëment signifiée, selon la forme cy devant dite, ledit vassal, ou autre s'ingere de prendre & lever les fruits dudit fief ainsi saisis l'infracteur commet amende de soixante sols parisis envers ledit Seigneur, pour l'infraction de main : & outre est tenu reintegrer & remettre és mains d'iceluy Seigneur, les fruits par luy pris & levez.

XVII.

Et si depuis ledit vassal baille son dénombrement, il peut demander compte des fruits de sondit fief, en payant (comme dit est) les frais & mises de justice, tels que de vingt-cinq sols pour les frais de chacune saisie & mainlevée, & en ce faisant doit avoir mainlevée.

Vingt-cinq sols pour les frais de chacune saisie & main-levée.] Outre les frais de l'exploitation des fruits qui se deduisent sur les fruits en rendant compte, *sup. art.* 16. Comme aussi en ces vingt-cinq sols, ne sont compris les dépens ausquels le vassal peut être condamné, en cas qu'il forme une mauvaise contestation.

XVIII.

Si le vassal a une fois baillé son dénombrement, il ne peut être contraint le bailler une autre fois, quelque mutation de Seigneur qu'il y ait.

XIX.

Trois mois aprés le dénombrement baillé, le Seigneur est tenu bailler à son vassal, ou faire bailler par son Bailly, s'il en est requis, lettres de recepissé en forme dûë, ou contredire & débattre iceluy dénombrement, & dire les causes pourquoy il ne les veut recevoir. Autrement & à faute de ce faire, le dénombrement demeure pour accordé.

XX.

Quand le Seigneur veut qu'on luy fasse les foy & hommage personnels que ses hommes de fief luy sont tenus faire en personne, il doit par commission de luy ou de son Bailly faire sçavoir à cesdits hommes sur le chef-lieu de leurs fiefs (si aucun en y a) sinon à l'Eglise Parochiale & par affiches, comme dessus, que dedans quarante jours en ensuivans, ils ayent à venir en personne faire lesdites foy & hommage sur son chef-lieu. Et se doit iceluy Seigneur durant lesdits quarante jours, tenir sur la seigneurie dont lesdits fiefs sont tenus : afin que lesdits vassaux le puissent trouver audit lieu, lesquels ne sont tenus d'aller faire ledit hommage hors les fins de ladite seigneurie. Et autrement lesdits vassaux ne sont tenus de faire les foy & hommage personnels audit Seigneur.

Il semble que cet Article s'entende du nouveau Seigneur, & qu'il puisse contraindre tous ses vassaux en general, tant anciens que nouveaux, à luy faire la foy & hommage, comme dans la pluspart des Coûtumes du Royaume, & non pas seulement ceux qui n'ont point encore été receus en foy, & pour ce sens fait l'Article 1. lequel en cas de mutation de la part du vassal, donne pouvoir au Seigneur de saisir sans denonciation precedente. Et l'Article vingt-uniéme qui suit immediatement celuy-cy, parlant de l'hommage qui est deu en cette occasion, dit, que ce n'est que la bouche & les mains; ce qui ne s'accorde pas au cas de mutation de la part du vassal. Il faut pourtant expliquer cet Article autrement, qui ne veut dire autre chose, sinon que le Seigneur qui veut obliger ses vassaux à luy faire la foy & hommage personnelle, est obligé d'être en personne en sa seigneurie, à faute de quoy les vassaux ne sont tenus de faire la foy & hommage en personne, comme il est porté en la fin de cet Article. Mais il ne faut pas entendre que sur la publication faite par le Seigneur, que ses vassaux ayent à luy venir rendre les hommages personnels, tous ses vassaux indistinctement soient obligez de ce faire, mais seulement ceux qui ne les ont pas faits jusques alors, attendu l'article 22. qui porte, que l'hommage une fois fait par le vassal, ne se reïtere pas sa vie durant, quelque changement de Seigneur qu'il y ait, à quoy les Articles 1. & 21. ne dérogent pas.

Et se doit iceluy Seigneur durant lesdits 40. jours tenir sur la seigneurie.] *Per se vel specialem procuratorem.* C. M. Cette explication de Du Moulin n'est nullement conforme à l'esprit de la Coûtume. Et de fait, il paroît par le procés verbal, que le Cardinal de Châstillon en qualité de Vidame de Gerberoy, pretendit par un privilege particulier qu'il avoit droit de commettre pour recevoir les foy & hommage; à quoy s'opposa l'Advocat du Roy, supposant que la pretention du Cardinal de Châstillon étoit contraire au texte de la Coûtume : mais quoy que ce soit, cette question ne peut plus recevoir de difficulté depuis la derniere reformation, lors de laquelle a été adjoûtée la derniere clause de cet Article, qui porte expressément que faute de se trouver en personne sur le lieu par le Seigneur, les vassaux ne sont pas tenus de faire les foy & hommage personnels.

XXI.

Si le vassal au cas dessus dit, est refusant, ou delayant de faire ledit hommage aprés lesdits quarante jours, le Seigneur peut faire saisir par sa justice lesdits fiefs,

& d'iceux prendre & appliquer à son profit les fruits, jusques à ce que ledit vassal aura fait ledit hommage, qui est de bouche & de main.

XXII.

L'hommage une fois fait par le vassal à son Seigneur feodal, ne se doit reiterer par iceluy vassal durant sa vie, si bon ne luy semble, pour quelconque mutation de Seigneur.

XXIII.

Quand un fief ou heritage cottier tenu de plusieurs conseigneurs par indivis, est vendu, il suffit que les venditions dessaisines & saisines, ou reliefs, soient faites pardevant l'un desdits Seigneurs, ou son Bailly & Officiers de Justice : & que l'on paye à luy seuls les droits pour ce dûs à tous les Conseigneurs par indivis : lequel Seigneur toutes fois recevant lesdits droits, est tenu d'en payer & délivrer aux autres Seigneurs, & à chacun d'eux leur part & portion. Et sont tels reliefs, dessaisines & saisines ainsi faits & baillez, reputez bons & valables, comme si faits étoient pardevant tous lesdits Seigneurs par indivis ensemble, ou leurs Officiers.

XXIV.

Aussi suffit que le vassal tenant de plusieurs Seigneurs par indivis, fasse à l'un d'eux serment de fidelité & hommage, & luy baille dénombrement du fief qu'il tient de tous lesdits Seigneurs par indivis. Mais celuy qui reçoit ledit dénombrement, est tenu le communiquer aux autres Conseigneurs : sans toutefois qu'il puisse bailler recepissé, que ce ne soit du consentement de tous lesdits Conseigneurs ensemble.

XXV.

Le vassal tenant en perrie ou en plein hommage, a pareille justice & seigneurie en son fief comme le Seigneur, dont il il tient, a en son fief. Et tous fiefs qui sont tenus à soixante sols parisis de relief, & vingt sols de chambellage, ou par plus grande tenuë, sont reputez nobles, & tenus en plein hommage, tellement que les proprietaires d'iceux fiefs ont en iceux toute seigneurie & justice haute, moyenne & basse, & telle & semblable que les Seigneurs feodaux dont ils tiennent.

XXVI.

Celuy qui a fief, auquel il y a justice & seigneurie, peut (si bon luy semble) sans le consentement de son Seigneur feodal, le bailler tout ou partie pour l'augmentation & melioration d'iceluy à cens ou rente hereditale, sans rachapt à telle personne qu'il luy plaît, en retenant sur ledit fief, ou partie, baillé à cens ou rente, la justice & seigneurie, pourveu qu'il le baille à juste rente & prix, & autant qu'il vaut sans fraude ; pourvû aussi qu'en faisant ledit bail, ou pour cause d'iceluy, il ne prenne aucuns deniers, ne autres profits. Et où il en prendroit autres que lesdits cens & rente, sans le sceu & consentement de sondit Seigneur, il est tenu de payer les droits seigneuriaux, à raison des deniers par luy reçûs, & outre l'amende de quarante livres parisis pour le déguisement & recellement par luy fait.

XXVII.

Peut aussi bailler partie de son fief en arriere fief, pour l'augmentation de sondit fief & seigneurie, sans fraude.

XXVIII.

Chacun peut échanger ou permuter son heritage à l'encontre d'autre heritage. Et si iceux heritages sont tenus d'un même fief & seigneurie, le seigneur pour raison dudit échange, ne peut demander aucuns droits seigneuriaux, pourveu que ce soit sans fraude, & qu'il n'y ait soulte de deniers, ou autre profit. Auquel cas seroient dûs au Seigneur feodal droits seigneuriaux d'icelle, soulte par celuy qui reçoit les deniers d'icelle, & dont les contractans seront tenus se purger par serment.

Et si iceux heritages sont tenus d'un même fief & seigneurie, &c.] Il s'ensuit que si les heritages échangez sont tenus de differents fiefs, les droits en sont deus aux Seigneurs comme d'une vente pure & simple, & à plus forte raison, on ne peut pas pratiquer ce qui se fait d'ordinaire aux autres Coûtumes, pour sauver les droits seigneuriaux, qui est de bailler des rentes constituées en échange contre les heritages que l'on acquiert.

XXIX.

Mais si lesdits heritages permutez étoient tenus de diverses seigneuries, en ce cas (soit qu'il y ait soulte, ou non) les droits seigneuriaux sont dûs aux seigneurs, desquels iceux heritages permutez, sont tenus, selon la valeur & estimation d'iceux.

XXX.

Les heritages pris par échange sont de pareille nature & condition, que les heritages baillez en contr'échange.

Que les heritages baillez en contr'échange.] *Scilicet respectu qualitatum antiqui vel novi, prædii respectu acquirentium : sed non respectu qualitatum intrinsecarum, vel realium ipsius fundi, quia de feudali non fit censuale vel contrà ; etiamsi ab eodem domino directo utrumque prædium moveretur. C. M.*

Cet Article est mal placé sous le tiltre des fiefs, d'autant qu'il ne s'entend pas pour la tenuë, & un heritage roturier pris en échange d'un fief, ne devient pas feodal, comme a fort bien remarqué M. Charles du Molin. Si bien que la disposition de cet Article regarde le titre des successions, des donations, des testamens, de la communauté & du retrait, à l'égard de toutes lesquelles matieres, si un heritage propre est baillé en échange l'heritage pris en contr'échange, retient la même qualité.

XXXI.

Le vassal peut éclipser, diviser & demembrer son fief en reconnoissant le contrat pardevant le Seigneur feodal, ou son Bailly & Officiers de sa Justice, & en le contentant de ses droits seigneuriaux. Autrement si tel éclipsement se faisoit au deçû dudit Seigneur feodal, sans le reconnoître pardevant luy ou ses Officiers, & le contenter de ses droits seigneuriaux, & que celuy au profit duquel est fait ledit éclipsement, entrât en vertu dudit contrat en joüissance de la partie éclipsée : ledit Seigneur peut faire contraindre celuy qui a fait ledit éclipsement, à luy payer ses droits seigneuriaux, ou renoncer audit contrat, à l'élection & choix dudit vassal.

En le contentant de ses droits Seigneuriaux.] Suivant la nature des mutations, & dans les cas ausquels il en est deu.

¶ Mais si le possesseur ou proprietaire n'a ny justice ny seigneurie, à cause de son fief, il ne peut bailler son domaine à rente sans permission du Seigneur, sinon il luy doit toûjours pleine foy & hommage avec les autres droits ordinaires, le Seigneur n'est plus aussi tenu des rentes infeodées en cas de saisie ou de réünion faute des devoirs, ce que je ne voudrois pas étendre au cas de la contestation, dautant qu'elle n'exempte pas des dettes. Aussi dans les cas où il ne s'agit pas de l'interest du Seigneur, comme pour la succession entre les enfans, l'arrentement doit avoir effet. M. Maillart sur Artois art. 41.]

XXXII.

La partie éclipsée sera tenuë à tels droits & redevances qu'étoit auparavant tenuë la totalité dudit fief.]

A tels droits & redevances] *Scilicet* pour la qualité & non pour la quantité, la partie éclipsée, ne devant les droits qu'à proportion.

XXXIII.

Chacun se peut joüer de son heritage feodal ou cottier, jusques à la main mettre au bâton, qui est à dire, que chacun peut donner, vendre & disposer de son heritage, sans le danger de son Seigneur, & sans pour ce être tenu luy payer aucuns droits seigneuriaux, jusques à la reconnoissance du contrat & dessaisine d'heritage dont il dispose, pardevant le Seigneur feodal, ou son Bailly & Officiers ; si ce n'étoit qu'en vertu des contrats passez par les parties, les acheteurs donataires, ou autres, au profit desquels on auroit disposé au desceu du Seigneur feodal, entrassent en l'actuelle possession & joüissance d'iceux heritages. Auquel cas ledit Seigneur peut contraindre les parties qui auroient contracté, à luy payer les droits seigneuriaux, ou eux desister dudit contrat, au choix & élection dudit vassal.

¶ Monsieur Dargentré art. 342. de la Coûtume de Bretagne, *substantialia feudi non pendent à pactis accidentalibus adjunctis citrà substantialium prejudicium aut mutationem ; ideo feuda quæque manent in sua natura, nec præjudicatur substantiæ per pacta :* C'est ce qui est encore mieux expliqué par Pontanus sur Blois *de feudis tit. 5. art. 66. 67. aliud existimarent ubi accessio esset extranea, quia vassallus aliud acquisivisset feudum quod à suo non tenebatur, quia quantumcumque feudum istud extraneum suo adjungeret, unius atque alterius non fieret unio ; itaut feudum de novo acquisitum naturam ejus cui adjungitur minime assumat,* & il ajoûte, *etiam sub feudi uniti non est perpetua unio, nisi homagium factum superiori & investitura.*]

XXXIV.

Aussi dans un an aprés que le contrat sera passé, l'acquereur sera tenu entrer en actuelle joüissance de la chose, ou declarer qu'il s'en desiste, autrement ledit temps d'un an passé, n'y peut plus renoncer, & le Seigneur le peut contraindre pour ses droits.

Ledit temps d'un an passé n'y peut plus renoncer. [*scilicet*, au cas de la derniere clause de l'article precedent, & lorsque le Seigneur a commencé à le contraindre & à agir contre luy de sorte que si le Seigneur n'a pas fait de demande de ses droits auparavant le desistement, il n'est pas recevable à les pretendre, quelque temps qu'il se soit passé depuis le contrat & quelque joüissance de la chose qu'ait fait l'acquereur, parce que comme les contrats de ventes & autres semblables, sont en cette Coûtume pures conventions personnelles, nonobstant même la tradition de fait, on les peut resoudre *inconsulto domino*, sans qu'il luy soit dûs droits. Cela paroît par les Articles 31. & 33. où l'acquereur, quoyqu'entré en joüissance se peut desister du contrat, sans payer aucuns droits, non pas veritablement aprés l'an, à cause de cet Article 34. qui a été ajoûté lors de la reformation & a apporté cette limitation aux Articles precedens, afin que l'acquereur entré en joüissance, ne pût plus après l'an eluder davantage le Seigneur demandant ses droits ; mais cet Article ne s'entend pas du cas auquel les parties ont resily auparavant la demande du Seigneur, quoy qu'après une ou plusieurs années du jour du contrat, les parties étant toûjours entieres de resilir auparavant l'action ou interpellation du Seigneur. Autrement il seroit dû doubles droits, l'un à cause du premier contrat, & l'autre en consequence du desistement ; ce qui est contre l'intention de la Coûtume, lors que les parties ont resily auparavant l'interpellation du Seigneur. v. J. art. 34.

Le Seigneur le peut contraindre pour ses droits.] On demande si le Seigneur peut saisir le fonds pour ses droits ? Il semble qu'oüy, à cause du mot de *contraindre* qui va à l'execution, & non pas à une simple action. Et d'ailleurs, cet Article parle de contraindre l'acquereur, combien que par la Coûtume ce ne soit pas luy qui doive les droits, mais le vendeur, tellement que l'acquereur ne peut être contraint au payement des droits, sinon à cause du fonds qu'il possede ; Et ainsi il semble que le Seigneur ait raison en cette Coûtume de se prendre au fonds pour ses droits seigneuriaux, & de faire saisir les fruits par sa Justice. Neanmoins le contraire est plus veritable, à cause de la regle commune, *quâ omnis via executionis prohibita est, nisi quatenus jure, consuetudine, vel privilegio permissa est.* Tellement que le pouvoir de saisir pour lods & ventes, ne se trouvant pas exprés en cette Coûtume, il ne reste que la voye d'action. Et ne fait rien le mot de *contraindre* pour en inferer qu'on peut saisir, parce qu'il s'explique de la voye d'action, aussi bien que de l'execution. Et de fait, la Coûtume use d'ailleurs de ce mot, comme en l'article 151. où il ne s'agit point de saisie ni d'execution.

Je demande au sujet de cet Article, si incontinent aprés le contrat passé, & auparavant la dessaisine, même auparavant que l'acquereur soit entré en joüissance, le Seigneur peut user du retrait feodal ? Il semble que non, par la raison que nous venons de toucher, qu'il ne peut pas demander ses droits seigneuriaux, si l'acquereur n'est entré en joüissance, ou qu'il ne se soit passé un an du jour du contrat : & toutefois j'estime le contraire, la condition du Seigneur pour le retrait feodal ne devant pas être pire que celle du parent lignager, qui peut agir aussi-tôt que le contrat est fait, sans attendre la tradition. Et l'acquereur n'est pas recevable à dire, qu'il n'a encore aucun droit réel, mais une simple action, *ad rem consequendam*, parce qu'il est hors d'interest, en quittant au Seigneur tout tel droit qu'il a. *Facit Molin §. 13. antiq. conf. Parif. gl. 3.* Et ne pourra plus l'acquereur resilir au prejudice du Seigneur qui a demandé le retrait.

¶ Je croy que les droits sont dûs après avoir presenté le contrat, encore qu'il n'ait pas été ratifié par la femme, supposé qu'elle soit partie necessaire : dautant que le mari ne devoit pas le presenter au Seigneur sans être sûr de son fait ; mais auparavant il a été permis de resilir sur le refus fait par la femme. Il n'y a pas de justice de faire perdre à un acquereur à faculté de remeré les droits par luy avancez, (lorsque le vendeur rentre dans le temps de la grace, qui n'excede pas neuf ans,) sous prerexte qu'il y a eu nantissement qui n'étoit que conditionnel : dautant que le nantissement ne change rien, si la vente n'a pas d'effet ; d'autant plus qu'en cette Coûtume on peut resilir en dedans l'année si l'on n'a pas pris saisine : ainsi il semble que l'Arrest du 25. Janvier 1633. au premier tome du Journal des Audiances en la Coûtume de Ponthieu, qui a jugé que les droits étoient dûs sans restitution, quoyque l'on rembourse dans le temps de la grace, ne doit pas faire loy en cette Coûtume.]

X X X V.

Lesdits droits seigneuriaux en vendition d'heritages feodaux, sont du quint denier du sort principal de la vendition de la chose : & en autres contrats pour lesquels seroient dûs lesdits droits, sont du quint denier de la valeur & estimation d'icelle. Mais si la vendition est faite francs deniers au vendeur, est dû droit de quint & requint.

Et en autres contrats.] Equipollens à vente.

Et requint. Cette disposition est juste, parce que comme c'est au vendeur en cette Coûtume à payer le quint sur le prix qu'il reçoit, le quint fait partie du prix : de sorte que s'il charge l'acquereur, le droit est dû pour le quint qu'il retient.

Maître Adrien Heu est d'avis en son Commentaire sur cet Article, que les droits seigneuriaux sont dûs, non à celuy qui étoit receveur de la seigneurie au temps du contrat de vente, mais au temps de la dessaisine & saisine, & dit qu'il a été ainsi jugé plusieurs fois au Bailliage d'Amiens, il ajoute même, que sa resolution doit avoir lieu, quand il s'agit d'une adjudication judiciaire. Je tiens au contraire, que les droits appartiennent au fermier du temps de l'adjudication, par le moyen de la quelle, à cause de la force & de l'authorité de la Justice, celuy duquel on a vendu & adjugé le bien demeure suffisamment dessaisi. Ce que j'estime veritable, quand la vente ne seroit que par simple licitation, & que la forme declarée en l'article 254. de cette Coûtume, de signifier la saisie réelle au Seigneur, avec défenses de recevoir dessaisine, ni bailler saisine, n'auroit pas été observée. Car il ne faut pas attendre aux ventes forcées que celuy duquel on vend le bien par Justice, vienne aprés l'adjudication se dessaisir és mains du Seigneur, ce qu'il ne fera jamais; & ainsi l'adjudication doit tenir lieu de dessaisine, sur laquelle l'adjudicataire peut se faire valablement ensaisiner par le Seigneur, & cela est reçû par l'usage. Et en effet, Du Molin en sa note sur l'article 235. de la Coûtume de Senlis, où il est dit, que le vendeur doit aller trouver le Seigneur féodal ou censuel dans quarante jours, luy payer ses droits, & soy dessaisir, y apporte l'exception en ces termes, *ful-*

lit in venditione quæ sit per judicem ut in publicis subhastationibus, quia judex non tenetur in nec reus qui invito venditur, sed emptor videt procurator judicis ferendo ejus decretum. E ainsi je ne fais nulle difficulté, que les droits n soient dûs au Seigneur, ou fermier qui étoit jour de l'adjudication, qui vaut dessaisin Quant aux ventes volontaires & contractuelles quoy qu'il y ait plus de difficulté en cette Coûtume, j'estime pourtant la même chose, qu les droits sont dûs au Seigneur ou fermier qu étoit lors du contrat, & quoy qu'en cette Coûtume ils ne soient pas exigibles auparavant la dessaisine ou saisine, sinon au cas que l'acqueur entrât en possession, ou cessât plus d'un an suivant les deux Articles precedens, neanmoins en considerant l'origine & la cause productive des droits, qui est la vente, & non pas la des saisine, ni la saisine, je tiens certainement qu'ils appartiennent à celuy qui joüissoit de la seigneurie au temps du contrat.

XXXVI.

Et en heritage cottier, ledit droit seigneurial est du treizième denier, & s'il est dit francs deniers, outre ledit treizième denier, sont dûs venterolles, qui sont le treizième denier dudit treizième.

Le treizième denier.] Cette Coûtume use du mot de treizième, comme quelques autres, & particulierement celle de Normandie. La plûpart des autres Coûtumes se servent du mot de douzième denier, ou de douze deniers l'un, qui est pourtant la même chose que treizième, l'un se prenant inclusivement, & l'autre exclusivement. Ainsi cette Coûtume dit au titre des criées qu'il les faut faire par quatre quinzaines, là où les autres disent par quatre quatorzaines. Et la Coûtume de Normandie en l'article 174. explique cecy nettement, en disant, que le treizième se paye au prix de vingt deniers pour livre, qui est la même raison à laquelle se taxe aux autres Coûtumes le douzième denier au Seigneur censier.

XXXVII

Quand la vendition est faite simplement, le vendeur est tenu de payer les droits seigneuriaux : & quand elle est faite francs deniers, l'acheteur est tenu de les payer.

XXXVIII.

Un Seigneur ayant justice & seigneurie, peut toutes & quantes fois que le fief ou heritage cottier de luy tenu & mouvant est vendu aprés la dessaisine faite pardevant luy ou ses Officiers de Justice, ayans pouvoir de ce faire, & auparavant la saisine baillée, retenir par puissance de fief & seigneurie ledit fief, terre ou heritage ainsi vendu, & dont on est dessaisi, pourvû qu'auparavant il n'ait reçû, ou ne se soit tenu pour content de ses droits de vente, en payant & remboursant par ledit Seigneur, à l'acheteur, tous les deniers du sort principal, frais & loyaux cousts par luy payez, si la vente est faite francs deniers : mais si elle est faite sans qu'il soit dit francs deniers, ledit Seigneur en ce cas sur le sort principal de ladite vendition, peut retenir son droit de quint denier, ou autres droits seigneuriaux, selon la nature des heritages, & parfournir le surplus du prix de la vendition au vendeur.

Un de plusieurs Seigneurs ne peut retirer que pour sa part; & neanmoins si l'acquereur luy vouloit quitter le tout, il seroit tenu de l'accepter, n'étant pas juste, que l'acquereur souffre detriment de cette pluralité de Seigneurs d'un même fief, & en ce cas, le Seigneur partiaire ne reünit que pour sa part ; & pour les autres, il devient vassal, ou tenancier des autres ConSeigneurs.

¶ Le contraire a été jugé par Arrest du Juin 1683 en la Quatrième des Enquestes sur les conclusions de Monsieur Talon Avocat

General : neanmoins l'opinion de Me J. M. R. est plus juste & conforme au bien public, dautant qu'un acquereur n'auroit souvent qu'une portion qu'il n'eût jamais acquise, & souffriroit souvent dans les estimations contre un Seigneur puissant. Aussi la question ayant été consultée à Paris pour la Dame Abbesse Dest Paul, qui vouloit retirer la meilleure partie du bien de Serci tenu d'elle, & laisser ce qui dependoit d'autres Seigneurs qui ne l'accommodoit pas; on n'a pas trouvé qu'elle fût bien fondée.]

XXXIX.

XXXIX.

Et si ledit Seigneur veut retenir ledit heritage, il est tenu, où son Bailly &
Officiers, de declarer pour luy, & lors qu'on requiert avoir la saisine desdits heritages, que sur ce il aura avis, lequel il peut prendre : c'est à sçavoir pour bailler
saisine de chose feodale dedans quarante jours, & de chose cottiere dedans sept
jours.

Il aura advis.] *Et sic non tenetur interim
consignare, nec retrahere, sed solùm eligere ;
quo facto, quia consuetudo non præfigit aliud
tempus debet acquisitor petere à judice ; ut aliud
certum breve tempus præfigatur domino directo,
ad refundendum scilicet, & quando elegit retrahere : & puto quod non debet arbitrari lon-*
*gius tempus octo dierum, vel septem, argumen-
to hujus consuetud, quia non est æquum acquisi-
torem manere in suspenso. Sed in consuet. Paris.
non tenetur emptor notificatione factâ interpella-
re dominum, sed ipso jure ei currit tempus, ut
§. 13. in dicta consuet. ubi dixi. C. M.*

XL.

Retenuë par puissance de fief, n'a lieu en échange, n'en donation d'heritages ;
soient feodaux, ou cottiers.

XLI.

Toutes & quantes fois qu'un vassal fait en la court de son Seigneur feodal pardevant son Bailly & Officiers aucun acte de vassal, il est par ce moyen tenu &
reputé homme & tenant : neanmoins ledit Seigneur n'est privé de pouvoir demen-
der par action son droit de relief, ou autres qui luy seroient dûs. Et quand un
Seigneur feodal par luy ou son Receveur, reçoit ou fait recevoir par trois ans continuels & consecutifs, & par trois divers payemens la censive qui luy est dûë par
chacun an par son tenancier roturier, le Seigneur en ce cas ne le peut desavoüer
à homme & tenancier.

*Recevoir par trois ans continuels, & par
trois divers payemens.*] *Argumento l. quicumque C. de apochis pup. lib. 10. si trium cohæren-*
*tium sibi annorum apocha securitatesque protu-
lerit.*

XLII.

Un tenancier cottier ne peut, sans le consentement de son Seigneur feodal,
bailler l'heritage qu'il tient cottierement à cens ou surcens : & s'il le fait, le bail
est nul, & n'y a en ce cas prescription contre le Seigneur.

A cens, ou surcens.] Il est sans difficulté
pour les cens. Mais pour ce qui est du surcens,
je ne conçois pas pourquoy le tenancier cottier ne puisse bailler son heritage à surcens, ou
rente proprietaire, sans le consentement du
Seigneur, qui n'a aucun interest pour sa censive, ni autrement, le bail à surcens ne luy portant aucun prejudice : c'est pourquoy cette disposition à l'égard du surcens, a justement été
abrogée par un usage contraire. Aussi Maître
Charles Du Molin a-t-il fort bien remarqué en
la note qu'il a faite sur la clause suivante de cet
article, qui porte, *& s'il le fait. le bail est nul,*
que cette nullité n'avoit lieu que pour ce qui
concerne le Seigneur, *scilicet respectu domini
directi.*

XLIII.

Un tenancier cottier peut renoncer & delaisser la terre, heritage ou masure
en la main du Seigneur de qui il le tient à censive, en payant prealablement tous
les arrerages du cens, jusqu'au jour du delaissement. Mais s'il est preneur & obligé personnellement, ne le peut délaisser, s'il ne plaît au Seigneur.

*Mais s'il est preneur & obligé personnelle-
ment.*] *Signanter addidit,* obligé personnellement, ne suffisant pas qu'il soit preneur à cens,
pour l'empêcher de deguerpir, s'il n'y a clauses
personnelles au contrat qui resistent à ce de-
guerpissement.

XLIV.

Quand un vassal commet felonnie contre son Seigneur feodal, dérogeant à son
serment de fidelité, il confisque son fief, & échet en amende à discretion de Justice, selon l'exigence du cas.

Cet article a été subrogé au lieu du 70. de
l'ancienne Coûtume, conceu en ces termes.
*Par ladite Coûtume generale toutes & quante-
fois qu'un vassal commet felonnie à l'encontre de
son Seigneur feodal, en dérogeant à son serment de fidelité, tel vassal pour ladite felonnie
confisque son fief envers sondit Seigneur feodal,
ou échet envers luy en amende de soixante li-*
vres parisis. Sur lequel article Maître Charles
Du Molin avoit fait cette note : *Soixante livres
Parisis.*] *Sed cujus electio? Resp. si æstimatio
injuriæ non est minor hac multâ, electio est domini directi : si verò est minor, electio est vassal-
li : ut dixi in consuet. Paris. §. 30. in secunda
editione quo remitto.*

XLV,

Pareillement si le Seigneur commet felonnie contre son vassal, il perd son hommage & droit de fief, lequel retourne au Seigneur superieur.

TITRE II.

De Donations.

ARTICLE XLVI.

TOute personne âgée & usant de ses droits, peut donner entre-vifs son heritage à luy venu & échû par ses predecesseurs (soit feodal ou roturier) à telle personne capable qu'il luy plaît, & en icelles donations apposer telles modifications, charges & conditions que bon luy semble.

Aagée & usant de ses droits.] *Scilicet sui juris & major viginti quinque annis.* C. M.

Charges & conditions.] Pourvû qu'elles ne dérogent pas à la nature du contrat, & qu'elles ne l'Empêchent de valoir en qualité de donation entre-vifs, comme sont les conditions potestatives, & qui dépendent de la volonté du donateur, qui ne peuvent pas compatir avec l'irrevocabilité qui est une partie essentielle de la donation.

¶ Cette Coûtume n'admet aucune donation à cause de mort en forme de donation entre-vifs, non pas même les dons mutuels ; c'est pourquoy il semble que l'on ne peut pas autoriser les donations en forme d'entre-vifs, qui se font *cogitatione mortalitatis*, avant que d'entrer en Religion ou d'aller à l'armée, si elles ne sont d'une maniere irrevocable, & ensaisinée, ou revêtuë des formalitez des testamens.]

XLVII.

Chacun peut donner par donation entre-vifs à son plus prochain heritier apparent, ses acquests & aussi son heritage à luy venu & échû de ses predecesseurs, soit feodal, ou roturier : & si le don est ainsi fait audit heritier apparent, & en avancement d'hoirie & de succession, le donataire en ce cas peut entrer en la joüissance de l'heritage à luy donné par un simple relief & chambellage, selon la nature de fief, sans qu'il soit tenu payer au Seigneur dont est tenu ledit heritage, aucun droit de quint denier, n'autres droits de relief & chambellage : Mais si tel don se faisoit en avancement de mariage, ou pour autres causes, ores que ce fût à l'heritier apparent, sans que ladite donation fût faite en avancement d'hoirie & de succession, en ce cas les Seigneurs dont les heritages donnez sont tenus, peuvent demander, & eux faire payer de leurs droits de quint, ou autre, selon la nature des heritages donnez & transportez.

Chacun.] Aagé comme au precedent article, c'est à sçavoir de vingt-cinq ans, suivant l'interpretation de Du Molin.

Heritier apparent.] *Consuetudo* de Monstreüil *infra* §. 88. *addit* à l'aisné, *sed hæc consuetudo generalis non recipit hanc restrictionem.* C. M.

Acquests.] Ce mot doit être pris dans sa plus ample signification, & comprend tous les biens qui ne sont pas propres, c'est-à-dire, les acquests & conquests, tant meubles, qu'immeubles, l'usage l'a aussi expliqué de la sorte, n'étant pas revoqué en doute dans cette Coûtume, que l'on peut donner tous ses meubles, combien que cet article, ni aucun autre du titre des donations, n'ait parlé expressément des meubles.

De succession.] *Id est hæc sola causa expressa : quamvis donatarius præmortuus transmittat ad nepotes in collaterali, etiamsi non sit locus repræsentationi vel etiam ad filios, vel alios hæredes in linea collaterali, etiamsi nec communi quidem jure locus esset repræsentationi. Sed an hæc donatio fieri possit secundo genito ? Certum est quod non à Monstreüil, ut nuper dixi : aliàs fieri potest de hac consuetudine generali : quia etiam stante primogenito cum præmori vel abstinere possit, secundo genitus dicitur hæres apparens & in dubio dicitur facta donatio in anticipationem successionis, sive contemplatione futuræ successionis, quod idem est : ut dixi in consuetud. Parisi. §. 17. & §. 19. Etiamsi fiat ad onus ut donatarius sit contentus, nec aliud percipere possit in successione cui renunciat. Tunc hæc jura peculiaria præsertim in linea directa sunt odiosa & restringenda.* C. M.

XLVIII.

Toutefois pour donation faite de pere à fils, en quelque maniere qu'elle soit faite, ne sont dûs pour icelle aucuns droits Seigneuriaux.

On induit de la disposition de cet article, & des deux precedens, que les pere & mere peuvent donner sans Charge de rapport. Ce qui se confirme encore par l'article 93. au titre des successions, qui dit, que si tous les enfans sont mariez, il n'y a point de rapport entr'eux, suppoſé que l'un eût eu beaucoup plus en mariage que l'autre. La raiſon duquel article eſt, qu'il y a preſomption que les pere & mere ont voulu qu'ils fuſſent inégaux, ſuivant la note de Du Molin ſur cet article. Tellement que ſi la ſeule preſomption de la volonté des pere & mere ſuffit pour exempter les enfans de rapporter, à bien plus forte raiſon, la volonté expreſſe du donateur, qui a donné ſans charge de rapport, doit elle être ſuivie. Ce qui eſt conforme à la diſpoſition du Droit écrit.

Cet article eſt plein d'une juſtice naturelle, diſant que de donation de pere à fils en quelque maniere qu'elle ſoit faite, ne ſont dûs droits. C'eſt pourquoy quand le pere donneroit des heritages à ſon fils, à la charge de payer ſes dettes, ou s'il avoit donné une ſomme en mariage à ſa fille, & que depuis il vint à luy bail-

ler en payement un heritage, même ſi un frere avoit promis à ſa ſœur, en la mariant, une ſomme de deniers, & que par aprés il luy donnât un fonds de la ſucceſſion au lieu de la ſomme promiſe, je n'eſtimerois pas en tout ces cas qu'il fût dû des droits.

Par cet article & le precedent, il eſt dû droits ſeigneuriaux des donations faites aux étrangers, & même aux preſomptifs heritiers, ſinon qu'elles leur fuſſent faites en avancement d'hoirie, & neanmoins pour les legs ne ſont dûs droits, ſuivant les articles 57. & 58. par où on void, que la Coûtume a plus favoriſé les diſpoſitions teſtamentaires, que celles d'entre-vifs, comme ailleurs elle permet aux conjoints de ſe donner par teſtament, & non pas entre-vifs.

XLIX.

Semblablement pour partage fait par pere, mere, ayeul ou ayeule à leurs enfans, ou autres deſcendans d'eux, ne ſont dûs aucuns droits ſeigneuriaux encore que ledit partage ne fût fait du conſentement deſdits enfans ou deſcendans, chacun deſquels peut aprés le trépas deſdits pere, mere, ayeul ou ayeule, apprehender ſa portion, en payant ſimple relief & chambellage.

Partage.] Ces ſortes de partages ſont des actes à cauſe de mort, leſquels ſont conſequemment revocables, juſqu'à la mort, ainſi qu'il a été jugé par Arreſts.

En payant ſimple relief & chambellage.] Il paroît que le relief eſt dû en mutation, même de pere à fils, ce qui n'eſt pas aux autres Coûtumes; mais le relief eſt leger en celle-cy.

¶ Les donations faites par les pere & mere à leurs enfans en avancement d'hoirie étant exemptes des droits, il ſemble qu'il n'y ait pas de neceſſité de les faire enſaiſiner, à moins qu'il ne s'agiſſe de l'intereſt des creanciers; ainſi celuy à qui on a donné par prelegs, peut profiter de ſa donation ſans avoir pris ſaiſine, dautant qu'il a pû être avantagé par teſtament; mais ſi un mary & une femme avoient donné ſolidairement par contrat de mariage à un autre qui n'eût pas fait enſaiſiner du vivant

du premier mourant des donateurs, mais depuis avant le decés de l'autre, la donation vaudra ſeulement pour la moitié du ſurvivant, dont le bien n'eſt pas garand, ſi on n'a pas ſatisfait à la formalité requiſe par la Coûtume.

Je croy que les donations en avancement d'hoirie, ont lieu hors contrat de mariage à l'égard des heritiers, même au-delà de la part à laquelle on devoit ſucceder, encore qu'elles ne ſoient pas enſaiſinées, nonobſtant un Arreſt contraire rendu en la Coûtume de Laon, que j'ay rapporté ſur la Conference des Coûtumes de Fortin.

On ne peut pas induire de cet article, qu'il ſoit dû lots & ventes pour partages entre coheritiers, même en collaterale, quoyque l'un prenne tout en donnant de l'argent pour les parts des autres, pourvû que ce ſoit par le premier Acte entre coheritiers.]

L.

En toutes donations entre-vifs, venditions & alienations, le donateur ou vendeur peut, & luy eſt loiſible retenir à ſoy l'uſufruit & viage de l'heritage par luy donné, vendu & aliené, auquel cas & pour raiſon d'icelle retention d'uſufruit, ne ſont dûs au Seigneur feodal, duquel l'heritage eſt tenu & mouvant, aucuns droits ſeigneuriaux.

L I.

Toutes donations faites entre-vifs, & à ce titre apprehendées, ſont reputées acqueſts aux donataires : en telle maniere qu'ils en peuvent uſer, & valablement diſpoſer à leur plaiſir & volonté, ſoit par teſtament entre-vifs, ou autrement, comme bon leur ſemble : ſi ce n'étoit que telles donations fuſſent faites par les donateurs à leur heritier apparent en avancement d'hoirie & de ſucceſſion : auquel cas ſeroient cenſez & reputez l'heritage des donataires dont ils ne pourroient diſpoſer que par dons entre-vifs, & en la maniere qu'il eſt cy deſſus declaré.

Maiſtre Julien Brodeau en ſon Commentaire ſur Mr Loüet lettre A. nomb. 2. dit, qu'il a été jugé, que cet article qui repute acqueſts toutes les donations entre-vifs, ſi elles ne ſont faites à l'heritier apparent, en avancement d'hoirie & de ſucceſſion, ne comprend pas les donations d'un propre ancien, faites à un de la ligne, quoyque non en avancement d'hoirie, ni pour

luy demeurer propre, par Arreſt donné en la Troiſiéme Chambre des Enqueſtes au rapport de M Scarron, le 23. Août 1625. confirmat f de la Sentence du Senechal de Ponthieu, ou ſon Lieutenant à Abbeville, du 8. May 1624. entre Jean Ouffroy, Jacques Boiſtel, Claude & Yſabelle du Vauchel leurs femmes, appellants, & Catherine Poiret, veufve de Maiſtre Nicolas de Lestoile, intimée, touchant trente-six journaux de terre, provenant du côté des d'Ouffrois, qui furent adjugez à l'intimée, parente du côté & ligne, à l'exclusion des appellantes, parentes en degré plus proche, mais non de la ligne ; ayant été jugé que les heritages n'avoient pas changé de qualité ni sorti de la ligne par la donation entre-vifs qui en avoit été faite par M. Nicolas de Vauchel son neveu, en faveur de mariage, lequel donataire étoit de la ligne d'où ces heritages étoient advenus au donateur. Cet Auteur ajoûte que cet Arrest, & autres semblables dont il fait mention, sont intervenus entre coheritiers, les uns succedans aux propres, les autres aux acquests, & que leur decision ne doit pas avoir lieu à l'égard de la femme du donataire, laquelle peut pretendre sa moitié en l'heritage donné à son mary pendant la communauté par son frere, ou autre collateral, quoy que ce fût un propre ancien, dont ils ne pourroient disposer que par dons entre-vifs ; On pourroit conclure de ces termes à la rigueur, que la donation étant faite à l'heritier apparent en avancement d'hoirie, le donataire ne pourroit en façon quelconque disposer par testament de l'heritage donné, attendu que l'admission de l'un emporte l'exclusion de l'autre ; & que cet article ne permet en ce cas de disposer de l'heritage donné, que par donation entre-vifs, aprés avoir parlé auparavant du testament, aussi-bien que de la donation. Neanmoins l'article 57. cy-aprés permettant en general de disposer du quint des propres, il n'y auroit point d'apparence d'en vouloir excepter les propres qui sont venus au testateur à titre de donation, & il y a bien plus de lieu de dire, que cette question doit être resoluë par la disposition de l'article 57. qui est sous le titre des Testamens, que par cet article 51. qui est sous le titre des Donations. Et même on pourroit dire, supposé qu'il se rencontrât quelque contrarieté entre ces deux articles, que le dernier auroit dérogé au premier.

L I I.

Un heritier apparent apprehendant l'heritage à luy donné, comme à heritier apparent, & en avancement d'hoirie & de succession, se charge de toutes les dettes, obligations, dons, faits & promesses faites & contractées par le donateur auparavant, & jusqu'au temps d'icelle apprehension.

Se charge de toutes les dettes.] Cela est bon à l'égard des creanciers de la succession qui le peuvent poursuivre pour le payement de leurs credits faits auparavant la donation insinuée, & même ensaisinée, si ce n'étoit qu'elle fût en faveur de mariage, parce que le mariage saisit *traditione corporum.* Mais si le donataire en avancement d'hoirie vient à renoncer à la succession, ceux qui l'auront apprehendée ne peuvent pas pretendre qu'il soit tenu de contribuer au payement des dettes ; au contraire s'il est poursuivi par les creanciers hereditaires pour quelque dette que ce soit, les heritiers sont tenus l'en acquitter.

Combien que cet article ne parle que de donation faite à l'heritier apparent en avancement d'hoirie, neanmoins il faut tenir, que les autres donataires sont obligez aux dettes à l'égard des creanciers, comme les autres tiers detempteurs, n'étant pas au pouvoir du donateur de faire prejudice à ses creanciers, en donnant un heritage sur lequel ils ont un droit acquis auparavant que la donation soit faite & accomplie. Et la difference qu'il y a entre le donataire qui a receu en avancement d'hoirie, & celuy à qui la donation a été faite autrement, est à l'égard des heritiers seulement, de sorte que celuy-cy n'est jamais tenu des dettes, au respect des heritiers, lesquels au contraire sont tenus de l'en décharger ; au lieu que pour ce qui concerne l'autre, les heritiers sont aussi à la verité tenus de l'en acquitter, pourvû qu'il renonce à la succession, mais s'il se porte heritier, il payera comme les autres.

Si les donatairees & les legataires universels sont tenus de contribuer aux dettes avec les heritiers ; v. j. art 90.

D'icelle apprehension.] *Et sic non est nec tenetur esse hares, nec renunciando hereditati donum amittit ; aliàs teneretur de debitis etiam post donationem & apprehensionem factis.* C. M. Du Molin est d'avis en cet endroit, que la donation faite en avancement d'hoirie à l'heritier apparent, ne l'oblige pas de prendre la succession, ou de rendre les choses données, nonobstant son opinion, sur le §. 17. de l'ancienne Coûtume de Paris, où il dit, *quod si donatarius nolit esse hares resolvitur donatio tanquam causâ finali non sequuta, & res revertitur ad corpus successionis, nec licere filio donatario se tenere ad donationem sibi factam abstinendo à successione,* laquelle opinion n'a pas éte suivie avec raison. Et en effet, un pere donne ordinairement en avancement de son hoirie, parce qu'il espere toûjours qu'elle sera bonne, & que ses enfans y viendront *semper amplius de facultatibus suis sperant homines,* mais s'il en arrive autrement, il est bien juste qu'on reçoive l'enfant à renoncer, & à se tenir à son don.

L I I I.

Quand heritages feodaux sont donnez ou leguez à plusieurs personnes par égales, ou inégales portions, ils sont partageables & divisibles entre les donataires, & peut chacun d'eux apprehender sa portion, en contentant les Seigneurs feodaux de leurs droits seigneuriaux, & en tenant icelles portions par semblable relief, foy, hommage & service, que le total d'iceux fiefs étoit auparavant tenu faire.

Sa portion.] *Sive pro diviso, sive pro indiviso, sed nulla nova jura debentur pro divisione.* C. M.

Auparavant tenu.] *Scilicet,* pour le regard de l'hommage, ou simple chambellage, mais non pour les reliefs & droits pecuniaires qui se divisent. C. M.

LIV.

Quand un proprietaire & possesseur d'heritages feodaux ou cottiers, vend, donne, ou transporte lesdits heritages, ou partie d'iceux, & que durant sa vie il n'en fait aucune dessaisine és mains des Seigneurs feodaux, dont iceux heritages sont tenus, ou de leurs Baillifs & Officiers ayant pouvoir de ce faire : en ce cas tels heritages donnez, vendus & transportez, viennent & échéent après le decés du donateur, ou vendeur, aux plus prochains heritiers d'iceluy donateur ou vendeur : mais *si tels donataires* ou acheteurs veulent poursuivre la vente, ou don à eux fait, faire le peuvent par mise de fait, ou autrement dûement : quoy faisant, ledit heritier est tenu entretenir telle donation, vendition ou transport.

Quid, si l'acquereur apprehende de fait l'heritage qui luy est vendu, donné ou autrement transporté, & qu'il en soit jouïssant au jour du decés du vendeur, ou donateur, le defaut de dessaisine & saisine, fera-t'il que la chose tombe en la succession du vendeur ou du donateur; Maistre Charles Heu dans le Commentaire qu'il a fait sur cette Coûtume, a prévû cette question, & l'a resoluë, suivant l'opinion commune pour l'affirmative. Cet avis est fondé, tant sur la disposition de cet article, qui parle indistinctement, que sur l'article 137. cy-aprés, qui dit, que tous contrats sont purs personnels, & n'acquierent aucun droit réel, sans dessaisine & saisine. Il y en a d'autres qui soûtiennent au contraire, que la chose ainsi venduë, ou donnée, dont l'acquereur se trouve actuellement jouïssant, ne retombe pas en la succession du vendeur; ou du donateur; d'autant, ce disent-ils, que l'apprehension réelle de la chose, & la jouïssance actuelle que fait l'acquereur vaut en ce cas icy autant que l'apprehension feinte qui se fait par la saisine du Seigneur. Ce qui est confirmé par les termes de l'article 52. cy-dessus, qui dit, que l'heritier apparent, apprehendant l'heritage à luy donné, &c. se charge de toutes les dettes contractées par le donateur auparavant & jusques au temps de l'apprehension. Ce mot d'apprehension ne s'entendant pas d'une saisine, mais d'une apprehension de fait; & ainsi l'apprehension de fait, & la jouïssance actuelle que fait l'acquereur de la chose, vaut pour exclure les creanciers posterieurs à cette apprehension, & fait que la chose ne retombe pas en la succession du donateur, non plus que du vendeur, ou autre cedant à quelque titre que ce soit; & par ce moyen ils condamnent l'opinion de ceux qui tiennent en cette Coûtume, que les creanciers hypothequaires du vendeur, ou du donateur posterieurs aux contrats de vente, donation, ou autre, ont hypotheque sur la chose venduë, donnée, ou autrement transportée, nonobstant l'apprehension de fait, & la jouïssance qu'en aura prise l'acquereur auparavant les dettes contractées. Ils répondent à l'article 137. qui porte, que les contracts de vente, & autres sont reputez purs personnels, tant à l'égard du Seigneur, que du creancier precedent l'apprehension de fait, & la jouïssance actuelle, ce qui est conforme aux termes cy-dessus rapportez de l'article 52. qui oblige le donataire en avancement d'hoirie aux dettes faites par le donateur, jusqu'au jour de l'apprehension, & non par consequent à celles qui ont depuis été creées. Ils ajoûtent, qu'il s'ensuit deux grandes absurditez de l'opinion contraire; l'une, que l'acquereur qui n'auroit pas pris saisine, ne prescriroit jamais, quelque jouïssance qu'il fist, son acquisition demeurant toûjours pure mobiliaire & sans realité, ce qui éluderoit le titre entier des prescriptions. Et l'autre qu'un second acquereur qui auroit pris saisine évinceroit toûjours le second, qui ne l'auroit pas pris, en quelque possession & jouïssance de l'heritage, que fut celuy-cy auparavant le contrat de ce second acquereur. Quoyque ces raisons soient fort plausibles en apparence, j'estime la premiere opinion mieux fondée dans l'esprit de la Coûtume, parce qu'en effet par la disposition de l'article 137. & des autres suivans, la proprieté, ni même la veritable possession d'un heritage ne peut point passer d'une main à l'autre, sans le fait du Seigneur ou de la Justice. Et il ne faut pas s'arrêter à ce que dans la raison, & suivant l'esprit des autres Coûtumes, la jouïssance actuelle est plus puissante pour ce regard, que la possession qui s'acquiert par une voye feinte, & par le moyen de la saisine; dautant que les habitans de ce Bailliage se sont formez des loix contraires, ausquelles il y a necessité d'obéir. C'est un droit que les Seigneurs qui se sont trouvez les plus puissans dans les assemblées qui ont été faites pour la redaction de cette Coûtume, ont introduits vray-semblablement par le motif de leurs interests, mais qu'il faut suivre exactement, puisqu'il se trouve étably, comme il n'y a pas de difficulté, du moins à mon avis, après les termes de l'article 137. qui decide indefiniment, que les contrats de vendition, de donation, ou autres, sont reputez purs personnels, ou mobiliers, tant à l'egard du creancier, que du Seigneur, si les contrats ne sont reconnus pardevant le Seigneur dont les heritages sont tenus, ou les Officiers de sa Justice. Et c'est un fort mauvais échappatoire à ceux de l'opinion contraire, de dire, que cet article doit être entendu lors que le contrat n'a pas été suivy d'une possession réelle & actuelle, dautant qu'outre que cet article est general, d'ailleurs étant expliqué par les articles suivans, il se void par la disposition de l'article 144. que la possession de fait n'est pas suffisante pour acquerir hypotheque, ou le droit réel d'un heritage, à moins que cette possession ne soit prise par l'autorité de la Justice. Cette opinion est puissamment confirmée par la disposition de l'article 12. qui ne veut pas même, qu'un heritier puisse dire avoir droit réel és fiefs du défunt, qu'il ne les ait relevé du Seigneur, & ce que nous avons remarqué sur l'article 34. cy-dessus, que l'acquereur d'un heritage s'en peut librement départir, sans payer aucuns droits, sert encore pour l'établissement de cet avis, étant constant, que l'acquereur n'auroit pas cette liberté dans les autres Coûtumes, dans lesquelles le contrat ayant été une fois parfait, les parties seroient tenuës de payer double droit, si elles vouloient en resilir sans cause. Quant à l'argument qui est tiré de l'article 52. il est facile d'y satisfaire, parce que l'apprehension de fait dont parle cet article, ne doit pas être entenduë de la simple jouïssance que peut faire l'acquereur, ou le donataire de son authorité privée, mais de la jouïssance & possession qui est prise avec l'authorité de la Justice, suivant qu'il est expliqué par l'article 144. qui parle *ex professo* de cette matiere, & d'où consequemment l'explication en doit être tirée. C'est aussi sans fondement que ceux qui défendent l'opinion contraire, pretendent que le titre des prescriptions demeureroit inutile, si leur avis n'étoit pas suivi, attendu que la prescription trouve toûjours son effet, lors que la possession est prise aux termes prescrits par la Coûtume. Et à l'égard de l'autre pretenduë absurdité, qu'ils font resulter de la preference du second acquereur, qui a pris saisine contre le premier qui ne l'a point prise; c'est à la verité un droit rigoureux, mais qui ne choque point les regles de la Jurisprudence, & qui trouve son fondement dans le droit commun, du moins en ce qu'il prefere l'acquereur qui le premier est entré en jouïssance, quoy qu'il se trouve posterieur par la datte de son contrat.

Au surplus, je ne puis pas approuver l'opinion de M. Charles Heu, en ce qu'il soûtient, que le tiers acquereur prescrit sans saisine par dix ans entre presens, & vingt ans entre absens, parce que comme c'est la saisine qui fait le veritable titre en cette Coûtume, & cessant laquelle, le nouvel acquereur n'est point presumé posseder, il s'ensuit qu'il ne peut tirer avantage que de la prescription de trente ans, qui fait presumer le titre. Et en effet, si les creanciers qui contractent avec le vendeur posterieurement au contrat d'acquisition, & à la jouïssance actuelle de l'acquereur sans saisine, ne laissent pas d'acquerir hypotheque sur l'heritage vendu, par la raison que le vendeur est presumé avoir conservé la proprieté & la possession, jusques à ce que l'acquereur se soit fait ensaisiner, il n'y a pas de difficulté par la même consideration, que les creanciers anterieurs conservent leurs droits en plus forts termes, nonobstant cette jouïssance actuelle del'acquereur.

Donateur ou vendeur.] *Nonobstante clausula constituti vel precarii. Sed si res esset realiter tradita, non posset possessor per hæredem expelli prætextu deficientis investituræ.* Cette resolution de Maistre Charles Du Molin, qui ne permet pas que le donataire qui est en possession actuelle, mais qui n'a point pris saisine, puisse estre expulsé par l'heritier du donateur, est dans les regles; dautant que combien que cet article fasse retomber l'heritage donné en la succession du donateur, faute d'investiture, neanmoins elle donne action au donataire contre l'heritier pour l'obliger à consentir l'execution de la donation, si bien que ce seroit un circuit inutile de permettre à l'heritier de déposseder le donataire, pour ensuite l'obliger à le remettre en possession.

Mais si tels donataires, &c.] Cette Coûtume est plus rigoureuse que les autres, en ce qu'elle ne souffre pas que la tradition de fait necessaire pour la perfection d'une donation, puisse estre accomplie par la possession actuelle même du donataire. Mais aussi d'un autre côté elle est plus favorable pour les donataires, en ce qu'elle leur permet de poursuivre l'execution d'une donation contre les heritiers du donateur, au lieu que par les autres Coûtumes la donation demeure absolument nulle aussi-bien au profit des heritiers, que des autres, lors que le donateur meurt auparavant que la tradition ait esté parfaite aux termes qu'elles prescrivent.

¶ Il semble que dans les Villages de la Coûtume d'Amiens proche Beauvais, où par erreur, on se contente de prendre saisine du Receveur à qui on paye les droits: l'apprehension de fait jointe à la saisine telle qu'on l'a prise, doit suffire pour la prescription, d'autant plus que le payement de trois années de censives, suplée au défaut de saisine, & que le Seigneur est tout à fait hors d'interest.

L'acquisition faite par la femme avant le mariage ne tombe pas dans la communauté, quoy qu'il n'y ait pas de saisine ni de nantissement, dautant qu'on considere plus le titre que la possession, & supposé que le prix ait été payé des deniers de la communauté, la moitié est reprise par l'autre conjoint. M. d'Argentré art. 418. gl. 3. n. 4.

La disposition de la Coûtume de Gerberoy convient à celle de la Coûtume de Senlis, qui se contente de l'apprehension de fait du vivant du donateur; mais il doit être reglé suivant la Coûtume generale d'Amiens, où le contrat de donation, même celuy de vente, demeurent en pure personnalité, nonobstant l'apprehension de fait; mais au lieu qu'en celle de Senlis la donation demeure nulle & sans effet, même à l'égard des heritiers; ils sont tenus en celle d'Amiens des faits & promesses du défunt, mais à l'égard des creanciers hypothecaires, je croy que la regle donner & retenir ne vaut, a lieu, encore qu'il y ait eu jouïssance actuelle, le donataire ou acquereur n'ayant pas le titre que demande la Coûtume, & que s'il n'y avoit que des creanciers mobiliers, celuy qui est en possession ne pourroit pas être évincé par eux, dautant qu'étant nanti de son gage, il ne doit pas entrer en la contribution avec eux; au lieu qu'au défaut d'apprehension de fait, ni le donataire ni l'acquereur n'ont aucun droit en la chose au prejudice des creanciers, mais seulement à la chose contre les heritiers, encore qu'il n'y ait pas eu de possession.]

TITRE III,
De Testamens.
ARTICLE LV.

AVant qu'un testament puisse être reputé solemnel, est requis qu'il soit écrit & signé de la main du testateur, ou passé pardevant deux Notaires, soit d'Eglise, ou de cour laye, ou pardevant un Notaire en presence de deux témoins, ou pardevant le Curé de la Paroisse du testateur, ou son Vicaire general, & d'un Notaire, ou dudit Curé & Vicaire general, & deux témoins, ou du Maire, Bailly, Prevost de la Justice ordinaire dudit lieu, ou du Greffier de la Justice, & l'un d'eux, en presence de deux témoins, & signé desdits témoins : ou que le testateur ait declaré sa volonté en presence de quatre témoins idoines & suffisans, non legataires, & n'ayant interest audit testament, & qu'iceluy testament ait été dicté ou nommé par iceluy testateur ausdits Notaires, Tabellions, Curé, Vicaire, Prevost, Bailly, Maire, ou Greffier, en presence desdits témoins, & sans suggestion d'aucunes personnes : & depuis à luy releu en presence desdits témoins, & qu'il soit fait mention audit testament comme il a été ainsi dicté, nommé & releu. Et pour connoître qui sont les Vicaires generaux, sont tenus iceux Vicaires eux faire enregistrer és Greffes des Bailliages & autres sieges Royaux.

Et signé desdits témoins.] L'Ordonnance de Blois article 84. se contente, si les témoins ne sçavent signer, que les Notaires fassent mention de la requisition qu'ils leur ont faite de signer & de leur réponse, ce qui ne suffiroit pas en cette Coûtume, & faut que les témoins employez pour la solemnité des testamens, sçachent signer, & signent actuellement, attendu que nos Coûtumes en ce qui est du droit public, comme sont les formalitez d'un testament, ne se suppléent pas, & l'Ordonnance n'a pas entendu déroger aux Coûtumes ; en ce qu'elles contiennent une plus grande solemnité que celle qu'elle a prescrite.

Mais à l'égard de la signature du testateur, il suffit de l'interpellation faite par le Notaire, & de la réponse, dautant qu'elle n'est pas expressément requise par la Coûtume, & ainsi n'y étant necessaire qu'en vertu de l'Ordonnance ; c'est assez qu'elle y soit accomplie aux termes de la même Ordonnance, qui porte la même chose pour le testateur que pour les témoins.

Au surplus, on ne peut pas dire que la Coûtume ne desirant que la signature des témoins, elle semble exclure celle des testateurs, pour dire qu'il n'est pas necessaire qu'ils signent, dautant que ce n'est pas en vertu de la Coûtume, mais de l'Ordonnance, que la signature est necessaire.

Ou que le testateur ait declaré sa volonté en presence de quatre témoins.] Et que le testament ait été redigé par écrit, si les dispositions y contenuës excedent cent livres, attendu que depuis l'Ordonnance de Moulins qui rejette la preuve par témoins des choses qui portent consequence au-dessus de cette somme, les testamens nuncupatifs qui excedent, ne sont pas receus, quoy que les Coûtumes les admettent. Ainsi jugé en cette Coûtume par un Arrest du 28. Mars 1606. donné au rapport de Monsieur le Coigneux en la troisiéme Chambre des Enquestes.

Sans suggestion d'aucunes personnes, & de-

puis à luy releu en presence desdits témoins, & qu'il soit fait mention audit testament, comme il a été ainsi dicté, nommé & releu. Quoy que cet article ne dise pas expressément qu'il doit être fait mention que le testament a été fait sans suggestion d'aucunes personnes, neanmoins ce mot *ainsi*, induit cette necessité. Et de fait, un testament auquel il n'avoit pas été fait mention qu'il eût été fait sans suggestion, fut declaré nul par Arrest rendu contre l'Hôtel-Dieu d'Amiens, le septiéme Juin 1625. & ordonné qu'il seroit leu & publié, combien qu'il eût été justifié par une tres grande quantité d'autres testamens que les Notaires d'Amiens n'avoient pas coûtume d'employer cette clause dans les testamens qu'ils recevoient. Mais comme cet Arrest alloit à troubler la plûpart des familles d'Amiens, les Notaires du Bailliage obtinrent une Declaration du Roy le dernier Juillet 1627. verifiée au Parlement le 27. Août ensuivant, par laquelle il fut dit, que cet Arrest n'auroit lieu que pour l'avenir.

Il a été jugé par Arrest rendu en l'Audience de la Grand'-Chambre, du 8. Mars 1638. qu'un testament fait en la Ville d'Amiens, par Maître Jacques de Noyelle Prestre, decedé de la maladie contagieuse dans les vingt-quatre heures de son testament, contenant la declaration des Notaires, qu'il n'avoit signé à cause de sa maladie, sans qu'il fût fait mention qu'il en avoit été interpellé, & declaré ensuite ne pouvoir signer, fut jugé nul, & ordonné que le premier testament par luy fait en 1630. seroit executé, quoy que l'on soûtint de la part de ceux qui avoient interest de défendre le dernier testament, que la maladie contagieuse étoit un empêchement palpable & évident qui n'avoit pas besoin d'être declaré par le testateur, vû que quand il s'offriroit de signer, les Notaires ne l'y voudroient pas recevoir. Il est vray que la même question s'étant depuis presentée en la même Audience, le 5. Avril 1647. elle fut appointée, & depuis jugée pour la validité du testament, par Arrest du 7. Mars 1652. j'étois present lors de la Playdoirie, en laquelle le premier Arrest ne fut pas allegué.

¶ On repute que les témoins qui ont assisté en cette qualité au testament ne doivent pas être rejettez, sous pretexte qu'ils sont parents ou alliez aux legataires, pourvû qu'ils soient au-delà du degré de cousin germain, dautant que l'Ordonnance n'a pas lieu pour les témoins instrumentaires des contrats ou testamens, n'y ayant aucune nullité prononcée à leur égard par les Ordonnances, ni par les Coûtumes qui se contentent de marquer qu'ils ne doivent être ni legataires ni interessez.

Ces termes de la Coûtume doivent être observez à la lettre, & ceux de *persuasion* ou *induction* ne suppléent pas au défaut de celuy de *suggestion* ; neanmoins on a reputé ceux *sans être suggeré*, équipoller à ceux sans suggestion.

On a jugé que les mots *dicté* ou *nommé*, n'imposoient pas la loy à l'un des Noaires, d'écrire de sa main le testament, à cause qu'il leur étoit dicté : mais il suffit qu'ils soient presens, qu'ils approuvent & signent ce qui a été écrit par le Clerc qui est la main du Notaire. Il a été jugé en cette Coûtume par Arrest du 16. Janvier 1646. en la Grand'-Chambre, sur les conclusions de Monsieur Bignon Avocat General, rapportez au premier tome du Journal des Au-

diances, au sujet du testament d'Anselme Bazin Marchand à Amiens, que cet article voulant que le testament, outre ces mots dicté, nommé & releu en la presence des témoins, fasse mention qu'il sera ainsi releu en la presence des témoins ; c'étoit assez qu'on eut mis releu comme dit est, parce que les mots en la presence des témoins n'étant que de la solemnité intrinseque, & ayant été mis au commencement, la repetition n'en étoit pas essentielle.

Il a été aussi jugé par Arrest du 22. Decembre 1654. au même Journal en la Coûtume de Rheims, que ce n'étoit pas une nullité, que les mots sans suggestion mis au commencement avec les autres termes essentiels, n'ayent pas été repetez avec les autres en la derniere clause, parce que la Coûtume ne l'avoit pas expressément desiré comme pour la premiere clause.

Lelet sur l'art. 268. de la Coûtume de Poitou, pareille à celle-cy, prouve que celuy qui y est domicilié n'étoit pas astreint aux solemnitez requises par cet article, ayant fait un testament en celle de Boullenois devant deux Notaires sans aucunes solemnitez, attendu que la Coûtume de Boullenois n'en prescrit aucunes, & que pour les solemnitez exterieures, il suffit d'observer celles du lieu où l'Acte a été passé.]

<h3 style="text-align:center">L V I.</h3>

L'âge pour pouvoir faire testament est de vingt ans aux mâles, & aux femelles de dix-huit ans accomplis.

On demande si à cet âge de vingt ans aux mâles, & de dix-huit aux femelles, le testateur peut disposer du quint de ses propres ? Il faut répondre que oüy, parce que la Coûtume permettant indistinctement à cet âge de tester, elle l'entend de toute chose, dont elle permet de disposer par testament, nonobstant que l'article 135. cy-dessous ne repute les mâles & les femelles âgez de vingt-ans majeurs, que pour contracter de leurs meubles & acquests immeubles, & qu'il ne permette de disposer des propres auparavant vingt-cinq ans. Cet article 56.

étant particulier pour les testamens, & contenant consequemment une derogation speciale à l'article 135. qui ne regarde que les dispositions entre-vifs. Ce n'est pas que je ne trouve beaucoup à redire à la disposition de nos Coûtumes, aussi-bien que du droit Romain, qui permettent à un moribond, dont l'esprit est affoibly & travaillé de captateurs qui l'obsedent, & luy font dire ce qu'ils veulent, de disposer de plus par testament, qu'il ne peut entre-vifs & en bonne santé.

<h3 style="text-align:center">L V I I.</h3>

Il est loisible à toute personne par son testament & disposition de derniere volonté, disposer de ses biens meubles, acquests & conquests immeubles, à telle personne que bon luy semble : mais n'est loisible de disposer par testament & derniere volonté de ses propres heritages, soient feodaux ou cottiers, venus & échûs de ses predecesseurs, sinon du quint seulement, & par forme de quint viager ou heredital, selon qu'il veut donner : & ce sans déroger au quint naturel & coûtumier appartenant aux enfans puisnez : & peut en ce cas le legataire entrer en joüissance & perception de son legs, soit qu'il soit de ses propres ou d'acquests, en payant au Seigneur feodal droit de relief & chambellage : & si-ledit quint est donné simplement sans addition de viager ou heredital, iceluy quint en ce cas est tenu & reputé heredital.

A toute personne.] Capable.

Du quint seulement.] *Etiamsi non disponat de hærediis : sed tantum de certa summa, in quantum capienda esset suprà hærediis. Quidam singulis nepotibus legaverat mille ducentos francos, petebant etiam super hærediis, aliis bonis exhaustis, quod judex provisionaliter adjudicavit, hæres appellavit, judex ordinavit, hanc provisionem exequendam nonobstante appellatione, data cautione, rursus adhærendo appellatum : sed per Arrestum in publicis causarum actionibus, die Martis 17. Januarii anno 1558. causa remissa est ad consilium & interim ordinatum executionem supersedandam. Et benè : quia alioquin hæredia diffinitivè adjudicarentur per subhastationes, quod esset iniquum : ut dixi in consuet. Paris. §. 187. C. M.*

Sans déroger au quint naturel & coûtumier appartenant

appartenant aux enfans puisnez.] Le legs que fait le testateur du quint de ses fiefs, ne prejudicie pas au quint Coûtumier des puisnez; de sorte que si un pere a pour vingt-cinq mille livres de fiefs, & qu'il en legue le quint à un de ses puisnez, le legataire aura cinq mille livres pour son quint, les puisnez autres cinq mille pour leur quint coûtumier, & l'aîné les quinze mille livres restans. Heû sur cet article est d'autre avis, & que le quint datif étant levé, les quatre quints du surplus appartiennent à l'aîné, & le quint restant aux puisnez qui n'auroient par ce moyen que quatre mille livres. Mais ce seroit diminuer le quint coûtumier & naturel des puisnez, que cet article veut leur être reservé plein & entier. Et même quand il y auroit quelque ambiguité, il seroit bien juste en cette rencontre de répondre en faveur des puisnez, veu le desavantage qu'ils ont au partage des fiefs, qui est le fondement de cet article, & la raison pour laquelle il a voulu que le quint destiné par la Coûtume pour les puisnez, leur demeurât sans dimitution. ¶ Par Arrest du 24. Mars 1683. il a été jugé en la troisiéme des Enquestes en faveur du sieur Nicolas de Lestoc, qu'un pere avoit pû disposer au profit des puisnez, du quint des propres, quoyqu'ils eussent en même temps le quint naturel, & qu'ainsi ils pouvoient avoir ensemble & le quint datif & le quint naturel, l'un par succession, & l'autre comme legataires, quoyqu'il n'y ait pas d'article en cette Coûtume qui admette le prelegs en ligne directe, & encore que le testament n'ait pas expliqué la volonté du défunt; mais on a eu égard aux grands avantages des aînez; aussi induit-on des termes de cet article, qui permet de disposer des acquests feodaux, qu'on peut donner au prejudice de l'aîné un fief d'acquest, ainsi qu'il a été jugé en cette Coûtume par Arrest du 2. Janvier 1623. mais si tous les fiefs étoient acquests, on donne à l'aîné par un sage temperament la moitié de tous les fiefs pour la legitime.]

Entrer en jouissance.] Aprés avoir obtenu la délivrance avec l'heritier.

La question de sçavoir si le testateur ayant legué plus que le quint de ses propres, le legataire qui souffre le retranchement peut demander la recompense sur les meubles & acquests, que le défunt a laissé *ab intestat*, a été differemment jugée par les Arrests, & particulierement en cette Coûtume. Il y en a deux qui ont jugé contre la recompense, l'un intervenu au Roolle d'Amiens, le 20. Janvier 1631. & le second en la Grand'Chambre au rapport de M. Laisné, le 29. Fevrier 1648. touchant l'execution du testament de Maître Claude Pecoul ancien Avocat à Amiens. Il y a deux autres Arrests qui ont jugé pour l'opinion contraire, & en faveur de la récompense: le premier rendu au même Roolle d'Amiens, le 20. Janvier 1632. le second du vingt-deuxiéme Juin 1641. entre Charles Rohault demandeur en execution d'Arrest du 3. Avril 1635. & Maistre Pierre Gaillard Conseiller au Siege Presidial d'Abbeville, défendeur. Il faut voir ce que j'ay écrit sur ce sujet au dixiéme Chapitre Section 1. de la troisiéme Partie de mon Traité des Donations entre-vifs & testamentaires.] ¶ On tient que cette recompense ne peut avoir lieu en faveur des legataires que contre l'heritier *ab intestat*, qui profite des quints des propres de la même ligne dont le défunt pouvoit disposer, & des meubles & acquests, & non contre l'heritier institué, ni contre les legataires universels qui ont les biens par la volonté du défunt, ni contre les heritiers des propres d'une autre ligne, parce qu'à l'égard de ces derniers, il faudroit admettre une double fiction, & les legataires ne sont pas garands les uns envers les autres; neanmoins on tient en celle d'Artois semblable à celle-cy, que l'heritier des propres doit être recompensé par les legataires, aussi-bien que par les heritiers des biens libres qui sont obligez d'entretenir les volontez du défunt: Maillart sur Artois art. 91. n. 10.]

LVIII.

Toutefois si le testateur donne ou legue plus que ledit quint de ses propres heritages, & l'heritier le consent, telle disposition vaut: & entre le legataire en la jouissance dudit legs, en payant simple relief & chambellage seulement, ainsi que dessus, sinon qu'il y eût argent par luy déboursé & baillé.

Telle disposition vaut.] Pourvû que le consentement presté par l'heritier ait été libre, & se presume facilement en cette occasion contre la liberté, particulierement des enfans à l'égard de leur pere le testateur pouvant avec facilité intimider ses heritiers & les forcer à obeïr à sa volonté, en les menaçant de changer son bien de nature & de faire des dispositions indirectes à leur prejudice.

Argent par luy deboursé & laissé.] Parce que pour lors la donation est sujette aux mêmes droits que la vente jusques à concurrence de l'argent baillé.

LIX.

Tout quint heredital donné par entre-vifs, ou par testament sur aucun heritage, peut être racheté par le Seigneur des quatre parts, à la raison du denier vingt, dedans l'an que ledit quint aura été demandé.

¶ Le quint racheté en argent appartient à l'heritier des propres, la Coûtume permettant de le retenir en indemnisant.]

LX.

Tous les legs & donations testamentaires à ce titre apprehendez, sont censez, tenus & reputez acquests aux legataires.

Tome I. c

Aux legataires.] *Niſi aliàs ſucceſſuro mavult donum, vel legatum habere quam hæres eſſe C. M.* Cette reſolution de M. Charles Du Molin, que les legs faits à l'heritier preſomptif qui renonce à la ſucceſſion, pour conſerver ſon don, a été confirmée par Arreſt intervenu en la deuxiéme Chambre des Enqueſtes, au rapport de M. Coquelay, le 3. Avril 1635. infirmatif de la Sentence du Bailly d'Amiens, entre Charles Rohault & Pierre Gaillard, par lequel il a été jugé, qu'un fief legué par un pere à ſon fils étoit propre pour le tout & en conſequence, que le fils n'en avoit pû donner que le quint par ſon teſtament à Pierre Gaillard ſon neveu, après une enqueſte par turbes faite en execution d'un Arreſt interlocutoire, du 11. Aouſt 1632. par lequel il avoit été ordonné, qu'il ſeroit informé comme les Officiers, Avocats & Procureurs, avoient vû pratiquer cet article 60. de la Coûtume, & s'il s'entendoit, que les legs & donations teſtamentaires faites par pere & mere à leurs enfans, fuſſent cenſées & reputées propres, & ſi cela s'entendoit ſeulement pour la part & portion que l'enfant pourroit avoir *ab inteſtat,* en la ſucceſſion feodale de pere & mere, ſuivant la diſpoſition de cette Coûtume, qui ne donne aux puiſnez qu'un quint heredital ſeulement des choſes feodales, ou bien ſi tout ce qui étoit donné & legué par teſtament à un puiſné, outre ſa portion hereditaire devoit être cenſé propre & non acqueſt. J'ay écrit en un procés qui a depuis été formé en execution de cet Arreſt. § Il a été auſſi jugé en cette Coûtume par Arreſt du 3. Avril 1635. rapporté par Dufreſne ſur cet article, & par Maillart ſur Artois article 91. que le quint datif étoit propre en la ſucceſſion d'un aſcendant, de même que l'heredital.]

LXI.

L'executeur teſtamentaire eſt ſaiſi par an & jour des meubles délaiſſez par le trépas du teſtateur, ſi l'heritier n'aime mieux le ſaiſir de deniers, juſques à la concurrence de ce que monte le teſtament.

LXII.

L'executeur teſtamentaire paye les legs mobiliers, l'heritier preſent ou appellé, & peut retenir par ſes mains le legs mobilier à luy fait, mais ſi c'eſt d'immeubles, ſe doit délivrer par l'heritier, non par ledit executeur.

LXIII.

Si l'un des deux conjoints par mariage, fait un legs de quelque eſpece de meuble, tel legs doit avoir lieu pour le total de ladite eſpece, combien que la moitié dût appartenir au ſurvivant: mais les heritiers du teſtateur ſont tenus de recompenſer ledit ſurvivant de la moitié dudit meuble.

LXIV.

Toutefois ſi c'étoit meuble precieux qui fût dés long-temps de la maiſon, & venu de pere en fils, audit cas l'heritier le peut entierement retenir & avoir, en baillant au legataire l'eſtimation d'iceluy.

LXV.

Si aucun veut percevoir les fruits d'heritage à luy donné & legué par teſtament, eſt requis & neceſſaire qu'après le trépas du teſtateur il ait le conſentement de l'heritier dudit teſtateur, & autres à qui il touche, ou qu'en iceluy il ſe faſſe mettre de fait, & ſoit tenu & decreté de droit par Sentence de Juge competant, parties oüies, ou par contumace: & ſi le legs eſt mobilier, il ſe peut demander par action, comme auſſi ſe peut faire le legs immobilier.

TITRE IV.

De Succeſſions.

ARTICLE LXVI.

LE mort ſaiſit le vif ſon plus prochain heritier, habile à luy ſucceder.

LXVII.

Tant que la ligne directe dure en deſcendant, la ligne aſcendante & collaterale n'ont lieu.

LXVIII.

Tant que la ligne aſcendante dure, la ligne collaterale n'a lieu, pour le regard des meubles & acqueſts du défunt, enſemble des patrimoniaux procedans de ladite ligne aſcendante: en maniere que le pere, mere, ayeul ou ayeule ſuccedent à leurs enfans en tous leurs meubles & conqueſts immeubles: & auſſi aux propres chacun de leur côté, à sçavoir les ascendans paternels aux biens venans du côté paternel : & les ascendans maternels, aux biens venans du côté maternel.

On demande si l'acquest fait par le pere, & échû par sa succession à son fils, doit appartenir par le decés du fils à l'ayeul, ou au frere du fils. Il semble par les termes de cet article, que l'ayeul ait droit de le pretendre. Et neanmoins le contraire est plus veritable, parce que c'est un propre naissant qui ne remonte point plus haut que le pere qui l'a apporté en sa famille, & qui consequemment doit plutost appartenir au frere du fils de l'acquereur, qu'au grand-pere.

¶ On étend en plusieurs Coûtumes la disposition de l'article 230. de la Coûtume de Paris, qui donne aux pere ou mere, ayeul & ayeule survivans l'usufruit de la part qui appartenoit aux enfans dans les conquests de la communauté entre le survivant & le predecedé, en cas que lesdits pere ou mere, ayeul ou ayeule acceptent la succession mobiliaire du dernier des enfans *morbigatis solatium*, mais cette Coûtume a pourvû d'ailleurs aux avantages que les conjoints peuvent se faire.]

LXIX.

Representation en ligne directe a lieu infiniment, & viennent les enfans representans leurs pere & mere en la succession de leurs ayeux & ayeules par souches, & non par têtes, soit avec leurs oncles, ou leurs cousins germains, iceux oncles predecedez.

LXX.

Representation en ligne collaterale a lieu, jusques aux enfans dés freres & sœurs inclusivement.

En l'ancienne Coûtume la representation n'avoit point de lieu, non pas même en directe, si elle n'étoit accordée ; & faut entendre cet article, de sorte que la representation n'ait lieu, sinon quand les enfans des freres ou sœurs viennent avec leur oncle ou tante à la succession du decedé, auquel cas ils viennent par souches : mais s'il n'y a oncle ni tante vivans, ils viennent par têtes, ainsi qu'il a été jugé par divers Arrests de la Cour, suivant l'avis d'Azon, & contre l'opinion d'Accurse : ce qui ne reçoit aucune difficulté dans l'usage de cette Coûtume.

On a demandé en cette Coûtume si la representation admise par cet article a lieu à l'égard des propres ? Ce qui a donné lieu au doute est l'article 84. cy-dessous, qui porte, que *les heritages propres, feodaux, ou cottiers appartiennent au plus prochain parent.* Nous apprenons par le Plaidoyé 48. de Peleus, que la cause en ayant été plaidée entre Damoiselle Françoise le Marchant, femme authorisée par Justice au refus de Maître Anthoine Bernard Controlleur general du Roy en Picardie, contre Maistre Charles le Marchant, Pierre Fournel & Pierre Grebert, il fut ordonné par Arrest, qu'il seroit informé par turbes de l'usance de ces deux articles. Je n'ay pas pû sçavoir ce qui a été fait en execution de cet Arrest, & s'il est intervenu Arrest diffinitif. Mais je sçay bien que l'on ne doute plus maintenant dans cette Coûtume, que la representation n'ait lieu aussi-bien à l'égard des propres, que des acquests. Et en effet, cette question n'estoit qu'une pure subtilité & il est certain que cet article 70. qui est de la nouvelle reformation, doit servir à expliquer l'article 84. qui est de l'ancienne Coûtume. Aussi peut-on dire, que la representation rapproche d'un degré, de sorte que par ce moyen les neveux sont aussi proches dans le cas de representation, à l'effet de suc-

ceder que leurs oncles. Et même l'article 85. porte la même chose à l'égard des acquests, que l'article 84. pour les propres, si bien qu'il s'ensuivroit cette absurdité, si l'autre opinion avoit lieu, que cet article 70. seroit absolument inutile.

Cet article & le precedent, qui admettent la representation en directe infiniment, & en collaterale, jusques aux enfans des freres inclusivement, ont été subrogez à l'article 37. de l'ancienne Coûtume, qui contenoit une disposition toute contraire, & portoit que *par icelle Coûtume representation n'a point de lieu, si ce n'est qu'elle fût par lettres ; ou fait special traitée, faite & accordée, auquel cas elle auroit lieu.* sur lequel article, Maistre Charles Du Molin avoit fait une note conceuë en ces termes : *n'a point de lieu.*] *Etiam in linea directa de descendente, & ita de facto hîc servant, quamvis sit durum & corrigendum : nisi quod certo respectu habet rationem ; videlicet ne tam facilè liberi invitis vel inconsultis parentibus contrahant matrimonia, in quibus parentes consentientes solent jus reprasentationis futuris liberis dare. Nec opus est formula contractûs, sufficit constare de consensu vel simplici vocatione, ad reprasentandum, sive in testamento, vel codicilis, vel aliàs inter vivos. Sed quid si avus unum tantùm ex pluribus nepotibus unius filiorum pramortui vocet ad reprasentandum, legatis cæteris nepotibus ejusdem pramortui quasdam summas ? Videretur fieri non posse : quia ista nova forma reprasentationis difformis est à jure communi, quo omnes nepotes vocantur ad reprasentandum. Tamen quia ista vocatio est gratiosa pendens à voluntate vocantis ; puto illum posse adponere legem quam vult : tum prastat vel unum solum ex pluribus nepotibus vocari ad reprasentationem quam omnes excludi. Et itâ anno 1558. in terminis hujus consuetudinis, consului. C. M.*

LXXI.

Quand aucun va de vie à trépas, délaissant plusieurs enfans, fils & filles, à l'aîné mâle, & en faute de mâle, à la fille aînée appartiennent les heritages feodaux nobles, abregez ou restraints, que le défunt possedoit au jour de son trépas, à la charge d'un quint heredital aux autres enfans, si apprehender le veulent, qui se divise entr'eux par égale portion.

Si apprehender le veulent.] *Quid si quatuor secundogenitorum tres moriantur post parentem nullâ factâ declaratione : quartus ait se totum quintum habere, & quod clausula sequens intelligitur post apprehensionem, vel saltem post acceptationem ? hoc quidem favorabile est, sed pendet à modo utendi.* C. M.

Cette question contenuë en la note de Du Molin, sçavoir si aucuns des cadets mourans auparavant que d'avoir rien declaré ni accepté, les cadets survivans auront le quint entier, c'est-à-dire, si la part des predecedez leur accroîtra au prejudice de l'aîné, a pû être faite lors de l'ancienne Coûtume, sur laquelle cet Autheur a écrit, mais presentement elle est decidée par l'article 81. qui est de la nouvelle reformation, qui n'a pas seulement admis l'accroissement en faveur des puisnez, lors que quelques-uns d'entre eux decedent auparavant que d'avoir apprehendé la succession, mais même après le partage, s'ils viennent à deceder sans enfans.

Au reste, on peut dire en ce cas que la part du puisné, sur tout lors qu'il renonce, ou qu'il vient à mourir auparavant l'apprehension par luy faite de la succession, appartient aux autres puisnez, plutost *jure non decrescendi, quam jure successorio.* Et cet accroissement a toûjours été estimé si favorable, que par Arrest du 4. Janvier 1653. donné en la Coûtume de Mondidier, qui contient article 175. pareille disposition que celle-cy, il a été jugé, qu'une terre donnée par le pere à un de ses puisnez au delà de sa portion de quint, accroist par la mort de ce puisné donataire, à ses autres puisnez, jusques à sa portion de quint; sert à cecy cet article 83. de cette Coûtume.

Quid, de la sœur puisnée qui a renoncé moyennant sa dot en argent, aux successions de pere & de mere, succedera-t-elle au droit de quint de son frere puisné predecedé à l'exclusion de l'aîné ? Il semble que non, attendu qu'elle n'a jamais eu de part au quint; c'est pourquoy le mot d'accroître dont se sert la Coûtume, ne luy convient pas. Neanmoins j'estime qu'il faut distinguer; & dire, que si le puisné renonce à la succession, la sœur n'y peut rien pretendre, attendu que le droit de quint n'est pas sorty hors de la succession du pere, en laquelle elle ne peut demander aucune part. Mais lors que le droit de quint fait partie de la succession du puisné, je ne void pas de raison pour laquelle elle n'en doit être excluë; aussi peut-on dire, que l'argent qui luy a été donné est au lieu de sa portion de quint, & la recompense qu'elle a eu en deniers, ne doit pas la priver de succeder au quint de son frere puisné. En effet, je trouve qu'il a été ainsi jugé en la Coûtume de Mondidier, qui contient une disposition en l'article 175. semblable à celle cy, par Arrest intervenu en l'Audience de la Grand'Chambre, du Lundy 10. Fevrier 1653. entre le sieur de Crequy & la Dame de Lignieres sa sœur, dans cette espece: Le sieur de Crequy pere

avoir trois enfans, deux mâles & une fille. La fille du vivant du pere est mariée au sieur de Lignieres, & luy donne en dot la somme de soixante mille livres. Aprés son decés la fille se tenant à son don, laisse le quint entier des fiefs au puisné, & l'aîné prend les quatre quints: arrive le decés du puisné sans enfans, ce qui forma la contestation entre le sieur de Crequy fils aîné, & la Dame de Lignieres, pour raison du quint qui avoit appartenu au puisné predecedé, & prenoient tous deux avantage des termes de l'article 175. de la Coûtume. L'aîné pretendoit que ce quint luy devoit appartenir, parce que la Coûtume ne reconnoît en collaterale qu'un heritier pour les fiefs qu'elle donne entierement à l'aîné, que cet article ne donne les portions du quint des puisnez predecedez aux autres puisnez survivans, qu'en une rencontre particuliere, & par droit d'accroissement, qui ne peut pas avoir de lieu à l'égard d'une personne qui n'avoit pas pris de part aux fiefs, & en la succession du pere, & que c'étoit choquer les maximes, que de dire, qu'une personne qui ne prend point de part, doive profiter du droit d'accroissement. D'ailleurs, qu'il y auroit de l'injustice à juger contre sa pretention, attendu que sa sœur ayant renoncé, avoit emporté beaucoup plus que sa part, & le plus clair des biens de la succession, sans charge de dettes; & neanmoins que le puisné predecedé n'avoit point laissé de prendre le quint entier; & ainsi au lieu que la Coûtume ne defere aux puisnez pour eux tous qu'un quint, que sa sœur auroit deux quints si sa pretention avoir lieu; de sorte qu'il soûtenoit qu'elle étoit du moins obligée, si elle vouloit prendre le quint destiné par la Coûtume pour les puisnez, de rapporter à son profit la somme de soixante mille livres, dont elle avoit été avantagée en faveur de mariage. La Dame de Lignieres disoit au contraire, qu'il n'y avoit pas d'inconvenient à l'accroissement qu'elle demandoit, qu'il étoit toûjours vray de dire, que la Coûtume luy donnoit une part dans le quint, que c'étoit à cette part qui luy appartient de droit, que la portion du puisné predecedé accroissoit. Que c'étoit sans apparence que son frere aîné vouloit l'obliger à rapporter ce qu'elle avoit eu en mariage, veu qu'il s'agissoit de deux successions, & qu'il étoit inoüy de dire, qu'on fut obligé de rapporter à la succession d'un frere, ce qu'on avoit eu du pere : que c'étoit deux successions separées, & qui n'avoient rien de commun : que la Coûtume ne requeroit pas que l'on fut heritier du pere pour joüir de ce droit d'accroissement, qu'il suffisoit d'avoir été habile, que ce qu'elle avoit eu en mariage lui tenoit lieu de part hereditaire en la succession du pere, & que si elle se trouvoit plus avantagée que si elle avoit accepté la succession, que la Coûtume permettoit aux peres d'avantager leurs enfans l'un plus que l'autre. Et quoy que ce soit, que la Coûtume n'admettoit à l'aîné à succeder au quint qu'aprés le decés de tous les puisnez. Sur quoy par l'Arrest, la Cour conformément aux conclusions de Monsieur l'Avocat General Bignon adjugea le quint dont étoit question, à la Dame de Lignieres avec restitution de fruits, sans autres charges que celles portées par la Coutume.

Dans la Coutume de Paris, & autres semblables, où l'aîné prend son droit par forme de preciput & de prelegs, il a été jugé par les Arrests, que les pere & mere ne pouvoient en quelque façon que ce fust, prejudicier au droit d'aînesse, en disposant de leurs fiefs directement ou indirectement au profit de leurs cadets : parce que le preciput accordé par ces Coutumes aux aînez, est leur legitime, à laquelle les pere & mere, ou autres ascendans, ne peuvent toucher, pour en avancer leurs autres enfans : mais on a demandé, si cette Jurisprudence doit avoir lieu dans cette Coutume, en laquelle l'aîné prend les fiefs, en vertu de cet article, non point tant par preciput, que *per modum quotæ*, à la charge d'un quint heredital à

ses puisnez ? La Coutume de Mondidier voisine de celle-cy, qui a été redigée en même temps par les mêmes Commissaires, & qui est conforme pour le partage des fiefs entre les enfans, a decidé cette difficulté par les articles 107. & 169. qui permettent à toutes personnes de disposer de leurs heritages, soit feodaux ou roturiers au profit de leurs enfans aîné ou puisnez, ou autre, reservé aux autres enfans la legitime. Suivant quoy il a été jugé en cette Coutume d'Amiens, par Arrest du Lundy 2. Janvier mil six cens vingt-trois, au Roolle de la Province, seant M. le premier President de Verdun, conformément aux conclusions de Monsieur l'Avocat general Talon, plaidans P. de Cornoaille & Delamet, entre Simon & Guillaume Lestocs & consorts, en confirmant la Sentence du Bailly d'Amiens, du quinze Septembre mil six cens vingt-deux, qu'un pere avoit pû disposer du fief de Beaufort, entre ses enfans au prejudice de son aîné.

LXXII.

Auquel quint heredital n'est compris le principal manoir, pour pris & accinct dudit fief, ains demeure entierement à l'aîné, & n'y prennent rien les puisnez.

¶ Le puisné legataire du quint datif ne peut demander part dans les principaux manoirs ni en pretendre recompense sur le surplus du fief. Arrest en cette Coutume du 16. May 1637. dans Du Fresne & Maillart sur Artois, mais il pourroit l'être sur les autres biens libres, si le testateur l'avoit ordonné.]

LXXIII.

Aussi demeure & appartient entierement à l'aîné la provision & institution des Officiers, fruits & émolumens de la Justice, & presentation aux Benefices.

LXXIV.

Pour ledit aîné, si bon luy semble, recompenser ses puisnez dudit quint heredital, en autres terres de la succession de pareille valeur & estimation, s'il y en a pour ce faire.

LXXV.

Et s'il n'y a terres, le peut racheter à raison du denier vingt, & ce dedans trois ans après que ledit aîné sera parvenu en l'âge de vingt cinq ans : & ledit temps passé, n'y sera plus receu.

A raison du denier vingt.] L'interest de l'Ordonnance pour les rentes constituées & autres sommes de deniers qui produisent interest, étoit lors au denier douze, sur lequel pied le fond de terre en fief a été estimé au denier vingt par cette Coutume, sçavoir si à present que l'interest est monté au denier dix-huit, l'estimation portée par cet article, doit augmenter à proportion ? L'affirmative est susceptible de beaucoup de raison & d'équité, attendu que les puisnez sont déja fort mal partagez par cette Coutume, sans leur faire perdre sur le veritable prix de leur portion hereditaire aux fiefs qu'ils sont obligez d'abandonner à leur aîné : l'intention de la Coutume n'ayant pas été de leur rien ôter de leur portion, mais de les recompenser de ce qu'ils quittent, suivant sa juste valeur, en leur donnant moyen d'acheter un autre heritage de pareille qualité, ce qu'ils ne peuvent pas faire, en les obligeant de se contenter du denier vingt, les heritages augmentant de prix, à mesure que l'argent qui est le prix de toutes choses, augmente, & sans doute, qu'il n'y a pas de comparaison d'une rente au denier dix-huit, qui periclite tous les jours,

& qui oblige le creancier à veiller incessamment avec un fief au denier vingt. Neanmoins l'usage étant demeuré au contraire, on auroit de la peine presentement à faire reüssir cette opinion, quoy que juste, & semble qu'il faudroit une declaration particuliere expresse pour ce sujet : Combien que ces articles de nos Coutumes qui contiennent de semblables estimations, n'ayent pas eu intention de statuer, mais seulement d'estimer sur le prix courant des choses au temps qu'elles ont été redigées & qui charge avec le temps, & que l'on puisse dire, que les Declarations du Roy qui ont haussé l'interest, contiennent une derogation à cet article.

Au denier vingt.] Il semble en tout cas, que l'on pourroit soutenir que cette estimation ne doit estre entenduë que des simples fiefs, & non pas des terres qualifiées de Baronnies, Comtez, Marquisats ou Duchez.

Et ce dedans trois ans.] Jugé par Arrest du 20. Decembre 1638. rapporté au Journal des Audiences, que les trois ans courent du jour de l'ouverture de la succession, & non du jour du partage, lors que l'aîné est majeur au jour du décés du pere.

Aprés que ledit aîné seraparvenu en l'âge de vingt-cinq ans.] *Quid*, si l'aîné venant à mourir en minorité, delaissant un enfant mineur, les trois ans courront-ils pendant cette seconde minorité? Il faut dire que non, pour pareille raison. Comme aussi si l'aîné avoit été prisonnier de l'ennemi pendant ces trois ans, & en tout autre cas de necessaire & invincible empêchement.

LXXVI.

Pendant lequel temps de faculté de rachat, lesdits puisnez sont tenus user dudit quint, comme bon pere de famille, sans rien demolir, ne coupper les bois de haute fustaye.

LXXVII.

Pour ledit rachat ne sont dûs aucuns profits seigneuriaux au Seigneur dont le fief est mouvant.

LXXVIII.

Si l'aîné rachette ou recompense ledit quint, il est reüny au fief principal, pour être un seul fief, & non deux.

LXXIX.

Le puisné releve ledit quint de son aîné pour la premiere fois, & ne paye pour icelle aucun droit de relief: mais par aprés ledit quint & chacune portion d'iceluy, se doit relever du Seigneur, dont le total du fief est tenu, & se paye par chacun tel relief, & se fait semblable service pour ledit quint, & chacune portion d'iceluy, que devoit le total dudit fief.

Le puisné releve ledit quint de son aîné pour la premiere fois.] *Quid*, si l'aîné a recompensé son puisné en un fief de la succession, auquel il n'a aucune part, ou qu'il n'en ait que la moindre portion, & son cadet la plus grande, en consideration de ce que l'aîné a retenu les principaux fiefs pour les quatre quints? Si l'aîné n'a aucune part, j'estime qu'il n'y a pas de difficulté, que les puisnez ne peuvent pas relever de luy, puis qu'il ne peut pas faire la foy & hommage pour ses cadets d'un fief auquel il ne possedoit rien. Au second même la raison de la Coutume cessant, il s'ensuit que sa disposition ne doit pas avoir de lieu.

Et se paye par chacun tel relief. &c.] *Hoc est*, à proportion.

LXXX.

Ledit quint est tenu aux charges & dettes de la succession, *pro rata* de l'émolument tant seulement.

Arrest au rapport de Monsieur de Grieu, le septiéme Septembre 1604. entre Jacques de Belloy, sieur d'Amy appellant, &
de Margival Damoiselle de Salancy, intimée par lequel a été jugé en la Coûtume d'Amiens, qu'en succession collaterale, les puisnez payeroient les dettes *pro portionibus hareditariis*, & non *pro modo emolumenti*, bien qu'en cette Coutume les puisnez ne prissent rien aux fiefs en succession collaterale, & qu'ils appartinssent en tout & par tout aux aînez, & ce aprés avoir fait enquestes par turbes, par lesquelles il fut rapporté, que le 80. article de la Coûtume d'Amiens, par lequel en ligne directe les puisnez qui ne prenoient que le quint des fiefs, n'étoient tenus qu'à raison de ce quint, s'entendoit quand il n'y avoit ni meubles, ni rotures, & encore en ligne directe seulement. Mais quand il y avoit meubles & rotures, soit en ligne directe soit en ligne collaterale, que les puisnez étoient tenus des dettes *pro portionibus hareditariis*, sans avoir égard à ce que les aînez avoient de plus en fiefs. Il a encore été jugé davantage par cet Arrest, parce que la Damoiselle de Salancy puisnée, offroit de renoncer aux rotures qui étoient sous la Coûtume d'Amiens, se tenant aux partages des biens qui étoient scis en d'autres Coutumes. Car sans avoir égard à ses offres, il a été dit, qu'elle payeroit des dettes *pro portione hareditaria*, & non *pro modo emolumenti*; pour ce qui étoit de la Coutume d'Amiens, donnant à l'aîné par preciput les fiefs, à l'exclusion des puisnez, les fiefs qui étoient situez en la Coutume d'Amiens, ne viendroient pas en estimation, & ne seroient pas comptez pour le payement des dettes, & ne pourroit l'aînée être tenuë de payer plus de dettes que sa sœur puisnée, en consideration des fiefs qu'elle prenoit en ladite Coutume. Et ainsi avoit-il été jugé pour de Haraucourt en la Coutume de Chaulny, S. Pol, & Artois, bien qu'il y eût autre Arrest du 6. Fevrier 1577. en execution d'autre Arrest, du 11. Fevrier 1576. entre Antoinette des Essards, par lequel bien qu'il y eût rotures, les parties avoient été neanmoins condamnées à payer pour raison de l'émolument. Mais cet Arrest fut donné en ligne directe, & si la Sentence du Bailly d'Amiens qui avoit été infirmée, jugeoit le contraire. Il y avoit encore un autre Arrest, produit en ce procés, donné au rapport de Monsieur le Coigneux en la troisiéme Chambre, le seize Fevrier 1602. en la succession de Choqueuse, par lequel il avoit été jugé, que les dettes se payeroient à raison de l'émolument, mais nous voyons par le narré de l'Arrest que cela avoit été jugé entre les parties, sans qu'elles y eussent contesté. Cette note est extraite du chapitre 83. de la Centurie premiere de Monsieur le Prestre.

Monsieur Loüet lettre D, nombre 16. fait aussi mention de l'Arrest de Haraucourt, &

dit, qu'il a été prononcé en robbes rouges, le 24. May 1577. entre Philippes de Longueval fieur d'Haraucourt, & Jean de Goüy Vicomte d'Arcy, où il a été jugé, ce dit-il, qu'és Coutumes où le droit d'ainesse, n'étoit qu'és biens feodaux, & non roturiers, comme és Coutumes d'Amiens, d'Artois, Coucy, Clermont, les dettes fe payeroient *pro portionibus hæreditariis*, encore que les puisnez n'eussent qu'un quart. L'Arrest contient les moyens. Il ajoûte, *Sit igitur regula si primogenitus jus præcipui habeat in quota parte totius hæreditatis, æs alienum exolvit pro modo emolumenti, si verò in certis tantùm corporibus, non in omnibus bonis, putà si tantùm in feudis, pro portione hæreditaria tantum, non pro modo emolumenti æs alienum agnoscit,* ce font les Arrests de Longueval & du Bellay.

La Jurisprudence établie en vertu de ces Arrests, est fort extraordinaire, tant à l'égard de la ligne directe, que de la collaterale. Et en effet, pour ce qui est de la directe, elle est précisément contraire à la disposition de la Coutume, qui parle indistinctement, & oblige l'aîné à payer sa part des dettes à proportion de l'émolument & des quatre quints qu'il prend dans les fiefs; de sorte que c'est un vain échappatoire de dire, que cette disposition ne s'entend, que quand il n'y a aucuns meubles ni rotures dans la succession, vû que la loy ne distingue pas, & il est fort étrange, qu'un arpent de roture fasse qu'un fief de cent mille écus se partage contre la disposition de la Coutume, pour ce qui est du payement des dettes: & les puisnez font déja assez defavantagez en cette Coutume, sans introduire encore contr'eux une interpretation qui détruit le sens de cet article, qui a sa raison particuliere, laquelle resulte de ce que, comme il a été observé cy-dessus en la note de l'article 71. l'aîné ne prend pas tant les quatre quints par preciput, que *per modum quota*; cette Coutume donnant tous les fiefs à l'aîné, à la charge d'un quint heredital aux puisnez.

Pour ce qui concerne la collaterale, l'aîné prenant tous les fiefs, à l'exclusion des autres heritiers, qui en demeurent absolument exclus, il est bien raisonnable qu'il demeure aussi obligé de contribuer aux dettes, à proportion des fiefs qu'il prend seul, suivant ce qui a été jugé dans les autres Coutumes, puisque celle-cy ne dit rien de contraire, & ce double avantage en la personne de l'aîné, de profiter de tous les fiefs, & de les prendre sans charge de dettes, est exorbitant contre le droit commun, & le sens de cette Coutume.

¶ On tient en la Coutume de Mondidier, que ces mots de l'article 198. sur les terres & meubles, doivent faire répandre les dettes non mobilieres sur tous les biens, & qu'ils établissent une proportion, en égard à ce que chacun a dans les mêmes biens, & il a été jugé en consequence par Arrest du 30. Aoust 1625 entre les sieurs de Bournonville, que les dettes seroient payées entre l'aîné & les puisnez à proportion de l'émolument, même pour les fief où l'aîné prend les quatre quints.

Il a été aussi jugé en la Coutume de Mondidier, que les dettes se payeroient à raison de l'émolument par Arrest du 7. Septembre 1630. sur un appointé à mettre entre Claude de Bellot Elmer, & Messire Charles de Chellon sieur d'Amy.

Par Arrest du 11. Janvier 1671. il a été jugé en la Grand'-Chambre sur les conclusions de Monsieur Talon Avocat general en la Coutume de Ponthieu, qu'un pere ayant reduit son aîné à ce qu'il ne luy pouvoit ôter, & donné le surplus aux puisnez; l'aîné ne devoit contribuer aux dettes que subsidiairement; & après que les meubles & acquests auroient été absorbez; & que s'ils n'étoient suffisans, elles seroient payées sur les propres entre l'aîné & les puisnez, à raison de l'émolument; dautant que la Coutume ne permet d'aliener les propres sans une necessité jurée.

LXXXI.

La part des puisnez qui s'abstiennent d'apprehender ledit quint, ou l'ayant apprehendé, décedent sans enfans, ou sans en avoir autrement disposé, accroist aux autres puisnez qui la veulent apprehender, & non à l'aîné: mais si tous étoient décedez sans enfans, & sans en avoir disposé, lesdites portions retournent & font réünies au fief dont elles font parties, pour être un seul fief & non plusieurs.

Accroist aux autres puisnez.] Combien que ce soient filles, qui par leur contrat de mariage ont renoncé aux successions futures de leur pere & mere, lesquelles succedent au quint de leurs freres puisnez qui viennent à deceder à l'exclusion de leur aîné, sans même que l'aîné puisse les obliger à rapporter en ce cas les dots qu'elles ont reçües en argent. Jugé en cette Coutume, & en celle de Peronne, qui contient une disposition semblable en l'article 175. par Arrest du 10. Fevrier 1653. intervenu en l'Audience de la Grand'-Chambre, au roolle d'Amiens, entre Dame Marie de Crequy, femme de Messire François des Essars, Chevalier, Seigneur de Lignieres, d'une part; & les enfans de Messire Jean-Baptiste de Crequy son frere aîné, d'autre part.

Maître Julien Brodeau en son Commentaire sur Monsieur Loüet, lettre D, nombre 13. après avoir établi que les legs particuliers qui font sans effet, à l'égard de ceux en faveur desquels ils avoient été faits, accroissent aux legataires universels; ajoûte que sur les mêmes raisons est fondée la decision de la Coutume d'Amiens, article 81. & des autres Coutumes voisines, qui decident, que la part des puisnez qui s'abstiennent d'apprehender le quint heredital des fiefs, ou l'ayant apprehendé, décedent sans enfans ou sans avoir disposé, accroist aux autres puisnez qui le veulent apprehender, & non à l'aîné qui n'y peut rien pretendre, sinon en cas que tous les puisnez decedent sans enfans, & sans en avoir disposé, *quando tota hæreditas vacat*, pour user des termes de la loy *quidam* 30. *in fi. de vulg. & pup. substit.* Le quint heredital est une legitime coutumiere qui appartieut folidairement & pour le tout à chacun des puifnez, lefquels font fubftituez les uns aux autres, jufqu'au dernier à l'exclufion perpetuelle de l'aîné, *& omnes unus funt & pro uno habentur*, comme en l'efpece de la loy *Attius*, *11. de hæred. inft. & de la loy fi nepotes 7. de collat. bon. & concurfu tantum partes fiunt.* La portion de chacun des puifnez n'étant point actuelle ni divifée, mais habituelle & poteftative, dont les parts qui euffent pû appartenir à ceux qui s'abftiennent & renoncent, ou qui decedent fans enfans, & fans en avoir difpofé, demeurent aux autres puifnez, non par droit d'accroiffement, comme la Coutume dit improprement, mais plûtoft par non decroiffement, *jure non decrefcendi.* Ce qui doit avoir lieu, non feulement au quint heredital, mais auffi au quint datif, c'eft-à-dire, en ce qui a été donné par les pere & mere à leurs puifnez prevenans l'office de la Coutume, au lieu & jufques à concurrence de leur quint, comme étant fubrogé au lieu du quint heredital, & fujet aux mêmes regles & maximes, & comme la provifion & difpofition de l'homme fait ceffer celle de la loy & de la Coûtume, en ce qui ne choque point le droit public; ainfi lors que le particulier fait un acte ou un contrat relatif à la Coutume, il feroit le même effet que feroit la Coutume, ceffant fa difpofition, comme a fingulierement decidé M. Charles Du Molin fur la Coutume de Tours, article 268. *add. inf. S. nu.* 10. ce qui a ainfi été jugé par Arreft provifionnal, du Jeudy 14. Mais 1650. Monfieur le Jay Prefident, moy plaidant, pour Gafpard François & Georges de Godefchard puifnez, appellans du Bailly d'Amiens, & demandeurs en évocation du principal, & Chamillart pour Meffire Antoine d'Afcheu, Chevalier Seigneur de Foucancourt, aîné, intimé & défendeur, touchant la terre & feigneurie de Querieu donnée à tous les puifnez pour leur quint heredital par leur mere, & depuis par l'Arreft diffinitif donné en la Grand'-Chambre au rapport de Monfieur Camus, le 12. Juillet 1631. Le même jugé en la Coutume de Peronne, Mondidier & Roye, fur l'interpretation de l'article 175. encore que le pere par les contrats faits avec fes puifnez, leur eut baillé à chacun au lieu de leur quint un fief entier à part & divis, de forte qu'ils n'avoient rien poffedé en commun & par indivis, par Arreft du Mardy matin quatrième Janvier mil fix cent trente-trois, ledit fieur Premier Prefident le Jay feant, plaidans J. Gaillard pour Meffire Charles de Mouchy Baron de Longueval, appellant & demandeur, & Moy pour Dame Charlotte de Mouchy, femme de Meffire Adrien de Crequy, Chevalier Seigneur de la Creffonniere intimée & défendereffe, conformément aux conclufions de Monfieur l'Avocat General Talon. La même interpretation a été donnée à l'article 226. de la Coutume d'Anjou, par Arreft donné en la Chambre de l'Edit, au rapport de Monfieur Mandat, le vingtfix Avril 1636. infirmatif de la Sentence du Senéchal d'Anjou, ou fon Lieutenant à Angers, du vingt-deux Juin mil fix cens trente, après enqueftes par turbes faites en la Ville d'Angers, par lequel Arreft, la part & portion du puifné eft declarée accruë aux autres puifnez, à l'exclufion de l'aîné. Daniel, Ifaac & Jean de Jui-

gné parties plaidantes. Les Turbiers avoient répondu tout d'une voix, que la part de René puifné decedé, ne devoit demeurer à l'aîné, ains joûite à la portion des autres puifnez qui poffedoient leur bien-fait enfemblement jufques à ce qu'ils fuffent tous decedez. Ce font les termes du fieur Brodeau.

Il eft neceffaire d'obferver, que dans l'ufage de cette Coutume d'Amiens, auffi-bien que dans celle de Mondidier, le quint datif n'eft pas proprement celuy qui eft donné pour tenir lieu du quint heredital, mais le quint que les peres & meres peuvent donner à leurs puifnez par leurs teftamens, outre & par-deffus le quint heredital. Ce qu'étant fuppofé, il paroît que les Arrefts rapportez par le fieur Brodeau, n'ont pas jugé la queftion touchant le quint proprement datif, à l'égard duquel même j'eftime que la décifion doit être contraire, & que les puifnez ne peuvent pas le pretendre par droit d'accroiffement au prejudice de leur aîné, mais que l'un des puifnez venant à deceder, la part qu'il avoit dans les fiefs, à caufe du quint datif, doit appartenir entierement à l'aîné, en vertu des articles 84. & 85. cy après, dautant que cet article 81. n'ayant introduit cette prerogative particuliere en faveur des puifnez, que pour le quint heredital, il ne peut pas être étendu au-delà de fes limites, ni avoir lieu à l'égard du quint datif, dont cet article ne parle point, lequel confequemment doit être gouverné par la difpofition generale des autres articles, & le furplus des fucceffions.

Les termes de cet article qui porte, que la portion que les puifnez predecedez avoient au quint, accroît aux puifnez furvivans, donné lieu à la queftion, de fçavoir fi les puifnez peuvent pretendre ce droit fans fe porter heritiers de leurs freres & fœur predecedez? Si on s'arrête abfolument à la lettre, & à ce qu'écrit le fieur Brodeau, lequel encheriffant fur le texte, dit que les portions des predecedez appartiennent aux furvivans, plûtôt par droit de non décroiffement, que d'accroiffement, il faut répondre pour l'affirmative, parce qu'il eft conftant qu'il n'eft pas neceffaire dans les principes de cette matiere, que celui qui profite en vertu du droit d'accroiffement, ou de non décroiffement, fe porte heritier de celui dont la part lui accroît. J'eftime neanmoins que pour réfoudre cette queftion, il faut diftinguer, & dire, que fi quelques-uns des puifnez renoncent, leurs parts appartiennent aux autres puifnez par droit d'accroiffement, ou de non décroiffement, ce qui n'importe, fans qu'ils foient obligez de fe porter heritiers de ceux qui renoncent, attendu que par le moyen de leur renonciation, ils font réputez n'avoir jamais rien eu au quint dont il s'agit. Mais fi tous les puifnez acceptent, & qu'enfuite quelques-uns d'entr'eux viennent à deceder fans enfans, & fans avoir difpofé des portions qu'ils avoient au quint, je ne fais pas de difficulté, que les furvivans ne peuvent rien y pretendre qu'en fe portans heritiers des puifnez predecedez, & qu'il faut dire, que les portions accroiffent en ce cas par droit de fucceffion, *ab inteftat*, dautant que le droit d'accroiffement en matiere de proprieté n'a jamais lieu feul, & fans le benefice de la fucceffion, que quand quelques-uns ques-uns de ceux qui étoient appellez conjointement à la chose, n'y ont jamais pris aucune part, & ce droit cesse dès le moment que la chose a appartenu à plusieurs, ainsi que j'ai fait voir amplement en mon Traité des Donations, partie 3. chapitre 4. Aussi cet article suppose-t'il assez que les survivans ne trouvent ces portions que dans les successions des prédecedez, en ce qu'il ne les leur donne qu'en cas que les prédecedez n'en ayent pas disposé. Et d'ailleurs il s'ensuivroit autrement, si ces portions appartenoient aux survivans par droit d'accroissement ou de non décroissement, que les prédecedez n'auroient été que simples usufruitiers, &e qui est contraire à l'intention de la Coûtume. Que si le decès de l'un des puînez arrivoit auparavant que d'avoir declaré sa volonté sur la succession de son pere, qui lui étoit déferée, pour lors le droit qu'il avoit d'apredender ou de renoncer, se rencontre dans sa succession desorte que ses creanciers peuvent obliger ses freres à se porter heritiers de leur pere au nom de leur frere prédecedé, si la succession du pere est avantageuse, en ce cas la portion de leur frere leur appartiendra à titre de succession, & non pas simplement en vertu du droit d'accroissement. Le quint datif ne comprend pas non plus que le naturel, la cinquiéme partie du principal manoir, ni de l'estimation du droit de patronage, ni de l'institution des Officiers, & il n'en est dû aucune recompense.

Le legs du quint datif en faveur d'un décendant qui n'est pas habile à succeder, ne laisse pas de lui être propre, & il n'est dû que le droit de relief par ce legataire, quoiqu'il ne soit pas l'heritier apparent & plus proche à succeder.

L'enfant legataire du quint datif peut se mettre en possession sans demander la délivrance ; mais il ne gagne les fruits que du jour qu'il s'est mis en possession, ou qu'il a demandé la délivrance, quoique le puîné possede deux quints à titres differens, il se fait une union de ces deux parts dont il n'est dû qu'un seul droit de relief.

Le legataire du quint datif, quoiqu'heritier du quint hereditaire, contribuë aux dettes à proportion de l'émolument ; mais il est acquitté des dettes mobiliaires par l'heritier des meubles.

Quoique que le testateur n'ait pas legué spécifiquement le quint datif, il doit être fourni par l'heritier au défaut des meubles & acquets.

En cette Coûtume les parts de ceux qui meurent ou qui renoncent, accroissent aux puînez dans le quint naturel, & non dans le datif, au lieu qu'en celle d'Artois, les parts de l'un & de l'autre quint accroissent à l'aîné seul; d'autant qu'ils tiennent lieu d'alimens, dont la prestation finit par la mort.]

LXXXII.

Les autres biens meubles & immeubles cottiers & roturiers d'acquest, ou de propre, se divisent également entre lesdits enfans.

Egalement.] *Non est hic locus representa-tioni, nec duplicitati vinculi, ut consilio meo indicatum fuit die 26. Januarii 1535. inter Johan-nem le Testu, patruum defuncti & Honoratum la Grene, nepotem ex sorore germana : adjudicavi patruo non solum medium* des meubles & acquêts du défunt, mais aussi la moitié des heritages cottiers ou roturiers qui ont appartenu à l'ayeul paternel dudit défunt, & la totalité des fiefs qui ont appartenu audit ayeul paternel. Et audit Honoré l'autre moitié desdits meubles & acquêts, & moitié desdits roturiers anciens, avec la totalité des acquêts faits par le pere du défunt, *etiam* feodaux, & totalité des heritages maternels dudit défunt: *Et quamvis argutiis Do. Petri Stella tum novi in Senatu Parisiensi quo appellatum erat Consiliarii, juris quidem periti, sed praxis & consuetudinum expertis Senatus de multis dubitaverit, & confusis testimoniis inquisiverit supervacuo, tamen ea sententia tandem solemni Arresto confirmata fuit, die 13. Martii anno 1539. ante Pascha, concurrunt ergò in bonis indifferentibus tanquam pares in gradu: sed in herediis quisque accipit ea qua sunt sui lateris non habita ratione duplicitatis vinculi ut* Bal. *Phi. Corn. l. 1. C. de legit. hæred. dixi in annotat. ad Alex. consf. 9. in fi. li. 5. & l. 2. in prin. nu. 18. D. de verb. oblig. in lectione Dolana.* C. M.

Cette note de Maître Charles du Molin qui à écrit, comme il a été remarqué sur l'ancienne Coûtume, est remarquable pour la décision de tout plein de choses en une succession colla-

Tome I.

terale échûë en cette Coûtume à l'Oncle & au Neveu du défunt, disant avoir été jugé par son avis: 1. que l'Oncle & le Neveu issu d'une sœur germaine du défunt, partageroient également & par moitié les meubles & acquêts de la succession, attendu qu'ils étoient égaux en degré, & qu'il n'y a point lieu au double lien en cette Coûtume ; ce qui est presentement decidé par un article exprès, qui est le 86. de cette nouvelle reformation. 2. Qu'ils diviseroient aussi par moitié les heritages roturiers provenus de l'ayeul paternel du défunt, parce que l'Oncle & le Neveu décendoient tous deux de cet ayeul paternel, qui avoit mis les heritages dans la famille, ainsi il n'y avoit pour ce regard aucune raison de difference entr'eux. 3. Qu'à l'Oncle seul appartiendroient tous les fiefs échûs de côté-là ; c'est à sçavoir en qualité d'aîné, en vertu de l'article 84. ci-après, il en eût été de même en vertu de l'article 85. pour les fiefs acquis par le défunt, s'il y en eût eu dans la succession. 4. Que le Neveu auroit seul la totalité des acquêts faits par le pere du défunt, parce que c'étoit un propre naissant du défunt, auquel le Neveu succede à l'exclusion de l'Oncle, attendu que le Neveu est issu de celui qui le premier a mis l'heritage dans la famille, au lieu que l'Oncle ne lui étoit que collateral; ce qui donne lieu à la préference du Neveu contre l'Oncle, quoiqu'ils soient en parité de degré, du côté d'où les propres procedent, Cela a été depuis peu jugé, conformement à l'opinion de du Molin, par Arrest celebre, donné au raport de M. le Boult, en la

d

Coûtume de Paris, le 24. Mars mil six cens quarante-six, de sorte que cette question ne reçoit plus de difficulté. 5. Que le Neveu auroit la totalité des heritages maternels, d'autant que l'Oncle n'étoit point parent de ce côté-là. Et enfin, quant à la remarque qu'il avoit faite, que la representation n'avoit point de lieu en cette Coûtume, elle est maintenant détruite par les articles 69. & 70. de la nouvelle Coûtume qui ont introduits la representation aux termes de droit, tant en ligne directe, que collaterale, mais non pas le double lien. ¶ L'exclusion en faveur de ceux qui sont décendus de l'acquereur, ne peut pas avoir lieu en faveur de ceux d'une même tige, contre les autres décendans de l'acquereur qui se trouvent aussi proches suivant un Arrest du 11. Decembre 1674. au rapport de Mr. de Salo en la premiere des Enquêtes, entre Damoiselle Marie-Martin, femme du sieur Lagant Avocat, & Damoiselle Anne-Martin, femme du sieur Portail Avocat, contre les sieurs & Damoiselle Boucher.]

LXXXIII.

Quand pere ou mere donnent à aucuns de leurs enfans puisnez, rente hereditale pour leur portion de quint, encore qu'elle ne soit realisée & hypothequée, elle est reputée heritage, & de telle nature & condition qu'eût été le quint des fiefs de pere & mere qui fût advenu audit puisné par leur decés.

Rente hereditale.] Ce n'est pas à dire, comme on pourroit d'abord se persuader, qui procede de succession & d'heredité, mais qui appartienne en proprieté à celui de la succession duquel il s'agit, ce mot étant par cette Coûtume opposé à celui d'usufruit.

Encore qu'elle ne soit réalisée & hypotequée,] C'est une question importante en cette Coûtume, de sçavoir si les rentes non réalisées & hypothequées, sont meubles ou immeubles pour autre effet que celui porté par cet article? Il y a deux puissans argumens pour faire juger que l'esprit de cette Coûtume a été de mettre au nombre des meubles les rentes non realisées, le premier resulte de ce que cet article les répute immeubles pour un effet particulier, & par forme d'exception, à la disposition generale de cette Coûtume, attendu que si elle les eût consideré comme immeuble universelement, il eût été inutile d'établir en particulier par cet article qu'elles sont reputées telles entre les puînez, lorsqu'elles leur sont baillées, au lieu de leur droit de quint. La deuxiéme de l'article 85. lequel faisant une énumeration generale de tous les biens qui appartiennent au plus prochain par droit de succession, il met au rang des immeubles les rentes realisées, & comprend tacitement les rentes, non realisées sous le nom de meubles par une espece d'opposition, & par la declaration qu'il fait de ces deux sortes de biens, en mettant d'un côté les rentes realisées, & d'un autre les meubles, sans qu'il y ait aucun autre mot que celui de meuble, sous lequel les rentes non realisées puissent être comprises, *& les cottiers, cens & rentes realisées & non infeodées, ensemble les meubles appartiennent, &c.* Neanmoins je trouve un Arrêt parmi les Arrêtez de la cinquiéme Chambre des Enquêtes, du dix-huit Decembre mil six cens quatre, où il est fait mention qu'il a été jugé en la Coûtume d'Amiens, que les rentes constituées sont censées & reputées immeubles entre les heritiers du debiteur, encore qu'elles soient realisées & nanties, combien que par l'article 137. de cette Coûtume, elles soient censées pures personnelles, & mobiliaires, & n'engendrent aucune hipotheque, ni droit réel pour le regard du Seigneur & creancier, si elles ne sont realisées & nanties en la forme prescrite par la Coût. Quoique cet Arrêt soit en quelque façon contraire à l'esprit de cette Coûtume ; j'estime toutefois qu'il est juste & qu'il doit être suivi, d'autant que notre Jurisprudence en general, touchant la nature des rentes constituées est absolument changée depuis la redaction de nos Coûtumes, & en effet, premierement, au lieu que d'abord on n'estimoit pas qu'une rente pût être valablement constituée que par celui qui possedoit des immeubles, & qui faisoit un assignat particulier sur son fond, le frequent usage de cette espece de bien, & la commodité que le public en a reçu, a depuis fait abandonner cette maxime, & les rentes qui sont constituées par les personnes qui ne possedent aucun immeuble, vont presentement d'un pas égal parmi nous, avec les rentes qui ont pour leur sureté & leur assignat une hypoteque speciale. En second lieu, comme dans le commencement notre Jurisprudence Françoise ne connoissoit pas d'autres immeubles, que les heritages & les fonds de terre, ont crû que les rentes constituées ne pouvoient trouver leur place que parmi les meubles ; mais dans la suite du tems on a crû qu'une rente constituée pouvoit devenir immeuble par un assignat réel sur un heritage, & enfin comme l'on a vû que les rentes constituées étoient reputées immeubles, en un cas on s'est mis en peine de chercher des raisons pour les rendre immeubles en quelque cas que ce fut, & on a commencé à dire que ce n'étoit pas l'hipoteque ni l'assignat qui rendoient la rente immeuble ; mais son cours & la continuité, ainsi que j'ai établi dans la remarque que j'ai faite sur l'article deux cens un de la Coûtume de Senlis, desorte que nous tenons maintenant pour maxime generale & constante, que les rentes constituées, quoique dûës par personnes qui ne possedent que des meubles, sont immeubles pour tous effets, si les Coûtumes n'y dérogent expressément. D'où il resulte, que les argumens négatifs qui se tirent des articles de cette Coûtume, pour faire mettre au rang des meubles les rentes non realisées, ne sont pas suffisans, & il faudroit qu'il se trouvât dans cette Coûtume une disposition expresse pour ce sujet. Tellement qu'il faut conclure suivant le principe qui resulte de l'Arrêt & de la regle que je viens d'établir, que les rentes, quoique non realisées & hipotequées, ne laissent pas de devoir être reputées immeubles en cette Coûtume pour tous les effets ausquels elle n'a pas spécialement dérogé.

De telle nature & condition qu'eût été le quint des fiefs.] C'est-à-dire, pour appartenir aux puînez par accroissement aux termes de l'article 81. duquel celui-ci fait la suite. Mais que dirons-nous en autres cas, cette rente sera-t'elle censée propre, & même feodale : Par exemple, s'il est question de la partager entre collateraux : Quant à la qualité de propre, il n'y a pas de doute que la rente reputée immeuble, ainsi que nous le venons d'établir, elle devient absolument propre dans la succession du fils, sans aucune fiction, mais comme la qualité de rente feodale ne lui est donnée dans l'espece de cet article que par fiction, & la fiction dans les regles ne devant operer que dans son cas, il s'ensuit que hors de l'espece de cet article, la rente dont nous parlons est dépouillée de la qualité feodale, & reprend sa veritable nature. ¶ La rente quoique rachetable & non hipotequée est immeuble en cette Coûtume en la succession du creancier, s'il demeuroit en cette Coûtume lors de son decès, dau-

tant que s'il avoit été établir son domicile en Artois, la rente fût devenuë mobiliaire. Nous croyons aussi en la Coûtume de Senlis, qu'une rente non ensaisinée pour laquelle le creancier ne vient que par contribution sur les fonds avec les creanciers de pareilles rentes étant saisie, les creanciers en touchent le prix par ordre d'hipoteques, sans avoir besoin de saisines ; ce qui a lieu même pour les creanciers exerçans les droits de la femme en sous-ordre, sur ses actions reputées immobiliaires ; il semble que la même chose devroit avoir lieu pour les rentes constituées par écrit sous seing privé qui sont immeubles dans la succession ; mais il seroit trop facile de faire commuer les dettes simples par un debiteur oberé en écrits, portant alienation pour en faire toucher le prix aux creanciers hipotequaires, même de suposer & faire antidatter de pareils écrits privez, même en vûë de la succession ; on les peut faire faire au nom d'un défunt, à qui on succede pour rendre la rente propre.]

LXXXIV.

En ligne collaterale les heritages propres feodaux ou cottiers venus & échus au defunt par succession de ses predecesseurs, appartiennent au plus prochain parent d'iceluy défunt, du costé & ligne dont lesdits heritages luy sont écheus, encore que d'un autre costé il en eut un autre plus prochain : c'est à sçavoir les fiefs, soient nobles, abregez, ou restraints à l'aîné mâle : & en faute de mâle, à l'aînée femelle, & les heritages cottiers & roturiers, cens & rentes realisées, & non infeodées, appartiennent tant à l'aîné mâle ou femelle, qu'aux autres puisnez en pareil degré, chacun d'eux par égale portion.

L'aîné mâle, ou l'aînée femelle, succede aux fiefs en collaterale par cet article. Ce qu'il faut entendre hors le cas d'accroissement du quint des puînez, suivant l'article 81.

A l'aîné mâle.] C'est-à-dire au plus âgé des mâles qui sont habiles à succeder, quoiqu'il soit issu d'une fille à l'exclusion d'un mâle moins âgé issu d'un mâle. Jugé par Arrêt de la Cour du troisiéme Avril 1635. après enquêtes par turbes, en infirmant la Sentence du Bailly d'Amiens du neuf Février 1632, entre Charles Robault, sieur de Brimont, neveu & heritier feodal de défunt Jacques Gaillard, sieur de Salleville d'une part, & Pierre Gaillard, aussi neveu du même défunt, d'autre part.

Sed quid, si dans le cas de representation admis par l'article 70. cy-dessus, le neveu est plus âgé que l'oncle ? J'estime en ce cas que l'oncle doit être preferé, dautant que la representation attribuë bien le droit de succeder, mais non pas celuy d'exclusion, de sorte que je croy même que la tante devroit exclure le neveu, parce que s'il ne faut qu'un heritier, il est bien juste que ce soit le plus proche, & non pas celuy qui ne vient que par privilege pour concourir dans les cas qui en sont susceptibles, & non pas pour exclure, la representation ne se faisant pas en collaterale, comme en directe, avec les prerogatives de la personne representée. Neanmoins Maistre Charles Du Molin en son Commentaire sur la Coutume de Paris, art. 19. nomb. 1. témoigne que cette question s'étant presentée en l'année 1537. en interpretation

de cette Coûtume, il fut ordonné par Arrest qu'il en seroit informé par turbes, & remet la decision de cette difficulté à un autre endroit de ses ouvrages, où elle ne se trouve point. Que la representation a lieu en cette Coutume, aussi-bien à l'égard des propres que des acquests, *V. sup. notata ad art.* 70.

¶ Dans cette Coûtume qui ne contient pas une disposition pareille à celle de l'article 323. de la Coutume de Paris, le neveu d'un frere exclud sa tante dans les propres feodaux, quoi que plus proche, dautant que le droit d'exclusion suit celuy de la representation, qui donne au representant tous les droits qu'avoit le representé, pourvû qu'il ait les qualitez necessaires ; partant l'article 70. de cette Coutume s'entend des mâles qui representent aussi-bien qu'en pareil degré ; c'est pourquoy dans la subdivision entre les representans dans la succession d'un oncle, les niéces sont excluses par les mâles, parce que la succession est presumée venir immediatement de la personne des biens de laquelle il s'agit, & non de celle qu'on represente, quoiqu'en directe les petites filles viennent pour leurs parts dans celle des puisnez, aussi dans la transmission on succede à la personne à laquelle on devoit succeder.

On tient aussi en cette Coutume que le fils de la fille aînée succede au droit qu'avoit sa mere, & exclud ses tantes pour les quatre quints des fiefs à l'instar du fils du frere, ayant ce droit du chef de sa mere qu'il represente & du sien.]

LXXXV.

Et quant aux acquests feodaux ou cottiers, appartiennent au plus prochain du sang sans distinction de cotte & ligne : à sçavoir les feodaux à l'aîné mâle, & en defaut de

mâle, à l'aînée femelle : & les cottiers, cens & rentes realisées & non infeodées,
ensemble les meubles appartiennent tant à l'aîné mâle ou femelle, qu'aux autres
puisnez en pareil degré, & par egale portion.

Et non infeodées.] Parce qu'étant infeodées,　elles se partagent comme fiefs.

LXXXVI.

Les freres & sœurs d'un côté seulement sont appellez avec leurs freres & sœurs
de deux côtez en la succession des meubles & acquests de leurs freres & sœurs
predecedez.

On a demandé en interpretation de cet article, si le double lien étoit considerable aux degrez plusé loignez? La question s'en est presentée en l'Audience de la Grand'-Chambre, du 25. Janvier 1655. entre deux cousins germains, le sieur du Monstier Recteur de l'Université, & un autre touchant la succession de Monsieur Nicolas Carvel Chanoine d'Amiens, sur l'appel d'une Sentence renduë par le Bailly de la même Ville, qui avoit condamné la pretension du double lien. Le sieur du Monstier appellant avoit en sa faveur un acte de notorieté des Avocats d'Amiens, & l'Avocat du Roy qui s'étoit rendu conjointement appellant avec luy, ce qui fut trouvé fort extraordinaire : à quoy la Cour n'ayant aucun égard, elle mit sur l'appel les parties hors de Cour & de procés. Et en effet, c'étoit sans apparence, que cette Coûtume rejettant le double lien dans un cas auquel il est receu par le Droit civil qui l'a introduit, on vouloit l'y faire admettre dans une espece en laquelle le droit même ne l'a jamais reconnu. La question du bouble lien avoit été agitée lors de l'ancienne Coûtume, qui ne contenoit aucune disposition à ce sujet entre un oncle & un neveu du defunt. L'Arrest qui est rapporté par M. Charles Du Molin en sa note sur l'article 81. jugea contre la pretension du double lien.

LXXXVII.

Les biens sont estimez paternels, ou maternels, pour appartenir aux lignagers
paternels ou maternels quand ils viennent du costé & ligne des pere & mere, encore qu'ils ne viennent de la souche commune, qui est à dire, de pere ou mere,
ayeul ou ayeule, dont sont descendus lesdits lignagers : en maniere que les biens
acquis par le pere qui sont propres à son fils, retournent par le decés dudit fils à
l'oncle paternel, & non à la sœur uterine : Et est le semblable des biens acquis
par la mere, qui doivent retourner à l'oncle ou tante maternels, & non aux freres & sœurs paternels.

En maniere que les biens acquis par le pere, qui sont propres à son fils, retournent par le decés dudit fils à l'oncle paternel, & non à la sœur uterine.] Cette espece est mise seulement par forme d'exemple, & non pas pour limiter la regle generale établie au commencement de l'article, de sorte que non seulement l'oncle paternel, mais aussi un parent plus éloigné du même côté exclura semblablement la sœur uterine. Ce qui resulte de l'article suivant, par lequel l'heritier d'une autre ligne ne succede qu'à l'exclusion du fisque, & lors qu'il n'y a aucuns parens de la ligne. *V. notata ad art.* 82.

LXXXVIII.

Si le defunt n'a laissé aucuns parens collateraux du côté & ligne dont procedent les heritages patrimoniaux, ne pere ou mere ausquels ils puissent remonter,
ains autres parens qui ne sont du côté & ligne dont viennent lesdits heritages :
en ce cas iceux heritages ne sont reputez vacans, ains appartiennent ausdits parens qui excluënt le haut justicier.

Quid, s'il n'y a parens d'un côté ni d'autre, le mary & la femme succederont-ils à l'exclusion du fisque, *ex prætoria bonorum successione undè vir & uxor?* Nos autheurs attestent tous que nous avons receu par nôtre usage la disposition de ce droit, & que parmy nous le mary & la femme excluënt le fisque, qui veut succeder par droit de desherence ; ce qui est confirmé par les Arrests rapportez par M. Loüet lettre F. nomb. 22. Mais à l'égard du droit d'aubaine, le Roy n'a pas souffert que ce privilege des maris & des femmes fût introduit contre luy dans le Royaume, & le fisque par nos maximes exclud la veufve de la succession de son mary étranger decedé sans être naturalisé, suivant la remarque du même Autheur en la lettre V. nombre dernier.

LXXXIX.

Les biens acquis par pere, mere, ou autres parens venans par successions à
leurs enfans, ou autres heritiers, sont propres ausdits enfans, ou autres heritiers, &
sont sujets à retrait, s'ils sont par eux vendus.

¶ L'inclination de conserver les propres dans les familles, a fait qu'on s'est servi de fictions pour les perpetuer, soit dans les rentes qu'on s'est reservées, soit dans les heritages qu'on a acquis des mêmes deniers ; il est constant qu'à l'égard des biens des mineurs, la qualité de propre se conserve dans les simples deniers ; mais pour les autres, il a été jugé par Arrest du 24. Juin 1633. rapporté par le Let sur l'art. 214. de la Coutume de Poitou, qu'une rente constituée au profit de celuy qui avoit vendu son bien à condition que le prix seroit employé en achat d'heritages ou constitution de rentes, ce qu'il avoit effectué par la declaration qu'il avoit faite, ne devoit être consideriée que comme un simple acquest, ces sortes de subrogations n'étant authorisées par aucune loy au prejudice des heritiers qui prennent les biens en l'état où ils les trouvent, parce qu'il n'est pas permis aux particuliers de changer l'ordre des biens pour leurs successions, à moins que la condition n'ait été imposée par un donateur, ou que ce ne soit par convention de mariage. Neanmoins en matiere d'échange ou de partage, quand un bien paternel est donné pour un maternel, ce qui est subrogé prend la même nature, & le bien paternel devient moitié maternel: pour ce qui est des rentes reputées pour vente de fond, elles demeurent propres si le contrat ne commence par l'expression du prix; auquel cas on juge qu'on ne peut demander que cinq années d'arrerages, quoyque la rente n'ait pas été constituée à prix d'argent.]

XC.

Quiconque apprehende à titre universel les biens meubles d'un defunt, il est tenu de toutes les dettes personnelles, arrerages de cens, & rentes deuës au jour du trépas dudit defunt.

A titre universel.] *Sciliçet successionis, secùs si jure legati omnium inobilium, quia est titulus particularis, l. cogi D. Trebell. Quod limito si debita læderent,* le quint viager & les conquests, car il faut que les quatre parts des propres demeurent franches à l'heritier, nonobstant le testament ou codicillé, par lesquels lesdites quatre parts *non possunt directò, nec per obliquum onerari, ut sæpè consultus & primores togati nostri ordinis subscripserunt.* C. M.

Conformément à cette apostille de Maître Charles du Molin, il a été jugé en cette Coûtume, par Arrêt rendu en l'Audience de la Grand'-Chambre, du trente Janvier mil six cens cinquante-un, qu'une femme legataire de son mary des meubles, & de l'usufruit des immeubles, n'avait pas confondu en elle son doüaire prefix & en consequence la Cour jugea que la vouve joüiroit du doüaire & du legs.

J'ai de la peine à concevoir le fondement de cette Jurisprudence, dautant qu'outre que cet article parlant generalement, il semble comprendre le legataire universel des meubles, aussi bien que l'heritier. D'ailleurs en tout cas dans la maxime generale, & cessant la disposition de cette Coûtume, le legataire universel des meubles doit toûjours contribuer à proportion de l'émolument aux dettes personnelles, entre lesquelles les derniers Arrests ont compris le doüaire prefix. Et l'opinion de du Molin, suivant laquelle cet Arrest a esté rendu, estoit fondée sur une erreur, dans laquelle cet Auteur, estoit touchant le payement des dettes, qui n'a pas esté suivie, ainsi qu'il resulte de ce que j'ai remarqué sur l'article 149. de la Coûtume de Senlis, & dans mon Traité des Donations, partie 3. chap. 10. Mais ce qui fait voir évidemment pour le particulier de cette Coûtume qu'il s'est abusé, & que le legataire universel est indubitablement compris sous la disposition de cet article, est le contenu en l'article 130. ci-dessous, qui suppose que le legataire universel est tenu de toutes les dettes personnelles de la succession.

¶ En Coûtume les legataires d'une cotte noble des meubles, contribuent avec l'ascendant qui succede aux meubles & aux dettes mobilieres, estant également reputez successeurs à titre universel. Mais dans celle de Senlis, le legataire universel n'estant pas compris dans les quatre cas esquels la Coûtume charge les meubles des dettes mobilieres, il y fait contribuer même celui des propres à proportion, ce qui fait qu'en la même Coûtume de Senlis l'ascendant concourant avec le legataire universel, il n'est tenu qu'à rata avec les autres, autrement les meubles & acquests n'y contribuënt que distributivement & à proportion, au lieu que dans celle d'Amiens il suffit de prendre les meubles pour estre tenu des dettes personnelles, suivant les articles 90. & 130. & les acquests ne contribuënt avec les propres aux dettes immobilieres, quoiqu'à Senlis les acquests contribuënt en même tems & aux mobilieres & aux dettes immobilieres, comme les rentes constituées & le doüaire prefix.

L'heritier des propres le prenant plutost à titre successif que de legitime, semble devoir contribuer aux legs, à raison de la totalité des propres; neanmoins on tient qu'encore qu'on ne se soit pas reduits aux 4. quints, on n'y contribuë qu'à raison du quint dont la disposition est libre.

On a reçû en cette Coûtume l'ancienne opinion de du Molin & autres qui vouloient que les dettes se payassent également pour autant de parts qu'il y avoit d'heritiers, & on a voulu qu'après les dettes mobiliaires prises sur les meubles, les autres se payassent à proportion de l'émolument sur les acquests & les propres sans aucune distinction de quel costé les dettes passives avoient esté creées, & les heritiers paternels payent à proportion les dettes du costé maternel.

On tient aussi qu'après les meubles épuisez les dettes mobiliaires doivent estre premierement prises sur les acquests, & que si on s'adresse aux heritiers des propres, ils en doivent estre acquitez par ceux des acquests, neanmoins les rentes, doüaire prefix, & le remploi des propres alienez dont est chargée la succession lorsqu'il ne s'agit plus de partage de la communauté sont payées sur les propres & acquests distributivement & à proportion. Je crois que la Coûtume est personnelle à l'égard des dettes mobilieres, & que celui qui avoit son domicile en cette Coûtume y étant decedé, les propres & acquests situez à Paris ne contribuënt pas aux dettes mobilieres. Mr. Dargentré veut même que pour les autres dettes la personne en est tenuë suivant la Coûtume du domicile en quelques lieux que les biens soient situez, en effet les rentes actives suivent le domicile du creancier, neanmoins il semble plus juste de regler les dettes immobiliaires à proportion de l'émolument sur les biens situez en chaque Coûtume, suivant la regle qu'elles prescrivent pour le payement des dettes.]

XCI.

Et s'il y a plusieurs prenans à titre universel, les meubles, chacun d'eux peut
être poursuivy pour le tout, sauf son recours à l'encontre des autres.

Chacun d'eux peut être poursuivi pour le tout.] L'usage constant en cette Coustume est de condamner chaque heritier personnellement pour le tout, suivant la disposition de cet article, & de l'article 159. ci-après. Il seroit à desirer que cela se pratiquât par tout, quoique la disposition du Droit Romain que nous avons embrassée pour ce regard y resiste. Car il arrive souvent par la multitude des heritiers, entre lesquels les dettes tant actives que passives se divisent, que les creanciers estant obligez de poursuivre chaque heritier pour sa part, perdent souvent une partie de leur dû, s'ils ne sont diligens à faire saisir les effets de la succession, & notamment quand il n'y a pas d'immeuble, ce qui semble injuste, vû que le creancier n'a presté son argent qu'à une seule personne, & la multitude des heritiers qui succedent à son debitur, ne doit pas lui estre à charge.

Sçavoir si la femme prenant la communauté sera tenuë personnellement pour le tout? Il y a pareille raison, puisque la moitié des meubles lui demeure à titre universel, & il semble absurde, que chacun des heritiers du mari, prenant l'autre moitié, puisse estre condamné pour le tout, & elle pour moitié seulement. Et neanmoins fait pour la veuve communiere l'article 99. qui dit que la femme prenant la communauté, est en ce faisant chargée de payer la moitié des dettes de son feu mari. Mais il y a lieu de soustenir que cette disposition n'est pas suffisante pour déroger à celle de cet article, & que l'article 99. ne sert qu'à regler la communauté & le payement des dettes, avec les heritiers du mari, & non pas à l'égard des creanciers, & cette interprétation semble d'autant plus juste & plus naturelle, qu'elle oste la contrarieté qui se rencontreroit autrement entre ces deux articles. Joint qu'il s'ensuivroit encore cette absurdité, en expliquant l'article 99. à la lettre, & en l'entendant aussi bien pour les creanciers que pour les heritiers, que l'hipoteque des creanciers nantis & hipotequaires, se diviseroit sur la moitié des conquests qui

appartiendroit à la veuve, à cause de la communauté. Neanmoins la question ayant esté agitée en l'Audience de la Grand'Chambre, du Mardi vingt-cinq Janvier 1661. depuis que ce Livre est sous la Presse, en une Requeste civile obtenuë contre un Arrest qui avoit condamné les heritiers d'une femme de payer solidairement pour le tout une dette mobiliaire de la communauté, la Cour se trouva divisée dans ses suffrages, & en consequence sur les Lettres en forme de Requeste Civile, appointa les parties au Conseil. Il faut en attendre la decision.

Ce qui est decidé par cet article pour les dettes, ne doit pas avoir lieu à l'égard des legs, dautant qu'il se rencontre, pour ce qui concerne les legs une raison de difference toute contraire. La consideration sur laquelle est fondée la disposition de cette Coustume, qui oblige chaque heritier au payement de toutes les dettes, resulte de ce qu'elle fait passer entierement en sa personne l'obligation de laquelle estoit tenu le défunt. Ce qui ne peut pas recevoir d'application à l'égard des legs, attendu qu'ils n'ont jamais esté dûs par le défunt, & c'est une dette qui ne commence à estre dûë que par la succession, ce qui n'est exigible que contre les heritiers, si bien qu'elle se divise dès son principe, en autant de portions qu'ils sont de testes, ce qui arrive au regard de toutes sortes d'obligations, à moins qu'elles ne soient stipulées solidaires, ou qu'elles ne soient telles de leur nature, ce qui ne peut pas estre dit pour les legs, ainsi que j'ai fait voir en mon Traité des Donations, chapitre premier, section 4. ¶. Il y autant de raison de ne pas obliger les legataires particuliers de s'adresser à chaque heritier, quoique les legs n'ayent pas esté dûs par le défunt, les biens n'ont-ils pas esté hipotequez, & les heritiers n'agréent ils pas l'obligation du testament passé sous scel Roïal ou autentiquement, en apprehendant l'heredité, mais cette raison cesseroit si le testament estoit olographe.]

XCII.

Quand pere ou mere délaissent plusieurs enfans venans à leur succession,
dont aucuns sont mariez, les autres non : si les mariez, ou non mariez veulent
venir à partage, sont tenus de rapporter, ou déduire tout ce qu'ils ont eu en
mariage, & autres avancemens sujets à rapport, & le tout mettre ensemblement
pour être partagez entr'eux.

Ce qu'ils ont eu en mariage.] *Idem multo magis de donationibus simplicibus : quia regula est hodie omnia conferenda: nisi de contrario expressa voluntas constet auth, ex testamento & ibi Phil. Dec. C. de collat. sed per finem hujus articuli sufficit tacita voluntas. C. M.*

Pour comprendre la derniere partie de cette note de Du Molin, *sed per finem hujus articuli, &c.* Il faut prendre garde qu'ils s'entendent de l'article suivant, qui faisoit autrefois la fin de celui-ci, & composoient ensemble l'article 41. de l'ancienne Coustume.

Il n'y a point d'article en cette Coustume, qui decide la question de sçavoir si on peut estre heritier & legataire ou donataire? L'affirmative s'establit par argument même pour la ligne directe, en vertu de l'article suivant, qui porte que si tous les enfans sont mariez, il n'y a point de rapport entr'eux, d'où il s'ensuit, que si le rapport cesse par présomption, & par la volonté tacite du pere, resultant de ce qu'il a marié tous ses enfans de son vivant, il peut en plus forts termes par une volonté expresse, leur conserver les legs & les donations qu'il leur a faites en particulier sans charge de rapport, bien que les legataires, & donataires se portent heritiers; cela se collige des articles 57. & 59. qui permettent de donner, soit par donation entre-vifs, ou par testament, un quint datif outre l'heredital & des articles 46. & 57. qui souffrent pareillement les donations & les legs au profit de toutes personnes capables, sans que par aucun autre article, les heritiers en soient exceptez ; ce qui semble decisif & ce d'autant plûtost, que ces prelegs & prohibitions de rapport sont conformes au droit commun. Aussi Maistre Charles Du Molin aux deux notes qu'il a faites sur cet article & le suivant, suppose-t'il cette maxime pour constante. Et en effet, tel est l'usage de la Province, conformément auquel il a depuis peu esté jugé par Arrest intervenu en la troisiéme Chambre des Enquestes au mois d'Aoust mil six cens cinquante-neuf, au rapport de M. Gillot en un procés auquel j'avois écrit entre Nicolas & Jacques le Roy, appellans d'une Sentence renduë par le Bailly au Vidamé de Gerberoy, le vingt-cinq Juillet mil six cens cinquante-six d'une part, & Charles Hugard & Marie le Roy sa femme, intimez d'autre, que le fils de l'heritier en ligne directe pouvoit estre legataire en cette Coûtume; ce qui n'eut pas pû estre en une autre Cour. en laquelle les qualitez d'heritiers & de legataires eussent esté incompatibles en la personne des enfans, attendu qu'il se juge constamment dans les Coustumes, qui contiennent cette prohibition, que le fils de l'heritier en directe ne peut pas estre legataire, & le pere & le fils sont en cette occasion repurez une même personne.

Pour ce qui est de la collaterale, on ne doute pas que dans cette Coustume, que l'heritier ne puisse aussi estre legataire; mais on a fait la difficulté de sçavoir, s'il estoit necessaire que la disposition fût faite par forme de prelegs, à l'effet que l'heritier l'a pût conserver avec sa portion hereditaire. La question en a été traitée en l'Audience de la Chambre de l'Edit, du Mercredi 11. Juin mil six cens cinquante-deux, entre les heritiers d'un nommé de Ponthieu. L'Arrest qui est intervenu, a jugé suivant les conclusions de M. l'Avocat General Bignon, en faveur du legataire.

La même question a depuis esté agitée en l'Audience de la Grand'Chambre du vingt-un Janvier mil six cens cinquante-trois, & comme elle avoit esté jugée par le précedent Arrest rendu un an auparavant, on y forma une nouvelle difficulté, sur ce qu'il s'agissoit d'un legs universel; mais sans avoir égard à cette difference, la Cour jugea une seconde fois que les deux qualitez d'heritier & de legataire même universel, estoient compatibles en collaterale sous cette Coustume, & que les biens compris en la disposition n'estoient pas sujets à rapport, combien

qu'elle n'eût pas esté faite par forme de prelegs.

Il n'en va pas de même à l'égard de la ligne directe, parce que l'égalité y estant beaucoup plus à desirer, elle ne peut pas y recevoir d'atteinte, à moins que celui de la succession duquel il s'agit, n'y ait expressement derogé, en ordonnant que l'avantage qu'il a fait à l'un de ses enfans luy demeurera par forme de prelegs, sans charge de rapport, ou en autres termes qui soient suffisans pour justifier de sa volonté. Il est pourtant vray, que l'article suivant a introduit une presomption legale, qui seule est suffisante pour empêcher le rapport, quoy que les avantages ayent été faits purement & simplement par le pere, sçavoir lors que tous les enfans ont été mariez du vivant de leur pere, quoy que les donations qu'ils ont reçuës en faveur de mariage ayent été differentes, la Coutume presumant en ce cas, que la volonté du pere a été de leur pourvoir inégalement, & d'avantager les uns plus que les autres. Mais hors de ce cas, comme la presomption legale ne se supplée pas, il faut pour empêcher le rapport que l'intention du pere se justifie par écrit, & par le contrat de donation, ou par le testament. Et ainsi il ne suffiroit pas pour conserver des avantages inégaux entre des enfans qui se seroient portez heritiers de leur pere, qu'il leur eût fait à tous des donations, si elles n'étoient pas faites en faveur de mariage. C'est l'espece d'un Arrest intervenu en cette Coûtume, au rapport de M. Midorge, le 6. Septembre mil cinq cens quatre-vingt-six, entre Pierre Toullet & consorts, d'une part, & Nicolas de Flets d'autre, dont Charondas fait mention en ses Pandectes, livre 3. chap. 19. sur la fin, & en ses réponses liv. 7. chap. 103.

Que si toutefois la donation étoit faite aux enfans du fils, pour lors le rapport cesse, quoy qu'elle eût été faite purement & simplement, parce que le rapport ne peut avoir lieu en ce cas, que quand le fils est absolument incapable d'être donataire, eu égard à la qualité d'heritier qu'il a prise, & que les deux qualitez d'heritier & de donataire sont incompatibles en ligne directe. La raison qui fait que les enfans du fils heritier ne peuvent pas aussi être donataires en ce cas, étant pour empêcher les avantages indirects par des personnes interposées, & aussi proches & suspectes que sont des enfans à l'égard de leur pere. Ce qui n'a point de lieu en cette Coûtume, vû que le pere n'est pas absolument incapable d'être donataire, quoy qu'il prenne la qualité d'heritier, & il étoit au pouvoir du defunt, des biens duquel il s'agit, de luy donner les deux qualitez ensemble : si bien que l'on ne peut pas presumer, que la donation qui a été faite au profit des enfans, soit en fraude de la loy, comme il seroit necessaire pour la rendre sans effet, & sujette à rapport.

XCIII.

Mais si tous lesdits enfans étoient mariez, n'y a point de rapport entre eux, supposé que l'on eût eu beaucoup plus en mariage que l'autre.

Mais si tous lesdits enfans étoient mariez.] Faut ajoûter, *& dotez.* Car si l'un des enfans étoit marié sans que le pere l'eût avantagé, les autres enfans seroient tenus de rapporter à la succession ce qu'ils auroient receus de la liberalité de leur pere, l'intention de la Coûtume n'étant d'exclure le rapport, qu'en cas qu'ils ayent tous receu quelque chose lors du mariage. Ce qui est suffisamment fondé par ces der riers termes de l'article, *suppose que l'un eût eu beaucoup plus en mariage que l'autre.*

Mais que doit-on d re, si aucuns des enfans ont été mariez en heritages situez en des Coûtumes qui obligent à rapport, ceux-cy rapporteront-ils les heritages qui leur ont esté donnez, & les autres rien, sous pretexte que les biens à eux donnez sont situez en cette Coûtume ? Je croy en ce cas qu'il faut tout rapporter, parce qu'il est vray de dire, que quelques-uns des enfans n'ont rien eu, eu egard aux biens de cette Coûtume. Et ainsi la raison de l'article cesse, puis qu'il suppose, comme nous venons d'établir, que tous les enfans ont esté avantagez ; ce qui s'entend des biens situez en la Coûtame, à l'égard desquels seulem nt il a pû disposer.

Mais la difficulté est plus grande de sçavoir s'il y a lieu au rapport, en cas que tous les enfans ayent esté mariez de biens assis en cette Coûtume, & qu'il reste encore en la succession des biens situez ailleurs, où la Coûtume oblige au rapport. Et si supposé qu'il faille répondre pour l'affirmative, ceux qui veulent faire cesser le rapport, peuvent en tout cas faire reüssir leur dessein, en s'abstenant de rien prendre aux biens situez aux Coûtumes qui obligent au rapport ? Ces deux propositions dépendent des questions que j'ay examinées en mon Traité des Donations, touchant la difficulté de sça-

voir, si on peut être-legataire & heritier aux biens situez en differentes Coûtumes.

Plus en mariage que l'autre.] *Quia tunc satis apparet, quod parens voluit eos isse inæquales. Idem ergò si omnibus bona sua donasset vel distribuisset inæqualiter etiam extrà matrimonium salva tamen legitima ; quia hoc est de jure communi, nec hæc consuetudo refragatur.* C. M.

¶ Cet article est limité aux donations faites par contrat de mariage, ainsi qu'il a été jugé par Arrest du 6. Septembre 1 86. rapporté par Charondas en ses Pandectes liv. 3. ch 19,

Suivant l'esprit de cet article, les enfans peuvent estre avantagez l'un plus que l'autre, ou par la volonté expresse du pere ou de la mere qui declarent que leur intention est de donner par prelegs ou par la volonté tacite des mêmes parens qui ont marié & doté leurs enfans, quoy qu'inégalement, & s'ils avoient donné depuis leur mariage sans autre declaration, l'avantage seroit sujet à rapport dans la succ. ssion.

Les enfans ayant esté dotez, il n'est pas besoin qu'ils ayent eu leur legitime, pourvû qu'ils la retrouvent dans toute la succession, & ceux qui ont esté dotez ne sont tenus d'y suppléer que subsidiairement ; mais la disposition de cet article cesse du moment qu'il y a eu une volonté expresse que celuy qui a esté moins avantagé fut égale aux autres.]

XCIV.

Pour partage universel entre enfans ou autres heritiers apparens, ne sont dûs aucuns droits seigneuriaux.

¶ Le partage qui se fait entre les coproprietaires, n'acquiert pas les droits au Seigneur suivant Du Molin § 33 *verbo* droit de relief, n. 69. & seq. Il en est de même si toute l'acquisition est assignée à un seul par maniere de partage, ou si l'un avoit esté adjudicataire des parts des autres qui ne se pouvoient commodément partager quoy qu'à prix d'argent ; mais les droits sont dûs suivant Du Molin, si celuy qui a une portion indivise la vend à un autre, ou

même si le partage commencé, avoit degeneré en contrat de vente, ils seroient dûs. Mais je croy que l'on doit suivre la maxime établie dans les arrêtez, que deux particuliers ayant acquis ensemble par un même contrat des heritages sans les partager, l'un vendant sa part à l'autre dans l'annee les droits ne sont pas dûs ; mais qu'ils sont dûs si la succession se fait depuis.]

XCV.

Religieux, ou Religieuses, ayant fait profession en Religion approuvée, ne succedent à leur pere & mere, ne autres parens.

XCVI.

Les biens meubles suivent le corps, & les heritages se reglent selon la Coûtume des lieux où ils sont assis.

¶ Neanmoins en cas de confiscation ou desherence, les meubles sont pris par les Seigneurs des lieux où ils sont trouvez. On tient que le domicile des mineurs ne peut changer pendant leur minorité. Neanmoins les enfans qui ont suivi le domicile du survivant de leur pere ou mere qui a changé de domicile a aussi suivi, encore que l'acte de la tutelle ait été passé en la Justice de l'ancien domicile des pere & mere, dautant que le survivant est presumé avoir eu de bonnes intentions pour sa famille : on veut aussi que le domicile d'un ascendant avec qui le mineur a demeuré, regle sa succession mo-

biliaire. Neanmoins je ne crois pas que le changement à cause d'un second mariage, puisse avoir effet au prejudice du mineur, ni qu'il soit obligé de p aider ailleurs que devant le Juge de la tutelle.

Il a esté jugé par Arrest du 15. Mars 1654. au 1. Tom. du Journal des Audiences liv. 7, chap. 36. que le mineur ayant l'âge auquel il pouvoit disposer de ses meubles, pouvoit changer de domicile au prejudice de ses heritiers. Neanmoins je ne crois pas que le changement de domicile le puisse rendre habile à pouvoir contracter plutôt de ses meubles.]

XCVII.

Artilleries, & autres choses servans à la tuition & defense de Chasteaux, Donjonts & Forteresses, ne sont tenuës & reputées pour meubles, mais suivent la nature

tre defdits Chafteaux, Donjons & Fortereffes, comme auffi font les Livres & Ornemens de Chapelle, & appartiennent à l'heritier principal, & n'y ont rien les puifnez.

Et n'y ont rien les puifnez.] En cas que l'aîné prenne le Chafteau : mais s'il baille un fief entier à fes puifnez pour leur droit de quint, ainfi qu'il luy eft permis par cette Couftume, les chofes mentionnées en cet article leur demeureront avec le Chafteau.

¶ Les preffoirs bannaux paroiffent de même nature, étant placez pour l'utilité perpetuelle de la Seigneurie. Neanmoins Brodeau veut qu'ils foient fujets aux mêmes regles que ceux qui font pour le profit des particuliers. La difficulté eft pour ceux qui ne font pas fellez en maffonnerie, comme font prefque tous nos preffoirs, mais dont les jumelles font plantées avant dans la terre, par le moyen de laquelle les fondemens font affermis ; ce qui doit eftre decidé par les termes de l'art. 90 de la Couftume de Paris où il fe trouve plufieurs mots équivoques comme tenans à fer & à clouds, fans depecer ni defaffembler : mais je croy qu'ils doivent eftre reputez immeubles quand ils ne peuvent eftre ôtez fans fraction & deterioration, au lieu que lors qu'ils ne font retenus que par la terre dont ils font retirez fans eftre rompus, on les doit reputer meubles, ne tenant pas affez au fol & au fond pour en faire partie : il eft vray que l'intention de perpetuelle demeure fuffit pour les ftatuës & artilleries, quoî que non attachées ; mais pour les preffoirs il faut qu'ils foient fellez en maffonnerie, outre l'efprit de perpetuelle demeure, & il faut ajoûter fans fraction. Il y a moins de difficulté pour ceux à *verjus*, & pour les moulins à bras qui font meubles. Les preffoirs eftoient autrefois mis au nombre des biens cateux *catalla*, lefquels à la verité eftoient immeubles, mais qui n'eftoient pas reputez heritages & fe partageoient entre tous les heritiers : mais à prefent on regarde s'ils font attachez au fond, auquel cas ils font de même nature pour la fucceffion, ou s'ils en peuvent eftre feparez, *falva rei fubftantia.*]

TITRE V.

De droits appartenans à gens mariez.

ARTICLE XCVIII.

Mary & femme conjoints par mariage font communs en tous biens, meubles & conqueſts immeubles faits durant & conftant leur mariage : lefquels aprés le trépas de l'un d'eux, fe divifent entre le furvivant & les heritiers du predecedé par moitié, nonobftant que le mary fût feul faifi defdits conqueſts : & n'eſt tenuë la femme, furvivant fon mary, en faire aucun relief pardevers les Seigneurs dont lefdits acquefts font tenus & mouvans, ains eſt reputée faifie.

En tous biens meubles.] Qu'ils ont au jour du Mariage, & qu'ils acquierent depuis, foit à titre onereux, ou gratuit, fi ce n'eſt qu'il y foit particulierement derogé par le contrat de mariage.

¶ Ce qui a lieu même à l'égard des conquefts faits en la Province de Normandie, que la femme peut obliger & hipotequer de l'autorité de fon mari, de même qu'ils ont efté acquis par le mari feul, auffi la femme Normande qui a part aux acquifitions faites pendant le mariage en ces Couftumes les peut perdre par l'alienation & hipoteques de la part de fon mari, & fi elle y eft obligé, la garantie a lieu fur fes meubles & biens libres, fauf fa dot qui eft inalienable.

Mais le don mutuel fait en cette Couftume ne s'étend pas aux conquefts de Normandie, fuivant l'opinion de M. Dargentré fur l'art. 218. de la Couftume de Bretagne gl. 16. n. 33. Quoique Du Molin en fon Confeil 53. ait efté d'avis contraire : il en eft de même de la garde noble & du privilege du furvivant noble, de prendre les meubles en vertu de la Couftume qu'on repute plûtoft droits de fucceffions que de la communauté.]

XCIX.

Aprés le trépas du mary, la femme a le choix & option de prendre la moitié de la communauté, & en ce faifant eft chargée de payer la moitié des dettes de fondit feu mary, ou de renoncer à icelle communauté (ce qu'elle eft tenuë declarer dedans quarante jours) & par ce moyen demeure quitte des dettes creées & conftituées par fon feu mary deuës au jour de fon trépas, autres toutefois que celles efquelles fpecialement elle fe feroit obligée : dont nonobftant ladite renonciation, elle peut eftre pourfuivie, fon recours neanmoins à elle refervé contre les heritiers du mary.

En ce faifant eft chargée de payer la moitié des dettes.] A l'égard des heritiers du mary, mais la queftion refte de fçavoir fi elle peut eftre pourfuivie pour le tout par les creanciers,

jusques à concurrence des biens de la succession ? *v. sup. notata ad art.* 91.

Au surplus, comme par l'art. précedent la
communauté n'est establie que pour les meubles
qu'ils possedoient lors de la celebration de leur
mariage, & non point pour les immeubles qui
leur appartenoient au même tems, lesquels demeurent propres & particuliers à celui qui les
avoit acquis, il s'enfuit qu'il n'y a aussi que les
dettes passives mobiliaires qui soient à la charge de la communauté, & que chaque conjoint
demeure obligé d'acquiter ses dettes immobiliaires contractées auparavant le mariage. Ce
qui donne sujet de demander en cette Coustume de quelle nature sont reputées les rentes
constituées non nanties, à l'égard de la communauté, lesquelles constamment ne sont con-
siderées que comme dettes mobiliaires, pour
ce qui concerne le creancier. Mais j'estime que
l'on en doit juger autrement, pour ce qui est de
la communauté, d'autant qu'il est bien vrai
qu'il n'y a que l'hipotheque qui réalise la rente
constituée en faveur du creancier, mais cela
n'empêche point qu'elle ne soit immeuble à
l'égard des autres personnes, attendu que ce
n'est proprement l'hipoteque qui rend une rente immeuble mais sa continuation & sa perpe-
tuité. Et de fait, parmi nous, quoique la rente
soit dûë par une personne qui ne possede aucuns
immeubles, nous ne la reputons pas moins immobiliaire en soi.

Ce qu'elle est tenuë de declarer dedans 40.
jours.] Sçavoir si ce delai est fatal de sorte
qu'après les quarante jours la veuve soit reputée commune? Je ne l'estime pas, les Loix ne
devant pas estre reputées penales, & il y a apparence que cette clause qui est de la nouvelle
Coustume, a esté ajoustée à l'ancienne, sur l'u-
sage de nostre Droit François qui donne ce delai de quarante jours aux veuve & aux presomp-
tifs heritiers, pour accepter ou renoncer, lequel delai ne court regulierement que du jour
qu'ils sont poursuivis, ou plurost du jour que
le Juge l'a prononcé. Et de fait, cette Coustume
ne prescrit point particulierement le terme auquel ce delai doit commencer.

¶ La continuation de communauté a lieu dans
cette Coustume aussi bien que dans les autres

qui n'en disposent pas aussi. Par Arrest en la
troisiéme des Enquestes au rapport de M.
Tronçon du 2. Mars 1658. entre Denis le Roux
& Thomas Rawellet jugé qu'en la Coustume
de Mondidier un inventaire fait sans contradicteur legitime ne laissoit pas d'avoir dis-
solu la Communauté : je croi aussi qu'un inventaire fait devant Notaires ou le Greffier qui
est entier & signé, devroit operer le même effet, à moins que les parents ne jugent à propos
de faire faire l'affirmation dont les frais sont
excessifs en plusieurs lieux, suivant l'ancien usage : ce qui a esté tiré de la Communauté continuée pour doter les enfans se rapporte avec
les interests; ce qui avoit esté reduit depuis aux
interests de la moitié, donné sur la succession
du predecedé, en faveur de l'égalité entre les
enfans, sans aucuns interests de ce que le survivant a donné du sien : neanmoins par deux Arrests rapportez par Brodeau sur M. Loüet lett.
C. n. 30. confirmez par un Arrest du 6. Septembre 1687. au 2. Tome du Journal du Palais,
le rapport se doit faire sans aucuns interests,
quoiqu'ils excedent de beaucoup les nourritu-
res de ceux qui ont vêcu dans la Communauté.

Non-seulement en cas de separation de la
femme, mais même en cas de saisie & d'aban-
donnement de biens, la reprise de ce qui a esté
mis en la communauté est colloquée avant le
doüaire des enfans, en faveur des creanciers
qui exercent les droits de la femme leur obligée ; neanmoins les Arrests n'ont pas laissé de
juger la reprise éteinte en cas de predecez de la
femme en faveur des enfans doüairiers, quoique
ce cas semble plus favorable, parce qu'il y a dissolution de communauté qui est évidemment
desavantageuse ; au lieu que dans les autres cas
son estat est encore incertain. Cette reprise fait
aussi partie de la dot, laquelle n'est que personnelle, sans les clauses ordinaires, & neanmoins
la reprise de la dot est exercée par les creanciers en cas de predecès de la femme, même
avant le doüaire ; mais on peut dire que le
doüaire des enfans est favorable contre ceux
qui ont contracté avec les peres & meres depuis leur mariage, ayant sçû qu'il étoit de
doüaire aux enfans à qui il est juste qu'il reste
quelque chose des biens de leur pere.

C.

Ladite veufve pour telle renonciation n'est privée de son doüaire coûtumier,
ou prefix, ains est en son entier de pouvoir demander & opter l'un ou l'autre.

Ains est en son entier de pouvoir demander
& opter l'un ou l'autre.] *Nisi huic facultati de-*
rogatum fuerit in contractu matrimonii, ut etiam
inter subditos hujus consuetudinis fieri potest.

C. M,

Leurdit mariage] *Etiam donatione mutua*
praecisa : sed benè testamento mutuo vel donatio-
ne causa mortis mutua. C. M.

C I.

Aussi peut ladite veufve, nonobstant ladite renonciation, prendre & emporter
une robbe, & l'un de tous ses habillemens servans à son usage, non le meilleur,
ne le pire : mais le moyen, quand il y en a plusieurs : & s'il n'y en avoit de
chacune sorte qu'un, elle l'aura & prendra franchement & sans aucune charge.

C I I.

Quand le mary seul saisi des acquests communs faits durant le mariage, survit,
le Seigneur feodal après le trépas de la femme, ne le peut empêcher à la joüissance d'iceux acquests, si les heritiers de ladite femme s'abstiennent d'apprehen-

der la moitié d'iceux à eux écheuë par le trépas de ladite femme.

CIII.

Et quand ledit mary seul saisi predecede sa femme, si ladite femme ne veut prendre sa moitié, les heritiers dudit défunt mary, peuvent relever le total desdits acquests, & ne le peut contredire le Seigneur.

CIV.

Mais quand le mary ou la femme sont ensemble saisis d'aucuns acquests, l'un d'eux predecedant, sont iceux acquests simplement divisez en deux : & faut que les heritiers du predecedé, relevent du Seigneur feodal la moitié dudit predecedé : autrement seroit reünie à la table & domaine dudit Seigneur, dont elle est mouvante, aprés la saisine dudit Seigneur.

CV.

Quand l'un des deux conjoints par mariage decede, les frais funeraux, dons & legs testamentaires se prennent sur les biens du predecedé : & n'en paye rien le survivant sur sa part.

CVI.

Personnes conjoints par mariage, ne peuvent donner l'un à l'autre entre-vifs durant leurdit mariage, ne s'avantager l'un l'autre de leurs biens meubles, heritages, acquests & conquests immeubles : mais par testament & ordonnance de derniere volonté, se peuvent avantager & donner l'un à l'autre tous leurs biens meubles, dettes, acquests & conquests immeubles, avec le quint de leurs propres heritages à toûjours, ou à vie, ainsi que bon leur semble : au cas toutefois qu'il n'y ait enfans dudit mariage, ou d'autre precedent : & s'il y en a, ne peuvent donner l'un à l'autre que par usufruit.

Se peuvent avantager & donner l'un à l'autre.] Par disposition mutuelle, ou même simple, puisque la Coustume n'en restraint pas la liberté.

Avec le quint.] *Quid si prius ante contractum matrimonii sponsus sponsa vel contra dede rat, un quint des propres, an iterum possit dare aliam quintam saltem residui ? Respon. non : sed computari debet quod prius de hærediis datum est. C. M.*

Ou d'autre precedent.] *Scilicet* du testateur, en cas que la disposition soit simple, car il seroit absurde de dire que les enfans du legataire empêcheroient l'effet de la donation, veu qu'elle est à leur avantage. *Secùs*, si elle est mutuelle, encore que par l'évenement le conjoint qui n'a pas d'enfans vienne à deceder le premier, dautant que pour faire que le testament mutuel soit valable, il faut qu'il ait pû subsister en faveur de l'un & de l'autre, attendu que c'est la condition principale de la disposition que les testateurs ont voulu rendre mutuelle & reciproque.

¶ Les reprises & remploy ne peuvent estre leguez entre témoins comme propres conventionnels ; autrement ils profiteroient souvent de tout le bien l'un de l'autre, qui ne consiste qu'en actions. Il a esté jugé contre le sieur du Frêne, Tresorier à Amiens par Arrest du 11. Juin 1695. que les acquests fait par sa femme avant son mariage seroient distraits de son legs universel ; mais ce fut à cause de l'omission du mot d'acquests, qui ne pouvoit estre compris sous celui de conquests, quoiqu'il parut qu'elle avoit eu intention de lui leguer tout ce qui estoit permis par la Coustume.

Les Coustumes qui défendent aux conjoins de s'avantager, ne peuvent avoir effet pour les biens situez dans une autre Coustume sui-

vant Stocman Decision 125. On tient la même chose pour les prohibitions de vendre avant certain âge, qui n'ont lieu que dans l'étenduë de la Coustume où on est domicilié.

Le legs entre conjoints fait par celui qui n'avoit qu'un domicile accidentel à Amiens est nul, s'ils vont demeurer dans un lieu où cette disposition est défenduë, parce qu'on doit considerer le dernier domicile par un acte qui a trait à la mort. Je ne crois pas aussi que le don mutuel fait à Amiens où il n'a pas lieu, puisse valider par le changement de domicile, suivant la regle *quod ab initio non valet.*

Le don mutuel fait en la Coustume de Senlis en proprieté de tous les meubles & conquests ne peut avoir lieu pour les conquests situez en la Coustume d'Amiens, s'il n'est fait par testament, dautant que cette Coustume ne permet pas en disposer autrement.

La femme peut tester sans l'autorité de son mari, & neanmoins il a esté plusieurs fois jugé en la Coustume de Poiétou, ou de même qu'en celle ci, l'un peut disposer en faveur de l'autre, ou par testament mutuel ou en faveur l'un de l'autre, que l'autorisation du mari present ne vicioit pas le testament mutuel, & même que l'acceptation par lui faite de la disposition à son profit, ne pouvoit passer pour une suggestion prohibée par la Coustume. V. Lelet sur l'art. 168.

Il suffit que le testament mutel soit revoqué par l'un qui ait fait signifier par un Sergent la revocation à l'autre, à la difference du don mutuel qui ne peut être revoqué que par les deux, de même que le testament mutuel où le droit étoit acquis à un tiers qui doit estre revoqué par les deux, comme prouve Chopin *de morib. Parisior. liv. 2. tit. 4. n. 10.* aussi le survivant qui a executé le testament mutuel, & profité de la disposition de l'autre ne le peut revoquer, les choses n'étant pas entieres, ni rien faire qui contredise à la volonté du défunt, neanmoins ils tiennent en païs de Droit écrit que le testament mutuel peut estre revoqué lorsque ce ne sont pas les enfans communs qui sont instituez, même si c'étoit un neveu ou une niéce suivant la Peirere let. T. n. 61. Mais nous n'avons pas d'égard à cette difference des personnes, mais seulement à la raison que le survivant ne doit pas se degager après l'execution, à moins qu'il ne profite des biens du défunt ; mais si le survivant n'avoit disposé que du sien & au profit d'autres que de ceux en faveur de qui le défunt avoit disposé, il seroit permis de revoquer.

On juge en la Coustume de Poitou suivant Lelet que la revocation peut estre faite par un seul dans la derniere maladie à cause que la disposition peut y avoir lieu de même qu'en celle-cy sans estre reciproque, neanmoins il est plus juste que les conjoints ayant choisi la voye de se donner mutuellement, dans l'esperance de profiter ; un mourant excité par les siens, & voyant qu'il ne peut rien esperer, ne fasse signifier une revocation au préjudice de l'autre qui étoit prest à joüir de la bonne fortune, après avoir couru risque. Il a esté jugé par Arrest du 20. Fevrier 1663. au Journal des Audiences tom. 1. liv. 5. chap. 6. que le testament mutuel même au profit des enfans pouvoit estre revoqué, & qu'il n'estoit pas exempt des formalitez qu'exige cette Coustume par usufruit seulement des meubles, acquests & quint des propres quand il y a enfans, à moins que l'on n'ait legué l'usufruit des propres, au lieu de ce que la Coustume permet de leguer, si mieux les heririers n'aiment abandonner aux legataires les meubles, acquests & quint des propres. Si le legs estoit pur & simple de l'usufruit des propres, on pourroit dire que le testateur a fait ce qu'il n'a pas pû, & que ce qu'il a pû, il ne l'a pas fait.]

CVII.

Femme ayant enfant du premier mariage, ne peut disposer en maniere que ce soit, au profit d'autre mary, ou autre personne, des avantages & profits nuptiaux qu'elle a eus dudit premier mary, ains les doit entierement garder aux enfans dudit premier & precedent mariage, dont luy sont procedez lesdits avantages & biens : mais si elle n'avoit enfans dudit mariage, elle en peut disposer comme d'autre chose.

Femme.] *Idem* de l'homme ainsi, ainsi qu'il a esté jugé par plusieurs Arrests intervenus en interpretation de l'Edit des secondes nôces, de l'an 1560. duquel cet article a esté transcrit. Et au surplus il estoit inutile de faire un article à ce sujet dans cette Coustume, vû que la même chose avoit esté establie par une Ordonnance generale, non seulement pour les avantages que la femme a reçûs de son premier mari, dont parle cet article, & qui doivent estre entierement reservez aux enfans du premier lit : mais aussi pour tous les autres biens, dont la femme n'a pû disposer au profit de son second mari, sinon d'un portion égale à celle que prend le moins avantagé de ses enfans. Ce qui doit aussi estre observé en cet Coustume, quoi qu'elle n'en parle pas.

¶ En secondes nopces la femme a d'abord son doüaire coustumier ou le préfix jusqu'à la concurrence du Coustumier, non sujet à retranchement étant dû par la Loi, & elle peut encore estre avantagée d'une portion égale à celui des enfans qui prend le moins & s'il avoit moins que sa legitime, elle pourroit se la faire fournir, ensorte que cet excedant du Coustumier ni le préciput & autres avantages ne peuvent exceder cette portion. Les conquests de la 1. Communauté qu'a le mari sont sujets au doüaire coustumier du second mariage, même ils sont partie en cette Coustume des biens pour regler la portion du moins prenant, & à l'égard des préciput & dons que le mari avoit eu de sa premiere femme, ou la femme de son mari, ils doivent estre reservez aux enfans du premier lit, sans que le pere ou mere puissent en disposer au profit d'un enfant au préjudice de l'autre, & ils prennent part dans cette reserve, encore qu'ils ayent renoncé à la succession du donateur. Ce qui est échû au survivant par la succession de ses enfans, même les dommages & interests pour l'homicide du predecedé & les donations qui lui sont faites même en directe par les parens du predecedé ne font pas partie de la reserve.

Les biens reservez sont propres aux enfans de leur côté & ligne, au lieu que ceux qui sont retranchez de la donation, leur sont propres du côté du donateur.

Les biens reservez appartiennent aux enfans ou petits enfans vivans lors du décès du pere ou de la mere ; les petits enfans representans leur pere ou mere, ne font qu'une part, au lieu que s'il n'y avoit que des petits enfans, la part du moins prenant, ne seroit que celle de l'un des petits enfans.

La femme ne laisse pas de pouvoir disposer des conquests de sa premiere Communauté aux termes de l'Edit, au profit des enfans de son premier ou second mariage.]

CVIII.

Quand l'un des conjoints par mariage, a aucun heritage propre chargé de rente, laquelle iceux conjoints racheptent, elle est confuse, tant que le mariage dure : mais après le décès d'iceluy auquel l'heritage estoit propre, le survivant prend la moitié de ladite rente ainsi acquise & rachetée : Toutefois ceux ausquels avient l'heritage, la peuvent acquitter & racheter, en remboursant la moitié de l'argent, avec les arrerages échûs depuis ledit trépas.

eſtoit propre.] *Idem*, ſi l'autre conjoint decede le premier, cette clauſe n'eſtant propoſée que pour exemple. Et de fait, le commencement de l'article établit en general, que la rente ne demeure confuſe que tant que le mariage dure ; ce qui doit s'entendre, ſoit que le debiteur de la rente decede le premier, ou qu'il ſurvive.

Chargé de rente.] *Idem*, ſi c'eſt une rente conſtituée qui ſoit düe particulierement par l'un des conjoints.

Tant que le mariage dure.] C'eſt-à-dire, la communauté, ne s'agiſſant ici que de l'effet civil du mariage, cette recompenſe a lieu encore que la communauté profite des meubles de la ſucceſſion tenuë de la rente.

TITRE VI.

De Doüaires.

ARTICLE CIX.

Femme mariée eſt doüée de doüaire prefix, ou coûtumier, dont elle ſe peut dire ſaiſie dés l'inſtant de la diſſolution dudit mariage, pour en former complainte, & prendre les fruits du jour du decés de ſon mary, ſans autre demande & apprehenſion.

Et prendre les fruits du jour du deceds de ſon mari.] Et ainſi la veuve prend l'heritage ſujet à doüaire en l'eſtat qu'elle le trouve, & avec les fruits pendans par les racines, s'il y en a, ſans eſtre tenuë de ſe contenter du fermage, s'il eſt donné à loyer, ni même de rembourſer les labeurs & ſemences, parce que les fruits ſont partie du fond dont l'uſufruit lui eſt donné pour ſon doüaire, ſans préjudice des dommages & intereſts du Fermier, contre la communauté. Il en va autrement quand la doüairiere decedant, laiſſe l'heritage chargé de fruits, les heritiers du mari joüiſſent bien des fruits, mais ils ſont obligez de rembourſer les labeurs & ſemences, ſuivant qu'il eſt decidé par l'article 123. ci-deſſous, ce qui eſt fondé ſur une raiſon generale, laquelle reſulte, de ce que la veuve n'eſtant proprietaire de l'heritage lorſque l'uſufruit vient à finir, on ne peut pas dire que les impenſes qu'elle a faites pour faire venir les fruits, faſſent partie du fond, & c'eſt un droit mobiliaire à ſon égard, qui conſequemment lui doit eſtre rendu & rembourſé, de même que quand un particulier achete la coupe d'un bois de haute futaye, quoiqu'il ſoit encore ſur le pied, ce n'eſt pourtant qu'un droit mobiliaire pour ce qui le concerne, & qui eſt conſideré comme tel entre ſes biens, attendu qu'il n'a aucun droit au fonds de la terre.

CX.

Et eſt à ſon choix de ſe tenir à l'un ou à l'autre, tel qu'elle voudra, encore que par le traité de mariage ne luy ſoit reſervé : ce qu'elle ſera tenu declarer, & opter dedans quarante jours aprés le decés dudit mary l'heritier appellé.

Opter dedans 40. jours aprés le deceds du mari.] La peine pour la fatalité du temps, n'étant point prononcée par la Couſtume, & n'étant pas dit que faute d'opter par la veuve dans les quarante jours, l'option demeure referée aux heritiers du mari, j'eſtime qu'elle ne doit pas avoir lieu de plein droit, & que les heritiers la doivent faire prononcer par le Juge, lequel par ſa prudence, & ſuivant les differentes circonſtances proroge le delai.

CXI

Ledit doüaire s'acquiert incontinent aprés le mariage parfait & conſommé, pour avoir lieu aprés le trépas du mary.

CXII.

Doüaire coûtumier eſt de moitié des heritages feodaux, & du tiers des heritages cottiers du mary qu'il avoit lors du mariage, & qui luy auroient eſté donnez auparavant iceluy, ou en le traitant, ſoit qu'il en fût ſaiſi ou non, & de ceux qui luy ſeroient advenus durant le mariage par ſucceſſion en ligne directe, ou par donation de pere, mere, ou autres aſcendans en ligne directe : pour par ladite veufve, prendre les fruits de ladite moitié & tiers, & en joüir ſa vie durant ſeulement. Toutefois en la Prevoſté de Foulloy, la femme prend moitié aux cotteries, comme en fief.

Soit qu'il en fût ſaiſi ou non.] *Quandiu poteſt effi caciter. Saltem perſonaliter agi : quia haredes mariti tenentur preſcripta luere.*

¶ Un pere ayant des biens en cette Couſtume où le doüaire n'eſt que viager, & dans celle de Senlis où il eſt propre ; les enfans ne peuvent eſtre doüairiers en celle de Senlis où il leur eſt propre, & heritiers en celle-ci où ils n'ont pas de doüaire ; dautant que pour eſtre doüairiers ils ont dû renoncer à la ſucceſſion dont l'acceptation n'a pû eſtre diviſée en ce cas.]

CXIII.

Et n'a la femme doüaire sur les heritages advenus au mary durant le mariage par succession en ligne collaterale.

CXIV.

Femme se remariant par plusieurs fois, a tel doüaire que dessus : pour chacun mariage sur les heritages de ses maris.

Femme se remariant par plusieurs fois.] *Quid,* dans le cas contraire, si le mari s'est remarié plusieurs fois ? La Coustume n'a point disposé particuliere ment pour ce cas, d'autant que n'ayant pas fait le doüaire propre aux enfans, la proportion dü doüaire de la seconde où troi-siéme femme ne doit pas estre differente de ce-lui de la premiere.

CXV.

Pour doüaire (soit prefix, ou coûtumier) ladite femme a hypotheque sur tous les biens du mary, en telle maniere qu'elle precede toutes les autres hypotheques subsequentes la perfection & consommation dudit mariage, pour le regard des heritages dont le mary estoit lors saisi, ou qui luy ont esté donnez, comme dit est : Et quant à ceux qui depuis la perfection & consommation du mariage, seroient avenus audit mary en ligne directe, ledit doüaire precede les hypotheques creéées depuis que les heritages seroient avenus audit mary.

Ledit doüaire precede les hipoteques créées depuis que les heritages seroient advenus audit mari.] C'est-à-dire, que les creanciers des pere & mere, ou autres ascendans par les successions ou donations desquels les heritages sont échûs au mari, ont hipoteque auparavant la femme en vertu de la separation de patrimoine. Mais à l'égard des creanciers du mari, entr'eux leurs hipoteques sont acquises sur ces heritages suivant l'ordre de leur priorité ou posteriorité, de la même façon que sur les autres biens : desorte que les creanciers qui ont hipoteque auparavant le mariage, prefereront la femme, comme aussi elle préferera les creanciers de son mari posterieurs en hipoteque à son contrat de mariage.

¶ Cet art. n'empêche que les creanciers qui ont la femme pour obligée, ne viennent avant son doüaire pour ses reprises, & elle ne le peut pas toucher au préjudice de ceux qui viennent en sous-ordre sur les autres droits.

Mais le doüaire stipulé propre aux enfans en cette Coustume où il n'est que viager, estant reputé donation, semble ne devoir venir qu'a-prés les remploy & indemnitez, de même que les dons & préciputs qui ne sont pas causes onereuses ; neanmoins je ne vois pas que nous en fassions distinction dans l'usage où il est consideré comme doüaire préfix, qui a autant de privilege que le Coûtumier, afin de conserver quelques débris aux enfans dans la mauvaise fortune.

Mais les arrerages dûs à la femme doivent estre pris sur le fond stipulé propre aux enfans quoiqu'il vienne à manquer à la difference des Coustumes où il est propre, où on fait perdre à proportion à la femme & aux enfans, suivant quelques Arrests. Aussi le doüaire stipulé propre ne saisit pas comme en faveur de la femme, la Coûtume ne le portant pas ; mais le doüaire stipulé propre est sujet à réduction en ce qu'il excede le Coûtumier ; neanmoins si la seconde femme n'estoit avantagée que par doüaire préfixe, je croi qu'il doit avoir effet au de-là du Coûtumier, pourvû qu'elle ne fust pas avantagée au de-là de la part d'un enfant, outre la valeur du Coûtumier.]

CXVI.

Pour l'apprehension & joüissance de doüaire, ne sont dûs aux Seigneurs feodaux dont les heritages sont tenus & mouvans, aucuns droits seigneuriaux.

Droit Seigneuriaux.] Ce mot est general tant pour les fiefs, que pour les rotures.

CXVII.

L'heritier, ou detempteur d'heritages feodaux sujets à doüaire, peut contraindre la veufve de faire aux dépens d'elle, partage desdits heritages feodaux : & à cette fin faire deux lots d'iceux heritages, desquels l'heritier ou detempteur doit choisir l'un, & laisser l'autre à ladite veufve, pour en joüir par elle par ses mains sa vie durant : & encore qu'elle ne soit requise par l'heritier ou detempteur, elle peut demander ledit partage estre fait comme dessus à ses dépens.

D'heritages feodaux.] *Quid* des roturiers ? Je ne vois pas de raison de cette difference ; & neanmoins Heu sur cet article dit, que ce n'est pas aux dépens de la veuve.

CXVIII.

Quand au lot & partage de ladite veufve échet aucun bois de coupe, elle ne le peut dessoler, ne faire abbattre, sinon par coupes & tontures ordinaires en saison convenable : & en doit user comme usufructuaire, & bon pere de famille.

CXIX.

Et ſi en iceux bois y avoit gros arbres, qu'on nomme perots, ou tayons, ladite veufve, ne les peut faire couper, ou abbattre, ne les appliquer à ſon profit : même ſi le proprietaire pour ſon profit faiſoit abattre aucuns deſdits perots ou tayons, ladite veufve ne peut y demander part, ſauf toutefois que ledit proprietaire eſt tenu la recompenſer de la glandée, paiſſon, & autres fruits deſdits arbres.

Ladite veuve ne peut y demander part.] *Niſi indemnitatem ſi reditus notabiliter diminueretur.* C. M.

Cette note de Maître Charles Du Molin a vrai-ſemblablement donné lieu lors de la derniere reformation à la derniere clauſe de cet article, qui n'étoit pas dans l'ancienne Coûtume, ſauf toutefois que le proprietaire eſt tenu la recompenſer de la glandée, paiſſon & autres fruits deſdits arbres. Ce qui doit s'entendre au cas que la veuve ne ſoit pas ſuffiſament recompenſée par le taillis ou autre choſe qui croît en la place des hauts arbres coupez par le proprietaire.

CXX.

L'heritier du défunt, ou le proprietaire des fiefs & heritages chargez de doüaire, eſt tenu de bailler & aſſigner à la veufve doüairiere, maiſon de doüaire, ſelon l'eſtat d'elle, quand eſdites terres & heritages y a maiſons & édifices : mais quand il n'y en a, n'eſt tenu luy en bailler.

CXXI.

La veufve ne peut, pour raiſon de ſon doüaire, pretendre aucun droit és chaſteaux & lieux forts, qui furent à ſon mary : mais s'il ne laiſſoit autre maiſon, qu'un ou pluſieurs lieux forts, ou une ſeule maiſon non forte, en chacun d'iceux cas ledit heritier ou proprietaire, eſt tenu livrer maiſon de doüaire à ladite veufve : à la charge de l'entretenir par elle de pel, verge & couverture ſeulement.

CXXII.

La veufve doit, pour les heritages qu'elle tient en fief, porter les charges de l'arriereban, & les acquitter pour le temps que ledit doüaire aura cours.

CXXIII.

Si les heritages tenus en doüaire eſtoient preſts à dépoüiller au temps du trépas de la doüairiere, le proprietaire doit avoir la dépoüille & l'heritage en l'état qu'il eſt, en rendant aux heritiers, ou ayans cauſe de ladite doüairiere, les labeurs & ſemences.

V. Sup. art. 109.

CXXIV.

Femme noble ſe remariant à homme roturier, ne joüit du privilege de Nobleſſe pendant ledit mariage : mais après la mort de ſon mary, joüit dudit privilege de Nobleſſe, en declarant par elle pardevant juge competant, qu'elle entend de là en avant vivre noblement, & pourvû que derechef elle ne ſe marie à homme roturier.

Femme noble. Soit qu'elle ſoit Noble de ſon ch. f, ou qu'elle ait acquis ſa Nobleſſe par un premier mariage, en épouſant un homme Noble.

TITRE VII.

Des Bailliſtres & Enfans mineurs.

ARTICLE CXXV.

QUand aucun fief noble échet par ſucceſſion, ou autrement, à enfans mineurs, iceluy fief tombe en bail durant la minorité deſdits enfans : & en appartient le bail au pere : & s'il eſtoit decedé, à la mere : leſquels pere ou mere precedent tous autres (ſi prendre le veulent) encore qu'ils ne ſoient du coſté & ligne dont ledit fief eſt avenu auſdits mineurs.

Fief noble.] Et ainſi c'eſt la qualité de l'heritage qui fait le bail ſous cette Coûtume, & non pas celle de la perſonne, deſorte qu'un fief tombe en bail, ſoit que le mineur ſoit noble ou roturier.

Eſchet par ſucceſſion ou autrement.] *Scilicet*

à titre gratuit: *Secùs*, si à titre onereux, parce qu'il y a diversité de raison ; & d'ailleurs ce mot, *échet*, marque la donation ou la succession & non l'acquisition à titre onereux.

CXXVI.

En défaut de pere & mere, le bail appartient au plus prochain lignager dudit mineur, du costé & ligne dont luy est écheu ledit fief noble.

CXXVII.

Et se fait l'apprehension dudit bail, tout ainsi que la succession : c'est à sçavoir que le premier qui peut succeder, peut apprehender ledit bail ; & s'il ne l'apprehende, le second & autres de degré en degré le peuvent apprehender.

Et autres de degré en degré.] De sorte neanmoins qu'il n'y en a qu'un de chaque degré qui puisse accepter le bail, veu qu'il ne seroit pas à propos de diviser cette charge & de la donner à autant de personnes qu'il pourroit s'en rencontrer dans un degré. Aussi se trouve-t'il assez de circonstances dans le texte de cet article, & des autres precedens, pour montrer que telle est l'intention de la Coûtume, premierement en ce que l'article 125. ne donne le bail qu'au pere & à la mere alternativement. 2. Tous les articles de ce titre parlent en termes singuliers. 3. Cet article dit, que l'apprehension du bail se fait tout ainsi que succession, ce qui doit s'entendre de succession collaterale, en laquelle par les articles 84. & 85. ci-dessus, l'aîné mâle, & au défaut de mâles, l'aînée femelle prend seule les fiefs.

De cette consideration que cet article & le precedent qui contiennent avec le 125. une énumeration des personnes, ausquelles le droit de bail appartient ; parlent des collateraux, il s'ensuit que les ayeul & ayeule & autres ascendans sont compris sous la disposition de l'article 125. qui parle des pere & mere, & que les ayeul & ayeule ont droit d'exclure les collateraux quoiqu'ils ne soient pas du côté & ligne. Car combien qu'il ait été jugé par Arrest du-dix-neuf Octobre 1593. que l'article 166. de la Coûtume de Paris qui ne parle que des pere & mere pour la garde bourgeoise ne doit pas estre étendu aux ayeul & ayeule, il n'en est pas de même en cette Coûtume ; vû qu'outre qu'il y a un fort argument en la Coûtume de Paris, qui sert de fondement particulier pour les exclure, sçavoir que l'article precedent, qui parle de la garde-noble, comprend expressément les ayeul & ayeule, si bien qu'il semble que ce soit à dessein que l'article 166. les a ômis. D'ailleurs, la raison est toute differente, attendu que sous Paris les ayeul & ayeule sont privez de la garde bourgeoise, en faveur des enfans, au lieu que dans cette Coûtume ce seroit en faveur des collateraux. Et si les ayeul & ayeule n'estoient pas compris sous l'article 125. les collateraux seroient traitez plus favorablement qu'eux, vû que ceux-cy sont admis au bail par les articles 116. & 117. & les autres en seroient excluds, puis quil n'y auroit point d'article pour eux.

La Coûtume de Paris art. 268. & quelques autres Coûtumes du Royaume portent, que la garde est finie, si le pere, la mere, l'ayeul ou l'ayeule qui l'ont acceptée, se remarie ; d'où on a pris sujet de demander en cette Coûtume, qui n'en dit rien, si la même chose doit estre observée ? Cette question m'ayant esté proposée depuis peu, j'ay répondu pour la negative, tant parce que nos Coûtumes sont locales, & que les peines ne s'étendent point que par la consideration de ce que cet article porte, que la garde se defere à l'*instar* des successions, qui ne se perdent point par les seconds mariages.

CXXVIII.

Toutefois nul n'est contraint d'apprehender le bail d'un mineur, ne le relever de bail, s'il ne luy plaist.

CXXIX.

Et s'il ne se presente aucun baillistre, le tuteur du mineur ne doit payer au Seigneur, duquel les heritages feodaux appartenans au mineur sont tenus, qu'un relief de proprieté & chambellage au nom dudit mineur, & faire & fournir tous autres services, droits & devoirs, que feroit ledit mineur, s'il estoit en âge, aux frais & dépens, & à la décharge d'iceluy mineur.

CXXX.

Celuy qui a pris le bail, & à ce titre, leve les fiefs nobles du mineur des Seigneurs dont ils sont tenus, acquiert & fait siens les fruits d'iceux fiefs, durant ledit âge dudit mineur, à la charge de nourrir, vêtir, alimenter, & entretenir aux écoles, ou autrement, ledit mineur selon son estat, & d'acquitter iceux fiefs nobles, des arrerages des rentes, charges & redevances réelles, dont iceux fiefs sont chargez, le temps dudit bail durant : ensemble de payer toutes dettes personnelles du predecesseur dudit mineur, desquelles ledit mineur seroit chargé. Pour lesquelles dettes personnelles, il a son recours contre ceux qui auroient apprehendé les meubles dudit défunt, pour autant & si avant que lesdits meubles pourroient monter, au cas toutefois que lesdits meubles viennent au profit
dudit

dudit mineur : mais s'il y avoit legataire universel, autre que ledit mineur, il est tenu d'acquitter ledit baillistre de toutes les dettes personnelles dudit defunt predecesseur dudit mineur.

¶ Suivant un Arrest du 28. Fevrier 1668. donné en la Coutume de Vitry, qui donne au gardien noble les meubles en proprieté ; la veuve qui a la garde noble & n'a pas fait inventaire, confond sa reprise entiere, & ne confond le remploi de ses propres alienez, qu'à proportion des meubles dont elle est presumée avoir profité ; ce qui peut s'appliquer à cette Coutume, pour la veuve qui a pris le bail des fiefs nobles des mineurs, qui est tenuë des dettes personnelles. Mais plusieurs ont reclamé contre cette difference, se trouvant autant de raison pour l'une que pour l'autre, & qu'elle ne doit pas aussi confondre sa reprise, à moins qu'il n'y ait une grosse quantité d'effets inconnus dont il paroit qu'elle ait pû estre remplie, ce qui seroit rigoureux lorsqu'on en peut arbitrer à peu prés la valeur.]

C X X X I.

Le baillistre est aussi chargé d'entretenir les maisons & édifices, étangs, viviers, bois, & autres heritages dudit mineur : & en doit user comme usufruitier & bon pere de famille, & enfin les rendre en bon estat ; & si autrement le fait, est tenu de tous dommages & interests envers ledit mineur.

C X X X I I.

Les meubles fiefs restraints & heritages cottiers du mineur, ne tombent en bail, ains seulement les fiefs nobles.

C X X X I I I.

Les biens qui ne tombent en bail, doivent estre regis & gouvernez par les tuteurs & curateurs desdits mineurs, dont leur doit estre pourvû par Justice, jusques en l'âge de majorité.

C X X X I V.

Le bail ne dure que jusques en l'âge de quatorze ans accomplis pour les mâles, & douze ans pour les femelles.

C X X X V.

Mâles & femelles estant en l'âge de vingt ans accomplis sont censez & reputez majeurs pour ester en jugement, administrer leurs biens, contracter de leurs meubles & acquests immeubles ; mais ne peuvent aliener ni hypothequer leurs biens propres & patrimoniaux, & meubles precieux & de grand prix, venans de leurs majeurs, qu'ils n'ayent l'âge de vingt-cinq ans accomplis.

L'âge qui a esté reglé à vingt ans par cet article, lors de la derniere reformation ; étoit seulement de quinze pour les mâles, & de douze pour les filles, par l'article 46. de l'ancienne Coutume, au temps de laquelle redaction, les Estats arrêterent de demander, qu'il fût prescrit un plus grand âge. Sur quoy M. Charles Du Molin avoit fait une note en ces termes. *Scilicet quantum ad agendum in judicio & alienandum. In quibus consuetudo satis tacitè corrigitur ex quo displicet Provincialibus : adhuc etiam post vicesimum vel decimum quintum annum non tollitur beneficium restitutionis in integrum, per ea quæ scripsi in consuetud. Paris. §. 21. col. ult. C. M.*

Contracter de leurs meubles & acquests immeubles.] Une femme majeure de vingt ans, & mineure de vingt-cinq, s'oblige en cette Coutume avec son mary ; le mary estant decedé, la femme renonce à la communauté, & obtient Lettres pour estre restituée contre l'obligation qu'elle avoit contractée, & represente qu'au moyen de sa renonciation à la communauté, elle ne possede aucuns meubles ni acquests, qu'elle eût pû valablement obliger auparavant l'âge de vingt-cinq ans. Neanmoins sur la consideration de ce qu'elle pouvoit faire des acquests qui seroient obligez à son creancier, & qu'il suffiroit de conserver ses propres libres aux termes de cet article elle fut deboutée de l'entherinement de ses lettres ; par Arrest intervenu en l'Audience de la Grand'-Chambre au roole d'Amiens, le 15. Janvier 1602. plaidant Servin pour la veufve, appellante du Bailly d'Amiens, & Dollé pour le creancier, intimé. Ce qui fut encore jugé en la même espece au roole de l'année suivante, le quatorze Janvier 1603. plaidans le Quieu pour la femme appellante, & de Villiers pour l'intimé. Ces deux Arrests sont rapportez par Maistre René Choppin sur la Coutume de Paris, livre 2. titre 3. nomb. 2.

Quid, des fruits des heritages propres, s'ils peuvent estre saisis pour l'obligation du majeur de vingt ans ? Heu cotte des Arrests du mois de Janvier 1597. pour l'affirmative, & dit, que depuis il s'est ainsi jugé communément.

¶ Qoyque le mineur ne puisse aliener ses propres en cette Coutume ni les hipothequer, il a esté jugé par Arrest en interpretation de cet article le 30. Mars 1665. au rapport de Monsieur Renard, cité par Lelet sur la Coutume de Poitou, que l'hypotheque contractée pendant la minorité depuis ratifiée en majorité, devoit estre colloquée du jour de l'acte, preferablement aux hypotheques intermediaires, la nullité n'ayant pas lieu de droit, mais feulement en cas de reftitution, à la differen-ce des actes où le mineur n'étoit pas present, lefquels n'ont pas d'effet retroactif au prejudice d'un tiers, comme ceux qui font depuis ap-prouvez par celuy qui a contracté en minorité, ou fuivant la loy, *non omnia* 44. *dig. de minoribus.*

Quoyque cette Cour. rende habile pour con-tracter à l'âge de vingt ans des meubles & ac-quefts, nous ne laiffons pas fouvent d'enrheti-ner les lettres obtenuës par les fils de famille qui fe font rendus cautions par reverence pa-ternelle ou pour d'autres, fans avoir profité de

rien, à moins qu'ils n'ayent fait quelque com-merce ou acte eftans majeurs de vingt ans, à caufe defquels il y ait eu fujet de fuivre leur foi, pourvû qu'il n'y ait ni furprife ni lezion, auquel cas l'execution eft reftreinte fur les meubles & acquefts & les fruits des propres. Neanmoins on peut dire que s'ils ne peuvent pas engager leurs propres, c'eft une fuite qu'ils en doivent joüir librement, les Coûtumes par-lent avec effet, & la proprieté feroit imparfai-te fi on en feparoit les fruits qui font partie du fond.]

CXXXVI.

Emancipation d'enfans n'eft neceffaire pour avoir le gouvernement de leurs biens.

TITRE VII.

Des hypotheques.

ARTICLE CXXXVII

Contrats de venditions d'heritages ou rentes, baux à cens hereditaux ou à vie, ou à loüage, permutation, donation, & autres (encore qu'ils contiennent terme d'hypotheque & rapport par deffaifines paffées & reconnuës pardevant Notaires Royaux, Baillifs, Prevofts Royaux, ou autres Juges que les Seigneurs feodaux ou leurs Officiers, defquels les heritages dont les contrats font mention, font tenus & mouvans) où lettres privées n'engendrent hypotheque, ne droit réel fur les heritages des contractans, ains font reputez purs perfonnels & mobiliaires pour le regard du Seigneur & creancier, fi ce n'eft que lefdits contrats foient reconnus pardevant les Seigneurs, dont lefdits heritages obligez font tenus, ou les Officiers de leur Juftice : en ce faifant font realifez & reputez hypothequaires, pourvû qu'iceux heritages y foient fpecifiez, declarez & obligez.

Si ce n'eft que lefdits contrats foient reconnus pardevant les Seigneurs, dont lefdits heritages obligez font tenus, ou les Officiers de leur Juftice.] Fallit, en droit Coûtumier. *fuprà § 49. quod eft æquum, quia matrimonium eft notum & confuetudo doarii eft notior que etiam datur à lege: fupponitur etiam matrimonium publicum, fi enim foret clandeftinum non noceret tertiis acquifitoribus nifi adhibitâ hac folemnitate, ut in fimili decidit confuetudo Andenfis § 245.* Fallit 2. en toutes rentes retenuës ou conftituées pour fupplément de partages, *ut per Arreftum in publicis caufarum actionibus me præfente latum die Martis 2. Julii anno* 1551 *Carerum non eft dubium quin inftrumentum valeat ad obligationem perfonalem contrà obligatum & ejus hæredes: ad hoc Math. de Afflict. decif. Neapolit.* 240. *in fi.* C. M.

L'article 49 de l'ancienne Coûtume, dont Maître Charles Du Molin fait mention en fa note, eft prefentement le 115. de la nouvelle, qui a corrigé l'ancienne en ce point, au moyen de ce qu'elle a donné l'hipoteque legale, tant à l'égard du doüaire préfix, que du Coûtumier, au lieu que par les articles 49. & 51. de l'ancienne, il n'y avoit que le doüaire Coûtumier qui eut hipoteque legale, & pour le prefix, il étoit fujet aux mêmes folemnitez que les autres dettes.

L'article 53. de l'Ordonnance de Moulins,

qui veut que les Jugemens emportent hipoteque, a derogé à la difpofition de cet article; & de fait, il a été jugé par differens Arrefts intervenus dans cette Coûtume & autres femblables, que les Sentences & Arrefts donnent hipoteque au creancier fur tous les biens du condamné, même fur ceux qui font fituez en païs de nantiffement, du jour de la prononciation de l'Arreft, ou de la Sentence, fans autre folemnité. Le premier Arreft qui a jugé cette queftion eft intervenu en l'ordre des creanciers de la Maifon de Humieres, au rapport de Monfieur Courtin; en la Grand'Chambre, le 21. Mars mil fix cens fix. Le deuxiéme a été rendu au rôle d'Amiens fur les conclufions de Monfieur l'Avocat General le Bret, le Lundi 8. Janvier 1607. en confirmant une Sentence du Bailly d'Amiens, entre la femme de Becquer, fieur de Cormon, & les Treforier & Hôpitalier du commun Trefor des Chevaliers de l'Ordre de faint Jean de Hierufalem. Il y a un troifiéme Arreft rendu avec grande connoiffance de caufe, après enqueftes par turbes faites aux Sieges de Ponthieu, Boulenois & Amiens, en vertu d'un Arreft du douze Fevrier mil fix cens vingt-deux. Et quoique les Turbiers euffent rapporté que l'ufage dans ces Coûtumes étoit de ne pas accorder d'hipoteque aux Sentences & Arrefts, fans nantiffement : neanmoins par l'Arreft diffinitif qui eft intervenu touchant l'ordre des deniers de la terre d'Auxi-le-Château, située en la Coûtume de Ponthieu, entre Louis Lochet, Maître Adrien de Heu Lieutenant general à Abbeville, & qui a commenté cette Coûtume, Claude Tillette & consors, donné en la troisiéme Chambre des Enqueftes, au rapport de M. Scaron, le 29. Juillet mil six cent vingt-trois, la Cour faisant droit sur les conclusions de Monsieur le Procureur general, a ordonné que les Sentences & Arrests auront hipoteque suivant l'Ordonnance és Senechaussées de Ponthieu & de Boullenois, & au Bailliage d'Amiens, sans qu'il soit besoin de nantissement pour acquerir hipoteque. Et neanmoins que les Jugemens volontaires n'auront aucune hipoteque que du jour qu'ils auront été mis & reçûs au Greffe des lieux où ils auront été donnez, & que l'Arrest sera lû & publié aux Sénéchauffées de Ponthieu & de Boulenois, & au Bailliage d'Amiens.

Pour le regard du seigneur & creancier.] *Idem*, du tiers detempteur, soit à titre onereux ou lucratif, dont le titre a été realisé, lequel ne peut estre assigné en declaration d'hipoteque à la requeste des creanciers du vendeur, ou du donateur, qui ne sont pas nantis, ou qui n'ont pas hipoteque de droit ; ce qui a été jugé en interpretation de cet article, par Arrest du 3. Juillet mil six cens trente-deux dans cette efpece. Pierre Payen étoit creancier de Raoul de Hatteville de deux cens cinquante livres de rente. Hatteville fait Nicolas le Besque legataire universel de tous ses biens, entre lesquels étoit compris le fief de Bruflet, à la charge d'acquiter toutes ses dettes, duquel legs, délivrance avoit été faite au legataire, ce acceptant par contrat passé pardevant Notaires, le premier Mai 1595. à la charge de payer les dettes, obsèques & funerailles, & legs teftamentaires du testateur. En execution le Besque & la veuve du défunt reconnoiffent la rente de deux cens cinquante livres dûe à Payen, & s'obligent de la payer & continuer. Posterieurement à ces Actes, Nicolas le Besque legataire donne en faveur de mariage à Raoul le Besque son fils, le fief de Bruflet situé sous cette Coûtume, lequel est reçû en foy & hommage par le Seigneur superieur, & accomplit toutes les solemnitez necessaires pour la validité de la donation. Sept ans aprés cette donation, Raoul le Besque est poursuivi par Payen, en qualité de détempteur de ce fief pour le payement de sa rente de deux cens cinquante livres, & prétend que le pere s'estant particulierement obligé de payer la rente en vertu du legs univerfel qui lui avoit été fait sous la condition expreffe de payer toutes les dettes du défunt, il n'avoit pû transmettre partie des biens compris dans le legs à son fils, sans la charge de la rente, & que cette condition de payer les dettes imposées dans le testament, étoit une charge réelle du legs, & qui en faisoit partie, au moyen de laquelle les creanciers étoient subrogez aux droits du testateur, pour obliger le legataire d'y satisfaire ; & ainsi qu'ils avoient autant de droit que le vendeur d'un heritage pour le payement du prix qui luy reste dû. A quoy le fils donataire répondoit, qu'il estoit en pof-

session réelle du fief, & consequemment qu'il devoit estre preferé à Payen, qui n'avoit aucun droit réel sur l'heritage qui eut precedé la donation. Et que l'exemple du vendeur ne pouvoit luy estre opposé, puisque par cet article, il ne retient pas de droit réel sur l'heritage par luy vendu, à moins que son contrat ne soit realisé. De sorte que si un second acquereur avoit fait realiser son contrat, il ne pourroit pas estre inquieté par le premier vendeur, auquel le prix de la vente seroit encore dû, & dont le contrat ne seroit pas realisé. Sur cette contestation Sentence au Presidial de Beauvais, le vingt-deux May 1631. par laquelle sur les conclusions de Payen demandeur, les parties furent mises hors de Cour & de procez, dont ayant interjetté appel, est intervenu Arrest aux Enqueftes, le 3. Juillet 1632., qui a confirmé la Sentence.

Pour le regard du Seigneur & creancier.] Ces mots qui n'eftoient pas dans l'ancienne Coûtume, & qui ont efté inserez au milieu de l'article, lors de la derniere reformation, ont apporté de la confusion au fens de cet article. Quelques-uns, comme Choppin en son Commentaire sur la Coûtume de Paris, livre 3. tit. 3. nomb. 14. Charondas sur la même Coûtume article 103. sur la fin, & Brodeau lettre D. nomb. 4. ont tiré cette consequence par un argument à fens contraire, de ce que cet article, au moyen de ces mots qui ont efté ajoûtez ne dénie l'hypotheque, faute de nantiffement, que pour le regard du Seigneur & du creancier, que l'obligé & fes heritiers ne laiffoient pas fans le nantiffement, d'eftre tenus hypothequairement, ce qu'ils authorisent de la note de Maiftre Charles Du Molin sur cet article, & d'une autre note qu'il a faite sur l'article 119. de la Coutume de Vermandois. Mais cet Autheur qui avoit penetré dans l'esprit de ces Coutumes, & qui poffedoit parfaitement les veritables maximes de nôtre Jurisprudence, s'eft bien donné de garde d'établir une femblable opinion, vû qu'il sçavoit bien qu'il eftoit contre les regles, de propoter qu'il pût y avoir une hypotheque personnelle, & qui n'affectât pas la chose. Aussi ce qu'il a dit, eft-il fort éloigné de cette propofition, & il a établi tout au contraire, suivant le veritable fens de ces articles, que ceffant le nantiffement, l'obligé & fes heritiers ne laiffoient pas d'eftre tenus personnellement des conventions portées par le contrat. *Caterum non eft dubium quin instrumentum valeat ad obligationem personalem contrà obligatum, & ejus haredes* : il admet l'obligation personnelle, mais non pas l'hypotheque, & ce qui a servy à tromper les autres eft, que l'obligation personnelle sous cette Coûtume, ne fe divise pas, non plus que ne fait l'hypothequaire par le Droit commun, & chaque heritier eft tenu personnellement pour le tout, ainsi qu'il eft établi par l'article 91. cy-deffus qui veut même que celuy qui succede à une partie des meubles, puiffe eftre poursuivy pour toutes les dettes personnelles du défunt, sauf son recours contre les autres. C'eft de la forte qu'il faut entendre l'Arrest intervenu en cette Coûtume, le 17. Mars 1601. en la quatriéme Chambre des Enqueftes, au rapport

de M. Pinon, duquel Choppin & Charondas   *V. sup. notata ad art. 83.*
font mention.

CXXXVIII.

Et est requis que lesdites venditions, donations & contrats, soient reconnus par les contractans en personne, ou par Procureur specialement fondé, & ne suffit d'un simple porteur de lettres.

Et ne suffit d'un simple porteur de lettres.] *Scilicet quoad effectum supradictum ad prajudicandum tertiis : sed bené contrà ipsum obligatum & ejus harcdes. Sed in eodem instrumento potest certus Procurator constitui ad faciendum solemnitatem pracedentem. C. M.*

Il est ordinaire de constituer Procureur par le contrat, le nom duquel se laisse en blanc, & souvent on oublie de le remplir, en prenant la saisine en laquelle on se contente de dire, que tel fondé de procuration speciale portée au contrat, s'est dessaisi & a consenti saisine. Il arrive que tels contrats & saisines se baillent en communiquation dans les procez qui interviennent, sans que celuy qui s'en aide ait pensé à remplir les contrats du nom du Procureur, d'où ceux qui ont interest de les contester, prennent occasion d'impugner les saisines comme nulles, je demande s'ils ont raison ? Aucuns tiennent, que faute d'avoir remply le nom du Procureur, tant en la minute qu'en la grosse, il y a nullité, parce qu'autrement il est vray de dire, qu'il n'y a point de Procureur special, & que le nommé en la saisine n'est qu'un simple porteur de lettres, qui ne suffit point par la Coutume. D'au-

tres veulent qu'il soit au moins remply en la grosse, sur laquelle se prend ordinairement la saisine ; car à l'égard de la minute, on ne l'a pas pour la remplir, & souvent elle est passée bien loin du lieu où se baille la saisine, j'estime que cela n'est qu'une pointille qui n'est point considerable ; le nom du Procureur qui a effectué la Procuration portée au contrat, se pouvant en tout temps remplir dans le contrat devant & aprés sa mort, devant & aprés la saisine prise, devant & aprés la communication faite du contrat & de la saisine, parce que de là qu'il a effectué la procuration par la saisine où il est denommé comme Procureur special porté au contrat, il est censé denommé & remply au blanc du contrat, où sa place se rencontre, de sorte qu'il ne doit point passer pour un simple porteur de lettres que cet article rejette. Aussi-avons nous l'exemple des Procureurs *ad lites*, qui reçoivent leurs Procurations en blanc, & qui ne s'arrêtent pas à les remplir en leurs noms, & neantmoins ce qu'ils font ne laisse pas de valoir. En effet, il import dans l'espece de nôtre article, de ne pas multiplier des formalitez extraordinaires & particulieres.

CXXXIX.

Toutefois és cas esquels par disposition de droit y a tacite hypotheque, ladite hypotheque a lieu, encore que telle reconnoissance & solemnité de coutume ne soit intervenuë.

CXL.

Quand aucun pour sureté de payement d'aucune rente hereditale ou viagere, ou autre redevance passée & reconnuë pardevant Notaires Royaux, ou autre justice, veut acquerir hypotheque & droit réel sur l'heritage de son obligé, est requis qu'il observe l'une des trois voyes cy-aprés declarées.

CXLI.

La premiere, que le vendeur ou obligé, rapporte par dessaisine l'heritage à luy appartenant, en la main du Seigneur feodal dont il est tenu, ou de ses Bailly & Officiers, & qu'il accorde que la saisine en soit baillée à son creancier pour seureté de sa dette, en satisfaisant audit Seigneur de ses droits seigneuriaux : c'est à sçavoir du quint pour le feodal, & du treiziéme denier pour l'heritage roturier.

¶ On peut douter en cette Coûtume si le peril de la chose tombe sur le vendeur avant la tradition de droit, qu'exige la Coutume qui l'oblige de se dessaisir és mains du Seigneur : mais cette difficulté cesse lorsque l'acquereur est porteur de procuration à cet effet.

Il y a encore lieu de douter lorsque la vente est par écrit sous seing privé, avec promesse de passer contrat, lequel ne laisse pas d'engager les contractans, la vente estant parfaite aux termes du droit par le consentement, la chose & le prix, mais s'ils sont tous deux en demeure, la perte doit tomber sur celuy qui est

le dernier en demeure, *ultima mora nocet.*

Au défaut de saisine ou de procuration à cet effet, l'acquereur n'ayant pû y suppléer par l'apprehension de fait, le peril regarde encore le vendeur, à la difference de celle de Senlis, où l'acquereur a pû apprehender de fait, sauf l'amende pour laquelle il eut eu son recours à moins que l'acquereur ne soit en faute ou en demeure, ou qu'il ne se soit obligé à la conservation de la chose.

Le peril regarde aussi le vendeur si l'heritage devoit estre estimé ou mesuré avant que l'on y ait satisfait, à moins qu'il n'ait contumace.

L'acquereur suivant la loy *quod semper dig. de peric. & commodo, leg, ædiles dig. de ædilit, edict.* On oppose la loi *si fundus 33. locati,* ou si le fond vendu estoit réüni au fisc avant la tradition, le vendeur doit restituer le prix, mais il faut ou que la confiscation soit acquise ou par la faute du vendeur, ou en vertu d'un Edit anterieur à la vente.]

CXLII.

La deuxiéme, que le creancier achepteur, donataire, ou autre pretendant hypotheque par commission de Juge competant, fasse mettre & asseoir la main du Roy, ou d'autre Justice, sur les heritages de son obligé pour la sûreté de sa dette, & signifier icelle main-mise, tant audit obligé, comme aux Seigneurs dont lesdits heritages sont tenus & mouvans, ou à leurs Baillifs & Officiers de Justice. Et faut faire ajourner lesdits Seigneurs & obligé, pour voir declarer que la main-mise tiendra, ou y contredire si bon leur semble : & tant faire que lesdits Seigneurs & obligé s'y consentent : ou que par Sentence donnée par Juge competent, contradictoirement ou par contumace ladite main-assise soit declarée tenir, les Seigneurs payez ou satisfaits de leurs droits tels que dessus.

¶ En cette Coûtume la mise de fait se prend sur heritages ou droits réels du consentement du debiteur, pourvû qu'ils soient fondez sur contrats : mais elle seroit prise inutilement sur de simples pretentions non liquides ni certaines, ou en vertu de clauses qui ne sont pas de la substance du contrat, qui n'acquierent aucun droit si elles ne sont adjugées en Justice.

Il y a hypotheque sur les Offices regis par cette Coûtume en vertu de la Declaration du Roy du mois de Fevrier 1683. sans qu'il soit besoin d'aucun nantissement.]

CXLIII.

L'on ne peut proceder par ladite voye de main assise, si ce n'est qu'elle soit accordée par lettres authentiques.

CXLIV.

La troisiéme voye est, que celuy qui veut avoir ladite hypotheque & droit réel, obtienne commission du Bailly d'Amiens, ou d'autre Juge competent : & par vertu d'icelle se fasse mettre de fait, ou Procureur pour luy és fiefs & heritages sur lesquels il veut avoir sa sûreté & droit réel : & fasse signifier ladite mise de fait aux proprietaires & possesseurs desdits heritages, & aux Seigneurs dont ils sont mouvans : & fasse assigner jour pardevant ledit Juge competent ausdits possesseurs ou Seigneurs, pour se voir tenir & decreter de droit, ou y contredire : & tant faire que par consentement desdits proprietaires possesseurs ou Seigneurs, ou par Sentence donnée contradictoirement, ou par contumace, ledit demandeur y soit tenu & decreté de droit, lesdits Seigneurs feodaux payez & satisfaits comme dessus.

Lesdits Seigneurs feodaux payez comme dessus.] Ces droits doivent-ils estre rendus par le debiteur au creancier ? L'affirmativé semble sans difficulté, parce que ce sont loyaux cousts faits pour la sûreté du creancier. Mais si ce creancier estoit suffisamment assuré d'ailleurs, ou que sa dette ne fût dûë que par un simple écrit, ou même par une promesse verbale (car on tient que pour toutes ces sortes de promesses, on se peut faire mettre de fait) il seroit bien dur qu'en ce cas là un pauvre debiteur fût tenu de rendre des droits seigneuriaux que son creancier aura payé vainement & sans necessité, à joindre qu'aujourd'huy n'estant plus revoqué en doute, que les Jugemens n'emportent hypotheque en cette Coûtume, le creancier a pû acquerir hypotheque par cette voye, qui est ouverte à un chacun & sans payer droit,

C'est pourquoy j'estime qu'un creancier qui auroit affecté de se faire mettre de fait sans besoin, & pour ce payé des droits, ne pourroit pas se les faire rendre par le debiteur. Aussi voit-on que la Coûtume a eu en aversion le payement des droits seigneuriaux en ces rencontres, comme aux cas des articles 148. & 149. où il est parlé d'une hypotheque pour six mois seulement, pour laquelle il n'est pas dû de droits, mais si elle se prenoit pour un plus long-temps, ou qu'on la voulût continuer aprés les premiers six mois expirez, on tient que le Seigneur ne seroit pas tenu de l'accorder, sans luy payer ses droits. Mais tout cela est vain aujourd'huy, à cause de la voye facile des Jugemens qui emportent hypotheque, sans payer aucuns droits.

XCLV.

Le Seigneur ou son Bailly & Greffier est tenu de faire registre de toutes les essaisines & saisines, mises de fait, & mains assises, afin que les creanciers, ou acquereurs puissent connoître au vray quelles hypotheques y a sur les heritages, pour raison desquels ils veulent contracter.

Le seigneur ou son Bailly & Greffier sont te-
nus faire regiftre.] Faute de regiftrement la faifine eft nulle, & y a recours en dommages &
interefts contre le Seigneur. Et faut que le regiftre foit en livre relié. Mais de qui faut il que
les faifines foient fignées dans le regiftre ? J'ay
vû pratiquer en quelques Juftices, de les faire
figner par le Procureur nommé au contrat, &
par le Juge & le Greffier, en d'autres par le
Juge & le Greffier feuls, où il peut y avoir difficulté, parce que ce font actes volontaires qui
doivent eftre fignez par les parties. Encore
plus, fi c'eft le Seigneur feul qui tient le regiftre. Neanmoins l'ufage peut autórifer cés
actes, quoy que non fignez des parties, la
Coutume ne le requerant pas. Et de fait, en
la Coutume de Senlis, qui veut que les faifines
foient faites en prefence de deux témoins, fans
qu'elle les oblige particulicrement de figner, il
a efté jugé au procés d'entre les Religieufes
de Longchamp & du Lis, aprés enqueftes par
turbes touchant l'ufage, que la fignature des
témoins n'eftoit pas neceffaire, par Arreft du
feptiéme Juillet 1607.

La queftion s'étant prefentée au Bailliage d'A-
miens, entre M. Micolas Lengrené, Chan-
ne de l'Eglife Cathedrale de la même Ville
Damoifelle Marguerite le Clerc, pour fçav
fi un exploit de mife de fait qui n'eftoit
enregiftré dans un Livre, mais feulement
filé avec quantité d'autres eftoit valable,
intervenu Sentence le douze Fevrier 1603.
laquelle eu égard à l'ufage, la mife de fait d
il s'agiffoit a efté jugée bonne : mais à l'ég
de l'avenir, il-a été ordonné par forme de
glement, que les regiftres contenans les ma
mifes feront contextez, fans qu'on y pu
ajoûter ou diminuer, & qu'à cette fin les fe
lets feront cottez & paraphez au commen
ment & à la fin par les Juges & Greffiers, a
quels on ne pourra laiffer aucun blanc, à p
ne de cinquante écus d'amende, & des do
mages & interefts envers les parties. Et p
ceux qui avoient efté faits auparavant, qu
feroient tous apportez au Greffe du Bailliag
pour eftre tous les blancs remplis, & les fe
lets cottez, & ce en dedans le mois après
publication de la Sentence envoyée aux Prev
tez du reffort pour eftre publiée en Jugeme

C X L V I.

L'acquereur ou autre pretendant hypotheque ou droit réel, n'eft tenu de pay
droits feigneuriaux au Seigneur, jufques à ce qu'il y ait confentement de cel
fur lequel il veut acquerir ladite hypotheque, ou Sentence donnée contradicto
rement ou par contumace : & neanmoins eft tenu ledit pourfuivant hypothequ
faire vuider dedans fix mois, ou autre plus long delay (s'il eft ordonné par
Juge) les oppofitions ou empêchemens, fi aucuns y a : autrement & ledit tem
paffé, eft tenu payer les droits feigneuriaux au Seigneur, en confentant par l
que l'hypotheque tienne.

Droits Seigneuriaux.] On a trouvé moyen
d'éviter ces droits, en donnant hipoteque aux
Sentences, lefquelles ayans une hipoteque generale, n'obligent pas le creancier à payer aucu
droits feigneuriaux.

C X L V I I.

Sentences ou accords de maintenuë ou de main declarée tenir & tenuë de droi
fe retrotrayent au jour que les main affife & mife de fait ont efté faites : en m
niere qu'elles precedent toutes autres hypotheques, qui depuis lefdites main aff
fe ou mife de fait ont efté creées & reconnuës.

Jugé en cette Coûtume par Arreft donné au
mois de Juin de l'année 1601. au raport de
Monfieur le Preftre, que les droits feigneuriaux à caufe de la mife de fait, apartenoient au
Seigneur, du temps duquel elle avoit été faite
& fignifiée, combien que la Sentence requife
par la même Coûtume, pour la mife de fait,
eut été donnée pendant le temps d'un nouvea
Seigneur, parce que par cet article il eft dit qu
que les Sentences ou accords de maintenuë,
de main declarée tenir & tenuë de droit, fe r
trotrayent au jour que la main affife & mife d
fait ont été faites, & que l'hipoteque eft affi
de ce jour.

C X L V I I I.

Un Seigneur feodal n'eft tenu (s'il ne luy plaît) confentir hypotheque fur cot
terie, fi ce n'eft pour une fomme de deniers à payer pour une fois, & pour la
dite hypotheque tenir & avoir lieu demy an, tant feulement aprés le terme d
payer échû.

N'eft tenu s'il ne lui plaît] *fcilicet gratis,*
fecùs oblatis juribus ut fup. §. 67. Cette claufe eft importante & fe pratique *ut infrà* art
150.

C X L I X.

Et en ce cas pour ladite hypotheque d'une fomme de deniers à payer pou
une fois, foit fur un fief ou fur cotterie, ne font dûs aucuns droits au Seigneu
feodal.

C L.

Pour une somme de deniers à payer pour une fois sans terme, le Seigneur n'est tenu accorder hypotheque sur fief ne sur cotterie, si bon ne luy semble.

C L I.

Le Seigneur ne peut contraindre celuy qui a une obligation personnelle sur les heritages de son tenant feodal ou cottier, à apprehender le droit qu'il a en vertu de ladite obligation, pour avoir ses droits seigneuriaux : & est en la volonté & faculté de celuy qui a ladite obligation de prendre sa sûreté, & payer lesdits droits seigneuriaux, s'il luy plaît acquerir son droit réel.

C L I I.

Si depuis creation d'hypotheque pour rente, l'heritage se vendoit à la charge d'icelle rente, les droits seigneuriaux qui ont esté payez pour l'hypotheque de ladite rente, doivent estre déduits sur les droits dûs au Seigneur à cause de ladite vente.

C L I I I.

L'acquereur de rente realisée, peut (si bon luy semble) poursuivre personnellement ceux qui ont constitué ladite rente ou leurs heritiers, ou bien hypothequairement le tiers detenteur des heritages, sur lesquels ladite rente est realisée, afin de faire declarer les heritages hypothequez à ladite rente, cours & continuation d'icelle, & les faire vendre pour les arrerages sans discution prealable.

Sans discution préalable.] *Quid,* si l'hipoteque a seulement été acquise par Sentence en vertu de l'Ordonnance de Moulins : ou que l'hipoteque soit tacite & legale, comme à l'égard des rentes creées pour constitution dotale ? Il y en a qui soûtiennent que le tiers détenteur peut en ce cas exciper de la discution contre le creancier de la rente constituée, & même la plûpart des Officiers de la Province le jugent de la sorte. Ils alleguent pour fondement de leurs Sentences, que la raison pour laquelle cette Coûtume a exclud la discution à l'égard des rentes realisées, est que leur hipoteque ne s'engendre point par un simple contrat, mais par la saisie, mise de fait & main assise, dont il se tient des registres, par lesquels le tiers acquereur peut avoir conno ssance des rentes realisées sur l'heritage. Ce quil ne peut pas faire, Lorsqu'il s'agit d'une hipoteque legale ou acquise en vertu d'une Sentence. Ils ajoûtent que la Coûtume a donné l'hipoteque sans discution, en satisfaisant aux formes qu'elle introduit : mais que les Sentences & Arrests qui la donnent en vertu de l'Ordonnance, reduisent les choses au droit commun, qui oblige à la discution. Mais j'estime que cette distinction n'est bonne que pour conserver aux Seigneurs des droits seigneuriaux injustes, en rendant l'hipotheque engendrée par le moyen du nantissement plus considerable que celle qui est acquise en vertu de Sentence, & en obligeant par cette raison les creanciers de rentes constituées, de se faire nantir : Et si les Juges de la Province ont embrassé cette difference, c'est un reste de leur ancienne opinion, & de l'avis qu'ils donnerent lors de l'enqueste par turbes, qui fut faite en l'année 1622. que les jugemens ne donnoient pas d'hipoteque sous cette Coûtume ; à quoi la Cour n'eut aucun égard, &

jugea tout au contraire, par l'Arrest diffinitif, qui est intervenu. En effet, il paroît assez que la raison proposée par ceux qui soûtiennent le premier avis, n'a pas été celle qui a meu les redacteurs de la Coûtume à exclure la discution en matiere de rentes, vû qu'elle militeroit aussi-bien pour les obligations nanties, que pour les rentes constituées, attendu que l'on garde registre tant des unes que des autres : & cependant, cette Coûtume ne rejette la discution qu'à l'égard des rentes constituées ; Si bien qu'il faut dire que cette disposition est fondée sur la qualité & la difference des dettes seulement, & consequemment que la forme avec laquelle l'hipoteque a été acquise, n'est pas considerable, & que le tiers détenteur ne peut pas exciper de la discution contre le creancier d'une rente, soit que l'hipoteque soit legale, ou qu'il l'ait acquise en vertu de Sentence, ou par le moyen du nantissement. Et si cet article ne parle que des rentes constituées realisées, cela provient de ce que cette Coûtume lors de sa redaction, ne reconnoissoit pas d'autres rentes hipotequaires, les Arrests qui ont jugé que l'Ordonnance de Moulins y devoit avoir lieu, étans depuis intervenus, joint que l'on peut dire que les rentes qui ont hipoteque legale, ou qui sont suivies de Sentence, sont presentement présumées realisées dans cette Coûtume, vû qu'elles acquierent au creancier hipoteque, & un droit réel sur les heritages du debiteur.

¶ On observe neanmoins qu'il n'y a que les rentes realisées qui ont le privilege d'empecher la discussion qui est de droit, & que les Sentences sur contrat ne suffisent pas, daurant qu'elles ne donnent qu'une hipotheque legale, qui n'empêche pas les effets du droit.]

C L I V.

Chacun peut demander & poursuivre les cens, moysons & loüages à luy dûs, contre celuy qui occupe & possede les lieux chargez desdites charges pour le temps de son occupation, ou bien peut à son choix & option poursuivre le proprietaire d'iceux.

CL V.

Toutefois un tiers detenteur d'heritage chargé de rente peut auparavant contestation en cause, renoncer audit heritage : & en ce faisant demeure quitte desdits arrerages, encore qu'ils soient dûs de son temps : mais s'il conteste en cause & succombe, il est tenu de payer lesdits arrerages.

CLVI.

Il est permis à celuy qui a loué une maison, de proceder par execution avec autorité de Justice pour les loüages d'un an sur les biens meubles du conducteur, soit clerc ou lay, encore que tel conducteur ne soit condamné ni obligé par contrat passé sous seel authentique : & peuvent iceux biens (encore qu'ils soient hors de ladite maison) estre poursuivis par hypotheque en quelque main qu'ils soient, sinon qu'ils ayent esté vendus à un autre : & où ils se vendroient publiquement par autorité de Justice, sera ledit locateur preferé à tous autres pour lesdits loüages, sur les deniers qui en procederont.

CLVII.

Peut aussi proceder par execution sur les meubles trouvez en ladite maison, à qui que soit que lesdits biens appartiennent, & les faire vendre pour le payement de son loüage.

CLVIII.

Et peut le locateur contraindre le conducteur à garnir la maison loüée de meubles exploitables & suffisans pour la sûreté de son loüage : & à faute de ce faire, le peut faire sortir de ladite maison par Justice, encore que le loüage ne soit expiré.

CLIX.

Si aucun au jour de son trépas delaisse plusieurs heritiers, lesquels à ce titre ayent apprehendé ses biens, les creanciers du défunt peuvent, si bon leur semble, s'addresser pour avoir payement de leur dû, contre l'un des heritiers dudit debteur pour le tout, & contre luy seul faire poursuitte & le contraindre à payer le total dudit dû : mais iceluy heritier a son recours contre ses coheritiers, & chacun d'eux pour leurs portions hereditaires.

Ayent apprehendé ses biens.] Cette Coûtume parlant en termes generaux, s'entend & est ainsi pratiquée, quoiqu'il n'y ait aucun immeubles dans la succession, & que le creancier n'ait pour cela qu'une dette personnelle & non hipotequaire : ce qui resulte encore de l'article 91. ci-dessus, sur lequel nous avons fait quelques remarques qu'il faut voir.

Pour leurs portions hereditaires.] Ces termes de *portions hereditaires*, & ceux cy de *portions viriles*, sont la même chose dans la disposition du droit Romain, parce qu'il n'y avoit qu'un seul & unique patrimoine ; & si quelqu'un des heritiers prenoit des biens de la succession plus que les autres, ce qui excedoit étoit à titre de legs & non pas d'heritier, au lieu que parmi nous, comme nous admettons plusieurs especes de patrimoines dans une même succession, les portions hereditaires peuvent êtres inégales : Et ainsi, quand nos Coûtumes ont dit que les heritiers sont tenus des dettes pour leurs portions hereditaires, cela doit s'entendre à proportion de l'émolument, parce qu'ils prennent tout à titre d'heritier, & ainsi ce dont ils amendent de la succession est leur portion hereditaire. Partant, il faut tenir en cette Coûtume, que l'un des heritiers convenu pour le tout, a son recours contre chacun de ses coheritiers, pour telle part qu'ils amendent des biens de la succession, soit *à rata* de l'émolument, quand ils succedent inégalement soit *in viriles*, lorsqu'ils succedent également, comme j'ai fait voir plus particulierement en ma note sur l'art. 149. de la Coûtume de Senlis.

Au surplus, ce qui est porté par cet article, que les heritiers sont tenus des dettes à l'égard les uns des autres, pour leurs portions hereditaires, reçoit son exception par l'article 90. ci-dessus, lorsqu'il y a un successeur universel des meubles, que la Coûtume charge de toutes les dettes personnelles, arrerages de cens & rentes dûes au jour du trépas du défunt.

Apprehendé ses biens.] *Die Martis mane quarta Januarii anno 1546. præside Jo. Bertrando inter matrem hæredem filii in mobilibus cum plures essent hæredes immobilium, qui non erant in lite, appellantem à Ballivo Ambianensi, & creditorem intimatum, erga quem condemnata fuerat in solidum : mulcta fuit appellanti remissa, & dit l'appel au neant, elle est condamnée aux dépens, & que ce dont estoit appel sortiroit son effet. Sed istud arrestum debet intelligi & modificari ut non teneatur ustà à vires bonorum tes bonorum in quibus succedit : quia non est proprie hæres cùm non succedat in quota sed in certa specie bonorum tantum. C. M.*

¶ Cette solidité est cause que l'interruption faite à l'égard d'un coheritier, empêche en cette Coûtume les autres de prescrire contre le creancier ; ainsi qu'il a été jugé par plusieurs Arrêts, & particulierement par celui du 27. Novembre 1691. en la cinquiéme des Enquestes au rapport de M. Merault ; neanmoins l'action hipotequaire intentée contre l'un des coheritiers, n'empêche pas que les autres qui possedent des biens n'acquierent la prescription, parce que les diligences ne nuisent qu'à ceux qui sont tenus personnellement & solidairement, & cette solidité a lieu en cette Coûtume en faveur du creancier, encore que les heritiers ayent joüi par plus de 10. & 20. ans, en vertu d'un partage. V. les notes sur la Coût. d'Artois pag. 935.]

TITRE VIII.

De Prescription.

ARTICLE CLX.

Celuy qui joüit à juste titre & de bonne foy paisiblement, d'aucun heritage ou droit réel par dix ans entre presens, & vingt ans entre absens, âgez & non privilegiez, prescrit ledit hereditage ou droit.

¶ Les parties étant domicilées dans la Coûtume de Boulogne qui requiert 20. ans pour la prescription entre presens, il a été jugé par Arrêt du 28. Juin 1682. au raport de M. Lotten, qu'on n'avoit pû prescrire, sinon par 20. ans, quoique les heritages fussent situez en la Coûtume de Calais, où la prescription de dix ans étoit suffisante.

Lelet sur Poitou, prouve par plusieurs autoritez art. 168. qu'en matiere de prescriptions & de restitutions en entier, on peut venir le dernier jour des dix après midi, quoique le contrat ait été passé le matin, *quia dies venit sed nondum cessit leg. cedere diem dig. de verbor. significat. leg. in usucaptione dig. de usucapio.* Neanmoins la Loi penult. *In princip. dig. de divers. & temporal.* est contraire, & veut que pour avoir acquis prescription, il suffit d'avoir possedé un moment dans le dernier jour ; mais la prescription, principalement celle de 10. & de 20. ans, n'étant pas favorable con-un titre, il suffit de venir dans le dernier jour, tre ou plûtôt le temps doit être compté de moment à moment, comme en matiere de retrait lignager ; aussi la Loi *denique §. minorem dig. de minorib.* decide que pour la restitution des mineurs le temps doit être compté *de momento ad momentum,* à la difference des cas favorables où il suffit que l'année soit commencée.

Un Fermier ne peut prescrire ni même ses enfans à qui il a donné le bien du proprietaire, la mauvaise foi se communiquant facilement entre personnes aussi proches. Les dettes hipotequaires, sous condition ou à jour incertain, n'empêchent pas le détenteur de presc. ire les dettes, n'ayant pas plus de privilege que les substitutions qui ne nuisent pas à un tiers, si elles ne sont publiées, le creancier ayant pû agir en declaration d'hipoteque.

La prescription de 10. & de 20. ans court même contre une femme alliée de mari qui a vendu conjointement avec lui, parce que la Coûtume donne l'action de remploi du jour du mariage sur les biens du mari ; ce qui prouve qu'elle a pû vendre valablement.

Les femmes mariées qui ont contracté en minorité sont restituées après les dix ans de la majorité, sous prétexte que le mari est garand ; mais pour les droits échûs à la femme, comme les partages où le mari n'a fait que l'autoriser, les transactions pour les biens & droits de la femme, la prescription est acquise après les dix ans de la majorité.]

CLXI.

Et s'il joüit par trente ans paisiblement & de bonne foy entre âgez & non privilegiez, il prescrit, encore qu'il n'ait titre : mais contre l'Eglise est requis le temps de quarante ans pour prescrire.

Mais contre l'Eglise est requis le temps de quarante ans pour prescrire.] Cette disposition qui concerne l'Eglise, n'est pas renfermée à l'espece de prescription dont il est parlé par cet article : mais elle est generale pour toutes sortes de prescriptions de droits réels & immobiliairs, & pour raison desquelles la Coûtume à l'égard des autres, établit les prescriptions de dix, vingt & trente ans, soit que le détenteur ait titre ou qu'il n'en ait pas, soit aussi qu'il s'agisse d'action personnelle ou hipotequaire, conformément à la disposition de l'Autentique, *quas actiones C. de sacros. Eccles.* & du chap. *de quota extrà de præscript.* qui n'admettent qu'une seule & unique prescription. Ce que nous observons en ce Royaume

¶ Le coheritier qui a laissé prescrire des hipoteques, perd son recours, à moins qu'il ne justifie qu'il y avoit dés creances anterieures non prescrites, en vertu desquelles le prix des heritages se fut trouvé absorbé ; car si la prescription estoit acquise, la negligence est imputée aux coheritiers ; quoique vrai-semblablement s'il eut fait déguerpir ou vendre les heritages ;

les autres creanciers euſſent eſté avertis par les
publications ; mais on ne doit plus conſiderer
la dette d'autrui, qui ne ſubſiſte pas.

Le coheritier ne doit pas être exclu de ſa
garentie lorſqu'il a conſenti à une direction qui
eſt notifiée dans le temps à ſon coheritier pour
la conteſter, ſi bon lui ſemble, ou y eſtre preſent, pourvû qu'il ne s'y paſſe rien que pour l'u-
tilité des creanciers, & qu'il n'y ait pas plus de
frais que dans un Decret ordinare, & qu'on
puiſſe appeller de la Sentence d'ordre.

Le coheritier qui a laiſſé preſcrire le debiteur,
doit déduire ſur les ſommes pour leſquelles il
a ſon recours, le prix de l'alienation faite par
le debiteur, avec les intereſts du jour de la
preſcription acquiſe, n'ayant pas eſté obligé d'a-
gir auparavant.]

CLXII.

Par le temps de trente ans, toutes actions perſonnelles ſont preſcrites*: & par quarante ans, les hypothequaires.

Et par quarante ans les hipotequaires.] Cette clauſe doit eſtre interpretée par la precedente,
c'eſt-à-dire, que l'action hipotequaire dure
quarante ans, quand elle eſt pourſuivie contre
les perſonnellement obligez, ou leurs heritiers;
& lorſque les actions perſonnelles & hipotequaires ſont jointes enſemble, ſuivant la diſpoſition de la Loi, *cum notiſſimi C. de præſcript.*
30. vel 40. ann. Mais lorſque l'hipotequaire eſt
ſeule, & qu'elle s'intente contre un tiers détenteur, elle ne dure que dix ans entre preſens, &
vingt ans entre abſens, par l'article 160. ci-
deſſus.

¶ Cet article n'ajoûtant pas entre âgez &
non privilegiez à l'égard des actions perſonnelles, elles ſe doivent preſcrire contre les mineurs
par 30. ans, à la difference de celles en déſiſte-
ment pour heritages ou rentes, dont il eſt parlé en l'article precedent.]

CLXIII.

Meuble ſe preſcrit par trois ans avec bonne foy.

CLXIV.

Le vaſſal ne preſcrit contre ſon Seigneur feodal la teneure ne le cens, auſſi le Seigneur ne preſcrit le fief contre ſon vaſſal, mais les arrerages des redevances, cens & profits ſeigneuriaux ſe peuvent preſcrire.

Se peuvent preſcrire] par trente ans entre majeurs âgez & non privilegiez. Couſtume de Paris, article 114.

¶ Le fondement des rentes & redevances eſt
ſujet à preſcription actuellement & paſſivement
ſuivant la Couſtume d'Artois art. 31.

Quoique l'aîné puiſſe être reſtitué contre le
partage fait par maniere de tranſaction, ſi l'on
n'a pas tranſigé ſur la qualité du fief, il ne peut
pas ſe plaindre après dix ans, s'il a eu connoiſſance certaine de la qualité du fief, & ils en
joüiront comme d'un fief partagé, ſans préjudice des droits du Seigneur, à l'égard duquel
le tout ſera feodal.]

CLXV.

Nul ne peut acquerir poſſeſſion ou preſcrire ſervitude contre ſon voiſin en choſes occultes & ſecretes, s'il n'y a titre ou poſſeſſion de quarante ans.

En choſes occultes.] Il s'enſuit que la preſcription établie par les precedens articles, a
lieu à des ſervitudes évidentes & manifeſtes,
puiſque cet article n'en excepte que les ſervitudes occultes & ſecretes, à l'égard deſquelles
ſeulement elle veut titre ou poſſeſſion de quarante ans.

CLXVI.

Nul ne peut faire foſſe à latrines ou retraits, qu'il n'y ait entre ladite foſſe & la terre de ſon voiſin, deux pieds & demy de franche terre : & pour quelque temps qu'il l'ait autrement poſſedé, il ne peut acquerir aucune preſcription.

TITRE IX.

Des Retraits lignagers & feodaux.

ARTICLE CLXVII.

QUand aucun vend à perſonne étrange, & tranſporte à prix d'argent heritage feodal ou cottier venant de ſon patrimoine & par ſucceſſion de ſes prede-ceſſeurs, il eſt en la faculté des parens du vendeur du coſté & ligne dont l'heri-tage procede, le retraire par proximité de lignage dedans l'an & jour que le contrat eſt enſaiſiné dûëment inſinué au regiſtre du Seigneur duquel eſt mouvant ledit heritage ou de sa Jurisdiction, en payant & remboursant l'acheteur du sort principal de ladite vendition, frais de lettres, & autres loyaux cousts.

Venant de son patrimoine & par succession de ses predecesseurs] Soit que le vendeur l'ait eu à titre d'heritier ou à titre de donation faite en avancement d'hoirie, qui soit sujete à raport, & qui tienne lieu de portion hereditaire. Mais comme en cette Coustume on peut estre heritier, donataire, & legataire même en ligne directe, on peut soûtenir avec apparence, que l'heritage que l'heritier retient à titre de donation ou de legs, sans être obligé à le raporter, n'est pas sujet à retrait, parce qu'il l'a possedé en vertu d'un titre particulier, & comme une personne étrange. Et de fait, par l'article 2. de la Coustume locale de la Ville d'Amiens ci-après, il y a une disposition particuliere, pour dire que toutes donations faites par les ascendans à leurs descendans, sont reputées propres, & que si les donataires vendent les heritages hors de la ligne, ils sont sujets à retrait : Ce qui sert d'exception à la Coûtume generale, & fait voir que l'intention des redacteurs n'a pas esté de comprendre en cet article les heritages avenus au vendeur par toutes sortes de legs & de donations même faites en directe. Neanmoins après les deux Arrests dont nous avons fait mention sous les articles 51. & 60. cy-dessus, les lignagers ont droit de pretendre que toutes donations faites d'un propre à l'heritier presomptif de la ligne, conserve la qualité de propre de la même ligne en sa personne ; & consequemment, qu'en cas que les heritages y contenus soient par luy vendus, ils seront sujets à retrait.

¶ Partant l'heritage retiré par un pere vendeur sous le nom de son enfant mineur qui n'avoit aucuns deniers, demeure au même enfant sans charge de rapport, s'il a marqué sa volonté, ou si tous les enfans avoient esté mariez & dotez ; au lieu que si le prix estoit retenu par le pere, il seroit libre à l'enfant de renoncer au retrait ; au moyen de quoi le premier acquereur pourroit reprendre l'heritage, en rendant le prix, sinon le tuteur conservant l'heritage doit rendre à son mineur le prix qui vient de luy, & peut le vendre sans payer les droits, ne l'ayant acquis que pour un mineur qui ne l'a voulu agréer ; ce qui fait resoudre le contrat pour cause necessaire. On ajoûte le jour à l'année, pour faire ensorte que le terme expire le même jour de l'année suivante, dautant que dans l'an on ne compte pas deux fois le même jour : ainsi si la saisine est du premier, du moins il faut venir le premier du même mois dans un an.

Il semble à cause de ces mots, ou *ses predecesseurs*, qu'il faut que l'heritage ait souché en directe pour être sujet à retrait : neanmoins l'article 89. porte qu'il suffit que son heritage soit venu par succession aux enfans ou heritiers pour leur estre propre, ce qui convient à l'opinion de Du Molin, qui veut que ceux qui ont succedé en collateralle soient reputez du costé & ligne : neanmoins pour estre sujet à retrait, je ne crois pas que ce soit assez qu'il ait esté vendu par le premier qui a succedé à l'acquereur en ligne collaterale, jusqu'à ce qu'il se soit formé une ligne de propres du costé de l'acquereur.]

CLXVIII.

Si l'acquereur est refusant de reconnoître le lignager à retrait & recevoir ses deniers, ledit lignager doit obtenir commission de Juge competant, & en vertu d'icelle faire ajourner l'acheteur dedans l'an & jour à fin dudit retrait.

Si l'acquereur est refusant de reconnoître le lignager à retrait. [Jugé par Arrest rendu en l'Audience de la Grand'-Chambre, du Mardy 14. Janvier 1653. que ces termes n'imposent pas de necessité au lignager de sommer l'acquereur de luy abandonner l'heritage auparavant que de le faire assigner en Justice.

Et recevoir ses deniers.] On avoit aussi pretendu en la même cause, que ces termes obligeoient le lignager à faire des offres : mais il fut jugé qu'il suffisoit de rembourser l'acquereur aprés le retrait ajugé sans offres prealables, attendu que la Coutume n'en requiert pas expressément.

Doit obtenir commission.] Cecy tient de l'ancien stile, ou pour donner une simple assignation, même pardevant le Juge ordinaire, il falloit toûjours commission du Juge. L'experience a montré que c'estoient frais inutils, & il n'y a pas de raison de prendre plûtost commission aux retraits lignagers qu'en toutes autres actions : Et neanmoins la Loy est écrite, qu'il se faut bien garder d'obmettre, à peine d'estre declaré déchû du retrait, où il s'observe tant de pointilles & de vaines formalitez, qu'en toutes les petites Justices des champs, où les Praticiens sont moins adroits ; il se voit peu d'actions en retrait qui reüssissent. Par exemple, on soûtient en cette Coutume, qu'il faut que la commission soit en forme, signée du Juge & du Greffier, de telle sorte que si le Juge la bailloit au pied d'une Requeste signée de luy, comme il est ordinaire en plusieurs rencontres, cela ne suffiroit pas, & y auroit nullité. D'autres soûtiennent encore en consequence de la commission, que le demandeur doit élire domicile, D'autres pratiquent de faire en vertu de la commission, commandement à l'acquereur de recevoir le prix de son acquisition, & pour le refus luy donnent assignation : ce qui est Inutil, suivant qu'il a esté jugé par l'Arrest mentionné en la note precedente. On veut d'ailleurs que les témoins de l'exploit de la demande, même du reajournement & autres, s'il s'en fait, les souscrivent, tant aux originaux que coppies, & que leurs noms, surnoms, demeures & qualitez y soient exprimées : & on compile icy tout ce qui est de la rigueur de l'Ordonnance. Et pour ce qui est des offres aux Coutumes qui en veulent, on les examine syllabe à syllabe, *& aucupantur syllabarias fraudes*, comme dit un Poëte fameux de ce temps.

Et moy, je dirois volontiers comme Ciceron, plaidant pour Cecina. *Quid est Piso placet tibi pugnare verbis, placet causam juris & aequitatis constituere in verbo? Peracutum hoc tibi videtur, hic est mucro defensionis tua aquitatem rei verbi laqueo capi putas oportere?* Voilà proprement ce qui se passe aux actions du retrait lignager. On me dira incontinent que ce n'est pas une cause d'équité, mais une cause de rigueur & de droit étroit, parce que les retraits sont odieux. A qsoy je dis, que s'ils sont odieux,, il les faut ôter, mais puis qu'on les admet, pourquoy tous ces pieges pour y faire tomber les retrayans & les debouter avec dépens, combien qu'au fonds ils ayent tres-bonne cause, pourquoy ne pas proceder comme dans les retraits feodaux, où toutes ces pointilles ne s'observent pas. Et au reste, nous voyons que la plûpart des retraits que l'on fait sont frauduleux & faits sous des noms de parens interposez & achetez : & on favorise tellement ces fourberies, qu'il ne suffiroit pas de prouver qu'il y a eu pacte & convention : mais il faut *consilium & eventus*, de sorte que le pacte ait eu effet. Tellement que dans la procedure on defavorise les retraits par des pointilles ridicules : & au fonds, on les favorise contre des veritez toutes claires.

Juge competant.] C'est-à-dire, le Juge du lieu où la chose est assise, ou le Juge ordinaire du domicile de l'acquereur, ainsi qu'il a été jugé par Arrest du Lundi 12. Decembre 1633. intervenu en l'Audience de la Grand'Chambre, en l'interpretation de l'article 237. de la Coûtume de Peronne, Mondidier & Roye, en confirmant la Sentence du Juge de Roye, entre Marie Fescaiu, femme de Largitault, & Maître Charles de Boize.

CLXIX.

Si ledit lignager veut acquerir les fruits, il est necessaire qu'il consigne les deniers en justice : mais s'il veut seulement parvenir au retrait sans faire les fruits siens, jusques à Sentence ou accord sur ledit retrait, n'est besoin au retrayant de consigner les deniers, & suffit qu'il les baille à l'acheteur lors que ledit retrait luy sera accordé ou adjugé.

Si ledit lignager veut acquerir les fruits. En ce cas, il doit le remboursement des labeurs & semences au proprietaire ou fermier qui les a faites; parce qu'il ne peut demander que les profits de la terre qui consistent aux fruits, les impenses déduites. N'estant pas de cette espece, comme quand le proprietaire vend volontairement son heritage, auquel cas il ne peut demander aucun remboursement, attendu qu'ayant vendu l'heritage en tel état qu'il est lors du contrat, sans reserve, les fruits & les impenses y sont comprises, d'autant qu'elles font partie du fonds.

Qu'il consigne les deniers en Justice.] Entré les mains du Greffier ou du Receveur des Consignations, qui sont les mains de la Justice, sans qu'il soit necessaire que le lignager obtienne Sentence pour cet effet, attendu qu'il est suffisamment autorisé par la Coûtume.

Lorsque ledit retrait lui sera accordé ou adjugé.] *Intellige*, & les Lettres baillées ou mises au Greffe, & affirmation faite par l'acheteur. C. M.

CLXX.

Le lignager dans la huitaine apres la reconnoissance ou adjudication du retrait & que l'acquereur aura mis son contrat au Greffe & affermé qu'il est veritable doit rembourser ledit acquereur du sort principal de ladite vendition, qui se trouve clair & liquide par le contrat, autrement déchet & est privé de l'effet dudit retrait.

Et affirmé qu'il est veritable.] *Scilicet*, au Greffe ou en Jugement, & ne suffiroit de faire l'affirmation pardevant Notaires, attendu qu'il s'agit d'une procedure judiciaire.

Du sort principal de la vendition, qui se trouve clair & liquide.] *Quid*, si le prix n'est point liquide? J'estime en ce cas qu'il suffira de consigner dans la huitaine apres la liquidation, par la raison de l'article suivant.

CLXXI.

Aussi doit ledit lignager rembourser ledit acquereur des frais & loyaux cousts par luy faits, dedans la huitaine aprés qu'ils auront esté liquidez : autrement dechet & est privé dudit retrait.

Autrement déchet est privé du retrait.] *Non idem* du retrait feodal, parce que les peines introduites par nos Coustumes ne doivent pas être étenduës d'un cas à l'autre: Si bien que la Coustume ne prononçant pas de décheance faute de rembourser, le Seigneur ne peut être privé de son droit qu'aprés une contumace affectée, & le delai qui lui sera donné par le Juge. Ainsi jugé en cette Coustume par Arrest du 29. Aoust 1643. rendu en la premiere Chambre des Enquestes, au raport de Monsieur Bouvot, en entherinant une Requeste civile obtenuë contre un Arrest intervenu en la Grand'Chambre, au raport de Monsieur Savarre, le 19. Janvier 1641. par lequel faute d'avoir par Jacques Routier, auquel par Arrest du 2. Decembre 1634. le retrait feodal auroit esté adjugé, remboursé Charles Rontier & Charles Pasquier, acquereurs des frais & loyaux cousts, dans la huitaine de la taxe & liquidation il avoit esté déchû du retrait.

¶ L'acquereur peut rétablir les bâtimens qui tombét en ruïne de la maniere qu'ils étoient, ou qui soit aussi commode & convenable. Je croi aussi qu'il peut démolir ceux qui menacent une prompte ruïne, en faisant estimer les materiaux, dautant que le lignager a pû prévenir, & il ne doit pas profiter de ce que l'acquereur a fait en bon pere de famille ; neanmoins il ne peut entreprendre aucun nouvel œuvre, ni détruire ce qui pouvoit subsister ; mais il n'en doit pas être de même de celui qui a joüi sans saisine publiquement après l'an, en vertu de titre qui a pû changer l'état des lieux au préjudice du retraïant. Je croi aussi que le lignager doit entretenir les baux faits sans fraude pendant l'an, ou acquiter l'acquereur des dommages & interests. Si c'est une vigne ; on lui doit reprendre les ustencilles de vendanges acquis du même vendeur quoique par un écrit separé.

Je croi qu'après une joüissance publique sans saisine comme de dix ans, le lignager & même le Seigneur doivent rembourser sur le pied du dernier Contrat, lorsque l'heritage a esté revendu à plus haut prix.]

CLXXII.

Ledit lignager est tenu, avant qu'estre receu à retraire, affirmer que le retrait qu'il entend faire est pour luy, de ses deniers & sans fraude.

Le lignager est tenu avant qu'estre reçu à retraire, affirmer] s'il en est requis : ce serment estant donné à l'acquereur par forme d'exception ; aussi cet article ne prononce-t'il pas à peine de décheance comme les précedens.

¶ On n'est pas obligé à s'en tenir à l'affirmation, si la fraude est prouvée par écrit & même après le retrait adjugé, celui qui avoit intenté action peut dans l'an du jour, que la fraude est découverte, évincer le retraïant.]

CLXXIII.

Le retrait lignager n'a lieu, sinon quand l'heritage est vendu, hors la famille, estoc & ligne : & estant vendu à un qui est de ladite famille, estoc & ligne, autre plus prochain parent ne le peut retraire sur ledit acquereur, encore qu'il soit plus loingtain.

¶ Cet article doit s'expliquer par l'art. 156. de celle de Paris, où celui qui a des enfans en ligne, quoiqu'il ne soit pas de la ligne empêche le retrait. Brodeau veut même qu'il suffit d'avoir des petits enfans en ligne ; il est vrai, que s'il s'agissoit d'exercer le retrait qui est de droit étroit, les petits enfans ne doivent pas estre compris sous le nom des enfans ; mais s'agissant d'empêcher le retrait, le cas est favorable. Partant il doit demeurer en suspents, tant que vivent les enfans ou petits enfans, & il a lieu dans l'an du jour de la mort du dernier ; neanmoins Brodeau n'admet cette fiction que lorsque les petits enfans se trouvent heritiers immediats.]

CLXXIV.

Mais estant l'heritage vendu hors la famille, le plus prochain de l'estoc & ligne venant avant l'execution du remboursement, est preferé au moins prochain, encore qu'il ait prevenu.

Le plus prochain.] Sans considerer la representation, laquelle n'a esté établie que pour les successions, par un privilege particulier, qui ne doit pas consequemment estre étendu hors de son cas.

¶ Cette preference des plus proches a beaucoup de justice ; mais aussi elle empêche souvent que les biens ne soient vendus leur valeur, lorsqu'ils declarent qu'ils les veulent avoir, à moins qu'on ne les mette à un prix qui soit capable de les rebutter ; ce qu'on voudroit faire souvent lorsqu'il n'est plus temps. Pour moi, je croi qu'au lieu du retrait, il faudroit donner aux plus proches parens le droit d'encherir sur les lignagers.]

CLXXV.

Et si deux, en même degré, viennent au retrait, en ce cas le plus diligent qui aura prevenu, doit estre preferé.

Le plus diligent.] *Quid*, si deux parens d'un même degré ont fait donner assignation en même jour, & qu'il ne paroisse pas lequel des deux exploits a esté signifié le premier ? On pourroit suivre l'expedient de quelques Coustumes, qui veulent en ce cas que l'heritage soit partagé ou licité, si la division ne s'en peut pas faire. Mais j'estime qu'il est plus convenable à la raison pour laquelle le retrait a esté introduit, qui est pour conserver les heritages dans les familles avec quelque sorte d'éclat, d'adjuger le retrait au plus âgé. Ce qui est aussi plus conforme à l'esprit particulier de cette Coustume, qui laisse les heritages nobles indivisez autant qu'elle a pû, en ne laissant qu'une forte petite legitime aux cadets en directe. Et à l'égard de la collaterale, elle donne tous les fiefs à l'aîné mâle, & au défaut du mâle à l'aînée femelle. Mais les rotures se peuvent partager en même degré, s'il ne paroît pas de la diligence.

CLXXVI.

Retrait lignager n'a lieu en permutation, ne donation, soit entre-vifs ou par testament.

CLXXVII.

Semblablement n'a lieu en acquests, encore que le vendeur en fust saisi réellement.

CLXXVIII.

Le retrayant lignager est preferé au retrayant feodal, en maniere que combien que le Seigneur par puissance de fief ait retenu ledit fief & heritage vendu, neanmoins ledit lignager peut au-dedans de l'an & jour de la retenuë faite par luy ou ses officiers le retirer de sa main, sans pour ce payer nouveaux droits audit Seigneur, en le remboursant toutefois du sort principal, frais & loyaux cousts & de ses droits Seigneuriaux, tels qu'il les eût eus de l'acheteur, s'il n'eût retenu ledit heritage par puissance de fief.

CLXXIX.

Quand l'heritage propre est acquis durant & constant le mariage de deux conjoints, dont l'un est parent & lignager du vendeur du costé & ligne dont ledit heritage appartenoit audit vendeur : tel heritage ainsi vendu n'est sujet à retrait durant & constant ledit mariage : mais aprés le trépas de l'un desdits conjoints, la moitié dudit heritage tombe en retrait à l'encontre de celuy qui n'est lignager, ou ses heritiers s'ils ne sont lignagers dudit vendeur, dedans l'an & jour du trépas du premier mourant desdits conjoints, supposé qu'il y eût saisine ou infeodation prise durant iceluy mariage, en rendant & payant par le retrayant la moitié du sort principal & loyaux cousts.

CLXXX.

Toutefois si celuy desdits conjoints lignager survivant, ou (s'il est decedé) son heritier aussi lignager, veut retirer ladite moitié sujette à retrait, il doit estre preferé à tous autres lignagers qui voudroient venir audit retrait, encore que lesdits lignagers fussent plus prochains en degré, & qu'ils eussent prévenu.

Doit estre preferé] *Et est electio haredum acquirentis de suo latere, qui offerentes dimidiam refundere, possunt totum occupare statim & retinere. Et ita in publicis causarum actionibus per arrestum.* La veuve du retraïant qui avoit pris le cas de nouvelleté contre les heritiers de son mari, qui lui avoit offert le my-denier pour les heritages retirez par le mari de sa ligne *constante matrimonio*, fut deboutée : car elle n'étoit pas troublée par les heritiers, lui offrant le my-denier qu'elle estoit tenuë prendre. C. M.

¶ Comme la proprieté de l'heritage retiré pendant la communauté, apartient dès-lors à la femme : si c'est de son chef, on peut dire que le mari ne peut en disposer sans le consentement de sa femme, quoiqu'il soit acquest & que la Coustume lui permette indistinctement de disposer des acquests ; aussi les parens du vendeur & de la femme peuvent retraire ce qui se vend au cas de la succession ; si par la mort de l'un des conjoints l'heritage sort de la ligne, on le juge aussi dans le cas de la dissolution de la communauté par separation, ou du jour qu'elle est affectuée, ou du jour de la mort de la femme : si l'heritage est de son côté à cause de la faculté qu'elle avoit de demander à en joüir aux charges de la Coustume, qu'elle n'a pas exercée par reverence.]

TITRE X.

Des droits des Seigneurs & Justiciers, Jurisdictions & amendes.

ARTICLE CLXXXI.

SEigneurs ayant haute ou moyenne Justice seulement, ont droit d'herbage vif & mort sur tous leurs sujets demeurans sur tenemens cottiers & non francs : qui est tel que quand aucun desdits sujets a bestes à laines qui ont pernocté la veille de Noël en leurs tenemens cottiers, si le nombre desdites bestes est de vingt ou au-dessus, le Seigneur ayant haute Justice ou moyenne, a droit de prendre pour le vif herbage l'une desdites bestes à laine à son choix, aprés toutefois que celuy à qui appartient lesdites bestes en aura choisi une : & si ledit nombre de bestes est au-dessus de vingt, celuy à qui elles appartiennent est tenu de payer audit Seigneur pour le droit de mort herbage pour chacune d'icelles bestes, un denier parisis au jour de saint Jean Baptiste prochain, ensuivant ladite veille de Noël, sur peine de soixante sols parisis d'amende envers ledit Seigneur : mais quant audit vif herbage, il fe doit payer quand il eft demandé audit jour faint Jean Baptifte ou depuis, fans peril de l'amende.

Ce droit de vif & mort herbage n'eft point dû en toute la Couftume, & il y a une infinité de lieux où il eft inoüi, & ne feroit pas jufte de l'y introduire fous prétexte de cet article, qui ne doit avoir lieu que là où l'ufage en eft reçû.

CLXXXII.

Tous Seigneurs ayans haute Juftice ou moyenne, ont fur tous leurs fujets vendans vin à broche & détail, droit qu'ils ne peuvent vendre ne diftribuer ledit vin, fans premierement y avoir fait mettre prix par lefdits Seigneurs ou leurs Officiers, fur peine de foixante fols parifis d'amende envers le Seigneur, contre chacun d'eux, & pour chacune fois qu'ils feroient le contraire : & fuffit aufdits fujets pour mettre prix à leur vin, qu'ils baillent & delivrent aufdits Officiers un pain & un lot de vin pour en goûter & tâter, afin qu'ils puiffent bailler prix raifonnable audit vin, felon la bonté d'iceluy : & eft ledit fujet crû par fon ferment, du prix que ledit vin luy aura coûté.

Vin.] *Secus*, de autres breuvages, puifque la Couftume n'en parle pas.

Cet article donne occafion à quantité de petits Officiers d'aller courir & boire par les Cabarets, fous prétexte de mettre le taux au vin. Les honneftes s'en abftiennent, & ne fouffrent pourtant pas que les Cabaretiers en abufent.

CLXXXIII.

Aufdits Seigneurs ayans haute Juftice ou moyenne, appartient droit de forage fur tous leurs fujets vendans vin à broche & en détail, és metes de leurs feigneuries, en lieux non francs : qui eft tel, que de chacune piece de vin par eux venduë à broche & à détail, ils font tenus payer audit Seigneur quatre lots d'iceluy vin, qui eft pour chacun fonds deux lots, mefure du lieu où ledit vin fe vend.

CLXXXIV.

Tous Seigneurs ayans haute Juftice ou moyenne, font Seigneurs Voyers és frocs, flegards, chemins & voyeries eftans au-devant de leurs tenemens ou heritages, foit par eaü, ou par terre : & s'il y a tenemens d'un cofté d'une feigneurie, & d'autre cofté d'autre feigneurie, à chacun appartient la moitié defdits chemins, frocs, flegards & voyeries, à l'endroit & felon l'étenduë de leurs tenemens & heritages.

¶ Le Seigneur a droit d'empêcher qu'on ne puiffe faigner les Rivieres à fon préjudice, ou du moins il a la préference pour le cours; mais il ne peut pas refufer la permiffion en temps & lieu à ceux qui en ont befoin, ou pour porter batteau, fi l'eau n'eft neceffaire pour un Moulin. Il ne peut pas auffi prétendre que les ruiffeaux lui appartiennent plûtoft qu'à ceux entre les heritages defquels ils coulent; qui doivent même aider ceux qui font fituez plus loin, & fi on fouffroit les détours des eaux, plufieurs feroient ruïnez par l'autorité & les voyes de fait ; c'eft ce qui a efté fagement decidé par l'art. 106. de la Couftume de Normandie, qui ne permet pas même au Seigneur des deux rives, de faire fortir l'eau hors de fon lit au préjudice d'autrui ; mais auffi ceux qui profitent de l'eau, doivent contribuer aux reparations des mêmes rives, aux endroits qui leur fervent & non ailleurs. Je ne croi pas auffi qu'on foit obligé de s'opofer au decret, pour l'ufage de l'eau établi par une poffeffion fuffifante, lorfque l'on a droit d'avoir un moulin; auffi le droit ou l'ufage de recevoir les eaux, n'eft pas une fervitude qui ait befoin de titres dans les Couftumes qui le requierent & fe perd par dix & vingt ans, fuivant Menochius Confil. 1110. & le Seigneur de fief, ne peut rien faire qui incommode notablement ceux qui font en poffeffion, dit le même Auteur Confil. 1172. n. 9.

Par cette Couftume la Juftice & Seigneurie fur les rivieres publiques, non appartenantes au Roy, eft au moyen jufticier, auffi-bien qu'au haut, & même les rives en tant qu'elles contiennent la riviere, & les proprietaires voifins n'y peuvent rien faire, même pour fortifier les bords. Il en eft de même des flots frocs & flegards. *Froces fine frauffa*, terres incultes joignantes aux chemins & terres incultes. Flegards font places communes reftées en friche pour l'ufage public; mais les flots font eaux courantes & dormantes, auffi deftinées à l'ufage public & le Seigneur haut ou moyen à la propriété utile, Juftice & Seigneurie fur les uns & fur les autres, il y peut pêcher & planter, pourvû qu'il ne nuife au public; il n'en eft pas de même des mares & abreuvoirs fur lefquels il n'a que la directe Seigneurie & Juftice]

CLXXXV.

Tous chemins Royaux doivent avoir foixante pieds à l'encontre des terres voifines, & ne doivent ceux à qui appartiennent lefdites terres voifines, les labourer plus avant, ne empêcher le paſſage, à peine de ſoixante ſols pariſis d'amende, & autre plus grande s'il y échet, à la diſcretion de Juſtice.

CLXXXVI.

Ceux qui tiennent fief en plein hommage d'aucun Seigneur, ſont tenus de ſervir en perſonne, ou par Procureur ſpecialement fondé, les plaids de quinzaine en quinzaine, en la Cour de leur Seigneur, avec les autres hommes de fief, toutes & quantes fois qu'ils y ſont appellez ſuffiſamment ſur le chef-lieu de leurs fiefs, à peine de dix ſols pariſis d'amende envers ledit Seigneur, pour chacune fois.

Par Procureur.] *Tolerandum eſt modo non minus idoneus, nec minus fidelis conſtituatur.* C. M.

L'experience a montré l'inutilité de cet article & des deux ſuivans, les hommes de fiefs n'étans pas ordinairement perſonnes d'experience, pour donner avis aux Juges en expediant & jugeant les affaires, ſoit aux Audiences ou dehors. Quelques uns font conſtituer un Procureur par les hommes de fiefs, pour aſſiſter aux Jugemens, notamment des cauſes d'apel : mais ce ſont frais inutils que ces aſſiſtances, & faut noter que le Seigneur ou ſes Officiers ne ſont pas tenus d'apeler les hommes de fiefs, s'ils ne veulent. C'eſt pourquoi ils ne peuvent contre le gré du Juge, faire un Procureur qui aſſiſte pour eux aux jugemens, comme il reſulte de ces articles : Et l'amende ordonnée contr'eux & contre le Juge, pour le cas du mal jugé, ne ſe pratique plus, comme il n'eſt pas raiſonnable, arrivant ſouvent que le Juge d'apel, *benè latas ſententias in pejus reformat*

CLXXXVII.

Toutefois quand pour bonne & juſte cauſe ils y ſont appellez pour s'y trouver en perſonne, leur Seigneur y eſtant, ils ſont tenus d'y aſſiſter en perſonne.

CLXXXVIII.

Leſdits vaſſaux doivent faire les Jugemens, appointemens & Sentences ſur contredit des cauſes & matieres criminelles & civiles où y a contention entre le Seigneur & les vaſſaux pour droits de leurs fiefs eſtans pendantes en la Juſtice deſdits Seigneurs, & ce au peril & dépens deſdits vaſſaux : de ſorte que s'il eſt dit mal jugé, ils échéent tous enſemble envers ledit Seigneur dont ils tiennent leurs fiefs, en ſoixante ſols pariſis d'amende : mais ſi ledit Seigneur ou ſon Bailly juge luy ſeul ſans aucuns deſdits hommes, il échet en ſon nom en pareille amende de ſoixante ſols pariſis envers ſon Seigneur ſuperieur.

CLXXXIX.

Tous vaſſaux tenans fiefs, ſont tenus de payer à leurs Seigneurs feodaux, droit d'ayde, qui eſt pour chacun fief tenu en Pairie, dix livres pariſis : & pour chacun fief tenu en plein hommage & non en Pairie, ſoixante ſols pariſis quand ledit Seigneur feodal fait ſon fils aîné Chevalier, ou quand il marie ſa fille aînée : lequel droit d'ayde ne ſe paye qu'en l'un deſdits cas, au choix dudit Seigneur feodal : & n'eſt tenu le vaſſal payer iceluy droit d'ayde pour chacun fief, qu'une ſeule fois en ſa vie.

Quels ſont les fiefs qui ſont dits tenus en Pairie, & quels ſont ceux qui ſont dits eſtre tenus en plein hommage ? *V. ſup. art.* 7.

Quand ledit Seigneur feodal] ſoit homme ou femme, parce qu'il y a parité de raiſon, & nos Couſtumes parlans des devoirs feodaux, s'expliquent ordinairement ſous le genre maſculin, quoiqu'elles parlent de droits qui concernent les femmes, auſſi-bien que les hommes, & c'eſt en ce cas où on peut dire, que *maſculinum comprehendit fœmininum.*

CXC.

Toutes choſes trouvées épaves és fins de la ſeigneurie du haut ou moyen Juſticier, ſe peuvent prendre par luy ou par ſa Juſtice, & les appliquer à ſon profit, ſi aucun ne pourſuit la choſe trouvée, & verifiée qu'elle luy appartient, auquel cas luy eſt renduë : & ſi autres que ledit Seigneur ou ſes Officiers, avoient pris leſdites choſes ainſi trouvées épaves, ſans le conſentement dudit Seigneur, ou ſans l'avoir denoncé à ſa Juſtice, encourroient ſoixante ſols pariſis d'amende envers ledit Seigneur.

CXCI.

Si aucuns eps ou mouches à miel s'envolent hors leurs vaiſſeaux, & celuy à qui elles appartiennent les pourſuit tant qu'elles ſoient aſſiſes, elles luy demeurent, & n'en perd la ſeigneurie : & doit demander congé aux gens de la Juſtice de les lever & prendre, qui les luy doivent accorder : mais s'il ne les pourſuit
& elles

& elles s'aſſient en la Juſtice Vicomtiere, ou plus haute d'aucun Seigneur, la moitié en appartient à celuy qui les trouve, & l'autre moitié au Seigneur Vicomtier ou autres ayans plus haute Juſtice, en la ſeigneurie duquel elles ſe ſont aſſiſes.

CXCII.

Gens d'Egliſe & gens nobles vivans noblement, ſont francs & exempts de toutes tailles, ſubſides, aydes, impoſitions, paſſages, travers, peages & pontenaiges, tant par cauë que par terre.

CXCIII.

Celuy qui poſſede terre ou heritages chargez de droit de terrage ou champart, eſt tenu, avant que tranſporter hors du champ les ablays, appeller celuy auquel eſt dû ledit droit, ou ſes commis, pour choiſir ſondit droit : & iceluy choiſi, celuy qui le doit eſt tenu l'amener à ſes dépens en la grange dudit Seigneur, és fins de la ſeigneurie, à cauſe de laquelle luy appartient ledit droit : & s'il le fait autrement, il échet en amende de ſoixante ſols pariſis envers ledit Seigneur, pour chacun champ chargé dudit droit, avec reſtitution de l'intereſt.

CXCIV.

Et s'il y a pluſieurs Seigneurs auſquels appartient ledit droit, ſuffit de le mener en la grange du principal Seigneur.

Du principal Seigneur.] qui ne doit pas être conſideré par les qualitez perſonnelles : mais celui-là doit être eſtimé principal Seigneur qui repreſente l'aîné, ou qui poſſede la plus grande portion dans le fief.

¶ Ce que la Coûtume de Poitou art. 64. explique de l'Hôtel du chemier, c'eſt à dire de l'aîné ou de celui qui le repreſente, & non au domicile des paragcurs.

On ne peut preſcrire contre la diſpoſition de la Coûtume le droit de porter le champart en la grange du Seigneur ; Lelet ſur le même article de la Coûtume de Poitou, rapporte un Arreſt qui condamne à porter le terrage, non-obſtant le fait articulé, que depuis un temps immemorial, le Seigneur l'avoit envoyé prendre ſur le champ, d'autant que les droits qui ſont de faculté ne ſe perdent pas par le non uſage ; neanmoins on tient que depuis la contradiction, la preſcription peut avoir lieu, le Seigneur étant préſumé, ou y avoir renoncé par contravention, ou y avoir tacitement conſenti. Au deffaut d'Hôtel du Seigneur, il peut loüer une maiſon dans le lieu pour y recevoir les champarts : on veut même que le Seigneur puiſſe preſcrire le droit de ſe faire aporter en un lieu plus éloigné aux dépens du tenancier.]

CXCV.

Et ſi le detenteur d'heritage chargé de terrage ou champart, eſt negligent de labourer ou faire labourer ſa terre par trois ans conſecutives, le Seigneur à qui eſt dû ledit droit, peut faire mettre le fer dedans ladite terre, & la labourer à ſon profit, juſques à ce que le proprietaire s'offre à la labourer : lequel toutefois en ce faiſant, ne peut empêcher qu'iceluy Seigneur ne jouïſſe d'une année pour la recompenſe deſdites trois années de ſondit droit de champart.

CXCVI.

Quand aucun delaiſſe en temps de paix ſa terre en friche ou riez ſans labeur, le Seigneur la peut reprendre toutes & quantes fois qu'il luy plaît la mettre en labeur, & en faire ſon profit juſqu'à ce que le proprietaire ſoit venu la demander.

¶ Suivant l'art. 195. il ſuffit que le Seigneur ait labouré pour joüir d'une année pour la recompenſe ; mais dans le cas de l'article 195. il peut y avoir trois differentes opinions, la premiere qu'il ſuffit que le Seigneur laboure & ſeme pour joüir de l'année, malgré le proprietaire : la ſeconde, que le proprietaire ne peut plus venir après que les bleds paroiſſent bien plantez comme au commencement du mois de May : & la troiſiéme, qu'il ſe preſente avant la S. Jean, où il n'y a plus à riſquer que la grêle & la nielle : mais la premiere opinion paroît plus conforme à l'eſprit de la Coûtume.

Ce que marque l'article du temps de paix, doit avoir lieu à plus forte raiſon en temps de guerre, où il y a plus de riſque de perdre ſes façons & ſemences.]

CXCVII.

Celuy qui tient terre à terrage d'aucun Seigneur, ne la peut enclore de hayé ne de foſſé pour la mettre à pré, paſture, ne edifice, ſans le conſentement dudit Seigneur, mais eſt tenu la laiſſer en labeur : & s'il le fait, il commet envers ledit Seigneur amende de ſoixante ſols pariſis : lequel peut auſſi abbattre & demolir leſdites hayes, & remplir les foſſez, remettant ladite terre en uſage de labour.

Eſt tenu la laiſſer en labeur.] Bartolus Cæpola *in tractatu de ſervitutib. ruſt. prædior, in cap. de Silveſ.* C. M.

Lequel peut auſſi abbatre & démolir.] Avec ordonnance du Juge, perſonne ne pouvant ſe faire juſtice à ſoi-même.

Du Molin ſur l'ancienne Couſtume de Paris, §. 52. gl. 2. num. 4. & ſeqq. traitant de cette matiere ; *Non poteſt, inquit, ager juri campi partes ſubjecta,per proprietarium paſcuus fieri vel inædificari ſine conſenſu domini, ut decidit conſuetudo Ambianenſis, quæ in hoc eſt tanquam jus commune continens, ibi num. 9. ſecùs de cenſu,* dit cet Auteur, *qui non penſationem fructuum ſed honorem domini reſpicit.*

Et ſi eſt tenu de remettre ledit édifice au premier état.] *Scilicet quando accepit domum in cenſum, vel ſolum ad onus ædificandi. Secùs ſi voluntariè fecit in ſolo cenſuali, quia primus ſtatus eſt, nudum ſolum facit, l. ſi unus §. pactus ne peteret ad ſi. D. de pact. & l. in fundo D. de rei vindic.* C. M.

Je demande ſi le Seigneur eſt tenu de donner ſon conſentement, & ſi en cas de refus on le peut condamner à ſouffrir la démolition ? On peut dire que non , parce qu'autrement la choſe ne dépendroit pas de ſon conſentement , & l'article étant conçû en termes prohibitifs, le conſentement eſt une condition ſans laquelle le tenancier ne peut démolir. Et neanmoins l'apoſtile de du Molin ſur cet article , veut qu'il ait lieu ſeulement au cas que le tenancier ait pris la maiſon à cens, ou le fond à la charge de bâtir. Mais on demande s'il faut préſumer que le fond ait été baillé tout nud à cenſive par le Seigneur, ou bien tout bâti , le même Auteur au §. 52. nomb. 5. de l'ancienne Coûtume de Paris, tient qu'il faut préſumer , *ſemper nudum ſolum in cenſum conceſſum quando contrarium non apparet.* Loiſeau du déguerpiſſement, liv. 5. chap. 8. nomb. 10. 11. 12. tient au contraire, qu'il faut préſumer que le fond étoit bâti avant le bail à cens, *quia ex præſenti præſumitur in futurum.* Pour moi, j'eſtime que ſi le fond eſt plus que ſuffiſant pour la preſtation du cens, & que la démolition n'apporte pas de difformité & de préjudice au lieu, *l. 3. C. de priv. ædif.* que le Seigneur en ce cas ne peut refuſer ſon conſentement au tenancier pour démolir, chacun étant maître de ſa choſe, quand il n'y va pas de l'intereſt d'autrui. Et ne peut pas le Seigneur prétendre de droits ſeigneuriaux pour le prix & valeur du bâtiment qu'on démolit, quoique la plûpart s'en faſſent payer en cette rencontre , refuſans autrement leur conſentement , & obligeans le tenancier de retablir & payer l'amende. En un mot, j'eſtime que ce conſentement ne ſe doit demander au Seigneur que par honneur & par déférence ; & outre ce, afin qu'il connoiſſe ſi ſon cens eſt intereſſé , ou ſi le lieu en recevra quelque préjudice , qui ſont les cas auſquels il peut empêcher la démolition, & non autrement; ni demander droits , parce qu'ils ne ſont pas dûs pour la vente faite d'un édifice, à la charge de le démolir.

CXCVIII.

Le tenancier cottier ne peut ſans le conſentement de ſon Seigneur , démolir aucuns édifices abloquiez & ſolinez eſtans en l'heritage par luy tenu en roture : & s'il le fait ſans le conſentement de ſondit Seigneur : il échet en amende de ſoixante ſols pariſis, & ſi eſt tenu de remettre ledit edifice au premier eſtat.

¶ L'amende eſt dûë pour avoir démoli; mais pourquoi obliger à rétablir des bâtimens inutiles , lorſque le fond eſt plus que ſuffiſant pour la ſeureté des charges, à moins que le bâtiment ne ſoit ſur rüe dans les Villes & dans les endroits habitez des Fauxbourgs ?]

CXCIX.

Celuy qui doit cenſives en argent, eſt tenu de preſenter ladite cenſive au jour & terme qu'il la doit, ſur le chef-lieu ſeigneurial du Seigneur : & s'il eſt deffaillant de ce faire, doit l'amende de ſix ſols pariſis pour les tenemens & terres ſujettes à ladite cenſive, ſi autrement n'eſt convenu par exprés, pourvû toutefois que ledit Seigneur ou ſon Receveur, ou Procureur ſuffiſamment fondé, tienne Bureau, & qu'il l'ait fait denoncer huit jours auparavant au Proſne de l'Egliſe Parrochialle.

Celui qui doit cenſives en argent eſt tenu, &c.] Il s'enſuit que celui qui ne doit que du grain ou des chapons pour ſa cenſive, ne doit point d'amende , l'expreſſion de l'un étant l'excluſion de l'autre. Et la Coûtume de Mondidier , qui a beaucoup de conformité avec celle-ci, & a été redigée en même temps par mêmes Commiſſaires, le dit nettement en l'article 94. que pour cens dû en grains, chapons & autres eſpecesque deniers, n'eſt dûë amende, s'il n'y a titre , convention ou poſſeſſion immemoriale au contraire.

Je demande s'il eſt dû autant d'amende que d'années : Chopin *de domanio* , lib. 3. tit. 13. n. 13. cotte Arreſt pour l'affirmative. Loüet lettre A. nomb. 8. cotte Arreſt contraire pour une ſeule amende, & cela eſt plus juſte, parce que ce ſont choſes penales non exigées ni demandées , qui ne doivent pas s'étendre au delà d'un an: Et dans les ordres des decrets où les Seigneurs demandent des dix , vingt & trente années de cenſives , je n'ai jamais vû adjuger qu'une ſeule amende.

Je demande encore ſi l'amende eſt dûë pour chacun tenement ? Monſieur le Preſtre, art. 2. ch. 4 cotte un Arreſt de 1607. rendu en la quatriéme Chambre des Enqueſtes, portant adjudication d'une ſeule amende , quoiqu'il y eut pluſieurs heritages ſaiſis qui avoit chacun leur cens ſeparé : Et cela a ſa raiſon , parce que la negligence du tenancier, qui eſt ce qui produit l'amende, n'eſt qu'une ſeule & même negligence, & partant qu'une amende. Neanmoins j'en ferois doute en cette Couſtume, & ſemble que ces mots doit l'amende de ſix ſols pariſis, pour les tenemens & terres ſujettes à ladite cenſive, doivent s'entendre *diſtributivè* pour chacun tehement, fait aussi pour ce sujet la Coustume de Mondidier, qui l'explique ainsi en l'article 94. & dit que l'amende est dûë pour chacun tenement.

Pour ce qui est de la censive en bled, quoique les Seigneurs feodaux ou leurs Receveurs, la fassent ordinairement payer du meilleur bled, & qu'on ne leur en puisse trouver d'assez bon, desorte qu'ils la font apre-cier à bled froment, j'estime que la censive leur est dûë, sinon du bled tel que portent les terres, *Onus enim fructuum hæc stipendia sunt l. neque D. de Imp. in res dot.*

¶ Il a été ainsi jugé au profit de M. Charles Buteux, êlû à Amiens contre les Religieux de Launoy, quoique le titre parle de bled froment, par Arrest du 15. May 1659.]

C C.

Quand aucunes bestes à laine, vaches, pourceaux, chevaux ou autres bestes, sont trouvées pasturans & faisans dommage en bois taillis au-dessous de trois ans, celuy auquel appartiennent lesdites bestes, encourt l'amende de soixante sols parisis envers le Seigneur, auquel le droit appartient: assavoir au Seigneur superieur ou souverain de celuy auquel appartient ledit bois, où aux Prevosts Royaux, à celuy desquels en cas de prevention, la prise, amende ou condemnation appartient.

Par cet article & le 202. les bois sont defensables en tout temps: mais l'amende est plus grande aux taillis de trois ans, qu'en celuy d'au dessus, parce que le jeune taillis ne se peut pas défendre contre les bêtes, comme fait le haut taillis. Mais l'amende de soixante sols parisis ordonnée par cet article sera-t-elle pour chacune bête, ou bien une seule amende pour tout un troupeau? Il n'y a pas d'aparence que la Coustume ait voulu iroger autant d'amendes que de bêtes, mais aussi une seule amende de soixante sols parisis, seroit-t-elle trop legere contre celuy qui auroit tenu un troupeau entier à garde faite dans un taillis, & je crois qu'en ce cas à cause de l'excés du dommage & de la malice de tenir un troupeau, soit de brebis, soit de vaches, dans le jeune taillis, l'amende pourroit estre plus haute à la discretion du Juge, outre l'estimation du dommage. Et si on recidive, comme quelques-uns font ordinaires; quelques défenses qu'on leur fasse de mettre leurs bêtes dans les bois, on les peut punir avec plus de rigueur. Et de fait, les Ordonnances faites pour les Eaües & Forests, notamment telles de François premier, de l'an 1518. art. 14. défendent de mettre aucunes bêtes aux taillis des Forests, sur peine d'amende arbitraire, & de confiscation du bestail.

Pourceaux.] Ce genre de bestes est défendu, soit en bois, soit en prez, quoiqu'après l'herbe fauchée le bestail se mette communémeñt dans les prez. Plusieurs Coustumes, comme Melun, Sens, Berry, Normandie & autres, en ont fait des articles. Columella *de Rustica lib. 2.* en rend la raison. *Nec suem,* dit-il, *velimus impascere pratum cum rostro suffodiat & cespites excitet.* Et Gallimachus Poëte Grec, *hymno in Dianam,* ούς έρα, ούς φυτά λυμαίνονται. έρα *sunt culta & segetes.* Et même quelques-uns tiennent qu'il est permis de tuer & blesser les porcs trouvez en dommage, parce que ce sont bêtes mal-faisantes & fuyardes, *porci pernix genus.* Je ne tiens pourtant pas que cela soit permis, mais bien de les prendre, si on peut, & agir en dommage. Les chevres sont aussi en défense, à cause de la malignité de leur morsure, *caprarum morsus arboribus exitiales,* dit Pline, lib. 8. cap. 5. Normandie art. 83. dit chevres, porcs & autres bêtes mal-faisantes, sont en tout temps en défense.

C C I.

Toutefois si celuy auquel appartient ledit bois a Justice, & requiert en avoir la connoissance, elle luy doit estre baillée, pourvû qu'il fasse sa requisition auparavant la condemnation d'amende, & que le delinquant soit son sujet & hoste, à la charge de payer par ledit Seigneur en faisant ladite requisition, les mises de Justice.

C C I I.

Et si lesdites bestes sont trouvées pasturans & faisans dommage és bois estans au-dessus de trois ans, il échet en amende de sept sols six deniers parisis seulement: & si c'est à garde faite, il échet en amende de soixante sols parisis, tant esdits bois taillis que haut bois.

C C I I I.

En chacun des cas dessusdits, outre ladite amende, échet restitution de l'interest à la partie interessée, si elle le requiert.

C C I V.

' Si beste à laine ou autre bestail est trouvée aux ablays ou vignes croissans, prez ou jardins du terroir du Seigneur ayant Justice, ledit Seigneur son superieur, ou Prevost Royal, peut faire prendre lesdites bestes par ses officiers, & contraindre ceux à qui elles appartiennent, payer au Seigneur par l'autorité duquel est faite ladite prise, sept sols six deniers parisis d'amende, & faire restituer le dommage selon qu'il sera trouvé par Justice.

Vignes & jardins.] On dit communément que vignes, jardins & garennes, sont défensables en tout temps. Et même quelques Coustumes permettent de tuer les volailles trouvées en dommage dans les vignes, bleds & jardins, comme Tours art. 207. Orleans 162. dit une ou deux, & les laisser sur le lieu. Boërius sur la Coustume de Berry, tit. des Coustumes prediales, §. 5. *dicendum, in quit, quod gallinas in horto inventas possit quis occidere, sed unum in qualibet vice, de columbis negat licitum.*

CCV.

Sont les sergens desdits Seigneurs justiciers & sergens royaux, creus de la prise où les amendes sont de sept sols six deniers parisis, à leur affirmation, sans autre preuve.

CCVI.

Mais si celuy qui à garde faite, fait pasturer ses bestes en ablays croissans, échet en soixante sols parisis d'amende, de laquelle le sergent seul n'est creu, ains convient verifier ladite prise par deux témoins, dont le sergent dudit Seigneur peut estre l'un, pourvû qu'il n'ait part à l'amende, dont il se purgera par serment.

Cette amende est trop legere, & croi que le Juge en peut user à discretion : n'y ayant pas d'aparence que celui qui aura fait manger à garde faite par son bestail toute une piece de bled appartenante à autruy, ne souffre que soixante sols parisis d'amende. *Adsit regula peccatis quæ pœnas irroget aquas.* Et c'est fort bien dit, que regulierement en France les peines sont arbitraires.

CCVII.

Pareillement és amendes pour coupes de bois, le sergent est creu jusques à sept sols six deniers parisis, & de toutes autres pareilles amendes : mais pour l'amende de soixante sols parisis, faut qu'il y ait témoins comme dessus.

CCVIII.

Nul ne peut mettre en pasture aucun bestail és prez, depuis la my-Mars jusques à la saint Remy, sur peine de sept sols six deniers parisis d'amende, dont le sergent du haut Justicier est creu par serment : mais si aucun y faisoit garder ses bestes à laine, soit devant la my-Mars ou aprés, y auroit amende de soixante, sols parisis, & restitution de l'interest.

Cet article s'entend de la vaine pâture, laquelle par l'usage general de la France est permise aux Habitans des Paroisses & Communautez, depuis la fin de l'Eté jusques au commencement du Printemps. Cette Coûtume, comme quelques autres, limite ce temps depuis la saint Remy jusques à la my-Mars, d'autres comme Meaux, Auxerre, Berry, jusques au premier Mars, d'autres autrement; mais la difference est petite : Tant y a que ce sont-là cinq ou six mois les plus steriles de l'année, & le temps d'entre les deux Equinoxes, *vacuum & infrugiferum tempus.* Et nous appelons pâtures vaines, les prez fauchez & terres vuides. Normandie, art. 82. des prez & terres vuides & non cultivées. Nivernois, chemins, prez, terres, bois & autres heritages non clos ne fermez.

Car il faut observer que si c'estoient prez ou autres heritages fermez de hayes, fossez ou autrement, il ne seroit pas permis à aucun quoiqu'aprés la dépouille, d'y mettre ses bestiaux, comme vaine pâture, au préjudice des proprietaires qui peuvent faire regains ou seconde herbe, ou autrement en user à leur volonté. Plusieurs Coustumes le statuënt ainsi, Melun art. 301. Sens 148. Auxerre 263 Normandie 82. & 83. où Berault corte Arrest de 1588. au profit de l'Hôtel-Dieu de Roüen, contre les Habitans de Quevilly, qui disoient estre en possession immemoriale de faire pâturer leurs bêtes sur deux pieces de prez apartenantes à l'Hôtel-Dieu, aprés la premiere herbe fauchée: Et en consequence, empêchoient la clôture, dont ils furent deboutez. Imbert *in Enchiridio verbo Servitutes*, traite au long la question, & cotte un Arrest rendu pour lui-même.

CCIX.

Nul ne peut mettre en pasture bestes à laine en marests communs, sur peine de soixante sols parisis envers le Seigneur qui a la justice desdits marests.

La raison pour laquelle, tant par cet article que le precedent, les bestes à laine ne se mettent en quelque temps que ce soit dans les prez ni marests, est, que l'herbe mangée par ces bestes ne repousse pas.

Marests communs.] *Sunt pascua, que si ad pagum spectant, ut hic, dicuntur vicanalia. Et* il a difference *inter pascua & prata, falcem patiuntur, pascua in quibus tantum pecuascere do-minus solet.* *Alciat. in l. pratum D. de verbor. signif.*

Les Seigneurs des Villages ont esté autorisez par divers Arrests, pour provoquer leurs Habitans & Manans à partage des pastures communes, afin de pouvoir posseder leur part separée, laquelle on leur adjuge ordinairement du tiers. Ce qui produit en plusieurs lieux de tres-mauvais effets, parce que quand les Gentilshommes qui ont l'autorité en main ſur leurs Païſans, ont pris leurs tiers diviſé, & l'ont fermé des hayes, foſſez ou autrement, ils en font leur Domaine, en le réduiſant en nature de prez ou de labeur, & ne laiſſent pas de mettre encore leur beſtail dans les deux tiers reſtans, ſans que les pauvres Païſans oſent les empêcher. Et aucuns même, ſous prétexte de ces Arreſts donnez en leur faveur, s'imaginent qu'il leur appartient encore le tiers aux vaines paſtures : ce qui n'eſt pas, les Arreſts n'ayans reglé que pour le fait des pâtures & mareſts communs : & il pourroit valoir qu'ils ne l'euſſent pas fait, parce que c'eſt proprement une diviſion Leonine, ou le plus fort prend tout.

¶ On donne au haut Juſticier un tiers dans les communes de conceſſion gratuite & paſturagés communs, s'il n'y a titre au contraire, pourvû que les deux autres tiers ſoient ſuffiſans pour l'uſage de la Paroiſſe. Le haut Juſticier a auſſi droit de grurie dans les bois des Particu-

liers, ſituez dans la Juſtice, avec droit de paiſſon & paſnage, outre la part qui lui a été reputée par l'alienation. Mais Juge ordinaire du Seigneur, s'il n'eſt pas gruier, peut être prévenu pour les délits & malverſations, par les Officiers des Maîtriſes. Le Seigneur ne peut faire paſturer qu'à proportion de ſon Domaine & de ſon tiers des communes, & les autres Habitans ou ceux d'ailleurs qui font engranger dans l'étenduë de la Paroiſſe, de même à proportion des terres qu'ils y ont, mais ils ne peuvent y faire ſéjourner que pendant peu de jours, les bêtes dont ils font commerce. Le Seigneur ne peut faire cantonner ſon troupeau, à moins que les autres n'en ayent aſſez pour faire troupeau à part.

On tient que les Habitans d'une Paroiſſe ou Juſtice, ne peuvent acquerir par une poſſeſſion immemoriale, le droit de pâture dans une autre.]

<h3 style="text-align:center">CCX.</h3>

Il n'eſt loiſible à aucun couper, n'abattre cheſne ou marrian, qu'on dit eſtallons, perots ou tayons, és bois d'un Juſticier, à peine de ſoixante ſols pariſis d'amende pour chacune fois, contre chacun de ceux qui ont abbatu leſdits arbres, & pour chacun d'iceux arbres. Et pour autre bois abbatu, y a ſept ſols ſix deniers pariſis d'amende ſeulement, leſquelles amendes s'appliquent au Seigneur d'iceluy bois ayant juſtice, avec reſtitution de la valeur & eſtimation d'iceluy bois.

N'abatre aucuns cheſnes.] Le cheſne eſt le bois le plus conſideré, quelques-uns diſent que les Gruyers qui ſont Officiers du Bois, tirent leur nom de là, comme qui diroit Dryers δρύας, δρύες ſunt quercus: C'eſt la rencontre du mot Grec qui a donné cette penſée, à quoi les Auteurs du mot de Gruyer n'ont guieres ſongé.

Perots ou tayons.] Ces mots ſont expliquez ci-deſſous, en l'article 29. de la Couſtume particuliere de Monſtrueïl, qui porte, qu'un chêne eſt nommé perot, quand il a les deux âges de la coupe du bois, & tayon, quand il a les trois âges.

A peine de ſoixante ſols pariſis d'amende.] Les peines portées par les Ordonnances des Eaües & Foreſts pour baillivaux & arbres abbatus, ſont bien autres que cette amende, juſques-là que ceux qui ſont couſtumiers peuvent être punis corporellement.

<h3 style="text-align:center">CCXI.</h3>

Et ſi aucun prend le fait & garantie de pluſieurs ayans coupé & abbatu pluſieurs eſtallons, perots ou tayons, & il déchet, il eſt tenu envers ledit Seigneur en autant d'amendes de ſoixante ſols pariſis, qu'il y a eü deſdits arbres coupez & abbatus : & où ledit garand ne ſeroit ſolvable, ledit Seigneur a ſon recours contre les garantis.

Le fait & garentie de pluſieurs ayans coupé.] On s'adreſſe ſouvent aux Manouvriers qui ont coupé, parce qu'on n'oſe pas quelquefois s'adreſſer à ceux de l'ordre deſquels ils ont travaillé. Et neanmoins, *qui ignorans & mercede conductus arbores cædit in aliena ſilva non tenetur*, dit la gloſſe de Godefroy ſur la Loi *quicumque C. de ſervis fugit*, où il cotte la gloſe d'Accurſe ſur la Loi 32. *D. de rei vind. quam ait ab omnibus approbari*, & qu'il eſt de maxime *mandatarium toties excuſari, quoties mandatum eſt de genere licitorum.*

<h3 style="text-align:center">CCXII.</h3>

Et pour bois taillis au deſſous de trois ans coupez, y a amende de ſoixante ſols pariſis envers le Seigneur pour chacune fois, & contre chacun de ceux qui ont abbatu ledit bois : & ſi aucun prend, charge & emporte le bois abbatu à coupe ordinaire, ou la maneuvre d'iceux, ſans le conſentement de celuy ou ceux auſquels appartient icelle maneuvre, il encourt envers ledit Seigneur en amende de ſept ſols ſix deniers pariſis, pour chacune fois, & avec ce eſt tenu à reſtitution du bois & maneuvre par luy pris & emporté, & des dommages & intereſts.

<h3 style="text-align:center">CCXIII.</h3>

Ceux qui ont pris bois à couper & à layer, ſont tenus le couper & abattre dedans le premier jour de May, & vuider la maneuvre dedans le jour de la Magdelaine prochainement suivant : autrement ledit bois non abbatu dedans ledit premier May, & maneuvre delaissée aprés ledit jour de la Magdelaine, sont confisquez & appartiennent au Seigneur du bois, & neanmoins les preneurs sont tenus payer le prix entierement.

CCXIV.

Quand aucun Seigneur fait saisir par sa Justice les fruits & profits des heritages de luy tenus pour censives, moysons ou dépoüille de terres, faut, pour avoir main-levée des fruits & ablays croissans sur les heritages, nantir le cens de la derniere année, & bailler caution pour l'année suivante ladite main-mise, & pour moysons de terres, faut bailler caution sujette de l'année à venir : ce fait, peut le proprietaire demander être receu à opposition & main-levée desdits fruits ou profits, sans qu'il soit tenu nantir pour les années passées, ne celles à venir : & si par-dessus ladite main-mise aucuns s'ingerent d'emporter lesdits fruits & profits, ils encourent en soixante sols parisis d'amende envers le Seigneur, avec restablissement de ce qui a été emporté, pourvû que ladite main-mise eût été signifiée au possesseur desdits heritages.

Le Seigneur peut s'adresser au fonds pour les arrerages de sa censive; c'est un tître de Droit au Code *fine censu & reliquis fundum comparari non posse.* Et en la Loi 5. D. *de censibus, non audietur legatarius contradicens ob tributa praeteriti temporis quod haeres solvendo sit.* Et il est general par la plûpart des Coûtumes, que le Seigneur peut saisir les fruits de l'heritage pour les arrerages de sa censive. Comme aussi l'Ordonnance de Charles IX. de l'an 1563. permet de saisir pour arrerages de censives & rentes foncieres, les heritages qui en sont tenus, sans qu'on en puisse avoir main-levée, qu'en consignant trois années. La Coûtume de Paris, art. 75. dispose de même pour la confignation des trois années. La nôtre par cet article se contente qu'on nantisse seulement la derniere année, avec caution pour la suivante.

Les fruits & profits des heritages.] Ces fruits peuvent être saisis, quoiqu'ils soient coupez, voire transportez en la grange, Du Molin sur l'ancienne Coûtume de Paris, §. 52. gl. 1. qu. 7. où il ajoûte, pourvû que *horreum vel conditorium sint in solo censuali,* parce que s'ils étoient hors de la seigneurie, le Seigneur ne pourroit pas saisir en vertu de la Coûtume. J'estime pourtant qu'en vertu de Commission de sa Justice, avec attache du Juge de la situation du lieu où les fruits sont retirez, il peut saisir.

Au reste, plusieurs Juges ne manquent pas de proceder par information, si-tôt que le saisi touche aux fruits au préjudice de la saisie : Ce qui produit de grands frais, au lieu qu'il ne faut qu'une simple assignation afin de rapporter les fruits, & être condamné en l'amende portée par la Coûtume : mais il se trouve des gens *quibus fisci semper bona causa est.*

CCXV.

Nul ne doit pêcher à filets, rets & ligne à plomb, ou autres engins deffendus, és eauës des Seigneurs ayans justice & droit de pescherie en icelles, à peine de soixante sols parisis envers le Seigneur à qui appartient l'eauë, pour chacune fois.

Cet article défendant de pescher à filets, rets & ligne à plomb, ou autres engins défendus, sembleroit le permettre aux engins permis : & neanmoins indistinctement, nul ne peut pescher és eauës des Seigneurs sans leur consentement.

Platon dans ses Loix, Livre 7. sur la fin, parlant de la chasse, aprouve seulement celle des animaux terrestres, μηδ' ὅλων τῶν ὑνύδρων ζώων, *neque omnino aquatilium animalium,* laquelle chasse, dans les eauës, il apele ὗ σφόδρα ἐλευθέρων, *minus liberalem,* & rejette toute chasse qui se fait aux engins, ἀρκύσι ἐ πάγαις.

CCXVI.

Pour injure verbale, excez fait de main garnie ou non garnie, en la Justice du Seigneur haut Justicier, échet amende arbitraire à la discretion de Justice, applicable audit Seigneur, laquelle amende pour injure verbale ou excez de main non garnie, ne peut être moindre de sept sols six deniers parisis : & pour excez faits de main garnie, de soixante sols parisis.

Les Arrêts ont reglé avec tres-grand sujet, de ne pas informer pour injures verbales; si elles ne sont fort atroces, & contre personnes de qualité : Il seroit fort à propos qu'ils défendissent aussi d'informer pour excès, s'ils n'étoient fort griefs. Tout ce petit criminel, comme on l'appelle, produisant tous les jours tant de frais, que la Justice en est diffamée.

Ne peut estre moindre que de sept sols six deniers parisis, & pour excès de main garnie, de soixante sols parisis.] Rien de cela ne s'observe, les Juges en usans à discretion. La plûpart des injures verbales entre petites gens, se reparent sur le champ par un *nollem dictum, nol-*

Item factum : & on ne condamne gueres à l'amende si l'injure n'est fâcheuse & qualifiée, ou que l'injuriant ait recidivé. Et le Juge quelquefois se contente *gravi interminatione*, comme dit la Loi, & de menacer d'amende si on y revient. Il arrive aussi quelquefois que les excez sont si legers, & assistez de circonstances attenuantes, comme de provocation & de mauvaises paroles de la partie, qui se plaint de l'excès, que souvent l'amende doit être moindre que de soixante sols parisis.

CCXVII.

Celuy qui appelle du Seigneur haut Justicier, son Bailly & Officiers, s'il est dit qu'il a mal appellé, doit être condamné envers ledit Seigneur en soixante sols parisis d'amende, & s'il y renonce après la huitaine, doit vingt sols parisis d'amende : mais s'il y renonce, dedans la huitaine au Greffe, ou par acte dûëment signifié, ne doit aucune amende.

Cet article ne s'observe pas, du moins en plusieurs Justices. Toute cette multitude d'amendes irrogées par les Coûtumes & anciens usages, quoy qu'à bonne fin, pour empêcher de plaider, se sont trouvez avoir eu des effets tout contraires, tellement qu'on a cessé pour la plûpart de les exercer, & les bons Juges les ont retranchées, après avoir reconnu que cela n'alloit qu'à la foule des parties, & des executions rigoureuses qui s'en faisoient, & produisoient de grands frais. Et le Commentateur de cette Coûtume a tort sur l'article suivant, de dire que les appellans ne poursuivans pas leurs appellations, le Procureur du Roy en chacun Bailliage, les doit faire ajourner, pour enseigner des diligences qu'ils ont faites de relever leurs appellations, sinon se voir declarer échûs en l'amende. Il cotte veritablement les Ordonnances de François premier & de Henry second : mais il faut s'en tenir au non usage.

CCXVIII.

Le temps de relever les appellations interjettées de la Justice des Seigneurs ressortissans pardevant le Bailly d'Amiens, est de quarante jours : & si dedans ledit temps l'appel n'est relevé, il doit être declaré desert, & l'appellant condamné en l'amende de soixante sols parisis.

CCXIX.

Quand un sujet fait & soûtient procez en la Justice de son Seigneur, & aprés contestation en cause il déchet, il doit l'amende de quinze sols parisis audit Seigneur, à cause des faits par luy proposez : & s'il y avoit simple denegation, celuy qui déchet dudit procés, doit sept sols six deniers parisis seulement.

Cela est encore aboly par le non usage.

CCXX.

Si ledit procés est en cas de nouvelleté, celuy qui déchet doit l'aménde de soixante sols parisis en la Justice du Seigneur où est le procés : & y a pareils droits & amendes pour le Roy en tous Sieges Royaux dudit Bailliage, quand les matieres y sont traitées.

Cette amende de la nouvelleté ne s'observe plus aussi.

CCXXI.

Celuy lequel étant ajourné en la court de son Seigneur, se laisse mettre en défaut, doit amende audit Seigneur de sept sols six deniers parisis pour chacun défaut, mais s'il demeure en lieu noble, doit dix sols parisis.

Cette amende qui s'appelloit *erramine tremo-dicium*, est aussi passée au non usage.

CCXXII.

Quand aucun est obligé par lettres obligatoires passées sous seel Royal, ou pardevant le Seigneur dont l'obligé est sujet, pour deniers payables à jour & à terme : & le creancier après le terme se retire à la Justice du Roy quand l'obligation est sous seel Royal : ou à la Justice du Seigneur quand l'obligation y est passée & l'obligé y est demeurant : ledit obligé doit sept sols six deniers parisis d'amende au Roy, ou au Seigneur, auquel on se retire à faute de payement.

Cette autre amende ici *ob fidem mentitam*, quand l'obligé n'a payé au jour ce qu'il a promis par l'obligation, est certainement toute pleine d'injustice : Car il s'ensuivra qu'un pauvre debiteur qui n'aura pû payer au jour, outre la peine qu'il aura d'acquiter sa dette, devra encore l'amende. Aussi cela ne se pratique-t'il plus, au lieu qu'autrefois on en faisoit des revenus considerables.

CCXXIII.

Tous hauts Justiciers ont connoissance de tous cas, crimes & delits commis és fins de leurs Jurifdictions, horfmis des cas privilegiez, dont la connoiffance appartient aux Juges Royaux feulement.

CCXXIV.

Il eft permis à tous Seigneurs hauts ou moyens Jufticiers, faire commandemens de défenfes ou prohibitions generales ou particulieres, és fins de leur terre & feigneurie, pour le bien de la chofe publique, fur peine de l'amende de foixante fols parifis, & au-deffous.

CCXXIV.

Quand aucun pour crime eft jugé & executé à mort, ou banny de ce Royaume à plus de neuf ans, il confifque tous fes biens meubles & immeubles : à fçavoir lefdits meubles envers le Seigneur duquel il étoit fujet & jufticiable au jour de fa prife, à la charge des frais & dépens de juftice & dettes perfonnelles, jufques à la valeur defdits meubles : & les immeubles envers les Seigneurs hauts Jufticiers dont ils font tenus, à la charge des redevances réelles & foncieres precedentes la prife & execution, & de payer les mifes de juftice & dettes perfonnelles, fi les meubles n'étoient fuffifans.

Cet article eft conforme à l'article 90. qui veut que les dettes perfonnelles fe prennent fur les meubles, & au défaut de meubles fur les autres biens. Cette difpofition a efté l'ufage prefque de toute la France, & quantité de Coûtumes le ftatuent ainfi, fuivant la remarque qu'en fait du Molin fur l'art. 26. de la Coûtume de l'Ifle. Il eft pourtant plus jufte que les heritiers ou autres fucceffeurs univerfels qui fuccedent inégalement, payent les dettes *à rata* de l'émolument; & on fe rend aujourd'uy à cette équité tant qu'il fe peut.

CCXXVI.

Toutefois en cas de crime de leze-Majefté humaine, ou autres cas dont aux Juges Royaux feulement appartient la juftice & punition, au Roy feul appartient la confifcation des meubles & immeubles, aux charges fufdites.

Dont aux Juges Royaux feulement appartient la Juftice.] Ce mot *feulement* eft taxatif, & ainfi les cas dont les Juges Royaux prennent connoiffance par prévention, ne font pas compris en la difpofition de cet article, & faut que foient crimes dont les Juges Royaux prennent connoiffance privativement aux autres Juges.

¶ Les cas Royaux ont été exprimez par l'art. 11. de la Compet. des Juges de l'Ord. de 1670. qui ajoûte en termes generaux & autres cas exprimez par nos Ordonnances & Reglemens, du nombre defquels eft le cas d'incendie.

Nonobftant la difpofition de l'art. 12. du même titre, les Officiers des Seigneurs peuvent connoître à la charge de l'appel des crimes commis par vagabonds, quoique non Prevôtaux, aux termes de l'art. 115. de l'Ordonn. d'Orleans & de l'art. 306. de celle de Blois, concurrément avec les Prefidiaux & Prevôts des Maréchaux fuivant l'Edit du 29. Mai 1702.

Les Prevôts des Maréchaux ne laiffent pas auffi de connoître des crimes commis par vagabonds dans les Villes & Fauxbourgs de leur refidence, lorfqu'ils font en poffeffion d'en connoître. Ainfi qu'il a été jugé au Grand'Confeil par un Arreft de Reglement pour le Lieutenant de Robe-courte de Beauvais, contre le Lieutenant Criminel du Bailliage & Siege Prefidial, après la communication des actes de poffeffion.

Auffi le même Tribunal a declaré le Prevôt des Maréchaux de Melun competent pour connoître d'un vol commis par vagabonds dans une diligence qui étoit à Melun, contre les Lieutenans Criminel & de Police, qui n'avoient decreté que le lendemain après le Prevôt; la raifon eft que les Prevôts feuls, font en état d'arrêter les vagabonds, & qu'autrement ils pourroient voler impunément dans les Villes & Fauxbourgs, fi les Archers n'y étoient pas encore excitez par l'efperance de tirer quelque profit de leurs dépoüilles.]

CCXXVII.

Le mary confifquant, ne confifque la part des meubles & conquefts immeubles qui doit appartenir à fa femme aprés fon trépas : à laquelle auffi doivent être refervez fur les heritages de fon mary, fes doüaire & conventions matrimoniales, non-obftant icelle confifcation.

CCXXVIII.

Auffi la femme mariée, par fon forfait confifque fes propres feulement, & non fa part des meubles & conquefts qui luy devroient appartenir en la communauté aprés la diffolution du mariage, au prejudice du mary, finon qu'il s'enfuive mort naturelle.

Sinon qu'il s'enfuive mort naturelle.] La Coûtume de Melun, art. 11. porte femblable exception. Plufieurs Coûtumes font contraires, difant que la femme mariée pour fon forfait confifque feulement fes propres heritages, Sens art. 27. Laon art. 13. Vermandois art. 13. Nivernois, des confifcat. art. 4. Montargis, chap. 3. art. 3. fur lequel la note de du Molin dit, *jure focietatis permanente marito per jus non decrefcendi.* Et cette opinion eft la plus équitable, & doit être fuivie dans les Coûtumes qui n'en difpofent pas.

CCXXIX.

CCXXIX.

Tous ſergens Royaux en l'execution & levée de biens ſeulement, ſont tenus demander aſſiſtance aux Seigneurs hauts Juſticiers ou moyens, leurs Baillifs, Lieutenans & Officiers de Juſtice, és fins des terres & ſeigneuries eſquelles ils veulent exploiter par execution : & où ſans avoir demandé ladite aſſiſtance, ils executeroient és fins & limites des hauts Juſticiers ou moyens, pour chacune fois échéent en amende de ſoixante ſols pariſis envers eux, la connoiſſance & adjudication de laquelle appartient au Bailly d'Amiens, ſes Lieutenans ou Prevôts Royaux ſeulement.

Ce que dit le Commentateur ſur cet art. qu'il ne s'entend ſinon lorſque les Sergens Royaux executent les Sentences ou mandemens des Juges ſubalternes, eſt contre le ſens de l'article, lequel pourtant ne s'obſerve plus , & non ſans raiſon, tant à cauſe de l'autorité Royale, que d'autant que les Seigneurs retardoient les executions ſur les Païſans.

CCXXX.

Au Bailly d'Amiens ou ſon Lieutenant Juge Provincial, appartient en premiere inſtance par prevention, la connoiſſance de tous cas criminels & civils quels qu'ils ſoient, commis és fins de ſon Bailliage, mêmement par les ſujets d'iceluy Bailliage, en quelconque ſeigneurie ou Juriſdiction particuliere, & ſous quelque Seigneur Pair de France ſeculier ou Eccleſiaſtique, ou autres ſeigneuries és fins dudit Bailliage d'Amiens: même audit cas de prevention luy appartient la connoiſſance de toutes matieres perſonnelles, réelles & mixtes, pourvû quant à la perſonnelle, qu'il ſoit queſtion de ſoixante ſols tournois , & au deſſus : ſauf eſdites matieres les renvoys où il appartient, quand ils ſont requis en temps dû auparavant conteſtation en cauſe ou delay peremptoire.

Par prevention.] Cette prévention eſt imparfaite, attendu qu'il y giſt renvoy, étant demandé en temps dû. Il en eſt de même de la prévention des Prevôts Royaux: dont il eſt parlé en l'article 235. où il y a pareil renvoy aux Juſtices patrimoniales.

CCXXXI.

Audit Bailly d'Amiens, ou ſon Lieutenant ſeul & ſans renvoy, appartient la connoiſſance, punition & correction de tous cas privilegiez, tant criminels que civils, quels qu'ils ſoient: & en ce cas le privilegié attrait à ſoy le délit commun, en maniere que pardevant luy, s'il y a cas privilegié au Roy, le Seigneur ſubalterne eſt tenu demander ſon amende pour le delit commun, & les parties intereſſées, leurs dommages & intereſts & reparations.

¶ Par Arreſt de la Touſſains de l'an 1272. cité par Chopin *de Doman. lib.* 2. *tit.* 7. *n.* 12. il fut dit que l'incendie, le rapt & le meurtre n'étoient pas compris dans la haute Juſtice, le même crime eſt un des 4. reſervez aux Juges Royaux par une Ordonnance de Philippe le Bel, citée par M. le Bret, liv. 4. c. 4. de la Souver. du Roy.

En 1494. les Députez du Roy & du Comté d'Artois ayant reglé en la Ville d'Arras lés cas Royaux , la Cour ajoûta lors de la verification du concordat, l'incendie & le trouble au Service Divin, que les Députez du Roy avoient omis.

Les Concordats entre l'Empereur Charles V. en qualité de Duc de Brabant & l'Évêque de Liege art. 8. réſervent auſſi au Duc de Brabant l'incendie, auſſi-bien que l'aſſaſſinat. *Benedicti* ſur le chap. *Raynutius verb. & uxorem* *nomine Adelaſiam deciſ.* 2. *n.* 143. Bacquet des Dr. de Juſtice ch. 6. n. 6. &. 7. Mornac ſur l'Auteur *Clericus Cod. de Epiſc. & Cleric.* Et Roüillard en ſes Reliefs Forenſes , veulent tous que l'incendie ſoit un cas Royal. La Cout. de Touraine art. 59. contient la même diſpoſition; On peut auſſi voir Chenu en ſon Recüeil tit. 12. ch. 66. où il raporte un Arreſt du 1. Juin 1555. & M. Expilli ch. 120. confirme la même déciſion. Il y a eu auſſi pluſieurs Arreſts de Reglement entre les Officiers du Preſidial de Langres & ceux du Chapitre, qui réputent ce cas au nombre des Royaux. La même choſe a été jugée par un Arreſt de Reglement du 26. Juin 1652. en faveur des Officiers Royaux de Compiegne, contre les Chanoines & Chapitre de S. Gervais de Soiſſons & leurs Officiers de Chelles.]

CCXXXII.

Auſſi appartient audit Bailly d'Amiens ſeul, la connoiſſance de toutes Lettres de remiſſion, pardons, & autres cas privilegiez.

CCXXXIII

Ledit Bailly d'Amiens a connoiſſance pour ledit cas privilegié, contre toutes perſonnes eſtans de ſon Bailliage , de quelque authorité & dignité qu'ils ſoient, ſeculiere ou Eccleſiaſtique, ſoient Preſtres, Clercs, Religieux ou autres, leſquels ne peuvent pour ledit cas privilegié decliner la Juriſdiction dudit Bailly, toutefois l'Evêque ou autre leur Juge Eccleſiaſtique, a la detention des perſonnes deſdits Prêtres, Clercs ou Religieux (s'il le réquiert) à la charge des miſes de Juſtice,

& de repreſenter audit Bailly ou ſon Lieutenant, leſdits priſonniers, pour répondre ſur ledit cas privilegié toutes & quantes fois que requis en ſeront.

CCXXXIV.

Les Prevôts Royaux dudit Bailliage d'Amiens, qui ſont huit en nombre, ſujets & reſſortiſſans au Siege du Bailliage d'Amiens, ne peuvent prendre connoiſſance de quelque matiere criminelle, ne des cas privilegiez, criminels ou civils, pour leſquels ils ont la capture deſdits delinquans, mais ſont tenus les envoyer pardevers ledit Bailly ou ſon Lieutenant : aſſavoir les Prevôts de Beauqueſne, Doullens, ſaint Ricquier, Vimeu, Foulloy, Beauvoiſis & Amiens, à ſon ſiege principal en la Ville d'Amiens, & le Prevôt de Monſtreul à ſon ſiege de Monſtreul : & ne peuvent leſdits Prevôts mulcter aucun de peine ou amende pecuniaire excedant ſoixante ſols pariſis.

CCXXXV.

Leſdits Prevôts és fins de leurs Prevôtez, ont connoiſſance de toutes matieres perſonnelles, réelles & mixtes, d'injures & delits communs & non privilegiez, pourvû qu'en matiere perſonnelle il ſoit queſtion de cinq ſols & au-deſſus : & eſdits cas connoiſſent en premiere inſtance & par prevention, ſauf les renvoys où il appartient quand ils ſont requis.

CCXXXVI.

Tous Seigneurs hauts Juſticiers ont connoiſſance, punition & correction de tous cas, tant criminels que civils & non privilegiez : & leur appartiennent toutes matieres perſonnelles, poſſeſſoires réelles & mixtes, même les Comtes, Châtelains, Barons & autres ayans vaſſaux & tenanciers feodaux en premiere inſtance, & par prevention, peuvent prendre la connoiſſance des ſujets de leurſdits vaſſaux en toutes matieres, encore qu'iceux vaſſaux ayent toute juſtice & ſeigneurie haute, moyenne & baſſe, pourvû qu'en matiere perſonnelle ſoit queſtion de cinq ſols tournois & au deſſus, ſauf les renvoys où ils appartiennent quand ils ſont de la part deſdits vaſſaux requis & en temps dû, comme auparavant conteſtation en cauſe, ou delay peremptoire pris en la cauſe.

CCXXXVII.

Celuy qui enfraint la main du haut, moyen ou bas Juſticier, il échet en amende de ſoixante ſols pariſis envers ledit Juſticier, & doit être contraint à reintegrer la main de Juſtice, & par corps.

CCXXXVIII.

Quiconques picque, folle, houe en la Juriſdiction d'un haut Juſticier faiſant dommage, échet envers ledit Seigneur en ſoixante ſols pariſis d'amende pour chacune fois.

CCXXXIX.

Quiconques coupe ou émonde arbres d'un haut ou moyen Juſticier, croiſſans ſur ſa Voyrie, ou couppe arbre portant fruit és fins de ſa juriſdiction, il échet en pareille amende de ſoixante ſols pariſis d'amende envers ledit Seigneur.

CCXL.

Quand aucun Seigneur ayant droit de bannée de four ou moulin, où ſes officiers trouvent aucuns ſujets à ladite bannée ayant farine mouluë, pain ou autre ouvrage de four moulu & cuit ailleurs qu'au moulin & four dudit Seigneur, peut prendre & mettre en ſes mains farines, pains & autres choſes, avec les ſacs eſquels ils ſont trouvez, & les appliquer au profit dudit Seigneur, comme acquis par droit de confiſcation : & s'en peut faire la pourſuitte & recouſſe auſſi bien au dehors de ladite ſeigneurie & juſtice d'iceluy Seigneur, comme és fins d'icelle.

Argentré ſur l'article 366. de ſa Coûtume, dit *ſi farina domum perlata eſt, non idem licere.* Il n'eſt pas dit ſur cet article, que les chevaux & mulets portans la farine, puiſſent eſtre ſaiſis ni confiſquez : c'eſt pourquoi il n'y a pas lieu de le faire, dautant que les peines ne s'étendent pas, nonobſtant la Loi *cortem* §. *Dominus D. de public.* qui dit *illicitis mercibus commiſſis, navem quoque cui merces impoſita ſunt fiſco vindicari.*

¶ Il eſt permis en cette Coûtume de conſtruire un moulin, ſans la permiſſion du Seigneur, & même aux Meûniers de chaſſer ſur la terre du Seigneur : à moins qu'il n'ait titre de bannalité ; mais celles de Mondidier, Roïe & Peronne, défendent encore qu'il n'y ait pas de bannalité, de chaſſer & queſter grains ſur la terre du haut Juſticier & Voyer qui a moulin ; mais ordinairement il eſt défendu de conſtruire moulin ſur la voirie ou ſur la riviere où le Seigneur a la Juriſdiction & la peſche ; & on peut chaſſer où la bannalité ne s'étend pas.]

CCXLI.

Il n'eſt loiſible à aucun Seigneur pur voiſin, ne autre perſonne privée, de faire exploit de Juſtice en la terre & ſeigneurie du haut Juſticier, ſans permiſſion de luy ou de ſes Officiers : & qui le fait, il échet en amende de ſoixante ſols pariſis envers ledit Seigneur.

CCXLII.

Aucun ne peut ſur les frocs, chemins & flegards de la terre & ſeigneurie d'un haut ou moyen Juſticier, étaller marchandiſes, pendre l'eſtœuf pour joüer à la paulme, danſer le jour de la feſte du Patron ou dedicace de l'Egliſe, joüer à la cholle en aſſemblée publique, n'entreprendre autrement ſur la Juſtice dudit haut ou moyen Juſticier, ſans ſon congé & conſentement, ou de ſes officiers, autrement échet en amende de ſoixante ſols pariſis.

CCXLIII.

Semblablement on ne peut roüir lins, chanvres ou autres choſes és rivieres ou marêts publics dudit haut ou moyen Juſticier, ne autrement empêcher leſdits marêts ou cours de rivieres ſans le congé dudit Seigneur, & ſans encourir pareille amende de ſoixante ſols pariſis.

Roüir lins.] *macerare lina.* Le lin ſe prépare par quantité de façons auparavant qu'il ſoit propre à l'uſage, *ſemper injuria melius,* dit Pline l. 2. c. 1. Nat. Hiſt. où il fait mention de ce *linum aſbeſton,* qui ne ſe conſume pas au feu, & dit avoir vû *ardentes in focis conciniorum mappas, ſordibus exuſtis ſplendeſcentes igni magis quàm poſſent aquis.*

CCXLIV.

Si aucun laiſſe pâturer ſes bêtes en nouvelles eſteulles, il commet amende de ſoixante ſols pariſis envers le Seigneur ayant haute Juſtice, & qui previent en apprehenſion : & ont auſſi en ce cas les Officiers Royaux prevention, de maniere que s'ils previennent en apprehenſion, l'amende en appartient au Roy.

Cet article eſt fondé en charité pour les pauvres, & même en la Loi de Moïſe : Neanmoins la choſe ayant paſſé à la campagne en friponnerie de Sergens, qui ne faiſoient autre meſtier pendant la moiſſon que d'aller ſurprendre les vaches des Païſans ſi-tôt qu'elles entroient dans un champ dépoüillé, & enſuite boire & faire débauche là-deſſus : ce qui étoit tourné en proverbe, *aller courir l'eſteule.* Quelques Juges ont été contrains d'empêcher abſolument leurs Sergens de plus faire ſaiſie ni capture de bêtes pour ce ſujet.

CCXLV.

Nouvelles eſteulles ſont depuis que les Javelles ſont liées, juſques au troiſieme jour enſuivant.

CCXLVI.

Quiconques fait un puy à marne, & y met attachément pour tirer le marne, il eſt tenu de rétouper bien & deuëment ledit puits, dés l'inſtant que l'attachement eſt ôté : & s'il ne le fait, il commet amende de ſoixante ſols pariſis envers le Roy ou le Seigneur qui a Juſtice haute ou vicomtiere, à celuy des deux qui a prevenu, & dont les Officiers ont fait l'apprehenſion.

Un puits à marne.] *Plinius nat. hiſt. l. 17. c. 7. vocat leurcagellon quaſi candidam argillam &c. 8. argillam rectam, in Anglia frequentem, marna crebrius Gallis vocatur: quæ terræ frigidæ & ſteriles utilius quam ſtercore caleſiunt & impinguantur. Columell. de re ruſtica l. 2. c. 16. Dixi in tractatu dividui & individui parte 3. nu. 307. Profundiſſimi viſuntur hujuſmodi putei in parte Galliæ trans Maternam ſita quam Briam vocant : ubi propter frigiditatem aqueam ſoli, maximus eſt hujus fomenti loco ſtercoris uſus.* Je n'en ai point vû de plus grand ni de plus creux, que celui qu'un mien couſin noble & vertueux, Antoine du Bois, Seigneur de Favieres, me montra l'an 1552. en ſadite terre de Favieres au Perche, huit lieuës par de-là Chartres. *C. M.*

CCXLVII.

Si aucun arrache, borne ou abat une épine tenuë & reputée pour borne, il échet en amende de ſoixante ſols pariſis, appliquable à celuy qui y a intereſt.

Cette amende eſt legere, contre un arracheur de bornes, & je ne doute point que le juge ne la puiſſe augmenter ſelon les circonſtances. Toute l'antiquité eſt armée contre les arracheurs de bornes. La Loi de Moyſe y eſt expreſſe au Deuteronome, chap. 19. La Loi des douze Tables, *qui terminum exaraſſit ipſus & boves ejus ſacri ſunto.* Et au titre *de termino moto* au Digeſte, *terminorum avulſorum mulcta pecuniaria non eſt, ſed pro conditione admittentium tran-*

figendum l. 1. de term. mot. Les Payens constituoient une Divinité aux bornes, ayans leur Dieu *Terminus*, & appelloient *Terminalia* la Feste de ce Dieu, & faisoient des sacrifices sur les bornes.

CCXLVIII.

Avant qu'un Seigneur, auquel est dû rente, puisse poursuivre judiciairement & demander icelle rente à son tenant rentier ou surcensier, il faut qu'il demande ladite rente sur le lieu: assavoir en faisant signifier à l'Eglise à jour de fête, heure de grand Messe, ou à heure de plaids, que le receveur du Seigneur viendra au lieu de sa seigneurie à certain jour, pour recevoir ce qui luy est dû: ou en allant à la maison du tenancier, rentier, ou surcensier, debteur de ladite rente ou surcens.

CCXLIX.

Le bâtard peut disposer de ses biens meubles & acquests, tant par disposition entre-vifs, que testamentaire, à telles personnes que bon luy semble.

Cet article est presque general par l'usage de la France, & outre quantité de Coûtumes conformes, tous les Docteurs François l'attestent ainsi, Benedicti, Chassaneus, Boërius, Rat sur Poitou, Pontanus sur Blois, Imbert, Pithou, Choppin & les autres. Le bâtard a tous les droits de cité, c'est pourquoi il peut librement disposer de ses biens, tant par donation entre-vifs, que par testament, à la difference de l'aubain ou étranger, *qui cùm civis non sit, testamenti factionem non habet activam nec passivam.* Quelques Coûtumes neanmoins ôtent au bâtard le pouvoir de tester, comme Clermont, art. 153, d'autres le restraignent, comme Anjou, le Maine, Bretagne, Normandie.

CCL.

Et s'il y a enfans legitimes de sa chair, lesdits enfans luy succedent.

CCLI.

S'il n'a enfans & n'a disposé de ses biens, au Seigneur haut Justicier (en la Justice duquel il étoit demeurant & est decedé) appartiennent ses biens meubles, & ses heritages appartiennent au Seigneur duquel il les tient.

S'il n'a enfans ou n'a disposé de ses biens.] *adde,* & s'il n'a femme ou mari qui le survive, parce que nous pratiquons en France le titre *unde vir & vero,* s'il n'y a dérogation speciale par la Coûtume, suivant la remarque que nous en avons faite ci-dessus, sur l'article 88.

CCLII.

Au Seigneur haut Justicier appartiennent les biens meubles de celuy qui n'ayant aucuns parens qui luy puissent succeder, est allé de vie à trépas en sa Justice sans en avoir disposé, & les heritages appartiennent aux Seigneurs desquels ils sont tenus.

Parens.] Comme aussi femme ou mari, par la raison touchée au premier article.

CCLIII.

La succession des aubains appartient au Roy, s'ils n'ont eu Lettres de naturalité.

Plusieurs tiennent conformément à cet article, que le droit d'aubaine appartient au Roy, à l'exclusion des hauts Justiciers, *jus albinagii est de regalibus.* Et neanmoins du Molin en sa note sur l'article 41. de la Coûtume d'Anjou, dit au contraire, *ex veteri stilo Parlamenti & ex antiqua Gallorum consuetudine,* que les hauts Justiciers succedent à tous biens vacans par bâtardise, desherence, aubaine &c,

---

TITRE XI.

De Criées.

ARTICLE CCLIV.

LE Seigneur procedant par execution en vertu de jugement ou lettres obligatoires & authentiques, contre l'obligé ou condamné, ou contre son heritier, aprés que lesdits Jugement ou obligation auront esté declarez executoires contre luy, peut saisir & mettre en la main du Roy les heritages & biens immeubles du debteur, & doit signifier ladite saisie aux Seigneurs dont lesdits heritages sont tenus, ou à leurs Officiers, leur faisant défenses de recevoir dessaisine ou bailler saisine à autruy d'iceux heritages, que ce ne soit à la charge de la somme pour laquelle se fait ladite execution, lesquelles défenses ledit Seigneur doit faire enregistrer.

Et ainſi, il ne ſuffit pas en cette Coûtume de ſignifier la ſaiſie réelle auparavant la premiere criée, mais elle doit encore eſtre ſignifiée aux ſeigneurs deſquels les immeubles ſont tenus, ou à leurs Officiers, & l'enregiſtrer au regiſtre des ſaiſines de chaque ſeigneurie, lequel enregiſtrement doit eſtre fait ſous ſa ſignature, au cas que le Greffier lui veüille donner ſon regiſtre pour ce faire : Et s'il en fait refus, ou qu'il diſe qu'il n'en a pas, il ſuffit que le Sergent délaiſſe un exploit bien recordé, au Greffier, faiſant mention comme il a ſignifié la ſaiſie au Seigneur, en parlant aux Officiers qu'il dénommera en ſon exploit, & que par le refus de donner par le Greffier le regiſtre aux ſaiſines & déſaiſines, & priſes par execution & ſaiſie réelle de la Seigneurie, qu'il a délaiſſé au Greffier exploit, pour ſervir d'enregiſtrement : lequel exploit étant ainſi fait, vaut autant comme ſi la ſaiſie réelle étoit regiſtrée. Et s'il n'y avoit pas de Greffier ordinaire, il faudroit ſommer les autres Officiers de declarer qui eſt le Greffier, & à leur refus leur délaiſſer exploit, faiſant mention de la ſignification de la ſaiſie réelle & de la ſommation à eux faite, de declarer le nom & ſurnom du Greffier : & que pour leur refus d'y ſatisfaire, le Sergent leur a délaiſſé exploit pour ſervir d'enregiſtrement.

<h3 style="text-align:center">C C L V.</h3>

Ledit ſergent executeur doit faire quatre criées par quatre quinzaines & ſans diſcontinuation, és lieux accoûtumez, à iſſuë de grande Meſſe, & mettre & afficher au portail de l'Egliſe & à l'Auditoire du lieu, l'exploit de ladite criée.

Quatre criées par quatre quinzaines.] Les Praticiens obſervent qu'il y ait quinzaine entre le jour de la ſignification de la ſaiſie réelle, & la premiere criée.

Et à l'Auditoire du lieu] où ſe pourſuit le decret.

<h3 style="text-align:center">C C L V I.</h3>

Doit ledit ſergent executeur ſignifier à la perſonne ou domicile du debteur, leſdites criées & encheres qui ſe feront, & mettre affiche deſdites encheres tant ſur les heritages criez, qu'en l'Auditoire du lieu : & doivent leſdits heritages eſtre mis à prix dedans le temps deſdites criées, & ladite miſe après deuëment ſignifiée à la perſonne ou domicile de celuy ſur lequel leſdites criées ſe font, le tout en preſence de deux témoins.

Tant ſur les heritages criez.] En tant qu'ils ſont capables de recevoir affiches, c'eſt-à-dire, aux maiſons, moulins & mazures amaſées de bâtimens & édifices, & non ſur les mazures non amaſées & terres, combien qu'il y ait des arbres fruitiers ou autres. C'eſt ainſi qu'on l'obſerve.

Qu'en l'Auditoire dudit lieu.] C'eſt à ſçavoir où ſe pourſuit le decret, comme en l'Article précedent.

<h3 style="text-align:center">C C L V I I.</h3>

Si le debteur ſur lequel on a procedé par execution, s'oppoſe à ladite ſaiſie, luy ſera donné jour pour dire ſes cauſes d'oppoſition, icelle ſaiſie tenant, ſinon qu'il nantiſſe la main de Juſtice de deniers ou autres meubles, de la valeur de la ſomme pour laquelle ſe fait la criée.

<h3 style="text-align:center">C C L V I I I.</h3>

Le Seigneur feodal pour la conſervation de ſes droits ſeigneuriaux & redevances foncieres & anciennes, n'eſt tenu de s'oppoſer, ains ſans ſon oppoſition luy ſont leſdits droits conſervez, ſi ce n'eſt pour les arrerages deſdits droits échûs : pour leſquels eſt tenu de s'oppoſer.

<h3 style="text-align:center">C C L I X.</h3>

L'acheteur & dernier encheriſſeur d'heritage vendu par decret, peut retenir pour luy ledit heritage, ou nommer ſon command & celuy dont il eſt chargé, & luy transporter & delaiſſer ledit heritage dedans quarante jours après ledit decret, ſans que pour ladite declaration du command, ſoient dûs aux Seigneurs aucuns droits ſeigneuriaux, autres que ceux qui leur ſont dûs pour l'adjudication.

L'article 61. de l'ancienne Coûtume, qui a été obmis lors de la reformation, portoit : *Idem, par leſdites Coûtumes, uſage & ſtile, la contribution ou diſtribution des deniers procedans des venditions & adjudications du decret deſdits heritages criez & ſubhaſtez, ſe doit faire en la maniere qui s'enſuit. Premierement, en faiſant ladite contribution, la taxation des dépens faits pour icelles criées & ſubhaſtation, doit preceder, & precede toutes autres dettes après les droits ſeigneuriaux, tels que du quint deniers & heritages feodaux, du prix d'icelles venditions, & du treiziéme denier en heritages cottiers ; & après ſe doit faire la diſtribution deſ-*

dits deniers aux opposans, *selon la datte &* *priorité des charges réelles & hipoteques, dont* *tels heritages sont chargez.* Sur lequel article Maître Charles du Molin avoit fait une note, en ces termes.

Pour icelles criées,] Sçavoir est des exploits, & non pas du procés, comme de dettes des opposans. *C. M.*

A la fin de l'ancienne Coûtume, étoit le decret, par lequel il paroît qu'elle avoit été decretée, *sans préjudice des autres Coûtumes locales & particulieres des Comtez, Baronnies, Chastellenies, Mairies, Echevinage & Seigneuries dudit Bailliage, qui ne sont encore vûës & expediées, parce que les aucunes d'icelles ne sont encore baillées, & les cahiers des autres ne sont mis ne redigez en bonne forme.* Surquoi Maître

Charles du Molin avoit aussi fait sa note, de la maniere qui suit.

Sans préjudice.] *Sed Commissarii non habebant potestatem faciendi hanc reservationem : quare ut in principio harum consuetud. dixi.* (Cette note dont il parle est au procés verbal) de la Prevôté de Vimeu, dont le cahier de Coûtume locale fut mangé par les chiens, ils demeûrent sous la Coûtume generale : ainsi j'ai vû juger par Arrest, quand depuis cette Coûtume generale publiée, on a allegué Coûtume locale, autre que contenuë en la generale d'Amiens, ou autre que notoire par tout le païs Coûtumier, la Cour de Parlement n'y eut égard, combien qu'on offrit en faire preuve, & a été donné Arrest selon la Coûtume generale, redigée & publiée. *C. M.*

COUTUMES
LOCALES
DE LA VILLE, LOY, MAIRIE, PREVOSTE',
Eschevinage & Banlieuë d'Amiens.

ARTICLE PREMIER.

EN ladite Ville & Banlieuë, n'y a aucun relief.

II.

En quelque maniere que ce soit que les immeubles viennent à titre successif ou lucratif de pere, mere ou autres ascendans, à leurs enfans & descendans, lesdits immeubles de quelque nature qu'ils soient, propres ou acquests, sont reputez propres ausdits enfans & descendans : & si lesdits enfans le vendent hors ligne, chéent en retrait ; & si c'estoit don fait par pere & mere ensemblement de leurs acquests, ils chéent en retrait des deux côtez, tant de pere que de mere, par moitié.

Ou lucratif.] Soit que les legs & les donations soient faites en avancement d'hoirie, ou autrement, par preciput & prelegs.

III.

Chacun peut donner par entre-vifs son heritage à qui il veut ; mais si ledit don est fait en morte-main, il convient que la morte-main en vuide ses mains dans l'an & jour qu'il sera sommé par justice : & s'il ne le fait, le Roy & les Majeur & Eschevins peuvent saisir & prendre les fruits & profits qui sont acquis ausdits Majeur & Eschevins, jusques à ce que ledit heritage sera mis hors de ladite morte-main.

IV.

En la Ville & Banlieuë d'Amiens n'y a aucun doüaire, s'il n'est convenancé & reconnu pardevant les Majeur, Prevost & Eschevins : & s'il est reconnu, ledit doüaire est heritage aux enfans, & ne se peut aliener à leur prejudice, pourvû toutefois que les heritages soient declarez & specifiez és lettres de la dite reconnoissance : pour laquelle ne sont dûs aucuns droits seigneuriaux, pourvû aussi que lesdits enfans ne soient heritiers de leur pere.

V.

Quand celuy qui a plusieurs heritages se marie en secondes nopces, il peut doüer sa seconde femme des heritages qu'il nommera, & dont il n'avoit doüé sa premiere femme : & les enfans du premier mariage n'ont rien en l'heritage dont est doüée sadite seconde femme : & aussi les enfans du second mariage n'ont rien en l'heritage dont la premiere femme a esté doüée.

VI.

Le mary traitant mariage peut doüer sa femme de l'acquest jà par luy fait, comme de son heritage, ensemble des acquests que luy & sa femme feront ensemble.

VII.

Si aucun achepte droits de surcens ou rente, sur maisons ou heritages scans en ladite Ville, le proprietaire peut rembourser l'acheteur des deniers par luy déboursez, dedans demy an, à compter du jour qu'il sera venu à la connoissance dudit proprietaire : & ledit remboursement fait, ledit surcens ou rente demeure confus, & l'heritage déchargé.

Dedans demy an.] *Imo* à toûjours, par les Ordonnances de Novembre 1440. Arr. 18. de Fevrier 1539. Janvier 1552. & May 1553. par lesquelles toutes rentes creées sur maisons de Villes sont rachetables à toûjours, quoiqu'elles soient dites non rachetables par les Contrats de creations, ausquelles Ordonnances qui ont été faites pour le bien public, cette Coûtume, quoique reformée depuis, n'a pû déroger; aussi cet article n'est-il point de la reformation, mais de l'ancienne Coûtume.

¶ On a presque toûjours tenu que les anciennes rentes qui font le Domaine des Eglises & ont été amorties, n'étoient pas sujettes à rachat, quoique sur maisons des Villes & Fauxbourgs, neanmoins les Ordonnances ne distinguent pas; mais suposé qu'elles doivent être exceptées, les premiers titres doivent estre rapportez ou autres équivallens ; parce que la plûpart de ces rentes ont été constituées à prix d'argent & au denier fort.

VIII.

Quand celuy qui a droit de surcens ou rente, vend ledit surcens ou rente au proprietaire des heritages chargez, lesdits surcens ou rente demeurent confus & éteints à la décharge desdits heritages, & ne se peuvent retraire par le lignager.

IX.

Nul ne peut piequer, foüir, ne hoüer sur les frocs & flegards, ne en la terre & Jurisdiction d'icelle, ne en icelle exploiter, sans le congé des Maieurs, Prevost & Eschevins, à peine de soixante sols parisis d'amende envers eux.

X.

Si aucunes bestes à laine sont trouvées paissans és marests communs d'icelle banlieuë, il échet en amende de soixante sols parisis.

XI.

Quiconque par la Justice desdits Maieur, Prevost & Eschevins, fait arrester aucune chose qu'il pretend luy estre mal prise & il defaut de preuve, il échet par la fausse plainte, en soixante sols parisis d'amende envers ladite Ville.

XII.

Qui est atteint & convaincu d'avoir injurié autruy par paroles, il échet en amende de vingt sols parisis envers ladite Ville.

XIII.

Pour avoir frappé de la main, il échet en amende de vingt sols parisis, dont à ladite Ville en appartient dix-sept sols deux deniers pite.

XIV.

Pour ferir & abbatre par terre par courroux & debat, y a amende de soixante sols parisis, dont à ladite Ville appartient quarante-huit sols neuf deniers.

XV.

Quiconque en ladite Ville & banlieuë tire coûteau ou épée en debat par malveillance, il échet en amende de six livres parisis, dont à ladite Ville appartient quatre livres dix-sept sols six deniers.

XVI.

Qui frappe de bâton, caillou, épée, ou d'arme moluë, il échet en amende de neuf livres parisis, dont à ladite Ville appartient la somme de sept livres six sols quatre deniers.

XVII.

Le surplus de toutes lesdites amendes appartient à l'Evêque & au Vidame d'Amiens, chacun pour son droit, aprés qu'elles ont esté adjugées par lesdits Majeur, Prevost & Eschevins, ausquels en appartient la connoissance & non autrement.

XVIII.

Toutefois en tous lesdits cas, l'amende peut estre plus grande, à la discretion de Justice, selon l'exigence du cas, & non moindre que la coûtumiere.

XIX.

Quand aucun est navré ou blessé, dont mort ou meshain s'en peut ensuivir, lesdits Majeur, Prevost & Eschevins, aprés information faite, font par leur sergent & par cry public aux lieux accoûtumez, appeller les delinquans pour comparoir dedans le lendemain, pour ester à droit, & s'ils sont défaillans, ils échéent par un seul defaut en amende de soixante livres parisis : dont au Roy en appartient vingt sept livres, & à ladite Ville trente-trois; & si mort s'ensuit, l'on procede contre

les delinquans

les delinquans & defaillans par banniſſement, au ſon de la cloche du beffroy, ſur peine de la hard.

XX.

La connoiſſance de tous autres delits & infraction d'Ordonnances de ladite Vil-le, & jugement des amendes qui en proviennent, appartient auſdits Majeur, Prevoſts & Eſchevins, & ſont leſdites amendes arbitraires au profit de ladite Ville, ſans part d'autruy.

XXI.

La garde de nuit, Juriſdiction, apprehenſion & connoiſſance des perſonnes trouvées delinquans, de quelque eſtat & condition qu'ils ſoient, appartient auſ-dits Majeur, Prevoſt & Eſchevins: ſauf à faire le renvoy des perſonnes privile-giées, où il appartient, quand ils en ſont requis en temps dû.

XXII.

Proprietaires & poſſeſſeurs de maiſons & heritages chargez de cens ſeigneu-rial en ladite Ville, ſont tenus de payer leſdits cens aux termes de Noël, Pâques, & premier jour d'Aouſt, à chacun terme un tiers : & les porter ou envoyer à ce-luy à qui ils ſont dûs en ſa maiſon & domicile, s'il eſt demeurant en ladite Ville.

XXIII.

Qui veut édifier nouvel édifice, peut depuis terre en haut, élever ſon tenement ſi haut que bon luy ſemble, & faire ôter à droite ligne tous empêchemens au con-traire.

XXIV.

Celuy qui bâtit à l'encontre de ſon voiſin, & fait ſon édifice plus haut qu'il n'eſtoit, la vieille gouttiere qui ſouloit eſtre entre les deux maiſons, demeure à l'uſage du proprietaire de la maiſon non réédifiée, en la retirant entierement ſur luy à ſes dépens : & doit ledit nouveau édifice avoir gouttiere neufve aux dépens de celuy qui le fait faire.

XXV.

Un chacun doit cloſture ſuffiſante de pierre, bricque, blocail, moillon, ou pail-lis de ſept pieds de hauteur pour le moins, d'une part & d'autre, à l'encontre de ſon voiſin, & non plus, ſi bon ne luy ſemble.

J'ai fait juger pour Beauvais, nonobſtant un ancien uſage contraire, qu'il n'eſtoit pas be-ſoin de contre-fermeture pour les murs ou pail-lis joignans à court, jardin & place vuide, pour-vû qu'on ne fiſt rien qui pût cauſer dommage. Ceux qui veulent faire aiſances contre le mur metoyen, doivent faire un contre-mur de la largeur requiſe par la Coûtume de Paris; mais ſi le mur appartient au voiſin, quelques - uns veulent qu'on ſoit obligé de racheter la moi-tié du mur ; mais cette faculté n'a pas lieu dans les Coûtumes qui n'en diſpoſent pas. Pour moi, j'ai crû qu'outre la diſtance de la Coûtume, on doit faire un contre-mur de l'épaiſſeur obſervée dans le lieu qui eſt, par exemple, à Beauvais, un peu moins d'un demi-pied ; ou bien ne faire qu'un contre-mur, qu'ils appellent iſolé, ſepa-ré du mur de la largeur requiſe à Paris, de chaux, gravois, cailloux non taillez ou blo-cailles, qui puiſſe moins eſtre penetré, s'il en veut convenir, afin de pouvoir ménager ſon terrain.]

XXVI.

Nul ne peut, en ladite Ville, faire en ſa maiſon ou tenement, aucun nouveau four public, aſſeoir nouvelle ſolle, ſueil ou muret ſur ruë, eſtail, venelle & huyſ-ſerie à cellier, ruiſſeaux & travers à chevaux, ſans licence deſdits Majeur, Pre-voſt & Eſchevins, à peine pour chacune fois de ſoixante ſols pariſis d'amende, & que les droits ſeigneuriaux pour ce dûs ne ſoient payez.

XXVII.

Sergens à maſſe d'icelle Ville & Prevoſté, peuvent en vertu de leurs maſſes, faire criées & ſubhaſtations des heritages ſituez en ladite Ville & banlieuë, pour ſommes de deniers en quoy le poſſeſſeur d'iceux eſt obligé, ſoit par Lettres obli-gatoires, Royaux, ou autres obligations ou condamnations : & peut prendre & mettre en la main deſdits Majeur, Prevoſt & Eſchevins, leſdits heritages deſdits obligez ou condamnez, en la preſence de deux perſonnes, & icelle priſe ſignifier auſdits Majeur, Prevoſt & Eſchevins, & audit obligé ou à ſon domicile : & faire les criées de huitaine en huitaine à jour de Dimanche & issuë de grande Messe.

XXVIII.

Aussi peuvent lesdits sergens en vertu de leurs masses, faire tous ajournemens & significations en matiere civile, personnelle ou réelle, sur les Habitans de ladite Ville, & executer toutes obligations, contrats & sentences données desdits Majeur, Prevost & Eschevins, ou par Juges Royaux, sans pour ce avoir commission par écrit, en baillant toutefois copie de leurs exploits, sentences ou obligations.

XXIX.

Les habitans de ladite Ville peuvent faire arrester à la loy privilegiée d'icelle & par lesdits sergens, tous Forains, leurs debteurs & redevables, tant de grains, argent, qu'autres choses & marchandises, pourvû qu'il y ait obligation, promesse, ou compte fait : & sont tels redevables contraits par corps, ou garnir biens non perissables : & s'il y a opposition, la connoissance en appartient ausdits Majeur, Prevost & Eschevins.

XXX.

Semblablement tous Forains se peuvent faire arrester l'un l'autre en ladite Ville, selon la forme que dessus.

XXXI.

Si aucun a fait faire arrest sur un autre qui se soit opposé, l'arrestant luy doit faire donner assignation dedans vingt-quatre heures, pour affermer sa demande & soy restraindre, autrement ledit arresté emporte congé de court, avec dépens.

XXXII.

Si ledit arrest estoit fait sur bestes chevalines ou autres biens perissables, & le debteur ne veut nantir biens non perissables, lesdites bestes & autres biens perissables peuvent estre vendus.

XXXIII.

Et si ledit arrest est fait sur biens non perissables, le debteur (s'il est absent) doit estre ajourné à jour competant : & par vertu d'un seul défaut, ledit arrest doit estre declaré parfait, en affermant par ledit demandeur sa demande.

COUSTUMES PARTICULIERES ET LOCALES
de la Prevosté de Monstreul sur la mer.

ARTICLE PREMIER.

Quiconque vient en la Ville de Monstreul pour l'expedition des causes qu'il peut avoir au Siege, soit en demandant ou en deffendant, & sans fraude, il ne peut estre arresté par la loy des Vicomtes de ladite Ville, & s'il est arresté doit avoir main-levée.

II.

Nul ne peut estre poursuivy pardevant le Prevost de Monstreul ou son Lieutenant, en action personnelle non privilegiée par simple commission à la demande, pour moindre somme que de vingt sols parisis.

III.

En ce qui est en la Comté d'Arthois, les puisnez sont tenus relever leurs quints ou portion de quint du Seigneur duquel tout le fief est tenu. Et en la Comté de Bolonnois, lesdits puisnez sont tenus de relever leurs portions de quints de leurs freres ou sœurs aînez Seigneurs des quatre parts.

IV.

Les parens du trépassé en quelque degré qu'ils soient, peuvent relever les heritages dudit trépassé; pourvû qu'ils soient parens de la cotte & ligne dudit trépassé, dont lesdits heritages luy estoient venus & échus : en maniere que les premiers s'abſtenans, les ſeconds peuvent apprehender leſdits heritages, & auſſi les troiſiémes, quand les ſeconds s'abſtiennent, & ainſi conſequemment par cottes & lignes : mais quant aux acqueſts pour la premiere ſucceſſion, n'y a cotte ne ligne, & y viennent les plus prochains de quelque coſté & ligne qu'ils ſoient parens du trépaſſé.

De quelque coſté & ligne qu'ils ſoient parens du trépaſſé.] *Etiam in antiquis harediis, ſi non appareant habiles ad ſuccedendum de illa linea,* quique agnoſcant, aliàs proximiores cujuſvis linea fiſcum excludunt, ut dixi in conſuetud. Pariſ. 145. C. M.

V.

Quand un tenant cottier va de vie à trépas, l'heritier du défunt doit relever le tenement cottier dans ſept jours & ſept nuits ; & à faute de ce faire, le Seigneur le peut faire ſaiſir par ſa Juſtice & prendre les fruits, & en joüir & profiter juſques à ce que ledit heritier ait rélevé.

Prendre les fruits.] Aprés toutefois la ſaiſie, *ut infrà* §. 27. C. M.

V I.

Si aucun laiſſe pâturer ſes beſtes en terres ablayées de bleds, ou de mars, où és jardins & prez d'autruy, il échet envers le Seigneur ayant Juſtice Vicomtiere, en amende de trois ſols pariſis : & eſt ſujet à la reſtitution de l'intereſt envers la partie.

V II.

Quand aucun met ou envoye ſes beſtes pâturer en bois taillis à garde faite, il échet envers le Seigneur ayant Juſtice vicomtiere audit bois, en amende de ſoixante ſols pariſis : & eſt tenu envers celuy auquel ledit bois appartient, aux dommages & intereſts : & s'entend le bois eſtre taillis, quand il eſt au-deſſous de quatre ans aprés la couppe : & ſi ledit bois avoit plus grand âge, il n'y a amende que de trois ſols pariſis.

V III.

Un tenant cottier n'a & ne doit avoir reliefs, droits ſeigneuriaux ne amendes, & n'a rien outre ſes bornes, hayes & limites de ſes tenemens.

IX.

Quand les tenanciers cottiers ſont delayans ou refuſans payer à leurs Seigneurs les rentes qu'ils doivent pour tenemens, ou quand l'heritier dudit tenancier cottier ne releve dedans ſept jours & ſept nuits aprés le decés dudit tenancier, le Seigneur peut faire prendre & mettre ledit tenement en la main de ſa Juſtice, par un ſergent & deux hommes de ſa court, pour le retraire & r'approprier à ſa table & domaine à faute de rente non payée, reliefs & autres droits non faits : & ſur iceluy tenement faire adjourner ledit tenancier ou ſes hommes, & tous ceux qui y peuvent demander aucun droit, leur aſſigner jour pardevant ſes Bailly & hommes à pleine quinzaine, & faire ſignifier la priſe pour la cauſe ſuſdite en l'Egliſe à jour de Dimanche, heure de grande Meſſe, en réiterant ledit ajournement & la cauſe pour laquelle ledit tenement eſt retrait & mis en la main du Seigneur, & en adjournant auſdits plaids tous ceux qui pretendent droit audit tenement : & ſi aucun ne compare, le Seigneur ou ſon Procureur doit obtenir defaut contre les ajournez, & ſe doit faire exploit par quatre fois, & la cinquiéme d'abondant : & aprés les defauts obtenus, s'il n'y a aucun oppoſant, leſdits Bailly & hommes doivent retraire & remettre à la table & domaine d'iceluy Seigneur ledit tenement : lequel par ce moyen compette & appartient audit Seigneur, comme ſon vray domaine & heritage procedant de la ſeigneurie dont il eſt tenu : & le peut ledit Seigneur tenir en ſa main, le bailler à rente & en uſer à plaiſir & volonté, comme de ſa terre & ſeigneurie.

X.

Chacun tenancier cottier eſt tenu une fois en ſa vie, bailler declaration de toutes ſes terres rentieres & cottieres au Seigneur dont il les tient : & doit ledit Seigneur faire faire commandement audit tenancier, que dedans quarante jours il luy baille ladite declaration : & s'il ne le fait, ledit Seigneur peut par ſes Officiers faire prendre & tenir ladite cotterie en fa main, & y commettre Receveur tant que ledit tenancier ait fatisfait & baillé declaration : & fi tôt qu'il y a fatisfait, ledit Seigneur eft tenu de bailler main-levée, en payant par ledit tenancier les falaires raifonnables des Officiers de la Juftice pour ce dûs : & ce fait, peut ledit Seigneur debattre ladite declaration, & ledit tenancier y répondre : & aprés liquidation faite de ce en quoy confifte ladite cotterie, & quels droits, authoritez & prerogatives appartiennent audit Seigneur, ledit Seigneur eft tenu bailler lettres de recepiffé audit tenancier.

X I.

Quand un Seigneur feodal n'ayant Juftice, a aucuns tenanciers cottiers qui vendent leurs tenemens dont les droits feigneuriaux luy appartiennent, la vendition deffaifine & faifine defdites terres cottieres, fe doit faire pardevant le Seigneur Vicomtier ou haut Jufticier, duquel le Seigneur feodal non ayant Juftice tient fon fief, & doivent les gens de la Juftice dudit haut Jufticier, appeller ledit homme de fief tant pour recevoir fes droits feigneuriaux, que pour fçavoir fi par puiffance de fief, il veut retenir ledit heritage cottier à fa table & domaine : & fi la faifine n'eft ainfi faite, n'eft valable & n'engendre realité.

X I I.

Quand le tenancier cottier n'a joüy de la terre pour laquelle eft dûë rente à fon Seigneur, mais eft ladite terre occupée par autre, il eft en la faculté dudit Seigneur duquel ladite terre cottiere eft tenuë, & ladite rente dûë, de pourfuivre fon rentier ou celuy qui occupe ladite terre pour le payement d'icelle rente, ainfi que bon luy femble.

XIII.

Quand aucun veut mettre honches & planter hayes à l'entour de fon bois & ailleurs, à l'encontre de fon voifin, il doit laiffer pied & demy entre fa terre & celle de fondit voifin, fi c'eft contre les vents de la mer ; & fi c'eft contre les vents d'amont, il doit delaiffer deux pieds.

X I V.

Chacun tenancier rentier & cottier, peut remettre fon tenement en la main de fon Seigneur & le luy rendre : en ce faifant n'eft tenu de ladite rente à l'avenir, mais doit payer les arrerages du paffé jufques au jour du delaiffement, & outre l'année enfuivante.

X V.

Tous Laboureurs en delaiffant la dixme fur le champ, font quittes de ladite dixme.

X V I.

Quand à une femme mariée advient aucun fief par fucceffion, le mary eft tenu payer au Seigneur de fief, deux reliefs, l'un de proprieté pour ladite femme, & un de bail & un de chambellage : & n'eft tenu le Seigneur recevoir un relief fans l'autre : & à faute de payement dedans quarante jours, le Seigneur a le profit des levées aprés la faifine par luy faite.

X V I I.

Tous vendans vivres publiquement, comme Taverniers, Cabaretiers & autres femblables, font reçûs à affermer leur venel, qui eft de cinq fols parifis un denier, & eft ajoûté foy à leur ferment pour icelle fomme, & n'y a aucuns dépens.

Leur venel.] C'eft à dire la chofe qu'ils ont venduë, & vient du mot Latin *venale.*

X V I I I.

Toutes efpaves doivent eftre mifes en la main du Seigneur Vicomtier, en la feigneurie duquel elles ont efté trouvées : & doit ledit Seigneur faire publier la chofe trouvée és lieux publics & marchez voifins, à ce que ceux aufquels elle appartient la puiffent venir querir : & s'ils y viennent dans un an leur doit eftre renduë, en payant les frais de la garde, finon ledit Seigneur en peut faire fon profit.

Dans un an.] du jour de la publication.

X I X.

Tous arbres croiffans fur les flegards & places communes d'aucune feigneurie, appartiennent au Seigneur Vicomtier ayant la Juftice Vicomtiere aufdits flegards & places communes : & quiconque abbat ou ébranche lefdits arbres, il commet envers ledit Seigneur amende de foixante fols parifis.

XX.

Au Seigneur Vicomtier n'appartient la connoiffance que du fang & du larron: c'eft affavoir que de tous delits faits par un larron pris en la Juftice Vicomtiere d'aucun Seigneur Vicomtier, pofé même que le larron dût eftre pendu & étranglé, en appartient la connoiffance & judicature à la Juftice & au Bailly & hommes dudit Seigneur Vicomtier : mais de quelque autre crime dont mort fe peut enfuivre par Sentence de Juge, la Juftice Vicomtiere n'en peut connoître, & en appartient la connoiffance aux hauts Jufticiers qui ont haute Juftice, & à leur Bailly & hommes, és metes de la Jurifdiction defquels font faits, commis & perpetrez lefdits crimes & delits.

XXI.

Quand le baftard va de vie à trépas, fans hoirs de fa chair & fans avoir fait teftament, fes biens meubles appartiennent au Seigneur Vicomtier, en la feigneurie duquel il eft allé de vie à trépas : enfemble les heritages de luy tenus, & fes autres heritages appartiennent aux Seigneurs Vicomtiers defquels il les tenoit.

XXII.

Quand celuy qui n'a aucun parent qui luy puiffe fucceder, va de vie à trépas fans avoir difpofé de fes biens, au Seigneur Vicomtier, en la Jurifdiction duquel il eft allé de vie à trépas, appartiennent les biens meubles dudit trépaffé, & les heritages tenus de luy : & les autres appartiennent aux Seigneurs Vicomtiers defquels il les tenoit.

Les biens meubles.] Cela par avanture dépend de ce que la Coûtume generale de cette Prevofté veut que les biens meubles fuivent le corps, *id eft, domicilium ultimum habitationis defuncti, quod folum debet attendi præfertim in mobilibus ut not. in l. exigere dotem. D. de judic. Alexand. conf. lib. 3. ubi in annot. dixi Jaf. l. 1. col. 5. C. de fumma Trinit. quod in dubio intelligitur de domicilio habitationis, gl. c. ftatutum §. cum vero in verf. unam dietam de refcrip. lib. 6. Imo. & alii c. fin. de compet. Bal. l. ult. col. 2. C. de Edi. D. Adr. toll. far. quod ait. gl. Clém. 1. verfic. fubditos de foro comp. quem fequitur Bal. l. omnes §. fi non apparitor. C. de Epifc. & Cler. C. M.*

XXIII.

Qui veut vendre publiquement vin, cervoife, ou autre breuvage, & mettre enfeigne, il doit demander congé au Seigneur Vicomtier, & afforer lefdits vins, cervoifes & autres breuvages, prendre prix par la Juftice, & payer droit d'afforage : & s'il ne le fait, il échet en amende de foixante fols parifis envers ledit Seigneur Vicomtier.

XXIV.

Tous hommes de fief peuvent nourrir, achepter & vendre franchement fur leurs tenemens feodaux, fans eftre tenus ne fujets à payer tonlieux, afforages ne montenages : & pour les afforages y a double regard, l'un eft pour les droits des fonds du Vaiffeau, où eft le breuvage vendu, lequel appartient toûjours à l'homme de fief, l'autre eft l'afforage qui fe fait par Juftice pour fçavoir fi le breuvage eft bon au corps humain : lequel droit appartient au Seigneur ayant Juftice, & non à l'homme de fief qui n'en a point.

XXV.

Quiconque a fief & noble tenement, & à caufe d'iceluy a un ou deux hommes de fief qui eft commencement de court, il a Juftice Vicomtiere en fon fief, & peut emprunter homme de fief à fon fouverain, & par fes hommes & ceux qu'il a empruntez, peut exercer fa Juftice Vicomtiere, tant en recevant Contrats de faifines & deffaifines & tenir plaids, que pour tous autres exploits de Juftice.

XXVI.

Tous vendeurs & achepteurs doivent payer tonlieux de ce qu'ils vendent & acheptent, qui eft de plus & de moins felon les lieux : mais s'ils ne payent dedans Soleil couchant, du jour de la vendition, ils doivent au Seigneur l'amende de foixante fols parifis.

XXVII.

Quiconque eſt exempt par appel d'aucune Juſtice autre que la Royale, il eſt exempt en tout d'icelle Juſtice, juſqu'à ce que ladite appellation ſoit vuidée, pourvû que l'appel ſoit interjetté ſans fraude : & eſt tenu l'appellant le faire vuider dedans ſix mois, autrement iceluy temps paſſé, l'exception n'a lieu.

XXVIII.

Celuy qui demeure cottierement & tient en terres cottieres beſtes à laine en la Juriſdiction & ſeigneurie d'aucun Seigneur, s'il en tient juſques au nombre de dix ou plus, il eſt tenu (aprés la ſommation du Seigneur ou ſes Commis) bailler & delivrer audit Seigneur le jour ſaint Jean Baptiſte, l'une deſdites beſtes, & la meilleure aprés une : & s'il eſt refuſant de la bailler, il commet amende de ſoixante ſols pariſis envers ledit Seigneur : & s'il ne tient que neuf beſtes & au-deſſous, il eſt tenu d'aller payer audit Seigneur ou à ſes Officiers pour chacune beſte, une maille ledit jour ſaint Jean Baptiſte, au dedans Soleil couchant, ſur pareille amende de ſoixante ſols pariſis, & ſans ſommation, en tenant toutefois par le Seigneur ſon Bureau , & eſt dit vif herbage quand le nombre des beſtes eſt de dix & au-deſſus : & mort herbage quand il eſt de neuf & au-deſſous.

XXIX.

Quiconque coupe ou abbat és bois d'aucuns Seigneur ayant Juſtice Vicomtiere ou autre plus grande, aucun cheſne, eſtallon, tayon ou perot, il commet envers ledit Seigneur amende de ſoixante ſols pariſis : & eſt un cheſne dit & nommé perot quand il a les deux âges de la coupe du bois, & tayon quand il a les trois âges d'icelle coupe : mais en la Comté de Bolonnois n'eſt dû que douze ſols pariſis d'amende pour l'eſtallon.

XXX.

Le creancier peut acquerir droit réel ſur les heritages du debteur , pour ſûreté de la ſomme à luy dûë dedans le temps de trois ans : & pour ce ne ſont dûs aucuns droits ſeigneuriaux au Seigneur duquel leſdits heritages ſont tenus : mais s'il y a plus long-temps que de trois ans, leſdits droits ſeigneuriaux ſont dûs.

XXXI.

Un tenancier cottier ne peut bailler ſon tenement à ſurcens pour faire ſon bail réel & au prejudice de ſon Seigneur , que ledit Seigneur ou ſes Officiers n'y ſoient appellez , & que ledit Seigneur n'en ait connoiſſance, en demonſtrant que le ſurcens eſt la ſeconde rente.

XXXII.

En vendition d'heritage cottier ou rentier , ou creation de rente ſur iceluy , ſi c'eſt en la Comté d'Arthois ou de ſaint Paul, le ſixiéme denier du prix dudit heritage ou rente eſt dû au Seigneur duquel l'heritage eſt tenu : & en la Comté de Bolonnois eſt dû le troiſiéme denier du prix dudit heritage ou rente : & ſi la vendition eſt faite francs deniers au vendeur eſt dû (outre ledit ſixiéme ou tiers) en la Comté d'Arthois ou de ſaint Pau', le ſixiéme denier dudit ſixiéme : & en Bolonnois, le troiſiéme denier dudit troiſiéme.

XXXIII.

Quand un pere donne aucuns heritages à ſon fils aîné en avancement d'hoirie, & comme à ſon heritier apparent, les puiſnez y ont leur quint, tout ainſi que ſi l'heritage fût venu audit fils aîné par la mort & ſucceſſion de ſon pere, s'ils n'eſtoient d'ailleurs recompenſez de leurdit quint.

XXXIV.

Chacun peut donner entre-vifs & par teſtament le quint de ſon heritage, & pareillement peut donner tant entre-vifs que par teſtament, le revenu de trois ans prochains & enſuivans ſon treſpas, de toutes ces heritages à luy venus par ſucceſſion de ſes predeceſſeurs.

XXXV.

Quand aucun vend ſon heritage feodal ou cottier à luy appartenant de ſucceſſion ou d'acqueſt, le Seigneur le peut tenir quarante jours apres la deſſaiſine faite, en la main de fes Bailly & homme : & enfin defdits quarante jours, le retraire & approprier à fa table & domaine, en rendant à l'achepteur le prix principal, frais & loyaux couftemens : mais fi ledit heritage eftoit venu au vendeur par fucceffion de fes predeceffeurs, le parent dudit vendeur du cofté & ligne dont l'heritage eft échû, le peut reprendre & retirer fur ledit Seigneur.

XXXVI.

L'heritage retrait par le Seigneur feodal par puiffance de fief, eft de la qualité & nature dont eft ledit fief, à caufe duquel fe fait ledit retrait, de maniere qu'il eft reputé propre heritage dudit Seigneur (fi ledit fief luy eft propre) & de fon acqueft fi ledit fief eft de fon acqueft.

XXXVII.

L'on ne peut acquerir droit réel & hypotheque par main affife & mife de fait, fi ce n'eft fur fonds & heritage, & ne fe peut acquerir ledit droit réel & hypotheque, fur meubles & chofes tenans condition de meubles, comme font rentes perfonnelles non hypothequaires, & autres femblables.

XXXVIII.

Femme a doüaire fur les heritages échûs à fon mary par fucceffion de ligne collateralle durant le mariage, ainfi & en la maniere qu'elle a fur ceux qui font avenus audit mary en ligne directe.

XXXIX.

Femme prenant doüaire coûtumier, ne doit aucuns droits feigneuriaux au Seigneur duquel les heritages font tenus, fi ce n'eft au Comté de Bolonnois, où pour doüaire coûtumier fur fief, eft dû demy relief: mais fi elle prend doüaire prefix excedant le doüaire coûtumier, elle doit lefdits droits feigneuriaux, de tant que ledit doüaire prefix excede le coûtumier.

XL.

Lefquels droits feigneuriaux font pour les heritages feodaux du quint denier : & pour les cottiers, du fixiéme denier és Comtez d'Arthois & de faint Paul : & en la Comté de Bolonnois du tiers denier.

XLI.

La doüairiere n'a part ne portion au Donjon, Chafteau & Fortereffe de la Seigneurie où elle a fon doüaire, mais appartient en tout à l'heritier : & en la baffe court & autres édifices elle y a fon doüaire, à la charge d'entretenir lefdits édifices de couverture, pel & verge.

XLII.

La doüairiere n'a rien en la proprieté des chefnes & arbres fruitiers, & ceux eftans pour radoz des maifons, & ne les peut couper ne abbattre, foit és bois ou és maifons & jardins : mais a l'ufufruit d'iceux arbres pour en prendre le gland, pommes, poires & autres fruits pour fa part & portion : & tiennent lefdits chefnes, pommiers, poiriers & autres arbres, condition de vray heritage, tout ainfi que le fonds.

XLIII.

Es Comtez d'Arthois & de faint Paul, qui font en partie de ladite Prevofté, és fiefs acquis durant & conftant le mariage de deux conjoints, les heritiers de la femme n'ont aucun droit, ains appartiennent au mary & à fes hoirs : fauf que fi fa femme furvit, elle y a la moitié fa vie durant, par forme de doüaire.

XLIV.

Femme veufve a option & élection de prendre moitié és biens meubles, dettes, catheux & acquefts communs d'entre elle & fon mary : en quoy faifant, eft tenuë de payer moitié de toutes les dettes perfonnelles communes entre elle & fondit mary, au jour de fon trépas, ou de renoncer à la communauté dedans quarante jours : quoy faifant, elle n'eft tenuë aufdites dettes perfonnelles, & neanmoins peut prendre fes meilleurs habits & ornemens fervans à fon corps : & de chacune efpece, un : & fi peut prendre fon doüaire coûtumier ou prefix, à fon choix & option, & luy demeurent tous fes heritages venans de la fucceffion de fes predeceffeurs.

X L V.

La maiſon manable, la porte, & colombier eſtans ſur chacun heritage, tiennent condition & nature de l'heritage, & du fonds de ladite ſucceſſion.

X L V I.

Granches, eſtables, mareſchauſſées, qui ſont matieres aſſemblées pour baſtir; & blanc bois, en ſucceſſion, ſont eſtimez & reputez meubles entre enfans ſeulement, & n'y a la veufve que ſon droit de doüaire : & ſe doivent partir par appreciation, qui ſe fait tout ainſi que ſi leſdites granches, eſtables, mareſchauſſées & blanc bois, eſtoient à terre & non dreſſez; de laquelle eſtimation doit avoir chacun enfant ſa part & portion, combien que l'heritage, s'il eſtoit feodal, ſe partageaſt autrement.

X L V I I.

Bleds & mars eſtans en terre avant que la my-May ſoit venu, ſont reputez comme heritage, & ſe doivent partir comme heritage : mais aprés ladite my-May, ils tiennent condition de meubles & catel, & ſe partagent entre les enfans comme meubles, & y a la veufve ſa moitié; ſi ledit mary decede aprés la my-May.

X L V I I I.

En la Comté de Bolonnois, confiſcation de meubles & heritages a lieu ſeulement en crime d'hereſie & de leze Majeſté : & pour autres cas, le condamné confiſque ſes meubles ſeulement incontinent qu'il eſt executé : & ſes heritages viennent à ſes heritiers & plus prochains parens : mais ſi ladite confiſcation advient par banniſſement & jugement de confiſcation de biens & d'heritages, le banny en ladite Comté confiſque tous ſes biens meubles & le revenu de ſes heritages, ſa vie durant, & aprés ſon trépas viennent à ſes heritiers.

Cinq articles de l'ancienne Coûtume de Monſtreüil, qui ont eſté obmis & corrigez en la nouvelle, avec des Notes de Maiſtre Charles du Molin.

ARTICLE VI.

*L*A *Coûtume generale de la Prevôté de Monſtreüil eſt telle, que ſi un homme ou femme vont de vie à trépas, ſans hoir de leur chair & ſans avoir frere ne ſœur, tellement que la ſucceſſion vienne en ligne collaterale & entre-venus de divers ventres, & non venus d'un même ventre, à l'aîné, ſoit mâle ou femelle, appartient la ſucceſſion totale, tant feodale, comme cottiere, que des biens meubles & acqueſts, ſans ce que les moins âgez ſoient mâles ou femelle, y ayent quelque part ou portion. Et ne ſont en ladite ligne collaterale intervenus de divers ventres non plus privilegiez les mâles que les femelles, tellement que toûjours l'aîné precede en ladite ſucceſſion, comme dit eſt.*

Les moins âgez.] *Et ſic penes ætatem perſonæ. Undè ſi Patruus defuncti ſit junior nepote ex ſorore defuncti, vel junior nepte, nepos vel illa neptiſut ſenior excludet patruum defuncti, & contrà etiam avuntula ſenior excludet nepotem ætate juniorem.* C. M.

Maiſtre Charles du Molin ſuppoſe en cette note qu'il a faite du temps de l'anciennne Coûtume, que les oncles & les neveux d'un défunt ſont appellez également à la ſucceſſion, comme étans en pareil degré. Mais que doit-on dire preſentement aux termes de l'article 70. de la nouvelle Coûtume generale d'Amiens, qui porte, *que repreſentation a lieu en ligne collaterale juſques aux enfans des freres & ſœurs incluſivement ?* Le fondement de la difficulté reſulte, de ce que la plûpart de nos Coûtumes, qui admettent le repreſentation en collaterale, portent, comme celle de Paris, article 320. *que repreſentation a lieu quand les neveux on niéces viennent à la ſucceſſion de leur oncle ou tante avec les freres & ſœurs du decedé;* au lieu que la Coûtume d'Amiens ſemble admettre la repreſentation indiſtinctement, en faveur des neveux & niéces, ſoit qu'ils ſuccedent ſeuls, ou avec leurs oncles ou tantes: Et de fait le Veſt au chapitre 156. de ſon Recuëil, rapporte un Arreſt du 24. Mars 1578 qui l'a ainſi jugé dans cette Coûtume d'Amiens, entre les Carons. Neanmoins je douterois fort que cet Arreſt fût preſentement ſuivi; dautant qu'il eſt intervenu en un temps auquel la queſtion ſolemnelle de droit qui avoit été agitée entre Azon & Accurſe, pour ſçavoir ſi la repreſentation en ligne collaterale devoit avoir lieu lorſque le défunt n'avoit point laiſſé de frere ni de ſœur, n'étoit pas encore nettement terminée par les Arrêts. Mais à preſent que l'on ne doute plus dans la queſtion generale; aux termes des Arrêts, que la repreſentation en collaterale n'a lieu que lorſqu'il y a inégalité de degré, & que c'eſt ainſi que l'on a expliqué la Nouvelle, il ſemble que la Coûtume d'Amiens doive être interpretée par le Droit commun, puiſqu'elle n'y déroge point expreſſément.

ARTICLE XIV.

La Coûtume de la Prevôté de Montreüil eſt telle,

*telle, qu'un fils qui a âge de quatorze ans ac-
complis & atteint la quinziéme, & une fille qui
a onze ans accomplit & atteint la douziéme,
sont reputez âgez habiles à ester en jugement,
& contracter de leurs besongnes & negoces.*

Procez verbal.] Il semble que cette Coûtume
se doit reformer comme la Coûtume generale
du Bailliage d'Amiens.

Ou Bailliage d'Amiens.] *Et benè, ut dixi
in consuet. Ambian.* §. 46. C. M.

Article LXII.

*La Coûtume de ladite Prevôté de Monstreuil
est telle, qu'un homme ne peut vendre ne aliener son heritage à lui venu par la succession de
ses prédécesseurs, que par l'une des deux voyes:
C'est-ce à sçavoir par le consentement exprés de
l'héritier apparent, ou par la necessité jurée par
le vendeur, & approuvée par deux témoins ensuivans le vendeur.*

Prevôté de Monstreüil.] *Idem* au Comté de
Boullenois: *ut vidi.* C. M.

De l'heritier apparent.] *Scilicet tempore alie-
nationis vel consensus prastiti: ille vel illi qui
tunc sunt proximiores & annis majores sive habiles ad alienandum possunt auctorari: alias etiamsi teneat alienatio ad vitam alienantis l. peto §.
pradium D. de legat. 1. tamen eo mortuo illi soli
vendicant qui tempore mortis inspecto ad succes-
sionem illius haredi vocantur.* C. M.

Ensuivans le vendeur.] *Et sic instrumento
duo illi idonei testes debent exprimi, vel aliter
specificè constare debet. Tamen vidi per plures
testes peritos & hujus loci probatum quod adhuc
anno* 1514. *& sic quinque annis post hujus consuetudinis redactionem probatum usum & con-
suetudinem esse ut instrumentum venditionis con-
tineat hac verba,* par necessité par lui jurée &
témoignée par lui (*scilicet venditorem*) affer-
mée suffisament. *Et quod non fiebat alia spe-
cificatio. Quod etiam probatum vidi confusis testimoniis quas turbas vocant factis ann.* 1542.
*Vide qua dixi ad consuetud. d'Artois tam reda-
ctam an.* 1309. §. 50. *quam redactam an.* 1546.
§. 56. *ubi consuetudo requirit probationem suffi-
cientem duorum testium fide dignorum.* C. M.

Article LXXIX.

*La Coûtume de ladite Prevôté est telle, qu'un
legataire d'aucun heritage n'a quelque heritage, n'a quelque droit en l'heritage à lui legaté,
ne pour en joüir, ne proufiter, ne pour en prendre les fruicts, proufits & émolumens, ne pour
transferer la chose legatée à son heritier, si iceluy legataire ne apprehende iceluy heritage à
luy legaté par mise de faict, obtenu en vertu de
Commission du Juge competant, sur le testament
ou codicile du legateur & testamenteur, & decret sur ce obtenu & adjugé par ledit Juge competant, appellé ou évoqué, le Seigneur duquel
l'heritage est tenu, & lui contenté des droits,
& le principal heritier du trespassé, lequel decret adjugé se retrotraict au jour de ladite mise
de faict.*

A son heritier.] *Quod prima facie videtur
valde durum ut interim legatum semper sit in pe-
riculo caduci: sed sanè intelligendum secundum
mores harum consuetudinum, qua non negant legatum cessum, sivè actionem ex testamento trans-
ferri ad haredem legatarii, nec etiam cuivis cedi:
sed tantum negant pradium ipsum legatum trans-
ferri jure dominii directi vel utilis & in hoc corrigitur jus commune, ità quod interim ante hanc
solemnitatem hares gravatus potest alienare, &
in alium transferre cum effectu: sed actione ex
testamento tenebitur legatario ad interesse.* C.
M.

Mise de fait.] Partant les alienations où
hipotheques faites par l'heritier, & decretées
auparavant ladite mise de fait, tiennent: mais
non pas si elles sont faites depuis. C. M.

Article XCV.

*La Coûtume generale de ladite Prevôté est
telle, que si les heritages d'aucun obligé par Lettres obligatoires qui chéent en execution ou condamné, sont pris en la main de Justice, & expo-
sez en ventes, criées & subhastations, en vertu
d'icelles obligations ou condamnations par icelle
prise, exposition en vente, criées & subhastions,
l'obligé ou condamné n'est dessaisi desdits heritages, mais en doit joüir & posseder, & en prendre les fruicts, proufits & émblamens, tant &
jusques à ce que ledit decret est adjugé, après
toutes les oppositions & appellations purgées &
vuidées, & que le dernier achepteur a pris la
possession de l'heritage à luy adjugé par ledit
decret, en la cour du Seigneur duquel ledit
heritage est tenu.*

Ledit heritage est tenu.] Cet article con-
cernant le stile & generalement toutes autres
telles Coûtumes sont justement toutes corrigées
par l'Ordonnance de l'an 1539. art. 4. qui requierent *pro forma* apposition de Commissaires
qui en joüissent, sur peine de nullité des criées,
afin que ceux qui ont interêt en puissent être
avertis. C. M.

COUTUMES PARTICULIERES ET LOCALES
de la Prevôsté Foraine de Beauquesne, du costé d'Arthois, & de-là la Riviere d'Authie.

ARTICLE PREMIER.

AUx Seigneurs Vicomtiers apparvient l'écheance des bastards & droits d'épaves écheus & advenus leurs enseigneuries, avec la connoissance contre lar-
rons pour leur imposer la hard: mais n'ont la confiscation, laquelle appartient aux
hauts Justiciers, desquels ils tiennent les terres par moyen ou autrement : & peu.

vent avoir en leur seigneurie une fourche à deux pilliers pour les executions criminelles, & leur appartient droit d'afforage, avec amendes de soixante sols parisis, & au-dessous.

II.

Tous Seigneurs fonciers, autrement dits de basse-Justice, ont droit de forage pour le fond, qui est de deux lots de chacun fond, avec amende de cinq sols: & peuvent avoir Bailly ou Lieutenant & autres Officiers: pour faire les vests & saisines, avec autres exploits concernans la Justice fonciere; & ne peuvent lesdits Seigneurs connoistre de matiere criminelle & de delits, dont l'amende excede cinq sols.

III.

Seigneurs d'aucuns tenemens & seigneuries, soit hauts Justiciers, vicomtiers, ou fonciers, supposé qu'ils tiennent leurs terres d'autres, ne se peuvent ensaisiner par prescription ne autrement, en ce qui concerne l'authorité & prerogative de leur Seigneurie.

IV.

Chacun Seigneur ayant Justice, peut poursuivre par luy ou ses Officiers, toutes amendes envers luy commises à cause de sa Justice, par prise & detention de corps de ceux qui les ont encore, pourvû que les mal-faicteurs soient pris en present méfait, ou qu'il y ait information precedente auparavant proceder à l'encontre du delinquant par prise de corps: & n'est tenu le Seigneur leur bailler élargissement de leurs personnes, si ce n'est en baillant caution desdites amendes.

V.

Le Seigneur de fief qui a un homme de fief, que l'on dit communément de court, ou plusieurs hommes de fief, que l'on dit pleine court, il a justice de Vicomte: & s'il n'y a qu'un homme de fief, il peut emprunter hommes pour faire ses jugemens.

VI.

Le Seigneur de fief & noble tenement auquel y a homme de fief & Justice Vicomtiere & au-dessous, a droit de prendre sur ses hommes de fief un droit d'ayde, tel comme est le relief assis & limité sur lesdits fiefs, sans chambellage quand il marie sa fille, ou que son fils aîné parvient à chevalerie, & en l'un desdits deux cas à son choix & option.

VII.

Le Seigneur Vicomtier a en ses tenemens droit de bailler par ses hommes prix au vin & autres breuvages, que l'on dit droit d'afforage.

VIII.

Pour infraction de Justice vicomtiere ou fonciere, est dû aux Seigneurs vicomtiers ou fonciers, amende de soixante sols parisis, supposé que lesdits Seigneurs fonciers n'ayent amende que de cinq sols.

IX.

Le possesseur & proprietaire d'aucun fief, encore qu'il soit de succession, peut par testament & non autrement, donner à qui bon luy semble les profits de trois ans de son fief, pour en joüir trois ans prochainement ensuivans le jour de son trépas.

X.

Bleds verds jusques à la my-May sont reputez immeubles: & depuis ledit temps sont reputez catheux, & aprés pied coupé, meubles.

XI.

Tous arbres non portans fruits, sont reputez catheux, sauf les chesnes âgez de trois coupes, qui sont reputez immeubles: comme semblablement le bois à coupes ordinaires est reputé immeuble, s'il n'est ame ubly.

XII.

Pareillement sont reputez catheux, granges, étables & maréchaussées, mais maiſons manables, chaſteaux, portes, colombiers & four, ſont repurez heritages, & l'heritier ſuccedant eſdits manoirs, peut avoir & retenir leſdites maréchauſſées, en payant à ceux à qui elles pourroient appartenir, la valeur & priſée raiſonnable d'icelle, comme ſi le tout eſtoit demoly & en un monceau : & ne les peut-on demolir ſans premier avoir ſommé l'heritier.

XIII.

En acquiſition de fiefs faite durant le mariage de deux conjoints, la femme ne ſes heritiers n'ont aucun droit de proprieté, ains appartient du tout au mary & à ſes heritiers, à la charge du doüaire de ladite veufve, ſi apprehender le veut.

XIV.

La ſeconde femme peut prendre pareil droit de doüaire en fiefs & cotteries, que la premiere : mais quant aux heritages poſſedez par ſon mary conſtant le premier mariage, elle n'y peut demander aucun droit, au cas qu'il y ait enfans vivans dudit premier mariage.

XV.

Si le mary delaiſſe pluſieurs maiſons, ſon heritier choiſit laquelle il veut, & aprés la doüairiere a le choix de prendre celle que bon luy ſemble pour y demeurer ſa vie durant, à la charge de l'entretenir de pel, verge & couverture.

XVI.

Et s'il ne delaiſſe qu'une maiſon en fief, ladite veufve y a la moitié pour ſa demeure, ſi mieux n'aime l'heritier luy bailler autre maiſon ſuffiſante ſelon l'eſtat de ladite veufve, & à l'équipolent de la part qu'elle pouvoit avoir en la maiſon delaiſſée.

XVII.

La veufve pendant les quarante jours qu'elle a pour deliberer ſi elle prendra ou renoncera à la communauté, peut demeurer en la maiſon du défunt, & uſer des biens pour ſon vivre moderément ſelon ſa qualité, ſans en transporter ailleurs.

COUTUMES LOCALES ET PARTICULIERES
de la Prevoſté de ſaint Riquier.

ARTICLE PREMIER.

CEluy qui a beſtes à laine pernoctans hors lieu franc és metes de ladite Prevoſté, juſques au nombre de neuf ou au-deſſous, doit à ſon Seigneur, ſoit haut Juſticier ou Vicomtier, pour droit de mort herbage pour chacune beſte, une maille qu'il eſt tenu payer audit Seigneur ou ſon Commis, la veille ſaint Jean-Baptiſte, ſur peine de ſoixante ſols pariſis, à appliquer audit Seigneur : & pour le nombre de dix beſtes & au-deſſus, doit audit jour pour droit de vif herbage, une beſte vive, à la prendre aprés une choiſie par celuy auquel leſdites beſtes appartiennent.

II.

Vaſſaux tenans noblement & en fief par ſoixante ſols pariſis de relief, & vingt ſols pariſis de chambellage, n'ont telle & ſemblable ſeigneurie que le Seigneur dont ils relevent leurs fiefs, ains ont les aucuns moyenne Juſtice, que l'on dit vicomtiere : & les autres baſſe Juſtice, que l'on dit fonciere, ſelon leurs anciens aveux, denombrement ou regiſtres faiſans mention des droits deſdits fiefs.

III.

Le vaſſal eſt tenu faire apparoir à ſon Seigneur de ſa Juſtice & droit ſeigneurial, s'il en eſt ſommé & requis par luy.

COUTUMES LOCALES ET PARTICULIERES
de la Prevoſté de Doullens.

ARTICLE PREMIER.

DRoit de relief en heritage cottier eſt ſemblable au cens : c'eſt aſſavoir qu'il eſt dû tel droit de relief, que leſdits heritages doivent pour cenſive chacun an.

II.

Droit d'ayde eſt dû au Seigneur par les ſujets tant feodaux que cottiers, en deux cas, comme en la Coûtume generale : ſauf qu'en la Ville, terroir, banlieuë & chaſtellenie de Doullens, ledit droit d'ayde n'eſt dû pour heritages cottiers.

III.

En vendition d'heritages cottiers & tenus en cenſive, donation ou autre tranſports & alienations eſquelles il échet droits ſeigneuriaux, le ſixiéme denier appartient au Seigneur duquel les heritages ſont tenus, & doivent cenſive : lequel ſixiéme denier en cas de vente, ſe paye par moitié par le vendeur & acheteur, ſinon qu'il ſoit dit francs deniers : auquel cas l'acheteur doit payer ledit droit de ſixiéme denier, avec les venterolles : & en l'heritage feodal eſt dû le cinquiéme denier.

COUTUME LOCALE ET PARTICULIERE
de la Prevoſté de Foulloy.

ARTICLE PREMIER.

QUand un tenant cottier va de vie à trépas, l'heritier du défunt doit relever le tenement cottier dedans vingt jours complets : autrement, ledit temps paſſé, le Seigneur peut ſaiſir & faire les fruits ſiens.

COUTUMES LOCALES ET PARTICULIERES
de la Prevoſté de Vimeu.

ARTICLE PREMIER.

TErres cottieres ſont ſujettes à relief : ſauf en la Ville d'Oyſemont, pour le regard de ce qui eſt tenu de la Commanderie dudit lieu & autres lieux du païs où y a loy & bourgage, eſquels lieux l'heritier allant vers le Seigneur ou ſes Officiers, eſt tenu & reputé ſaiſi deſdites cotteries, en payant par luy quatre deniers ſeulement pour droit de regiſtre.

II.

Les cotteries ſe doivent relever dedans vingt jours par l'heritier du decedé : autrement à faute de ce faire, le Seigneur peut faire ſaiſir : aprés laquelle ſaiſie, & non devant, fait les fruits ſiens.

III.

Ceux qui ont beſtes à laine juſques au nombre de dix & au-deſſus, s'ils ne ſont demeurans ſur le chef lieu de fief noble ou franc herbage, doivent au Seigneur du lieu où les beſtes ont pernoſté la nuit de Noël, une beſte de vif herbage, qui ſe doit payer la nuit de ſaint Jean Baptiſte, & ſe doit demander par ledit Seigneur ou ſon Commis : & s'il y a refus de payer, le refuſant échet en amende de ſoixante ſols pariſis, & outre doit bailler la beſte ou payer la juſte valeur d'icelle, au choix du Seigneur : ſauf en la Ville d'Oyſemont, en ce qui eſt tenu de la Commanderie dudit lieu, en laquelle n'eſt dû vif herbage, s'il n'y a plus de dix-neuf beſtes.

IV.

Et si tels tenans bestes à laine n'en ont jusques au nombre de dix, ils doivent payer au Seigneur ou à ses Officiers la nuit saint Jean Baptiste, pour mort herbage, une obole pour chacune beste, qui se doit payer sans demander : autrement les défaillans écheent en amende de soixante sols parisis.

V.

La connoissance du sang & du larron appartient au Seigneur vicomtier : & sauf esdits deux cas luy appartient la confiscation.

VI.

Quand aucun vend ou transporte ses heritages feodaux ou cottiers, & que la dessaisine en est faite pardevant le Seigneur, audit Seigneur en appartient le quint denier ; & si la vendition est faite francs deniers, luy appartient encore le quint dudit quint, sauf és lieux où y a Coûtume locale, ou privilege au contraire.

Ladite Mairie, Prevosté & Eschevinage d'Amiens, & lesdites Prevostez de Monstreul, Beauquesne, saint Riquier, Doullens, Foulloy, Beauvoisis & Vimeu, se gouverneront d'oresnavant selon la Coûtume generale dudit Bailliage d'Amiens, ainsi qu'elle a esté reformée, fors & excepté en ce que les Coûtumes locales & particulieres desdits lieux sont dérogeantes à la generale.

COUTUME LOCALE DE LA PREVOSTÉ DE Beauvoisis, qui est demeurée abrogée par la reformation, & sur laquelle Maistre Charles du Molin avoit fait une note.

Les Coûtumes generales de la Prevôté de Beauvoisis à Amiens, sont conformes à celles du Bailliage d'Amiens, sauf qu'en matiere de douaire Coustumier par la Coûtume locale d'icelle Prevôté, une veuve en apprehendant son douaire, comme il est requis, doit avoir la moitié des proufits usufructuairement, aussi-bien en cotteries, qu'en fief. Et pareillement est conforme le style d'icelle Prevôté à celuy dudit Bailliage, mesmement en matiere de criées, suffit les faire par quatre quinzaines, chacunes d'icelle en l'Eglise Parochiale & en jour de Dimanche, à l'issuë ou à l'entrée de la grand Messe ja chantée, & en jour de plaids, au Siege de ladite Prevôté.

Grand Messe ja chantée.] *Id est die solemni ordinario, qui est dies Dominicus subrogatus loco Sabbathi Mosaici, & ingressu vel exitu publica divina & ordinaria celebritatis, quo omnes conveniunt.* C. M.

PROCEZ VERBAL.

L'An mil cinq cens soixante-sept, le Samedi vingtiéme jour de Septembre, Nous Christofle de Thou Chevalier, premier President en la Cour de Parlement à Paris, & Conseiller du Roy en son Privé Conseil, Barthelemy Faye & Jacques Viole, Conseillers du Roy en ladite Cour de Parlement, sommes arrivez en la Ville d'Amiens, lieu ordonné pour être par nous procedé à la redaction des Coûtumes tant generales que particulieres du Bailliage d'Amiens, anciens ressorts & enclaves d'iceluy, suivant les Lettres Patentes dudit Seigneur à nous adressées, desquelles, ensemble de nos Lettres de Commission, la teneur ensuit.

FRANÇOIS par la grace de Dieu, Roy de France : A nos amez & feaux Maistre Christofle de Thou President, Barthelemy Faye & Jacques Viole, Conseillers en nôtre Cour de Parlement de Paris, Commissaires par nous deputez sur la reformation & rédaction des Coûtumes de nôtre Royaume, salut & dilection. Nos bien amez les Manans & Habitans de nôtre Ville d'Amiens nous ont fait remontrer, que vous avez envoyé vôtre Commission au Gouvernement de Peronne, Montdidier & Roye, pour proceder à la reformation des Coûtumes dudit Gouvernement : & pour ce que ledit Gouvernement est joignant, prochain & contigu du Bailliage dudit Amiens : nous ont pour leur commodité, bien & soulagement, tres-humblement fait supplier, ordonner qu'à l'issuë de la reformation & redaction qui sera par vous faite des Coûtumes dudit Gouvernement, soit par vous procedé à la reformation & redaction de celles dudit

Bailliage, & fur ce leur impartir nos Lettres. Pour ce eft-il, que nous inclinans à la fupplication & requefte defdits Habitans voulons & vous mandons, qu'à 'iffuë de la reformation & redaction qui fera par vous faite des Coûtumes dudit Gouvernement de Peronne, Montdidier & Roye, vous, en continuant l'execution de vôtre-dite Commiffion, ayez à vous tranfporter audit Amiens: & illec proceder à la reformation & redaction des Coûtumes dudit Bailliage d'Amiens, ainfi qu'il appartiendra & verrez être à faire par raifon. De ce faire vous donnons plein pouvoir, commiffion & mandement fpecial : car tel eft nôtre plaifir, nonobftant quelconques autre mandemens & lettres à ce contraires. Donné à faint Germain en Laye le treiziéme jour de Septembre, l'an de grace mil cinq cens foixante : Et de nôtre Regne le deuxiéme. Ainfi figné par le Roy, vous prefent Buiffet, & fcellé fur fimple queuë de cire jaune.

Charles par la grace de Dieu, Roy de France : A nos amez & feaux Maître Chriftofle de Thou Prefident, Barthelemy Faye & Jacques Viole, Confeillers en nôtre Cour de Parlement à Paris, Salut : Comme par quatre Lettres Patentes de feuz nos tres-honorez Seigneurs pere & frere, les Rois Henry & François que Dieu abfolve, données à Paris, Montfort & faint Germain en Laye, les douziéme jour de Fevrier mil cinq cens cinquante-huit; vingt-quatriéme jour de Juillet mil cinq cens cinquante-neuf, premier Juillet & treiziéme Septembre mil cinq cens foixante, vous ait été enjoint de proceder, fuivant icelles & les commiffions precedentes, tant à la redaction des Coûtumes de nos Païs & Provinces reffortiffans en nôtre-dite Cour de Parlement, qui n'auroient encore été accordées & redigées: ou fi accordées avoient été, les Procez verbaux d'icelles feroient perdus & adirez : que auffi de nos Coûtumes de nofdits Païs & Provinces reffortiffans en nôtre-dite Cour, lefquelles combien que par ci-devant elles euffent été redigées, les Procez verbaux faits fur la redaction d'icelles, étoient chargez de plufieurs renvois faits en nôtre-dite Cour. Et auffi fe feroient mûs plufieurs differens fur l'interpretation de plufieurs articles defdites Coûtumes: pour lefquels auroit été befoin informer par turbes de témoins fur la maniere d'en ufer. Et pour cet effet, vous eût été enjoint de vous tranfporter en plufieurs Villes nommées & comprifes efdites Lettres de Commiffion. Mêmement és Villes d'Auxerre, pour rediger les Coûtumes du Bailliage dudit Auxerre : & en la Ville de Peronne, pour rediger les Coûtumes du Gouvernement dudit Peronne, Montdidier & Roye : & auffi vous auroit été mandé, à la requefte & Inftance des Manans & Habitans de nôtre Ville d'Amiens, qu'à l'iffuë de la redaction defdites Coûtumes dudit Gouvernement qui feroit par vous faite audit Peronne, euffiez à vous tranfporter audit Amiens, pour rediger les Coûtumes dudit-Bailliage d'Amiens, prochain & contigu audit Gouvernement de Peronne, Montdidier & Roye. Pour ce eft-il, que nous, pour le bien & utilité de nofdits Païs, vous mandons, commettons & cojoignons par ces prefentes, que vous ayez à proceder à l'execution defdites Lettres de nofdits feuz pere & frere, & redaction defdites Coûtumes de Peronne, Montdidier, Roye & Amiens, felon qu'il vous eft mandé & le contiennent lefdites Lettres, & comme fi par nous avoient été decernées & octroyées. De ce faire vous donnons plein pouvoir, puiffance, commiffion & mandement fpecial : mandons & commandons à tous nos Jufticiers, Officiers & Sujets, qu'à vous, en ce faifant, foit obeï. Donné à Fontainebleau le vingt-neuviéme jour de Mars, l'an de grace mil cinq cens foixante, avant Pâques : & de nôtre Regne le premier. Ainfi figné par le Roy en fon Confeil, Morin, & fcellée fur fimple queuë de cire jaune.

Christofle de Thou Chevalier, premier Prefident en la Cour de Parlement à Paris, & Confeiller du Roy en fon Privé Confeil, Barthelemy Faye & Jacques Viole, Confeillers dudit Seigneur en ladite Cour de Parlement, Commiffaires en cette partie. Au Bailly d'Amiens, fes Lieutenans, Confeillers, Avocat & Procureur, & autres Officiers dudit Seigneur audit Bailliage, & anciens reffortz d'icelui, comme nous avons par Lettres Patentes des feuz Roy Henry & François, que Dieu abfolve: & auffi par autres Lettres Patentes du Roy Charles à prefent regnant, données à Fontainebleau le vingt-neuviéme jour de Mars, l'an mil cinq cens foixante, avant Pâques, été commis pour faire accorder & arrefter les Coûtumes de plufieurs Sieges & Bailliages reffortiffans en ladite Cour de Parlement, mêmement du Bailliage d'Amiens & anciens reffortz d'icelui. Et pour ce faire nous a été ordonné à l'iffuë de la redaction & reformation des Coûtumes du Gouvernement de Peronne, Montdidier & Roye, nous tranfporter audit Amiens, pour audit lieu proceder à la redaction des Coûtumes dudit Bailliage d'Amiens. Pour ce eft-il, que nous vous mandons de l'autorité & pouvoir à nous donné par ledit Seigneur, que faffiez affembler les Sujets de vôtre-dit Bailliage, enclaves & anciens reffortz d'icelui, & ceux qui par lefdites Lettres Patentes a été ordonné être appellez au vingt-deuxiéme jour de Septembre prochainement venant, auquel jour efperons nous trouver audit Amiens, pour être procedé à la redaction des Coûtumes de vôtre-dit Bailliage, enclaves & anciens reffortz d'icelui. Pour cette caufe, ferez faire commandement aux gens des trois Etats, fous les peines & contraintes contenuës en icelles Lettres Patentes, de comparoir audit jour : de ce faire vous donnons pouvoir en vertu d'iceluy à nous donné. Mandons & commandons à tous les Jufticiers, Officiers & Sujets dudit Seigneur & autres qu'il appartiendra, qu'à vous, en ce faifant, obeïffent. Donné à Paris fous nos feings & feels, le premier jour de Septembre, l'an mil cinq cens foixante-fept. Ainfi figné de Thou, Faye & Viole, & fecellé de cire rouge à trois fceaux.

Et le lendemain vingt-uniéme jour dudit mois de Septembre audit an, étans au logis de Maître Vincent le Roy, Lieutenant General, Civil & Criminel audit Bailliage (où étions logez) nous fut par ledit le Roy, en la prefence de plufieurs Officiers dudit Bailliage, prefenté certain petit Livre de papier imprimé, relié en parchemin, contenant plufieurs articles qu'il nous a dit être les Coûtumes dudit Bailliage, redigées & decretées dès l'an mil cinq cens fept.

Et le lendemain Lundy vingt-deuxiéme jour dudit mois & an, nous fommes tranfportez en l'Auditoire dudit Bailliage d'Amiens, pour par nous être procedé à la redaction desdites Coûtumes : auquel lieu aprés que de nôtre Ordonnance a été fait lecture par le Greffier à ce commis, desdites Lettres de Commission, a été par Maître Jean le Quieu Avocat, assisté de Maître Loüis Moucquet, Procureur du Roy, dit & remontré que suivant le vouloir du Roy & en vertu desdites Lettres de Commission, ajournement avoir été fait & assignation donnée aux gens des trois Etats dudit Bailliage d'Amiens & anciens ressorts & enclaves d'iceluy à cedit jour vingt-deuxiéme jour dudit mois, à comparoir pardevant nous, & qu'il avoit fait faire lesdits ajournemens & assignations tant à son de trompe, que particulierement aux gens desdits trois Etats, requerans que les ajournez fussent appelez, ce qu'avons ordonné être fait par ledit Greffier. Et ont comparu & se sont presentez les personnes qui ensuivent.

Et premierement pour l'état de l'Eglise, le Revendissime Cardinal de Crequy Evêque d'Amiens en personne, assisté de Nicolas Roche son Procureur d Office audit Evêché, pour les terres & Seigneuries à lui appartenans à cause d'iceluy, à sçavoir pour les terres de Myrevault, Pernois, Halloy, Aumont, Monstiers & Pierregot, & encores pour l'Abbaye de S. Martin aux Jumeaux, réunie audit Evêché, Seigneur à cause d'icelle Abbaye de saint Hilaire: les Doyen, Chanoines & Chapitre de l'Eglise Nôtre-Dame dudit Amiens, par Maître Loüis Carquillaut Prevôt, Raoul du Chesne Archidiacre de Ponthieu, Antoine Masselin Prechantre & Official d'Amiens, Jean Caignet Docteur en Theologie, Penitencier, & Pierre Hennouyn, Chanoines de ladite Eglise, assistez de Maître Nicole de Nibat leur Bailly & Avocat, & d'Antoine le Fournier leur Procureur : le Revendissime Cardinal de Bourbon, Abbé & Comte de Corbie, par Damp Guy de Querecques, Vicaire general dudit Seigneur, assisté de Maître Pierre Roussel Bailly dudit Corbie, de Maître Loüis Chastelain Lieutenant de Noyon, & de Simon des Essars, Procureur dudit Seigneur Reverendissime : les Religieux, Prieur & Convent dudit Corbie, par François de Camons Greffier de ladite Ville & Comté, Simon Hublée Bourgeois & Echevin, Jean Obert Sergent à cheval audit Comté, pour leurs terres de Bouzencourt, Vers, Cerisy, Amelet, Sailly, Leauret, Bonnay, Neufville, Naors, Chipeilly, More Brebiere, Mericourt l'Abbé, Cachy & Gentelles: le Reverendissime Cardinal de Guyse Abbé de saint Vallery sur la mer, par Jean Anguier Lieutenant general de ladite Abbaye, pour toutes les terres & seigneuries appartenans à ladite Abbaye, situées audit Bailliage: & les Religieux, Prieur & Convent dudit lieu: le Reverendissime Cardinal de Châtillon Evêque & Comte de Beauvais, Vidame de Gerberoy, Pair de France, Abbé de saint Lucien lez Beauvais & de saint Germer de Flay: & les Religieux, Prieur & Convent desdits lieux, par Maître Thibault Vaillant Procureur, assisté de Maître Mathieu Lescouvette Avocat: Messire Charles de Humieres, Evêque de Bayeux, à cause de son Abbaye de saint Riquier: & les Prieur & Convent dudit saint Riquier, comparans par Maître Nicole Rumet, Bailly general de ladite Abbaye: les Religieux, Abbé & Convent de saint Jean lez Amiens, par ledit Antoine le Fournier: Frere François Lagrené, Prieur de ladite Abbaye present: les Religieux, Abbé & Convent Nôtre-Dame de Cercamps, Seigneurs de Boucquemaisons, par Frere François Rouger Religieux, assisté de Michel Cornet leur Procureur: les Religieux, Prieur & Convent de saint Acheul lez Amiens, le Siege Abbatial vacant, par Philippes du Beguin leur Procureur, Frere Nicole Huart Prieur, & François Guerard, Prêtres Religieux de ladite Abbaye, presens: les Religieux, Abbé & Convent de saint Fuscien aux bois, par ledit du Beguyn, assisté de Maître Pierre du Gart Bailly d'icelle Abbaye, les Religieux, Abbé & Convent de saint Josse au bois dit Dompmartin, par Jean de Lessau leur Procureur: les Abbé, Religieux & Convent de Nôtre-Dame de Beaupré, per Jean le Borge leur Procureur: les Religieux, Abbé & Convent de Clerfay, par André Pecoul leur Procureur: les Religieux, Abbé & Convent du Lieu-Dieu, par Fremin Pezé leur Procureur: les Religieux, Abbé & Convent de Nôtre-Dame du Gart, par André Pecoul leur Procureur: les Religieux, Abbé & Convent de Nôtre-Dame de Sery, comparans par Frere Pierre Gorin Prieur, assisté de Maître Jean du Rieu Avocat de ladite Abbaye: les Doyen, Chanoines & Chapitre de l'Eglise Nôtre-Dame de Paris, Seigneurs d'Oultrebois & du petit Ococh, par André Pecoul leur Procureur: les Doyen, Chanoines & Chapitre de l Eglise saint Pierre de Beauvais, par Philippes du Beguyn leur Procureur, Maître Henry Rochart Chanoine, present: les Doyen, Chanoines & Chapitre de Picquegny, par ledit du Beguyn: les Doyen, Chanoines & Chapitre de l'Eglise de Vignacourt, par Maître Adrian de Verité Doyen, assisté dudit Fournier: les Doyen, Chanoines & Chapitre de l'Eglise saint Mathieu de Foulloy, par Pierre Rogeau: les Abbesses, Religieuses & Convent de Villencourt, comparans par ledit André Pecoul leur Procureur: les Abbesse, Religieuses & Convent du Paraclit lez Boves, par ledit Fournier: les Dames Religieuses & Prieure de Berthancourt par Hector Patel leur Procureur: les Religieuses, Prieure & Convent de Moriancourt, par Adrian Pecoul leur Procureur: le Commandeur de Fieffes, par ledit André Pecoul: le Commandeur de saint Maulvis, par Nicolas Roche: le Commandeur d'Oysemont, par ledit Roche: Frere Charles de la Rama, Commandeur de Beauvoir lez Ponthieu, en personne, & par ledit Roche pour ses terres de Beauvoir, Forest l'Abbaye, Bellainval, Esmon, Bazincamps & la Rose, dedans la Ville d'Abbeville: le Prieur de saint Denis en Amiens, par Nicolas Roche son Procureur: les Prieur & Religieux Celestins d'Amiens, le Prieur present, assisté de Fremin Pezé leur Procureur: le Prieur d'Authie Damp Adrian de Querecques, present, assisté dudit Essars son Procureur: Damp Pierre de Bonneval Prieur de saint Pierre d'Abbeville, Seigneur de Barly, par Pierre Dainval: le Prieur de Cayeu par ledit Fournier: le Prieur de Lalcu, par ledit Roche: le Prieur de Senarport par Charles Pecoul Procureur à Oysemont, son Procureur: Frere Louis Fosse Prieur d'Especamps, par Pierre Joly son Procureur: Damp Florent de la Ruë Prieur de Gamache, par Martin de Miraulmont: Damp Jean du Croiset Prieur de Boves, par ledit Miraulmont: le Prieur de saint

Pierre à Gouy, comparant par Pierre Ricard : le Prieur de Horvoy, par Jacques Bauduyn : le Prieur de faint Nicolas de Regny, par ledit du Beguyn: l'univerfité des Chapelains de l'Eglife Nôtre-Dame d'Amiens, comparans par Maître Jean de Pervois & Fremin de Fecques Chapelains, affiftez de Jean le Dieu leur Procureur : les Chanoines de l'Eglife faint Nicolas és Cloîtres d'Amiens, comparaus par Maître Jean Faverin Chanoine : les Chanoines de l'Eglife faint Fremin le confez en Amiens, par Maître Pierre Boullenger Chanoine : les maîtres, freres & fœurs de l'Hôtel-Dieu d'Amiens, par ledit Fournier: les Correcteur & Freres Minimes d'Amiens par ledit le Dieu : les maîtres, freres & fœurs de l'Hôtel-Dieu de faint Riquier, p r Jacques de Troy : le Curé de faint Fremin le confez en Amiens, par ledit Fournier : les Curez de Ver, de Nampty, de la Vaquery, de Rumaifnil, de Gouy, d'Ailly fur Somme & de Lincheu, par ledit Fournier : le Curé de faint Martin de Conty, par Pierre Dainval fon Procureur : le Curé de Clairy, par ledit Ricard : les Curez de Mege & de Soves, par ledit Ricard : le Curé de Bourdon en perfonne, affifté dudit Bauduyn fon Procureur : le Curé de Piquegny prefent, affifté de Philippes du Beguyn fon Procureur : les Curez de Cavillon, de Neufville fous Lully, de Grattepanche, de Seux, de Buiffi,& de Guyencourt en perfonnes: le Curé de Taigny, par Antoine Grebert fon Procureur : le Curé de Blangy fous Poix, par ledit Pezé : le Curé de Courcelles en perfonne, affifté de Michel Cochepin fon Procureur : le Curé de Haineville, par Jean Brahier fon Procureur : Maître Germer de Quierlieu, Curé de Riencourt & de faint Pierre à Gouy, en perfonne : le Curé de faint Aulbin en Amiennois, en perfonne: le Curé de Piffi, par Etienne Bauduyn fon Procureur : les Curez de Moyencourt & de Frefnemoutiers, en perfonnes : le Curé de Bovelles de Baicquemaifnil, par ledit Fournier : les Curez de Fromeries, de Bouvereffes, de Moliens, de Blargies, de Dameraucourt, de Campeaulx, de Croiffi, de Lignieres & de Feuquieres, en perfonnes : le Curé de Gouy-l'hôpital en perfonne, affifté dudit Dainval : Maître Guillaume de Rivery Curé des Sarreaux & de fon fecours de Flers, en perfonne & par ledit du Beguyn: les Curez de Camps en Amiennois, de Bougainville, de Faloife, de Hallivillier & de Grantuiller, par Gilles Butel : Damp Robert le Foreftier Curé de Sains. Maître Pierre Joron Curé de Vaux en Amiennois, & le Curé de Moliens le Vidame, en perfonnes, le Curé de Brailly, par ledit Ricard: le Curé de Creufes prés Clery, par ledit Fournier : le Curé de Thefi & de Glymont, prefent: le Curé de Dury, par Pierre Joly : le Curé de Flixecourt, par ledit Rothe: le Curé de Glifi, par ledit Fournier : le Curé d'Oyfemont, par Rothe : le Curé de faint Blimond, par Charles Tonnellier Procureur : Maître Adrian Pecoul Preftre, Curé de Mereleffart, en perfonne : le Curé Dargny, par Pierre Rogeau Procureur : le Curé de Biencourt en perfonne: les Curez de Pende lez faint Vallery, du Quefnoy & de Framicourt, par ledit Roche: le Curé de Vuitaineglife, par ledit Ricard : les Curez de Cambron, de Cahon, de Saineville & de Theufles, de faint Germain, de Boüillencourt & Moyenneville, par ledit Ricard: le Curé d'Aut, par ledit Pezé: les Curez de Wiry, Aumont & Metigny, de Pouttincourt, de Froucourt & de Fontaines, par Antoine Grebert: Maître Robert l'Empereur Prêtre, Doyen d'Oyfemont, Curé de Cifternes en perfonne, affifté dudit Ricard : le Curé de Frefheville, prefent : les Curez de Limeu, de Huppy, de Caubert, de Friaucourt, de Hoquincourt, de Behen & de Bray, par ledit Ricard, Maître Nicolas Cacheleu, Prêtre Curé de l'Eglife Parrochialle de Rambures, prefent : le Curé de faint Maxen en perfonne, affifté dudit Fournier: le Curé de Baillœul, par ledit Ricard : les Curez de Mericourt, de Tronchoy, de Boullainvillier, Bethembos, de Tranflez, d'Anfenune, de faint Maulvis, de Foucaucourt, & de Freftecuiffe, par ledit du Beguin : les Curez d'Ainval, de Boüillencourt en Sery, de Villers fur Campfart, du Mefnil, de Vergies, par ledit Pezé : le Curé des Herceleines, prefent: le Curé de Bernaville, prefent, affifté dudit Joly : le Curé de la Cauchie, de Picquegny, par Jacques de Troy : Maître Simon Trudaine Curé de Naours, en perfonne : Maître Henry Dignaucourt Curé de Frohens, en perfonne, affifté dudit Rogeau : le Curé de Fleffelles, par ledit Joly: les Curez de Halloy, de faint Hilaire, de Moliens au bois, de Beauval & de Toutecourt, par ledit Roche : le Curé de Louvencourt en perfonne: le Curé de Varguies en perfonne, affifté dudit Ricard: le Curé de Vauchelles lez Authie, par ledit de Mailly: les Curez de faint Vaaft en Canchie, de faint Sauveur & de Wambez, par ledit Fournier : le Curé d'Allonville, par ledit Ricard : le Curé de Pons, prefent: le Curé de Fienviller, par ledit Jacques Bauduyn: le Curé d'Anthiculle, prefent : le Curé de Gezamecourt, par Louis Guillebert: le Curé des Autheuz, par ledit Cornet : le Curé de Boibergues, par ledit de Leffau, le Curé de Maizicourt: le Curé de Mouligny & le Curé de Barly, prefens : le Curé de Beammez en perfonne, affifté de Jacques Laloyer : les Curez d'Yvreuch, de Gronches, d'Outrebois, de Caudas, de Mouftrelet, d'Ococh & de Heuzecourt, par ledit André Pecoul: le Curé de Luchuel, par Jean le Marchant, le Curé de la Mothe en Sangters prefent, affifté dudit Ricard: le Curé de Marchel, par ledit Brahier : le Curé d'Aencourt, par ledit de Leffeau : le Curé de Camous en perfonne : le Curé d'Aubigny, prefent : les Curez de Dours & de Henencourt, par ledit Grebert: le Curé de Baifieu prefent, affifté d'Antoine Bar: les Curez de Frechecourt & de Quierrieu prefens, affiftez dudit Marchant: le Curé de Longuave prefent: le Curé de Wiencourt, par Miraulmont: les Curez de Gaiffart & de Hangart, par ledit Ricard : le Curé de Mouflers, par fire Adrian Brioys vicegerent, affifté dudit du Beguyn: le Curé de Franqueville, par ledit Fournier: le Curé de Genville, par Charles Tonnelier : les Curez de Fontaines fur Maye, de Coullonviller, du Ploich, de Donquerre, de Buffu, de Yaucourt, de Buigny l'abbé, de Noully le Dien, de Noyelles en Cauchie, de Gapennes, Maifons en Roland & de Longvilliers, par ledit de Troy : les Curez de Brugans, de Willencourt de Rambaucourt & de Houdencourt, par ledit Tonnelier : le Curé de Doliger, en perfonne : le Curé de Franffu, par Maître Jean Rohault: le Curé de Gorenflos en perfonne: le Curé de Vivrencheul & de Bercq en

perfonne ;

personne, assisté de Pezé. Pour l'Etat Ecclesiastique de la Comté de Guynes & de la Ville d'Ardres, s'est presenté M. Jean Rieu Avocat, fondé de procuration speciale dont il a fait apparoir. Et pour l'état de Noblesse, sont comparus Messire Louis de Bourbon Prince de Condé, tant en son nom, que comme Tuteur de Messieurs ses enfans, pour les terres & seigneuries de Thallemas, Beallecourt, Falloise, Fontaines les secques, Allery, Limeu, Hallivillier, Flers & autres terres situées audit Bailliage, par Nicolas Roche son Procureur, fondé de procuration speciale passée pardevant Notaires Royaux au Bailliage de Vermandois, le vingt uniéme jour de Mars dernier passé, dont il a fait apparoir. Messire Claude de Lorraine Duc d'Aumalle, Pair de France, Seigneur de Boves, pour toutes ses terres situées audit Bailliage, par Maître Nicole de Nibat Ecuyer, Bailly de la Baronnie dudit Boves, & Jean le Marchant Greffier, assistez des Lieutenans & Echevins dudit Boves. Messire Ludovico de Gonzague de Cleves, Duc de Nivernois, Prince de Mantouë, Comte d'Eu, de Rethelois & d'Auxerre, Pair de France & Madame Henriette de Cleves son épouse, Duchesse & Comtesse desdits lieux, à cause d'elle, Seigneur des terres, seigneuries & châtellenies de saint Vallery sur la mer, Aut, païs & roc de Cayeu, Büillencourt en Serv, Bethencourt, Goyaval, Beaumez, & autres terres & seigneuries assises és fins & metes dudit Bailliage, par Simon des Essars son Procureur, assisté de Maître Martin Herichon, Procureur general desdits Seigneur & Dame, esdites terres. Ledit Reverendissime Cardinal de Crequy, Prince de Poix, pour ladite terre & Principauté de Poix, & pour ses terres de Dompmart, Berneuil, Bernaville, Lanches, Canaples, Moliens au bois & Moliens au val, & autres assises audit Bailliage, en personne, assisté desdits de Nibat & Roche. Messire Louis d'Ally Chevalier, Vidame d'Amiens, Seigneur, Baron de Picquegny, Raineval, Labroye, Vignacourt, Flixecourt, Dours, Allonville, Vesquemont, la Mothe en Sangters, Floy, Moliens le Vidame, Ailly, Brailly le Cauchie, & autres terres, par Pierre Ricard son Procureur, fondé de procuration speciale, dont il a fait apparoir. Messire Charles sire de Hûmieres, Evêque de Bayeux, Seigneur des terres, seigneuries & châtellenies de Lully, Morcourt, Mottedigny, Contay, Biencourt, Villiers sous Corbie, saint Sauflieu, Acheu & Lealviller, par ledit des Essars. Messire François Gouffier, Chevalier de l'Ordre du Roy, Capitaine de cinquante hommes d'armes de ses Ordonnances, Seigneur de Crevecœur & Bonivet, pour ses terres & seigneuries de Thoix, Beaudeduit, Courcelles, Offay, Neufville sur Oudeul, Rotengy, Hemecourt, Fontenay, Humermont, Juvegnies, Verderel, Maisoncelles & autres terres & seigneuries étans és metes dudit Bailliage, par Maître Antoine l'Endormy Elu pour le Roy à Mondidier, son Procureur, fondé de lettres de procuration dont il a fait apparoir. Messire Charles d'Ally Chevalier, sieur de Picquegny, Seigneville, Friville, Fressenville & Emonville, Capitaine de cinquante hommes d'armes, par ledit Fournier. Messire Claude de Vendôme, Chevalier de l'Ordre du Roy, Seigneur de Ligny, Authie, Lambercourt, Friaucourt, Onival & autres terres, par ledit Fournier. Messire Adrian de Tierchelin, Chevalier de l'Ordre du Roy, Capitaine de cinquante hommes d'armes, Gouverneur des Ville & Château de Mouzon, & Dame Barbe Roüault sa femme, pour leurs terres & seigneuries de Saveuses, Sarcus, Seulx, Fresnemontiers, Velennes, Maupertuis, Beauvoir, & autres terres & seigneuries, par ledit des Essars. Messire Philippes sire de Rambures, Chevalier, Maître des Eaües & Forests pour le Roy au païs de Picardie, Seigneur de Dompierre, Villerois, Hornoy, Vergies, Cannessieres, Behen, Camberon, Mousters, Tilloloy, Harleu, Hochencourt, Drucat & autres terres, par ledit des Essars. Messire Nicolas Rouault Chevalier, sieur de Gamaches, Beauchen, Acheu, Tilloy, Soreng, Bazinval, Espinoy, par ledit Jacques Bauduin. Messire Jean de Rivery Chevalier, sieur dudit Rivery, & de Villiers Bréthonneux, par ledit des Essars. Messire Antoine de Hallevvin Chevalier, Seigneur d'Esclebecq, Hames, Wailly, Namps ou val, Velennes, Goyencourt, Audinfer, Boucquehault & autres terres, par ledit Philipes du Beguin. Le Comte du Reux, Seigneur de Hangest sur Somme, par ledit Grebert. Messire Jean de Paillard, Chevalier de l'Ordre du Roy, Gentil-homme ordinaire de sa Chambre, Gouverneur de Beauvais, Seigneur de Choqueuses, Bonvillier, Bacoüel, Fay, Fauquaucourt, Herleville, Estrées, Floury, Chempuis, Embrevillier & Franleu, par ledit Philippes du Beguin. Messire Anne de Gourlay Chevalier, Seigneur de Pendé, Capelly & le Crocq, par ledit Etienne Bauduin. Messire François de Bilques Chevalier, sieur de Bovelles, Viefviller & Vaucheles en personne, assisté dudit Fournier. Messire Jean de Pisseleu Chevalier, sieur de Heilly, Ribemont, Fontaines, Lavagant, Pisseleu, Oudeul & autres ses terres, par ledit des Essars. Messire Louis de Vauldray, Chevalier, Seigneur de Mouy, ayant la garde noble d'Atthus de Vauldray Ecuyer, son fils aîné, mineur, sieur des terres & seigneuries de Feuqueres, Heulloy, Wiry, Longuisart, & le Monchel, par ledit des Essars, assisté de Charles Grivaise, Procureur d'office desdites terres. Messire Maximilian de Meleun Chevalier, Vicomte de Gand, sieur Châtelain de Bailleul, par Jean le Dieu. Messire Guillaume du Caurel, Chevalier Bailly d'Amiens, pour ses terres de Taigny, d'Ancourt, Boussicourt & autres qu'il a audit Bailliage, en personne. Messire Robert de Chepoix, Chevalier, Seigneur dudit lieu, de Flesselles, Fienviller, Henzecourt & autres terres assises és metes dudit Bailliage, par ledit des Essars. Dame Françoise de Bastarnay, Dame de Dargies, Clery & la Forest d'Ailly, par ledit Ricard. Messire Nicolas de Mailloc Chevalier, Seigneur dudit lieu & de Tours & Caurroy, par ledit Roche. Messire Antoine du Prat Chevalier, Seigneur & Baron de Thiers, pour sa terre de Fromeries, par ledit Ricard. Louis de Gourlay Ecuyer Seigneur d'Agincourt, Vicomte de Dompmart, sieur de Wargnies, Fruvillier, Fontaines, Turaudes & de Vauchelles, par ledit Etienne Bauduin. Damoiselle Jeanne de Vaulx veuve de feu Messire François de Monchy, en son vivant Chevalier, Seigneur de Moncaurel & de Broutelles, tant en son nom, que comme mere tutrice de ses enfans, pour ses terres & Seigneuries de Hoquincourt, Broutelles, Bourseville & Montery, par ledit Jacques Bauduin. Messire Philippes de Roncherolles, Seigneur Châtelain de la Fecté lez saint Riquier, Caumont, Genville & Fontaines, par ledit Grebert. Adrian de la Riviere Escuyer, Seigneur de Chepy en personne, assisté dudit Jacques Bauduin. Huges de Riencourt Ecuyer, Seigneur de saint Legier & Franqueville, par ledit Fournier. Louis de Theufles Ecuyer, sieur dudit lieu. François de Moreul Ecuyer, Seigneur de Bethencourt & de Brucamps. Louis de Boyelles Ecuyer, Seigneur du Perroy à cause de femme. Jean de la Haye Ecuyer, Seigneur de Fieffes & Bonneville. Le Seigneur de Raincheval, le Seigneur de Soicourt pour sa terre de Verton & Friviller, le Seigneur de Estruius, Damoiselle Marie de saint Fuscien, pour ses terres & seigneuries de Raineville, Coisi, Bougainville & Quiertieu. François Frerot Ecuyer, Seigneur de Rumigny & du Pont de Mez. Jean Miette Ecuyer, Seigneur du Boisraoul, par ledit Bauduin. François de Boullainvillier, Seigneur de Bezencourt, par ledit de Mailly. Hectot de Moyencourt Escuyer, Seigneur dudit lieu, comparant pour Charles de Moyencourt, Escuyer, Seigneur usufruitier dudit Moyencourt, Arquelnes & Langlantier. Adrian Picquet Seigneur d'Avelesges, par Pierre Dainval. Jean d'Ypre Ecuyer, Seigneur de Fluy en partie, en personne. Gabriel Bournel Escuyer, Seigneur de Namps, Aumont & de Lambercourt. Jean Abrahan Escuyer, Seigneur de Millencourt, du Camp du Bourg & Ysemgremez. François de Roussel Ecuyer, Seigneur d'Escarbotin & Friville, en partie. Jean de Crequy Ecuyer Seigneur de Raimboval. Jacques du Hamel, Seigneur dudit lieu, Allery en partie, Bourseville & la Mothe de Creuze. Charles de la Mothe Ecuyer, Seigneur de Montigny, de la forest de Vignacourt & du Quesnoy. Adrian du Sovich Ecuyer, Seigneur de la Feriere. Nicolas le Prevost Ecuyer, Seigneur de Pendé & de Sallenelles, par ledit des Essars. Fremin le Cat Ecuyer, Seigneur de Fontaines, de Flers & le Warde-manger. Charles de Mauvoisin Ecuyer, Seigneur de Croiquoison & d'Espaumesnil. Louis d'Aut Seigneur de Franssieres. Jean de Banast, Seigneur des Masures & de Luchuel, par ledit Marchand. Louis de Saveuses Ecuyer, Seigneur de Beauvoir l'abbaye, en personne. Nicolas de Donquerre Escuyer, en personne, pour son fief & patronage dudit Donquerre, assisté dudit Beguyn. Jean de Calonne Ecuyer, Seigneur d'Avennes. Jean de Glisy Ecuyer, Seigneur de Bertangles. Federic de Bosses, Seigneur de Neufvillette. Pierre des Carieres, Seigneur de la Cardonnette & de Raineville en partie. Hué de Boille sieur de Hurtebize. Damoiselle Louise du Bois, doiiairiere de Berthancourt lez Thennes. Claude d'Ococh, Seigneur de Betoivil. Jacques des Essars, Seigneur du grand Merlers, par ledit Philippes du Beguyn. Pierre de Tronville Ecuyer, Seigneur de Bricquemaisnil. Fremin de Tronville Ecuyer, Seigneur dudit lieu & de Merelessart. Jean Louvel Seigneur de Glisy, par ledit Fournier. Charles le Maire, Seigneur de Fontenay & Gouvies. Antoine de saint Remy, sieur de Courchelles Ranchon. Jean de la Ruë Escuyer, Seigneur de Bernapre. Jean de Beaccourt Ecuyer, Seigneur de Courchelles en Montaigne, par ledit Martin le Miraulmont. Jean de Cressen, Seigneur de Verron. Antoine d'Estrées Ecuyer, Seigneur de Sovich. Paul Truffier Ecuyer, Seigneur d'Allenay, en personne. Nicolas le Roy Ecuyer, sieur de Moyenneville. Jacques Truffier Seigneur du Port & de Bourbers, par ledit Jean le Dieu. Jacques de Rochebaron, Seigneur de Lignon. Louis de Monchy Seigneur de Cambert & de Villiers, par ledit Ricard. Jean Jouglet Seigneur de Buissi, en personne. Alexandre Dey Seigneur de Vaulx sous Corbie, par Jean Pavie. Antoine le Blond Seigneur de l'Etoille, en personne. Charles de Gomer Ecuyer, Seigneur de Cuignieres. Jean de la Haye Seigneur de Libermont. François Bertin tuteur de Guillaume Bertin sieur de Bourdon, par ledit Michel Corner. Damoiselle Isabelle de saint Delys, Damoiselle de Hautenas, de saint Gratian & d'Estrées, par Antoine Grebert. Louis de Querecques sieur de Mairieu, en personne. Guillaume le Grand, Seigneur de Coisy, en personne. René de Rouveroy Escuyer, Seigneur de Wavegnies, tuteur des enfans de feu Jean de Courchelles Ecuyer, Seigneur de Loveuzes, en personne. Antoine de Mercatel Ecuyer, Seigneur dudit lieu. Adrian & Gilles de Mercatel freres, sieurs de Courchelles & Lestoquet en personne, assistez dudit Butel. Charles de Monsures, Seigneur de Villers le Vermont en personne, assisté dudit Grebert. Charles de la Haye sieur de Follemprense. Antoine de Hallescourt sieur de Canny, par ledit Butel. Antoine de Lanuyon sieur d'Omecourt & de saint Deniscourt, Charles de Fontaines sieur du Plis & d'Oudeul en partie, par ledit Butel. Marie de Habert, veuve de feu Messire Antoine d'Estourmel, Dame du Hamel & Francmanoir. Jean de Mannay, Seigneur de Camps en Amiennois. Damoiselle Jeanne de Canteville, veuve de feu Robert de Hallencourt, pour la terre de Dromesnil, & encore pour les terres & seigneuries de Boullainvillier, Bethembos & Translez à elle appartenans, tant en son nom, que comme mere & tututrice, ayant la garde noble de Louis de Hallencourt Escuyer, & de Damoiselle Matie de Hallencourt, proprietaire de ladite seigneurie de Boullainvillier. Andrieu le Roy sieur de Huville. Philippes du Moulin Ecuyer, Seigneur de Cromont, tuteur de la Huë d'Ailly sieur de Varennes & Touttencourt. Jean de Mesnil Ecuyer, sieur de Longuemort. Louis d'Aut sieur de la Neuville, à cause de sa femme Seigneur de Bulleux, Lignieres & Franqueville. Damoiselle Claude de Waurans Damoiselle de Bienfay. Jean de Lannoy Ecuyer, sieur dudit lieu & de Dameraucourt. Louis, François & Maximilien de Prouville Ecuyers, sieurs de Harponlieu, Bealieres, Canteraine quint & sixte de Frohens, Philippes de Canory sieur dudit lieu, par ledit Nicolas Roche. Le Seigneur de Marchel, par ledit Jean Brahier. Le Seigneur d'Abencourt par ledit de Lessau. Philippes de saint Delys Ecuyer, sieur d'Aubigny, en personne, assisté de François de Mailly. Le Seigneur de Hennencourt, de Bresle & de Varloy, par ledit Antoine Grebert. Le Seigneur de Baisieu, par ledit Antoine Bar. Antoine Boilleau sieur de Glimond en personne, assisté dudit Joly. Louis de Festard sieur de Hangard en personne, assisté dudit Marchant.

La Nobleſſe de la Comté de Guynes, par ledit Maître Jean du Rieux. Robert d'Eſtrées Ecuyer ſieur de Quevauviller. Damoiſelle Jeſſine d'Offigmes Damoiſelle dudit lieu & de Montenoy. Damoiſelle Adriane d'Ailly, mere & tutrice de Damoiſelle Antoinette d'Ailly, pour ſa terre d'Oiſly. Damoiſelle Magdelaine Judas, Damoiſelle de Seux. Damoiſelle Helene Lequieu, mere & tutrice de Maître Jacques Scourjon ſieur de Tilloy. Nicolas le Caron ſieur de Renencourt & d'Aubigny lez Pierregot. Claude de Bery Ecuyer, Seigneur de Sarteaux, Buites, Treves & Wilcourt. Jean du Gart Ecuyer, ſieur de Conchy. Jean de ſaint Blimont Seigneur de Soupplicourt & Pinchefaliſe. Jean de Soubite ſieur de Rivieres. Meſſire George de Fors ſieur de Fours, tuteur de Damoiſelle Claude de Rouveroy, Dame de Buiſſi lez Dours & de la Houſſoye, par ledit Jean le Borgne leur Procureur. Jean de Longueval, ſieur en partie de Maiſons en Ponthieu par Philippes Bourdin Bailly dudit lieu. Antoine de ſaint Simon Ecuyer, ſieur de Grumeſnil & de Haultez, par ledit Miraulmont. Ambroiſe de Sarcus Ecuyer, ſieur de Courchelles, par ledit Cochepin. Le ſieur de Haineville, par ledit Brahier. François de Saiſſenal Ecuyer, ſieur de Pilli en perſonne, aſſiſté dudit Bauduyn. Charles de Raincheval ſieur d'Eſtouny. Jacques Peritn Ecuyer, ſieur de Drucul ſous Moliens en perſonne, aſſiſté dudit Adrian Pecoul. Adrian le Clerc, Seigneur de Cavillon en perſonne, aſſiſté dudit Mailly. Nicolas de Beaufort, ſieur de Nampty & Coppegueulle en perſonne, aſſiſté dudit Grebert. Adrian le Clerc Ecuyer, ſieur de Baiſſi en perſonne, aſſiſté dudit Grebert. Claude du Gart ſieur de Berny, par Maître Jean du Bois ſon tuteur. Damoiſelle Anne de Canteleu mere, ayant la garde noble de Florimond Frerot, Seigneur de Guyencourt, par ledit Grebert. Jean Matiſſas ſieur de la haute & baſſe Loge. Jean de Bournoville ſieur de Bouchon, de Coullonviller & Franſſu. Damoiſelle Marie le Brun, Damoiſelle de Noüilly le Dien. Le ſieur d'Yvrench, Louis de Ballen Ecuyer ſieur du Titre. Pierre d'Amerval ſieur de Maiſons lez Ponthieu, par ledit Troy. Meſſire Jean d'Allembon, ayant la garde noble de Damoiſelle Renée d'Ailly, Damoiſelle de Donquerre, par Jacques l'Eſſopier ſon Bailly. Thibault de Grambus ſieur de Wivrencheul, par ledit Grebert. François de Geiſſart Ecuyer, Seigneur de Gourguechon, par ledit Etienne Bauduin. Jean le Nourretier, Seigneur de Coulleaubeauville, par ledit Philippes du Beguin. Meſſire Charles Blotefiere ſieur de Willencourt en perſonne, aſſiſté dudit Tonnelier. Adrian de Boubers ſieur de Ribaucourt, par ledit Tonnelier. Jean du Gard ſieur de Freſneville & Saulchoy en perſonne & par ledit Grebert. Charles de Hericourt Ecuyer, Seigneur de Caulers, & à cauſe de ſa femme, Seigneur de la Neuville au bois & Ramburelles, par ledit de Leſſau. Antoine d'Aboval, Seigneur des Mareſts & Bacouel ſur Selle, & Damoiſelle Marie d'Aut ſa femme, Damoiſelle de Lewardieu, s'eſt preſenté en perſonne. Philippes Sauvage de Ringrave, mary & bail de Damoiſelle Jeanne Clabault Damoiſelle de Vaulx & de Sery prés Doullens en perſonne, aſſiſté dudit Etienne Bauduin. Nicolas de Forcheville Ecuyer, Seigneur de Haplincourt, Ainval, Bezencourt, tuteur de Louis de Clercs Ecuyer, ſieur de Neuville, ſous Breſle, par ledit Troy. Antoine de Donquerre Ecuyer, ſieur de Witaineglize, tant en ſon nom, que comme mary & bail de Damoiſelle Jeanne de Fors mere, ayant la garde noble de Charles d'Ococh mineur, ſieur de Framicourt. Huges de Forchevilles ſieur dudit lieu, en perſonne. Robert de Torcy, Seigneur de Boſtocourt, par Charles Pecoul. Gabriel le Comte Ecuyer, par ledit Pecoul. Loüis de la Ruë ſieur du Perrin, Bailly & Capitaine de la Chaſtellenie d'Aut, en perſonne, aſſiſté dudit Pezé. Gerard de Croy ſieur de Fromeſſon & de Warcheville. Dame Jeanne de Sallezart, veuve de feu Meſſire Florimond de Biencourt, mere ayant la garde noble de Jacques de Biencourt, ſieur de Pontrincourt, par ledit Grebert. Damoiſelle Jacqueline d'Oultreleave, veuve de feu François de Montomer, mere ayant la garde noble d'Oudart de Montomer, Seigneur de Froucourt, par ledit Grebert. Jean d'Oſterel Ecuyer, Seigneur d'Ococh, par ledit André Pecoul. Ponthus de Tournay ſieur de Authieville, par ledit Cornet. Meſſire Antoine de Crequy, ſieur uſufruitier de Beauval, par Monſieur le Cardinal de Crequy, Seigneur proprietaire dudit lieu. Meſſire Charles de Brimeu, Comte de Meghen, ſieur de Gezamecourt, par Louis Guillebert, Meſſire Philippes de Longueval Chevalier, ſieur de Haraucourt & de Prouville, par ledit Cornet. François de la Houſſoye ſieur de Maiſicourt, par Ferry de la Houſſoye ſon fils. François d'Avroul ſieur de Cormette & de Remaiſnil, par ledit Cornet. Adrian Jouglet ſieur de la Vicongne, en perſonne.

Sont auſſi comparus les Officiers du Roy & Praticiens dud. Bailliage d'Amiens: à ſçavoir leſdits Mᵉ Guillaume de Caurel Chevalier, ſieur dudit lieu, Bailly d'Amiens. Mᵉ Vincent le Roy, Lieutenant General, Civil & Criminel. Maîtres Charles Picquet, Jacques Vaquette, Jacques le Caron, Jean Couſin, Nicolas Judas, Simon le Mattre, Fremin Picquet & Bon du Fcu, Conſeillers du Roy audit Bailliage & Sieg. Preſidial. Maîtres Jean le Quieu Avocat, & Louis Moucquet Procureur du Roy, & Jean Seguin Greffier Civil dud. Bailliage. Charles de Louvencourt Majeur, Nicolas aux Coûtaux Prevôt. Simon des Eſſars Procureur pour office de ladite Ville d'Amiens. Antoine Bar Procureur deſdits Majeur, Prevôt & Echevins d'icelle Ville d'Amiens, ſieur de la Magdelaine & Auſſonville, aſſiſtez de Maîtres Jean Rohault & Guillaume de Leſſau Avocats penſionnaires, & Nicolas de Leſſau Greffier de ladite Ville. Mᵉˢ Philippes Caignet Prevôt de Doullens. Jacques le Fuzelier Prevôt de Vimeu. Adrian Picquet Prevôt de Beauqueſne. Adrian Dainval Prevôt de Beauvoiſis. Adrian Heu Lieutenant dudit Prevôt de Beauvoiſis à ſon Siege de Grandviller. Pierre de la Morliere Prevôt de Foulloy. Jean d'Acheu Prevôt de ſaint Riquier, en perſonnes. Le Lieutenant dudit Bailly d'Amiens à ſon Siege de Monſtreul, par Maître Pierre Guerard Avocat dudit Monſtreul. Le Bailly ſouverain de la Ville d'Ardres & Comté de Guynes, par ledit Maître Jean du Rieux. Maître Nicole Froment, Subſtitud du Procureur du Roy en ladite Prevôté de Vimeu. Maître Jean Rouget Prevôt d'Oyſemont. Maître Jean Penel Subſtitud dudit Procureur du Roy au ſiege Royal de Grandviller. Maîtres Pierre Rogeau & Pierre Croquoiſon, Elûs d'Amiens. Pierre de Louvencourt, Receveur pour le Roy des Aydes & Tailles. Maîtres François Bigant l'aîné, Jean de la Foſſe, Nicole de Nibat l'aîné, Antoine le Senéchal, Jacques le Normant Elû de Doullens. Maîtres Jean du Bois & Hieroſme Pecquet, Examinateurs. Nicole de Flandres, Pierre du Gart, François de Saiſſeval, Nicole de Bailly, Robert Mocquet, Pierre le Maſſon, Hugues le Mangnier, Jean de Court, Guillaume Piot, Robert Fournel, Fuſcien de la Foſſe, François de Bac, Nicole le Sellier, François de Bigant le jeune, Pierre Bernard, Antoine le Vaaſſeur, Charles Gorguette Elû pour le Roy en l'Election d'Amiens, Jaſpard Fouache, Jean des Eſſars, François d'Yppre & Pierre Vacquette, tous Avocats. Raoul de Fer, Robert du Beguin, Jean le Dieu, Jacques Bauduin, Antoine le Fournier, Philippes du Bois, Pierre Lengles, Martin de Miraulmont, Pierre Dainval, Jean le Borgne, Nicolas du Cay, Iſaac le Normant, Etienne Bauduin, Jean Marchant, Jacques Laloyer, Jean de Leſſau, Pierre de Merliers, Nicolas Roche, Philippes du Beguin, Pierre Martin, André Pecoul, Michel Cochepin, Antoine Grebert, Michel Cornet, Hector Putel, Pierre Ricard, Jean Brahier, Fremin Pezé, Antoine Bar, Pierre de Veringues, Gilles Butel, Philipes le Mangnier, Hugues Quatorze, Adrian Pecoul, François Lengles, François de Mailly, Jacques de Troy, Hugues Judas, Joël du Four, tous Procureurs audit Bailliage, tous preſens.

Et pour le tiers état, ſont comparus en perſonnes: à ſçavoir de ladite Ville d'Amiens, Nicolas de Fontaines, Guillaume le Mattre, Claude Croiquoiſon, Jean le Bourgeois, Antoine le Meſſier, Antoine Pingre, Nicolas Paſtureau, Jean le Gay, Nicolas Randon, Jean Thierry, Jacques Fournier, Robert Erard, Maître Guy de Marœul, Jean Trencart, Pierre le Doux, Vincent Boitel, Hector Paillet, Pierre Boitel, Fremin du Croquet, Etienne Cardon, Jean Erard, Pierre Watel, Nicolas Croquoiſon, Nicolas Hemart, Nicolas de Bailly, Charles du Vey, Thomas Joron, Robert de Collemont, Antoine Trudaine, Antoine Poullain, Charles du Freſne, Guichard le Foreſtier, Etienne Boitel, Etienne de Lattre, Jean Maloiſel, Alexandre Joron, Jean Pingre, Florent le Noir, Vincent Judas, Jean Mery, Robert de Lattre, François Riolen, Jean le Pot l'aîné, Jean Mouret, Raoul Guebin, Loüis du Freſne, tous Bourgeois de ladite Ville, & autres en grand nombre. Les Echevins & tout le tiers Etat de la Ville d'Ardres & de la Comté de Guynes, par ledit Maître Jean du Rieux. Les Prevoſt, Gueudons & Confreres de la grande ſucieté marchande en la Ville de Monſtreul & Seigneurie d'un fief qu'ils tiennent du Roy, à cauſe de ſon Chaſteau Royal de Monſtreul, par ledit Etienne Bauduin. Les Majeur & Echevins de Doullens, par ledit Jacques Bauduin. Roger Petit & Gregoire Nattier, Procureur pour office, preſens. Les Majeurs & Echevins de la Ville de ſaint Riquier, par Jacques Leſſopier Majeur. Nicolas Carpentier & François Chanal Echevins, aſſiſtez dudit Troy, qui s'eſt auſſi préſenté pour les Bourgeois, Manans & Habitans dudit lieu. Les Echevins, Manans & Habitans de Beauqueſne, par ledit André Pecoul. Les Lieutenant, Manans & Habitans de Picquegny, par Nicolas d'Acqueſt Lieutenant, preſent, aſſiſté dudit Ricard. Les Echevins, Manans & Habitans de la Ville de Corbie, par ledit Jacques Bauduin. Les Manans & Habitans du Bourg de Fromeries, par Claude le Normant Marguillier, aſſiſté dudit Ricard. Les Majeur, Prevoſt & Echevins, Manans & Habitans de Moliens le Vidame, par Iſaac Ridoul Majeur & Antoine Carlin Marguillier, aſſiſtez dudit Ricard. Les Praticiens du Siege Royal de Grandviller, Manans & Habitans dudit lieu, par ledit Butel. Les Majeur, Echevins, Manans & Habitans de Dompmart, par Julien Pinguet Maieur, aſſiſté dudit Joly. Les Echevins, Manans & Habitans de Boves, par Maître Nicole de Nibat Bailly, & Jean le Marchant Greffier. Les Bourgeois, Manans & Habitans du Bourg d'Oyſemont, par ledit des Eſſars. Les Maieurs & Echevins de Gamaches, par ledit Pezé. Les Maieurs & Echevins de la Ville de ſaint Vallery ſur la mer, par Jean Roſée Maieur, preſent. Les Manans & Habitans de ſaint Blimont, par ledit Charles le Tonnelier. Les Manans & Habitans de Mereleſſart, les Manans & Habitans de Warlus, par Jean Parmentier Lieutenant, & Jaſpart Parmentier Greffier dudit lieu. Les Manans & Habitans du Queſnoy, par Jean de Viſmes Lieutenant. Les Manans & Habitans de Framicourt, par Jean Honoré, Marand de Bernapre Marguilliers. Les habitans de Witaingliſe, par Riquier Berger Lieutenant. Les manans & habitans du Bourg d'Aut ſur la mer, par ledit Pezé. Les habitans de Fontaines, par Thomas Wauquel Lieutenant dudit lieu. Les manans & habitans de Harponville, par Jean Regnier Lieutenant. Les manans & habitans de Flexélles, par ledit Pierre Joly. Les manans & habitans de Hangeſt ſur Somme, par ledit Grebert. Les manans & habitans de Neuville ſous Lully, par Michel Eſlin Lieutenant. Les Manans & habitans de Grattepanche, par Guillaume Poulain Lieutenant. Les manans & habitans de Traigny, par Oudart Tavernier Lieutenant, aſſiſté de Grebert. Les manans & habitans de Buiſſi, par ledit Grebert. Les manans & habitans de Gaiſſart, par ledit Joly. Les manans & habitans d'Authieulle, par Loüis Guillebert. Les manans & habitans de Gezainecourt, par ledit Guillebert. Les manans & habitans de Friville, par ledit des Eſſars. Les Manans & habitans de Boibergues, par ledit de Leſſau. Les Echevins, manans & habitans de Prouville, par Antoine des Fleſſeles Lieutenant, Nicolas Vaſſeur, Pierre Videcoq, Marguilliers. Les manans & habitans de Maizicourt, par Jean du Caſtel Marguillier. Les manans & habitans de Montigny, par Charles Grangier Lieutenant. Les manans & habitans de Barly, par Jean Jumel & Julien Brunet Marguilliers, aſſiſtez dudit Cornet. Les manans & habitans du grand & petit Fiohens, par Jean Pellet, François Maſſe & Jean Haret Marguilliers. Les habitans de ſontaines ſur Maye, par ledit Troy. Les habitans de Coulonviller, par ledit Troy. Les manans & habitans de Donquerre, du Ploich, de Buſſu, d'Yaucourt, Buigny l'abbé, Noully le Dyen, Noyelles en Cauchie, de Gapennes, d'Yvrench, Maiſons en Roland, d'Eſtrées, de Gorenflos, Maiſons lez Ponthieu, par ledit

Troy. Les manans & habitans de Vvivrencheul, par ledit Grebert. Les manans & habitans d'Olliger, par Nicolas le Roy & Gregoire le sevre Marguilliers, assistez dudit des Essars. Les manans & habitans de Ribaucourt & de Hondencourt, par ledit Tonnelier. Les manans de Franssu, par Maistre Jean Rohault Advocat, Seigneur dudit Franssu. Les manans & habitans de Lon-villers, par ledit Troy. Les manans & habitans de Berthaucourt, par ledit Putel. Les manans & habitans du village de Campeaux, par Jacques Pellet Marguillier, assisté dudit Miraulmont. Les manans & habitans de Feuquieres, par Guillaume le Feure Marguillier. Les manans & habitans de Courchelles, par Raoul Rohault Lieutenant, assisté dudit Cochepin. Les habitans de Pissi, par Jean de Saisseval Lieutenant. Les manans & habitans de Moyencourt, par Simon du Tilleul Lieutenant. Les manans & habitans de Frenemonstier, par Germain du Tilleul & Legier Nattier, habitans. Les manans & habitans de Genville prés Doulleger, par ledit Dainval. Les manans & habitans de Vvarloy, par ledit Dainval. Les manans & habitans de la Bouteillerie, par Nicolas de Rocourt Bourgeois d'Amiens, sieur dudit lieu, & Antoine Peletier Lieutenant, assistez dudit Roche. Les habitans du Hamel & Francmanoir, par Jean Lambert Lieutenant, assisté dudit Roche. Les manans & habitans de Camps en Amiennois, d'Aussenne, de Bouthencourt, de saint Maulvis, de Touttencourt, de Varennes, de Vvaignast, de Beallecourt, de Falloise, Fontaines les Secques, Hallivillier, Tours, le Canoroy, Laleu, Teulles, Flixecourt, Bienfay, par les Lieutenans desdits Villages, assistez dudit Roche. Les manans & habitans d'Yseu, par le Lieutenant dudit lieu. Les manans & habitans de la Cauchie, de Picquegny & de Tirencourt, par ledit Troy. Les manans & habitans d'Argueves, par Cornet. Les manans & habitans de saint Vaast, par ledit Marchant. Les Eschevins, manans & habitans de l'Estoile par Bernard Flameng & Guillaume Caze Eschevins, assistez dudit Miraulmont. Les manans & habitans de la Motte prés Abbeville, de saint Vaast en Cauchie, d'Allonville, de Brailly & Fluy, par ledit Ricard. Les manans & habitans de Verron, par ledit le Dieu. Les manans & habitans de Vviencourt, par ledit Miraulmont. Les manans & habitans d'Authie, par Nicolas de Coing & Robert Crampon habitans, assistez dudit Fournier. Les manans & habitans de Bovelles, par Adrian le Fevre Lieutenant. Les manans & habitans de Bricquemaisnil, de Glisi, de Gouy, de saint Sauveur, de Thaisi, de Dury & d'Ailly, par les Lieutenans desdits Villages, assistez dudit Fournier. Les manans & habitans de Franqueville, d'Argny & de Saineville, par ledit Fournier. Les manans & habitans de Vvailly, Namps, Ouval, Venelles, de la Neufville sous saint Acheul & de Fresnoy au Val, par ledit du Beguyn. Les manans & habitans de saint Aulbin en Amiennois, par Antoine Jouglet Lieutenant. Les Prevost & Marguilliers de Millencourt, de Gaignemicourt, de Monflers, de Berthaucourt les Tennes, de Frestecuisse & de Buires, par ledit du Beguyn. Les Maïeur, Eschevins, manans & habitans de Bernaville, par Jean de saint Riquier Maïeur. Les manans & habitans de Verron, par François Guillard Lieutenant. Les manans & habitans de Bourdon & de Hesselinne, par ledit Jacques Baudoyn. Les manans & habitans de Bailloeul, par le Lieutenant & autres habitans dudit lieu. Les manans & habitans du Village de Vvaincourt, par Guillaume le Fauqueur Lieutenant. Les manans & habitans de Frestemeulle, par Thomas Creteil & Jean de Villers Marguilliers, assistez dudit de Mailly. Les manans & habitans Dainval, de Villers au Boscaige, de Boüillencourt en Sery, de Villers sus Campsart, Blangy sous Poix & de Vergies, par ledit Fremin Pezé. Le Village de Behen, par Jean Hagnier Lieutenant de Beaumez, par Pierre Micheau. Les manans & habitans de la Motte en Sangters & de Vvarfusée, par ledit Ricard. Les manans & habitans de Marchel en Sangters, par ledit Jean Brahier. Les manans & habitans d'Abencourt, par ledit Jean de Lessau. Les manans & habitans de Dours, par Charles le Roux Lieutenant, assisté dudit Grebert, lequel Grebert s'est aussi presenté pour les habitans de Henencourt. Les manans & habitans de Baisieu, par ledit Bar. Les manans & habitans de Quierrieu, par Gentien Lagrené Lieutenant. Les manans & habitans de Longueaue, par Louys d'Amours Lieutenant, assisté dudit Mailly. Les manans & habitans de Hangard, par Jean le Marchant. Les manans & habitans de Caigny, par ledit Pezé.

En procedant ausquelles comparitions & à l'appel des dessusdits comparans, ont esté par aucuns d'eux cy-aprés nommez, faites les remontrances & declarations qui ensuivent.

De la part dudit Reverendissime Cardinal de Chastillon, a esté dit par lesdits Vaillant & Lescouverte, que luy & ses vassaux & sujets en sondit Vidamé, du Gerberoy ne sont tenüs, à cause d'iceluy Vidamé, comparoir à la convocation desdites Coutumes, comme non estans justiciables ni du ressort dudit bailliage d'Amiens, & qu'il tient ledit Vidamé à cause du Comté & Evesché de Beauvais, en pairie du Roy, par une seule foy & hommage, & non d'autre, luy competent & appartiennent plusieurs beaux droits. Et entre autres, outre qu'il est haut Justicier, il a assises & ressort, avec droit de Tabellionnage, Bailly & Officiers, pour l'exercice de sa Justice : pardevant lequel Bailly ressortissent les appellations interjettées des jugemens & sentences des Justices inferieures & subalternes d'iceluy Vidamé. Et les appellations interjettées dudit Bailly de Gerberoy, se relevent directement & sans moyen en la Cour de Parlement à Paris, & non ailleurs. Ce qui a esté toûjours & de tout temps entretenu, gardé & observé : toutefois a esté content de comparoir à l'assignation pour faire accorder, homologuer, & si besoin est, reformer quelques Coutumes locales dudit Vidamé : * le tout pour la con-

---

* Sur une pareille remontrance qui fut formée dans le Procés verbal de l'ancienne Coûtume, par Monsieur l'Evesque de Beauvais, Vidasme de Gerberoy, touchant les Coûtumes locales de ce Vidasme, Maistre Charles du Molin a fait une Note, qui est conceuë en ces termes : *Mais il n'a point perseveré en sadite opposition, ni demandé ni obtenu de luy de rediger & apporter ses pretenduës Coûtumes de Gerberoy :*

parquoy cette opposition verbale ne sert de rien, & demeurent sujettes à la Coûtume generale. Et ainsi fut resolu en ma maison en Fevrier, l'an 1543. avec des plus doctes du Parlement, en un procés touchant l'article 24 de cette Coûtume: outre lequel l'Evesque de Beauvais pretendoit à Gerberoy droit de chambellage sur ses vassaux, par mutation d'Evesque ou Vidasme; & avoit esté receu à articuler Coûtumes particulieres de ce à Gerberoy, & en avoit fait preuve sans que le Seigneur de Morceaux deffendeur. l'eût empêché: lequel depuis eut Lettres Royaux pour rejetter les faits de ladite Coûtume locale, & preuve faite sur icelle: lesquelles luy furent entherinées, & ledit Evesque & Vidasme debouté, & sa saisie fœdale declarée tortionnaire, & le deffendeur absous &c. M. L'Arrest que j'ay rapporté sur l'art. 7. est contraire à cette opinion de Maistre Charles du Molin.

servation de ses droits & soulagement de ses sujets: lesquelles Coûtumes locales & particulieres furent dés l'an mil cinq cens sept, accordées par les trois Estats dudit Vidamé, pour ce congregez & assemblez audit Gerberoy. La coppie desquelles Coûtumes il nous a presentée à cette fin: sauf toutefois & par protestation, que sa comparition ne luy puisse prejudicier en autre chose. Mesmes ne puisse attribuer connoissance de Jurisdiction au Bailly d'Amiens sur ledit Seigneur Cardinal, ses sujets, vassaux & sub-vassaux dudit Vidamé.

Et par le Procureur du Roy a esté dit, qu'audit an mil cinq cens sept, furent faites semblables & pareilles Remontrances de la part du lors Evesque & Comte de Beauvais, Pair de France, sieur & Vidame de Gerberoy. Contre lesquelles fut maintenu par les Officiers du Roy dudit Bailliage, comme ils font encore à present, que ledit Vidamé & Châtellenie de Gerberoy avoit esté & estoit de tout temps subalterne, sujet & ressortissant au Siege dudit Bailliage, tant en premiere instance qu'en tous autres cas, sauf les renvois quand ils estoient requis en temps dû & ils y écheoient. Et que de ce le Bailly d'Amiens & ses Lieutenans estoient en bonne possession, & que ledit Vidamé & Châtellenie estoient de la Pairie & Evesché de Beauvais. Outre ce que la plus grande partie de ladite Pairie, & jusques à certaines limites, estoit aussi subalterne & ressortissant audit Bailliage d'Amiens, ce qui est manifeste & notoire à tous les Officiers & sujets dudit Gerberoy depuis ledit temps: & que ledit Vidamé a esté acquis par les predecesseurs Evesques de Beauvais, & a esté toûjours une seigneurie à part, distincte & separée dudit Evesché & Pairie de Beauvais, tenuë nuëment du Roy à cause de sondit Bailliage d'Amiens: lequel Vidamé est assis es fins & limites dudit Bailliage, & és metes de la Prevosté de Beauvoisis, & a toûjours relevé dudit Bailliage d'Amiens, & main-levée d'icelny baillée par ledit Bailly toutes & quantes fois qu'il a esté saisi à faute de relief & denombrement non baillé. Lesquelles saisines ont esté approuvées par Arrest de la Cour de Parlement, contre le Procureur du Roy de Senlis, qui soûtenoit ledit Vidamé estre tenu du Bailliage de Senlis: & se sont de tout temps les Evesques de Beauvais par leurs titres nommez & intitulez, Evesque & Comte de Beauvais, Pair de France & Vidame de Gerberoy, pour signifier & montrer la distinction du Vidamé de Gerberoy à ladite Pairie. Et qu'il y a eu Ordonnance du Conseil Privé faite à Chaalons, le vingt-deuxiéme de May mil cinq cens deux, portant declaration expresse de l'intention du Roy, que Gerberoy, la Prevosté de Montreul & Bailliage de Hedin, seroient du ressort du Bailliage d'Amiens. Qui est chose suffisante pour obtenir aux fins que dessus, joint la possession immemoriale continuée jusques aujourd'huy par les Officiers dudit Bailliage: dont aisément ils feront apparoir par les actes & procedures faites par les sujets dudit Gerberoy. Mesmes par les Sentences de condamnations d'amendes contre eux données depuis un an, ausquelles ils ont acquiescé: qui demonstre assez qu'ils sont subalternes, sujets à iceluy & y ressortissans. Au moyen dequoy a soûtenu ledit Procureur du Roy, que ledit Cardinal de Chastillon a dû & doit comparoir en ladite Assemblée.

Aussi de la part dudit Messire Louys d'Ally Vidame d'Amiens, a esté remontré par ledit Maistre Pierre du Gart, qu'il est, à cause de son Vidamé d'Amiens, l'un des Seigneurs de ladite Ville d'Amiens, & que comme tel en l'an mil cinq cens sept, que les Coûtumes dudit Bailliage furent decretées, feu Messire Charles d'Ally en son vivant Vidame d'Amiens, fut en l'appellation de tous ceux de la Noblesse, qui furent lors convoquez pour la redaction des Coûtumes dudit Bailliage premier appellé. Et en telle appellation, à tout le moins à la convocation de tous ceux qui furent convoquez, preceda tous ceux de la Noblesse, après le Lieutenant General au Gouvernement dudit païs. Et dernierement aux Estats tenus en ladite Ville d'Amiens, l'an mil cinq cens soixante-deux, presidant le sieur de Senarpont luy à present Vidame, fut appellé le premier du rang de la Noblesse, soûtenant qu'il doit preceder tous autres de la Noblesse, tant en la nomination qu'en la seance és lieux où il se trouveroit en personne: non seulement à cause de la grandeur & antiquité de sa maison & noblesse, mais aussi par droit & prerogative qu'il a à cause de sondit Vidamé d'Amiens. Nous, sur les remontrances faites par les dessusdits, avons ordonné que lesdites parties en auront acte, pour leur servir & pourvoir en icelles ainsi qu'il appartiendra par raison: le tout sans prejudice aux droits, prerogatives & preéminences d'icelles.

Ont aussi esté appellez les gens d'Eglise, nobles & gens du tiers Estat qui ensuivent, contre lesquelles le Procureur du Roy ce requerant, avons donné defaut: assavoir de l'Estat Ecclesiastique, les Religieux, Abbé & Convent de saint Saulve en Montreul: les Religieux, Abbé & Convent de saint Josse sur la mer: les Doyen, Chanoines & Chapitre de Theroüenne: les Religieuses, Abbesse & Convent sainte Austeberthe audit Montreul: les Religieux, Abbé & Convent de saint Jean au mont lez Theroüenne: les Religieux, Abbé & Convent de Longvilliers: le Prieur de Montenay: le Prieur de Dampierre: le Prieur de Beaurains: les Doyen, Chanoines & Chapitre de saint Fremin audit Montreul: le Maistre

& Gouverneur de l'Hospital saint Nicolas audit Monstreul : les Maistres de l'Hospital Nôtre-Dame en ladite Ville : le Curé Nôtre-Dame en Dernetal : le Curé de saint Fremin : le
Curé de saint Pierre : le Curé de saint Jean en sainte Austeberthe : le Curé de saint Jacques : le Curé de saint Vvalloy : le Curé de saint Vvesly : le Curé de saint Josse au Val :
le Curé de saint Martin de Sangnecourt : le Curé de saint Josse sur la mer : le Curé de
saint Justin de Braumery : le Curé de Caloterie : le Curé de Sorrus : le Curé de Verton :
l'Evêque d'Arras : les Doyen, Chanoines & Chapitre de Nôtre-Dame de Cité lez Arras :
les Religieux, Abbé & Conven: de Marceil : les Religieux, Abbé & Convent de Marcien-
nes, Seigneurs de Mazengarbe : les Religieux, Abbé & Convent de Hennin Lietard : les
Doyen & Chapitre de saint Omer en Lislers : les Religieux, Abbé & Convent de Ham:
les Religieux, Abbé & Convent de saint Vaast d'Arras : les Religieux, Abbé & Convent
de saint Pierre de Gand : l'Abbé de Choques : les Chanoines de saint Barthelemy en Bethune : les Chartreux & Chartreuses de Gonnay : les Doyen & Chapitre de Fauquemberge : les
Religieux, Abbé & Convent Nôtre-Dame d'Anchin : les Religieux, Abbé & Convent du
mont saint Eloy : le Prieur d'Aubigny : les Doyen, Chanoines & Chapitre de saint Pierre
de l'Isle : les Doyen & Chapitre de S. Ame en Douay : les Doyen & Chapitre de saint
Pierre d'Aire : le Prieur de saint Pry lez Bethune : le Prieur de Houdaing : le Prieur de
Sarton : le Prieur de Pas : le Curé de Divion : les Curez de la Haye, de la Boussiere, de
Calonne, des Querdes, Ricoüard, de Carvins, de Ricquebourg, de Cymecourt, d'Allewagne, de Humbercourt, de Dieval, de Beures, de Beuvoy, de Souatre : de la Vallée, de
Courieres, de Fosseux, de Lenval, de Haulteville, de Dours le Sec, d'Esmarcaiz, de Ha-
bart, de Beaufort, de Mouchy le Breton, de Vvachin, de Cyrancourt, de Marez, de Ge-
nouval, d'Esclimeu, d'Allencourt, de Haultecloque, de Flers & Flamermont, d'Averdoin,
Penin, Houvigneul, Moussicourt, de Boubers : le Prieur Curé de Dompmart : les Curez
de Berneul, Lanches, Canaples, d'Archeu, de Lealviller, le Curé de Bethencourt, le
Curé de Raincheval, le Curé de Thallemas, les Curez de Vauchelles, de Villers au bos-
cage, de Herissart, de Belloy, de Lompre, de saint Maurice, de saint Pierre lez Amiens,
de Haracourt, de Haurenas, de Bertrangle, de Montonvillier, de Coisi, de la Vicongne,
de Mairieu, de saint Gratien, de Buz les Atthois, de la Cardonnette, de saint Leger,
de Harponville, de Georges, de Rainèville, d'Argueves, de Vaulx, de Poullainville, de Thieures, de Sanlis : le Prieur d'Areines, les Curé de la Croix au Bailly,
de Frestemeulle d'Andinville, de Ramburelles, de Druréel sur Somme, d'Arry, de Croüy,
de Hangest sur Somme, d'Oissi, de l'Aireul sous Moliens : le Prieur & le Curé de Moliens
le Vidamé : les Curez de Revencourt, du Pont de Mez, de Sallouel & de Salles, de Ver
de Bacoüel, de Prouzel, de Planchy, de Vailly, de Rivieres, Fontaines sous Catheux, de
Croissi, de Tilloy, de Lully, de saint Sauslieu, de Coppegueulle, de Rumegny, le Prieur
de l'Hermitage Ringnet : les Curez de Saveuses, de Bovelles, de Saissemont, de la Feriere,
de Saisseval, de Friecourt, de Gouy l'hospital, de Guinemicourt, de Clairy, de Renelles,
de Quenonviller, de Fricamps, de Caigny d'Oresmeaux, de Franssures. de Rogy, de
l'Ortioy, de Paillart, de Hemeville, de Berny, de Jumelles, de Cotenchy, de Golencourt,
de Remuencourt, d'Estrées, de Rumaisnil, de Floury, de Contres de Velleaves, de Fru-
viller, de Halet, de Cerisi, de Morcourt, Vviencourt, la Chaussée, de Denuyn, l'Es-
quipée de Cayeux, de Hapeglenne, d'Aubercourt, de Vesquimont, la Mothe brebiere,
de Rivery, de Sailly le Sec, de Vers, de Foulloy, Villers Bretonneux, du Hamel, Sailly,
Leauret, de Bonnay, de Heilly, Ribemont, de Buires, de Tresves, de Villers sous Corbie, de Bresles, de Vvarloy, de Contay, de Villamecourt, de Montigny, de Pons, de
Tronville, de Blangy, de Cachy, de Gentelles : les Curez de l'Eglise Nôtre-Dame en Doullens, de saint Martin audit Doullens, de Fieffes & Bonneville, Dinguessen & de Ricque-
maisnil, de Villencourt, de Neufvillette, de Souich, des Masures, de Beallecourt, le
Prieur de saint Supplis, le Curé de Millencourt : les Religieux, Abbé & Convent de Valoires,
les Curez de l'Estoille, de Bouchon, de Bussu, Maisons en Ponthieu, & de Ribaucourt.

Contre les nobles, à sçavoir le Roy Philippes d'Austriche, Comte d'Artois, Seigneur de Lens,
d'Aire, de Bethune & Hesdin, Chastelain de l'Isle, Douay & Orchies : le Duc d'Ascot Seigneur de Croüy, Chastelain de Beaureins : Messire André de Bourbon Chevalier, sieur de Rubempré : le Seigneur de Division, le Seigneur de la Haye, de la Boussiere, de Noyelles, de
Calonnes, Desquerdes, de Ricoüard, de Carvins, de Ricquebourg, de Cymecourt, d'Allewagne, de Humbercourt, de Dieval, de Beures, de Beuvry, de Souatre, de la Vallée, de Courieres, de Fosseux, de Lenval, de Haulteville, de Barly, de Dours le sec, d'Esmarcaiz, de Habart, de Beaufort, de Monchy le Breton, de Wachin, de Cyrancourt, de Marez, de Genonval, d'Esclimeu, d'Allencourt, de Haulte-cloque, Flers, Flamermont, d'Averdoing, Penin,
Houvignœul, de Moussicourt, de Boubers : les Seigneurs d'Acheu, de Raincheval, de Louvencourt, de Herissart, de Fiesselles : le sieur de Belloy, de Lompre, de Haracourt, Pierre de saint
Delys Ecuyer, à cause de sa Seigneurie qu'il a au Village d'Allonville : le Seigneur de Mon-
tonviller, le Seigneur de Buz lez Atthois, le Seigneur de saint Leger, le sieur de Thieures, de
Sanlis, Messire Jean de Mailly Chevalier, sieur de Belleville : les Seigneurs de Hetaumesnil, de
Lignieres, de Mesgnieux, de Bernapre, de d'Areul, de Soves, de Fourdrivoy : la Damoiselle
de Prouzelle, le Seigneur de Rivieres, de Saissemont, de Saisseval, les Seigneurs de Friecourt,
de Gaignemicourt, de Gournay, de Fricamps, de saint Aubin, de Montenay, de Caigny,
d'Oresmaux, de Henu, de Rogy, de Heineville, de Laval, de Jumelles, de Meurisson, de
Contres, de Famechon, Blangy sous Poix, de Gapennes, d'Yencourt, de Bours, de Gour

guechon, du Ponchel, de d'Olleger, de Genville, de Franviller, de Hamelet, de Ceriffi, de Morcourt, de Wiencourt, de la Chauffée, de Denuyn, d'Aubercourt, de Boufencourt, de Vers, de Foulloy, du Hamel, de Mericourt, Sailly, Leauret, de Bonnay, de Ribemont, de Boucacourt, de Warloy, de Biencourt, de Vilainecourt, de Blangy, de Thefi, de Cachy, de Candas, de Monftrelet, d'Ynguefchen & de Ricquemaifnil : les Seigneurs de Breculer, des Mafures, de Luchuel & de Gronches : Meffire Jean de Monchy Chevalier, Seigneur d'Ellecourt & Biencourt, le Seigneur de Tilloloy & de Vaulx, les Seigneur du Quefnoy fur Araines, de Theufles, de Bulleux & Lignieres, de Allenay, la Croix au Bailly, de Saucourt, de Herceleynes, d'Adinville, de Waudricourt, de Fouquaucourt, de Boullencourt en Sery, Bouthencourt & Monftiers : Meffire Anne Duc de Montmorency, Pair & Conneftable de France, Seigneur de Montenay : Meffire Charles de Brimeu, Seigneur de Sorrus: les Seigneurs de la Porte en Monftreul, de Verton, de l'Espinoy & d'Aure.

Et auffi contre les gens du tiers Etat, habitans des Villes, Bourgs & Villages qui enfuivent : à fçavoir les Echevins tant de Cité lez Arras, que de ladite Ville d'Arras. Les Echevins de Harnes : les Maieurs & Echevins de Faufquemberge : les Maire & Echevins d'Aire : les Echevins de Houdaing : les habitans de Divyon, de la Haye, de la Bouffire, de Calonne, Defquerdes, de Ricoüard, de Carvins, de Ricquebourg, de Cimiecourt, d'Allewagne, de Humbercourt, de Dieval, Echevins de Beures, habitans de Beuvry, de Souatre, de la Vallée, de Courières, de Foffeux, de Lenval, de Haulteville, de Barly, de Dours le Sec, d'Efmarcaiz, de Habart, de Beaufort, de Monchy le Breton, de Wachin, de Cyraucourt, de Marez, de Genonval, d'Etelimeu, d'Allencourt, de Haulte cloque, de Flers, de Flamermont, d'Averdoing, Penin, Houvignœul, de Mouficourt, de Boubers: Echevins de Havin Lietard, de Lens: les Officiers d'Hebuternes:Maieur & Echevins de Pernes, habitans d'Arleu, Echevins & habitans de Vieulaines: les Lieutenans, hommes & habitans de Hulles, Deloes, Douvrain, vieil Vendin: les Lieutenant & francs corriers de la vieille Chapelle : les Maieur & Echevins d'Hourges: les Prevoft & Echevins d'Oifi: les Maieur & Echevins de Marquion de Gouy, de l'Iflebourg, tous fujets de la Prevofté foraine de Beauquefne, ajournez à fon de trompe. Les habitans de Lanches, Canaples, de Raincheval, Thallemas, Vignacourt, Louvencourt, Vauchelles, de Heriffart, de Rubempré, de Belloy, de Lompre, de faint Maurice, de faint Pierre lez Amiens, de Pernois, Halloy, Pierregot, Mirevault, la Vacquerie, Haracourt, de Wargnies, de Hauremas, de Berthangles, de Moutonviller, Coifi, de la Vicongne, Mairieu, de faint Gratian, d'Efpecamps, de Bus lez Artois, de la Cardonnette, de faint Leger, de Georges, de Raineville, de Vaulx, de Poullainville, de Naours, de Thieures, de Sanlis : les habitans de Riencourt, de faint Pierre à Gouy, de faint Aulbin en Amiennois, de Blargies, de Damerancourt, de Croiffi, de Lignieres, de Soupplicourt, de Mefnieux, Maieut & Echevins de Poix, Les habitans de Ham, d'Eftouvy, de Drucœul, de Breffy, de Croüy, de Soves & Franqueville, d'Offi, de Cavillon, Fourdrivoy, de Renencourt, du Pont de Mez, Salleu, Bacoüel, Prouzel, Planchy, Fontaines fous Catheux, de Thilloy, Lully, Nampty & Coppegueulle, faint Sauflieu, Rumegny, Saveufes, de la Feriere, Bovelles, Saiffemont, Saiffeval, Friecourt, Lincheux, l'Hôpital, Seux, Guinemicourt, Clairy Gournay, Revelles, Biache, Quevauviller, Fricamps, Offegnies, d'Orefmeaux, de Henu, des Sarteaux, de Flers, Franfiures, Rugy, Gouy les Groffeliers, l'Ortioy, Paillart, Berny, Jumelles, Cothenchy, Golencourt, Renencourt, Guyencourt, Sains, faint ruscien, Rumefnil, Floury, Corttes. Les habitans du Village d'Eftrées, Prevôté de faint Riquier, Brucamps, Bouchon, d'Ergnie, de Nuyelles, la Motte, Favieres, Forefmontier, Brevoy, Hamelet, de Franviller, Ceriffi, Morcourt, Wiencourt, la Chauffée de d'Euvyn, l'Efquipée, de Cayeux, Hapeglenne, Aubercourt, Vefquemont, la Motte Brebiere, Rivery, Sailly le fec, Boufencourt, Vers, Foulloy, Villers Bretonneux, d'Aubigny, Mericourt, Sailly, Leauret, Bonnay, Heilly, Ribemont, Treves, Villes fous Corbie, Boucacourt, Contay, Vilainecourt, Montigny, Friencourt, de Pons, de Blangy, Glimont, Cachy, Gentelles, Thilloloy, de Vaulx, de Hoquincourt, de Caulieres, Forcheville, Montomer, de Hornoy, de Bofraoul, de Villers fus Campfart, Bezencourt, Dromefnil, Eftruius, Menricourt, Avelefges, Laleu, Aumont, Bethencourt, Rivieres, Metigny, Avefnes, Araines, Follie, Cambron, Moyenneville, Ellecourt, B'encourt, Rambures, Neffe, l'hôpital faint Maxen, Bulleux, Feuquieres, Freffenville, Saigneville & Friville, Chepy, Efpaumefnil, Efcarbotin, Belloy, Bouffeville, Waigne Rüe, Nibat, Onival, Friaucourt, Oufte, Rambercourt, Allenay, la Croix au Bailly, Maimieres, Saucourt, Herceleines, Frefnoye, faint Maulvis, Omaftre, Andinville, Frefneville, Ramburelles, Waudricourt, Auffennes, Foucaucourt, Monftier, Mefnil Endin, de Brouelles, Millencourt, Yfengrenier, d'Embreville, Lancheres & Boumont, de Beauval, de Candas, Fieffes, Bonneville, Monftrelet, d'Agnicourt, Haracourt, de Willencourt, Heuzecourt, de Sovich, Breviller, des Mafures, Grouches, Beauvoir, Riviere, Camaifnil, Oultrebois, Ocuch. Les Maieur & Echevins de faint Joffe fur la mer, les Bailly & Echevins de Verton, les Bailly & hommes de Brimeu & de Bercq.

Aufquels non comparans en perfonne, ne par Procureurs, avons donné défaut : fauf la feance portant tel profit que de raifon. Ce fait, avons fait faire le ferment aux gens defdits trois Etats, en tel cas requis & accoûtumé : à fçavoir, qu'en leurs loyautez & confciences ils nous rapporteroient ce qu'ils auroient veu garder & obferver des Coûtumes anciennes dudit Bailliage, anciens refforts, & enclaves d'iceluy, & ce qu'ils en fçauroient, ceffant toute affection privée & particuliere, & ayant feulement égard au bien public. Nous difans auffi leur avis & opinion de ce qu'ils trouveront dur, rigoureux & déraifonnable des Coûtumes anciennes cy-devant decretées & par eux obfervées, pour comme tel eftre par nous (felon qu'il nous eft mandé par efdites Lettres de Commiffion) temperé, moderé, augmenté, diminué, corrigé, ou du tout

tollu &

tolln & abrogé : ce qu'ils nous ont promis & juré de faire.

En aprés avons, en presence desdits Officiers & gens des trois Etats, procedé à la lecture dudit Livre à nous (comme dit est) le jour d'hier, baillé & imprimé par Jean Caron, Libraire d'Amiens, le vingt-cinquiéme jour de Janvier mil cinq cens quarante-six avant Pâques, qu'ils nous ont dit être, comme aussi le porte son intitulation le Livre des Coustumes tant generales du Bailliage d'Amiens, que locales & particulieres des Prevôtez de Monstreul, Beauquesne, Foulloy, saint Riquier, Doullens & Beauvoisis, publiées audit Bailliage en l'an mil cinq cens sept. Et avons commencé ladite lecture au premier article, & d'iceluy continué aux autres s'en-suivans jusques à la fin dudit Livre : sauf par ci-aprés de digerer & disposer par nous lesdits ar-ticles ainsi qu'ils seront accordez, augmentez, diminuez, corrigez ou reformez par l'avis des-dits Etats, en bon ordre & sous convenables titres & chapitres, pour plus grande clarté & fa-cile intelligence desdites Coûtumes : le Livre desquelles sera doresnavant intitulé par ces mots: *Coûtumes tant generales que locales & particulieres du Bailliage d'Amiens.*

Des Fiefs,

*L*ES articles premier commençant par ces mots, *Quand un vassal*, deuxiéme commençant par ces mots, *Aprés laquelle saisie*, troisiéme commençant par ces mots, *Et afin*, & cinquié-me commençant par ces mots, *Pour quelque temps*, ont esté par l'avis des assistans mis au lieu du dix-huitiéme article de l'ancien Coustumier, duquel la teneur ensuit. *Toutesfois qu'il advient que le possesseur proprietaire d'aucun fief va de vie à trépas, incontinent ledit trépas advenu, le-dit fief retourne en la main du Seigneur feodal dont il est tenu, & est reüni à sa table & domai-ne sans saisie ou main-mise, jusques à ce que l'heritier dudit trépassé l'aura relevé, payé les droits, & fait les devoirs en tel cas pertinents. Et peut le Seigneur dont ledit fief est tenu aprés quaran-te jours passez, & non ainçois, si ledit relief n'est fait en dedans ledit temps, prendre à son pro-fit tous les fruits & revenus qui sont procedez dudit fief depuis ledit trépas : & d'iceluy revenu joüir tant & jusques à ce que lesdits relief, droits & devoirs lui soient faits & payez, & en user comme bon pere de famille, sans aucune chose démolir, regaler ou autrement en mal user. Et quelque temps que ledit Seigneur en joüisse, il ne peut prescrire la proprieté du fief, mais en est garde seule-ment, en telle façon que l'heritier est toüjours entier de relever la proprieté de sondit fief, en payant les droits & devoirs, & ne le peut ledit Seigneur mettre en autre main par donation, transport, vendition ou autrement, que ce ne soit à la charge de recevoir les heritiers ou heritier à relief toutes-fois qu'ils s'y offriront, pour avoir lieu lesdits cinq articles pour l'avenir, sans préjudice du passé.*

Le sixiéme article commençant par ces mots, *Si le fief saisi*, a esté mis au lieu du dix-neu-viéme article dudit ancien Coustumier, dont la teneur ensuit : *Si en dedans lesdits quarante jours aucuns fruits écheoient à menrison, en sorte qu'il les conveinst messonner, les heritiers ou heritier du-dit défunt, ou les censiers & fermiers d'iceluy défunt pourront messonner lesdits fruits, labourer les terres & faire tout ce qu'il seroit necessaire & utile pour le bien de la chose sous la main du Sei-gneur feodal, à charge de rendre & bailler tous iceux fruits & profits levez audit Sei-gneur feodal, comme à luy appartenans, en evenement & au cas que par dedans lesdits quarante jours prochains ensuivans ledit trépas, les heritiers ou heritier dudit vassal défunt n'auroient re-levé & droitturé fief pardevers ledit Seigneur feodal, ou ses Bailly & Officiers : & sera la Justice d'iceluy fief durant lesdits quarante jours exercée sous ledit Seigneur feodal, par les Offi-ciers qui du vivant dudit défunt y étoient commis.* Lequel ancien en consequence des precedens articles, a esté de l'avis desdits Etats rayé.

En lisant les treize & quatorziéme articles de l'ancien Coustumier, qui sont en substance con-tenus és articles septiéme commençant par ces mots, *Les droits de reliefs :* & huitiéme commen-çant par ces mots, *Et en relief:* se sont opposez le Cardinal de Crequy en personne, ledit Rous-sel bailly de Corbie pour le Cardinal de Bourbon, Abbé & Comte dudit Corbie : & ledit Maître Nicole Nibat pour ledit Duc d'Aumalle: disans, à sçavoir ledit Cardinal de Crequy, qu'à cause de sa pairrie & principauté de Poix : & les autres à cause des terres qu'ils possedent en droit de pairrie, ils ont droit de prendre pour chacun relief, dix livres parisis : & cinq li-vres parisis pour droit de chambellage, & plusieurs autres droits qui ne sont compris en la Coû-tume generale. Aussi s'est opposé ledit du Beguin pour lesdits Doyen, Chanoines & Chapitre de Beauvais, disant qu'en la terre de Gaignemicourt & autres assises au Bailliage d'Amiens, appartenans ausdits du Chapitre, y a plusieurs Mairies tenües en fief de ladite Eglise. Pour le relief desquels & pour toute mutation d'homme, soit de pere à fils, ou autrement, leur est dû relief tel que le revenu d'une année, avec droit de chambellage : & outre, qu'ils ont droit de relief sur les cotteries, tel que pour chacune masure tenüe à cens & pour chacune mine de terre tenüe à champart, leur est dû pour droit le relief un sol parisis : & pour chacune mine tenüe en censive, douze deniers parisis : & ne peuvent entrer les heritiers ou legataires, en joüis-sance & possession des heritages à eux échûs ou leguez, avant que d'avoir payé lesdits droits : & ce sur peine de soixante sols parisis d'amende : & sont tenus faire lesdits reliefs & paye-mens de droits dedans quarante jours, sur peine de pareille amende. Pareillement lesdits Vail-lant & Lescouverte pour ledit sieur Cardinal de Chastillon, à cause de son Vidamé de Gerbe-roy, se sont opposez, & dit qu'en cas de donation simple d'heritage noble & tenu en fief faite à son heritier apparent habile à luy suceder, & en avancement d'hoirie & de succession, luy appartient droit de relief: qui est tel que le vassal doit offrir au Seigneur feodal au chef-lieu du fief seigneurial, une somme de deniers pour une fois, ou le revenu d'une année de trois, ou le dire des pairs & vassaux étans sous ledit Seigneur feodal, au choix dudit Seigneur : & au cas que le fief ou arriere-fief n'ait esté estimé & apreció, & qu'en tel droit il est fondé par Coûtume locale dudit Vidamé. Ce que ledit le Quieu Avocat du Roy a empêché, disant qu'en l'an mil cinq cens sept, que lesdites Coûtumes furent publiées, lesdits Seigneurs ou leurs predecesseurs ne se font aucunement opposez ausdits articles, qui ont passé generalement contre tous. Surquoy avons ordonné que lesdits articles passeront purement & simplement, sans préjudice des droits desdits opposans, s'aucuns en ont par titre ou possession immemoriale.

Au neuviéme article commençant par ces mots, *Si femme tenant fief*, qui étoit le quinziéme article dudit ancien Coustumier, lesdits Vaillant & Lescouverte pour ledit Cardinal de Chastillon se sont opposez, disans que ledit Seigneur en son Vidamé de Gerberoy, fait les fruits siens. Ce que ledit Procureur du Roy a empêché, & employé ce qu'il a dit sur l'article prochain precedent.

A l'article dixiéme commençant par ces mots, *Et quand le fief*, qui estoit le sixiéme de l'ancien, se font opposez le sieur Vidame d'Amiens, & le sieur de la Fresse, qui ont persisté à l'opposition faite par leurs predecesseurs audit an mil cinq cent sept, sur ledit artcie: disans avoir relief de bail avec celuy de proprieté, par titire & possession immemorialle, confirmée par Arrest, & dont ils ont joüy jusques à present: ce qui a esté empêché par ledit Avocat du Roy, & a requis que lesdits opposans eussent à luy exhiber les titres & arrests par eux alleguez.

Avons donné acte ausdits opposans de leur dire, & ordonné que dedans quatre mois prochainement venans, ils instruiront leurs oppositions & les feront mettre en estat de juger, autrement ledit temps passé où il y aura negligence, ledit article passera purement & simplement contre lesdits opposans.

A la fin du treiziéme article commençant par ces mots, *Quand le vassal*, qui estoit le vingt-uniéme dudit ancien Coûtumier, ont esté de l'avis desdits Estats, ajoûtez ces mots: *Pour raison duquel relief n'est dû que simple droit de relief & chambellage: & est tenu le Seigneur recevoir lesdits puisnez, encore que l'aîné eût relevé autres fiefs d'icelle succession.*

Au vingtiéme article commençant par ces mots, *Quand le Seigneur veut*, qui estoit le vingt-quatriéme ancien, lesdits Lescouverte & Vaillant pour ledit Cardinal de Chastillon se font opposez, disans que ledit Seigneur Cardinal est en possession de commettre telles personnes que bon luy semblera pour recevoir ses hommages, sans qu'il soit tenu d'y estre en personne. Par ledit Avocat du Roy a esté dit au contraire, & qu'il n'est recevable à s'opposer au contenu audit article, qui passa purement & simplement en ladite année mil cinq cent sept. Surquoy avons ordonné que ledit Seigneur Cardinal aura acte de ses remontrances, & que neanmoins ledit article passera, sans prejudice de ses droits, s'aucuns en a, par titres ou possession immemoriale. A la fin duquel article & pour explication d'iceluy, avons de l'avis desdits Estats ajoûté ces mots, *Et autrement lesdits vassaux ne sont tenus de faire les foy & hommages personels audit Seigneur.*

Au vingt-cinquiéme article commençant par ces mots, *Le vassal tenant*, qui estoit le vingt-sixiéme audit Coûtumier ancien, se font opposez lesdits Cardinal de Crequy en personne, Lescouverte & Vaillant pour ledit Cardinal de Chastillon: ledit Beguyn pour le Chapitre de Beauvais: ledit des Essars pour le Duc de Nivernois, à cause de Dame Henriette de Cleves sa femme, sieur de saint Vallery sur la mer, Ault, pays & roc de Cayeu: Messire Claude de Vendosme, Seigneur de Lambercourt, & Jean le Dieu, au nom & comme Procureur de Messire Maximilien de Meleun, Vicomte de Gand, Seigneur & Chastelain de Baillœul, disant ledit Seigneur Cardinal de Crequy, qu'en la terre de Dompmart ses vassaux tenans fief en pairrie ou en plein hommage, n'ont toutefois en iceux telle Justice que luy. Lesdits Lescouverte & Vaillant pour ledit Seigneur Cardinal de Chastillon, Vidame de Gerberoy, ont dit qu'audit Vidamé de Gerberoy, y a seulement quatre hauts Justiciers ses vassaux: * & quant aux autres vassaux qui ont Justice, l'ont seulement basse, & non davantage. Ledit Beguyn audit nom, a dit que les vassaux de leurdite terre de Gaignecourt, & autres, estans audit Bailliage d'Amiens, n'ont aucune Justice: ains appartient toute la Justice à l'Eglise de Beauvais, & ne sont les fiefs de leursdites terres que fiefs de service. Ledit des Essars a dit, qu'audit Seigneur Duc de Nivernois, à cause de sadite femme, seul appartient la haute Justice audit païs & roc de Cayeu, & non à ses vassaux & sujets dudit païs, suivant la Coûtume locale & particuliere par ses predecesseurs pieça baillée & mise au Greffe dudit Bailliage: & outre appert desdits droits par les anciens aveux & denombremens baillez par ses vassaux. Ledit Fournier pour ledit Messire Claude de Vendosme Chevalier, Seigneur de Lambercourt, a dit que ses vassaux n'ont jamais eu audit lieu autre Justice que Vicomtiere. Ledit Dieu pour ledit Vicomte de Gand, a dit que ses vassaux & tenans feodaux en ladite Châtellenie de Baillœul, n'ont que Justice Vicomtiere, & à luy seul la haute Justice appartient: ce que sesdits vassaux en l'an mil cinq cent sept, pour ce convoquez, luy accorderent & dresserent ensemble Coûtumes locales, qui furent mises au Greffe dudit Bailliage: & que neanmoins sesdits vassaux pendant les guerres survenuës, à cause que ledit sieur tenoit party contraire, ont usurpé sur luy la haute Justice en leurs terres, & se disent estre en possession d'en joüir au prejudice des droits, autoritez, justice & seigneurie de sadite Chastellenie & desdites Coûtumes locales estant au Greffe, requerant icelles Coûtumes locales estre homologuées, à tout le moins estre mises en un registre à

---

* Les quatre terres dépendantes du Vidamé de Gerberoy, qui ont haute Justice, sont Formeries, Fontaines Lavoganes, saint Sanson, & Rotangy.

part au Greffe dudit Bailliage, pour y avoir recours. A esté par ledit Lieutenant de Bailloeul soûtenu au contraire ; assavoir que lesdits habitans n'ont usurpé la haute Justice en leurs terres, en laquelle ils sont fondez par droit, titres & possession immemorialle. Surquoy avons dit que lesdits opposans auront acte de leursdites oppositions & remoutrances, & neanmoins ordonné que ledit article passera sans prejudice de leurs droits, titres particuliers & possessions immemorialles, s'aucunes en ont.

A l'article vingt-six, commençant par ces mots, *Celuy qui a fief*, qui estoit le vingt-septiéme article de l'ancien, ont esté de l'avis desdits Estats, ajoûtez & entrejettez ces mots, *Pourvû qu'il le baille à juste rente & prix, & autant qu'il vaut, sans fraude :* lesquels mots ont esté pris du soixante-quatriéme article des Coûtumes locales de Monstreul, pour estre à l'avenir observez audit Bailliage d'Amiens, & au lieu de ces mots, *Tel vassal commettroit & confisqueroit son fief, ou écheroit en amende de quarante livres parisis envers sondit Seigneur, & avec ce ledit bail seroit declaré nul :* qui estoit audit vingt-septiéme article ancien, ont esté de l'avis que dessus mis ces mots : *& où il prendroit autres que lesdits cens & rente sans le sceu & consentement de sondit Seigneur, il est tenu de payer les droits seigneuriaux, à raison des deniers par luy receus, & outre l'amende de quarante livres parisis pour le déguisement & recellement par luy fait,* pour avoir lieu à l'avenir, sans prejudice du passé.

Le vingt-septiéme article commençant par ces mots, *Peut aussi bailler*, a esté pris du quarantiéme article de Beauquesne, & de l'avis desdits Estats ajoûté à ladite Coûtume generale, pour avoir lieu à l'avenir.

A la fin du vingt-huitiéme article commençant, *Chacun peut échanger*, faisant partie du vingt-huitiéme article dudit ancien Coûtumier, ont esté par l'avis desdits Estats ajoûtez, pour plus grande interpretation d'iceluy, ces mots, *Par celuy qui reçoit les deniers d'icelle & dont les contractans seront tenus se purger par serment,* pour avoir lieu à l'avenir.

A la fin du trente-uniéme article commençant par ces mots, *Le vassal peut éclipser*, qui estoit le trente-uniéme article dudit ancien Coûtumier, ont esté par l'avis que dessus, ajoûtez ces mots, *à l'élection & choix dudit vassal,* pour avoir lieu pour l'avenir, sans prejudice du passé & procés pendans.

Pareillement à la fin du trente-troisiéme article commençant par ces mots, *Chacun se peut joüer*, qui estoit le trente-uniéme article dudit ancien Coûtumier, ont esté de l'avis desdits Estats, ajoûtez ces mots, *Au choix & élection dudit vassal,* pour avoir lieu à l'avenir, & sans prejudice du passé & procés pendans.

Du trente-quatriéme article commençant par ces mots, *Aussi dans un an*, a esté de l'avis que dessus, faite addition pour l'avenir en consequence & pour la limitation de l'élection baillée au vassal tant en cet article qu'aux precedens, sans prejudice comme dessus.

L'article trente-septiéme commençant par ces mots, *Quand la vendition*, a esté de l'avis desdits Estats, ajoûté pour l'explication de l'article precedent.

A l'article quarante-un commençant, *Toutes & quantes fois*, qui estoit le trente-deuxiéme de l'ancien Coûtumier, ont esté ajoûtez & interjettez ces mots, *continuels & consecutifs & par trois divers payemens,* pour avoir lieu à l'avenir.

Le quarante-troisiéme article commençant par ces mots, *Un tenancier cottier peut*, a esté de l'avis que dessus mis au lieu du trente-quatriéme de l'ancien Coûtumier, duquel la teneur ensuit. *Item par ladite Coûtume un tenant cottierement aucun heritage, terre ou masure tel tenant ne peut renoncer & delaisser ladite terre, heritage ou masure en la main du Seigneur de qui il tient à censive, que prealablement ne soit tenu payer tous les arrerages qu'il devroit à cause des censives d'icelles terres, masures & heritages, jusques au jour qu'il voudroit delaisser en la main de qui il tient.*

Pareillement le quarante-quatriéme article commençant par ces mots, *Quand un vassal commet*, a esté par l'avis desdits Estats mis au lieu du soixante-dixiéme article dudit ancien Coûtumier, duquel la teneur ensuit, *Toutes fois & quantes qu'un vassal commet felonnie à l'encontre de son Seigneur feodal en derogeant à son serment de fidelité, tel vassal pour ladite felonnie confisque son fief envers sondit Seigneur feodal, ou échet envers luy en amende de soixante livres parisis.*

Le quarante-cinquiéme article commençant par ces mots, *Pareillement si le Seigneur commet*, a esté de l'avis desdits Estats ajoûté pour avoir lieu à l'avenir.

De Donations.

AU quarante-sixiéme article commençant par ces mots, *Toute personne*, qui estoit le premier article de l'ancien Coûtumier, ont esté de l'avis que dessus, interjettez eu deux divers endroits ces mots, *Aagée & usant de ses droits,* & ce mot, *capable,* pour plus grande explication dudit article.

Le quarante-septiéme article commençant par ces mots, *Toutesfois pour donation*, a esté dudit avis ajoûté, pour avoir lieu à l'avenir.

Le quarante-neuviéme article commençant par ces mots, *Semblablement pour partage*, qui estoit le vingt-septiéme article de la Coûtume locale de Beauquesne, a esté par l'avis que dessus, ajoûté à ladite Coûtume generale d'Amiens pour avoir lieu à l'avenir, sans prejudice du passé.

De Testamens.

LEs articles cinquante-cinq commençant par ces mots, *Avant qu'un testament*, & cinquante-six commençant par ces mots, *L'âge pour pouvoir*, ont esté par l'avis des assistans ajoûtez pour avoir lieu à l'avenir, sans prejudice du passé.

A l'article cinquante sept commençant par ces mots, *Il est loisible*, qui estoit le quatriéme article de l'ancien Coûtumier, ont esté de l'avis que dessus ajoûtez & entrejettez ces mots, *soit qu'il soit de ses propres ou d'acquests*, & dudit ancien ont esté rayez ces mots, *Et doit le testateur user par exprés de ce mot, quint, qui se nomme quint datif*, comme superflus & de nul effet.

L'article cinquante-huitiéme commençant par ces mots, *Toutesfois si le testateur*, a esté par l'avis que dessus ajoûté, pour avoir lieu à l'avenir, sans prejudice du passé.

Les articles cinquante-neuviéme commençant par ces mots, *Tout quint heredital*, soixante-un commençant par ces mots, *L'executeur testamentaire est saisi*, soixante-deux commençant par ces mots, *L'executeur testamentaire paye*, soixante-troisiéme commençant par ces mots, *Si l'un des deux*, & soixante-quatre commençant par ces mots, *Toutesfois si c'estoit*, ont esté par l'avis desdits Estats ajoûtez, pour avoir lieu à l'avenir.

Au soixante-cinquiéme article commençant par ces mots, *Si aucun veut*, ont esté de l'avis que dessus mis & entrejettez ces mots, *Est requis & necessaire*, au lieu de ce mot, *expedient*, qui estoit au neuviéme article de l'ancien.

De Successions.

LE soixante-septiéme article commençant par ces mots, *Tant que la ligne directe* : & soixante-huitiéme article commençant par ces mots, *Tant que la ligne directe ascendante*, ont esté de l'avis desdits Estats mis au lieu du trente-sixiéme article de l'ancien Coûtumier, pour plus grande explication d'iceluy, duquel ancien article la teneur ensuit : *Tant que la ligne directe dure, soit en ascendant ou en descendant, la ligne collateralle n'a point de lieu.*

Les articles soixante-neuf commençant par ces mots, *Representation en ligne directe*, & soixante-dixiéme commençant par ces mots, *Representation en ligne collateralle*, ont esté de l'avis desdits Estats ajoûtez pour avoir lieu pour l'avenir, & mis au lieu du trente-septiéme article de l'ancien Coûtumier, dont la teneur ensuit : *Representation n'a point de lieu, si ce n'est qu'elle fût par lettres ou fait especial traitée, faite & accordée, auquel cas elle auroit lieu*, lequel ancien article a esté de l'avis desdits Estats abrogé.

Les articles soixante & onziéme commençant par ces mots, *Quand aucun va de vie à trépas*, soixante & douze commençant par ces mots, *Auquel quint heredital*, soixante & treize commençant par ces mots, *Aussi demeure & appartient*, soixante & quatorze commençant par ces mots, *Peut ledit aîné*, soixante & quinze commençant par ces mots, *Et s'il n'y a terres*, soixante & seize commençant par ces mots, *Pendant lequel temps*, soixante & dix-sept commençant par ces mots, *Pour ledit rachat*, soixante & dix-huit commençant par ces mots, *Si l'aîné rachete*, soixante & dix-neuf commençant par ces mots, *Le puisné releve*, quatre-vingt commençant par ces mots, *Ledit quint*, & quatre-vingt-un commençant par ces mots, *La part des puisnez*, ont esté de l'avis desdits Estats ajoûtez pour avoir lieu à l'avenir, & mis au lieu du trente-neuviéme article de l'ancien Coûtumier, duquel la teneur ensuit. *Quand aucun va de vie à trépas, delaissez par luy plusieurs enfans de luy nez & procréez en loyal mariage mâles ou femelles, à l'aîné mâle ; & à faute de mâle, à l'aînée femelle succedent & doivent appartenir les heritages feodaux dont possedoit ledit deffunt au jour de son trépas, à la charge d'un quint viager aux autres enfans, si apprehender le veulent, à chacun d'iceux par égale portion : mais chacune d'icelles portions retourne & se reünit aux quatre parts de l'aîné aprés le trépas de chacun d'iceux enfans, lequel quint viager & chacune portion d'iceluy, se doit relever du Seigneur dont le total du fief est tenu : Et pour ce par chacun d'eux payer tel relief & faire semblables services pour chacune d'icelles portions de quint que devoit & doit le total du fief : & quant aux biens meubles & heritages, cens ou rentes cottiers ou roturiers delaissées par tel deffunt, ils se partissent entre lesdits enfans également & par égale portion, & en autant l'une comme l'autre*, lequel ancien article a esté abrogée. nonobstant les oppositions faites par ledit Seigneur Cardinal de Crequy, qui a dit avoir Coûtume locale au contraire en sadite terre de Dampmart : & par lesdits Lescouverte & Vaillant, qui ont dit, pour ledit Cardinal de Chastillon, que par la Coûtume de sondit Vidamé de Gerberoy à l'aîné mâle appartient seulement les deux parts des fiefs écheus par succession directe, & l'autre tiers aux autres enfans : & s'il n'y a enfans mâles, les filles succedent également. Ledit Procureur du Roy soûtenant au contraire, disant que lesdits articles doivent demeurer purement & simplement, attendu qu'ils ne faisoient apparoir des Coûtumes par eux alleguées, & n'avoient esté par cy devant decretées. Ausquelles parties avons donné acte de leurs dires, & que lesdits articles passeront sans prejudice de leurs droits, desquels ils feront apparoir par titres ou possessions immemorialles, s'aucuns en ont.

L'article quatre-vingt-trois commençant par ces mots, *Quand pere ou mere*, qui estoit le soixante-dixiéme de la Coûtume locale dudit Monstreul, a esté par l'avis que dessus ajoûté à ladite Coûtume generale pour avoir lieu à l'advenir, sans prejudice du passé.

Au quatre-vingt-quatriéme article commençant par ces mots, *Et quant aux acquests feodaux*, a esté par l'avis desdits Estats ajoûté pour conformité & parité de raison qu'il a avec le precedent.

Les quatre-vingt sixiéme article commençant par ces mots, *Les freres & sœurs*, quatre-vingt-sept commençant par ces mots, *Les biens sont estimez*, & quatre-vingt-huit commençant par ces mots, *Si le deffunt*, ont esté par l'avis desdits Estats ajoûtez pour avoir lieu à l'avenir, sans prejudice du passé.

Le quatrevingt-neuviéme article commençant par ces mots, *Les biens acquis*, qui estoit le huitiéme de la Coûtume locale de Monstreul, a esté par l'avis que dessus ajoûté à ladite Coûtume generale.

L'article quatre-vingt-onze commençant par ces mots, *Et s'il y a plusieurs*, a esté de l'avis desdits Estats ajoûté pour avoir lieu à l'avenir, sans prejudice du passé.

Les articles quatre-vingt-douze commençant par ces mots, *Quand pere ou mere delaissent*, & quatre-vingt-treiziéme commençant par ces mots, *Mais si tous lesdits enfans*, ont esté de l'avis desdits Estats mis au lieu du quarante uniéme article de l'ancien Coûtumier, pour plusgrande explication d'iceluy, duquel quarante-uniéme la teneur ensuit; *Item par ladite Coûtume quand aucun pere ou mere aprés leur trépas delaissent plusieurs enfans ses heritiers, dont les aucuns sont mariez & les autres à marier : & s'il delaisse plusieurs meubles, dettes, rentes & heritages cottiers & partables, en ce cas si les mariez veulent venir à partager avec ceux qui sont à marier, iceux mariez sont tenus rapporter ou déduire tout ce qu'ils ont emporté à mariage, & le tout mettre ensemble pour le partir : & en prendre chacun par égale portion : mais si tous estoient mariez, il n'y a point de rapport, supposé que l'un eût beaucoup plus emporté en mariage que l'autre.*

Le quatre-vingt-quatorziéme article commençant par ces mots, *Pour partage universel*, a esté de l'avis desdits Estats ajoûté, comme ayant esté obmis en l'ancien Coûtumier, combien qu'il ayt esté toûjours observé.

Au quatre-vingt-quinziéme article commençant par ces mots, *Religieux ou Religieuses*, ont esté de l'avis desdits Estats pour plus grande explication entrejettez ces mots, *en Religion approuvée*.

Le quatre-vingt seiziéme article commençant par ces mots, *Les biens meubles*, a esté par l'avis desdits Estats ajoûté, comme ayant esté obmis en l'ancien Livre Coûtumier, combien qu'il eût esté par cy-devant observé.

Le quatre-vingt-dix-septiéme article commençant par ce mot, *Artilleries*, qui estoit le douziéme article des Coûtumes locales de Monstreul, a esté ajoûté à la Coûtume generale dudit Bailliage d'Amiens pour avoir lieu à l'avenir, sans prejudice du passé.

Des droits appartenans à gens mariez.

A L'article quatre-vingt-dix-neuf commençant par ces mots, *Aprés le trépas dudit mary*, faisant partie du cinquante-uniéme du cayer ancien, ont esté de l'avis desdits Estats ajoûtez & entrejettez ces mots, *Ce qu'elle est tenu declarer dedans quarante jours*, qui ont esté pris du quatre-vingt-huitiéme article des Coûtumes locales de Monstreul, & encore sur la fin d'iceluy ont esté ajoûtez de l'avis que dessus ces mots, *Son recours à elle reservé contre les heritiers du mary.*

A la fin du cent quatriéme article commençant par ces mots, *Mais quand le mary*, ont esté de l'avis que dessus ajoûtez ces mots, *Aprés la saisie dudit sieur*, en consequence des precedens qui requierent saisie à faute de foy.

L'article cent cinq commençant par ces mots, *Quand l'un des deux conjoints*, a esté de l'avis que dessus, ajoûté comme ancien, mais ayant esté obmis audit ancien Livre Coûtumier.

A' la fin du cent sixiéme commençant par ces mots, *Personnes conjointes par mariage*, qui estoit le huitiéme article dudit ancien Coûtumier, ont esté par l'avis desdits Estats ajoûtez ces mots, *Au cas toutesfois qu'il n'y ait enfans dudit mariage ou d'autre precedent : & s'il y en a, ne peuvent donner l'un à l'autre que par usufruit*, pour avoir lieu à l'avenir.

Les articles cent sept commençant par ces mots, *Femme ayant enfant*, & cent huitiéme commençant par *Quand l'un des conjoints*, ont esté de l'avis desdits Estats ajoûtez de nouvel pour avoir lieu à l'avenir.

Des Doüaires.

L E cent neuviéme article commençant par ces mots, *Femme mariée est doüée*, a esté par l'avis de la plupart desdits Estats ajoûté de nouvel, nonobstant le dire de Maistre Jean de la Fosse Avocat audit Siege, qui a dit qu'il s'opposoit, tant pour luy que pour autres Praticiens dudit Siege, en ce que pour ledit nouvel article la veuve seroit saisie. Surquoy nous avons ordonné qu'il baillera ses causes d'opposition à la Cour au lendemain de la saint Martin, neanmoins cependant & par provision, ledit article passera & sera mis au lieu des cinquante-trois & cinquante-quatriémes articles de l'ancien Coûtumier, desquels la teneur estoit. *Il est de necessité si une femme veuve aprés le trépas de son mary veut acquerir & avoir les fruits & profits du douaire coûtumier à elle dû sur les heritages de sondit feu mary, qu'icelle veuve ait le consentement des heritiers ou heritier d'iceluy feu son mary, & des Seigneurs ou Seigneur dont les heritages sur lesquels elle a acquis droit de douaire sont tenus & mouvans, ou qu'elle obtienne Commission du Siege dudit Bailliage, ou d'autres Juges competens : que par vertu d'icelle Commission elle se fasse mettre de fait sur les heritages sur lesquels elle veut avoir sondit douaire : & ce signifier aux heritiers de sondit feu mary, detenteurs, possesseurs & occupateurs d'iceux heritages : & au Seigneur ou Seigneurs dont ils sont tenus : & que sur ce soit tant procedé, qu'elle soit tenuë & decretée de droit de leur consentement, ou par sentence de Juge competent sur contredit ou par contumace : & n'est ladite veuve prejudiciée esdits fruits pour la longueur du procez, pourvû que la Sentence & tenuë de droit, qui depuis se donne au profit d'elle, se retrotrait par ladite Coûtume à jour de la mise de fait à l'instance d'elle faite par Justice sur lesdits heritages.*

Item, si une femme aprés le trépas de son mary, est negligente d'entrer en la jouïssance de son douaire coûtumier, ou l'apprehender par mise de fait deuement signifiée où il appartient, elle perd les fruits d'iceluy écheus depuis le trépas de sondit mary, jusques à ce qu'elle aura fait faire ladite mise de fait en iceluy son douaire.

A l'article cent douziéme commençant par ces mots, *Douaire coûtumier est de moitié*, faisant partie du quarante-neuviéme article ancien, ont esté de l'avis desdits Estats, ajoûtez & entrejettez ces mots, *saisi ou non*, & encore ces mots, *ou par donation de pere ou mere ou autres ascendans en ligne directe*, pour plus grande explication & intelligence d'iceluy : Auquel se sont opposez lesdits Lescouverte & Vaillant pour ledit Seigneur Cardinal de Chastillon, disans que par la Coûtume locale dudit Vidamé de Gerberoy, la femme est douée de la moitié de tous les heritages, soit feodaux ou cottiers, que le mary avoit le jour de ses nopces, & durant & constant leur mariage, lequel douaire est reputé propre aux enfans dudit mariage, de laquelle opposition leur avons baillé acte, & neanmoins ordonné que l'article passera.

Par le cent quinziéme article commençant par ces mots, *Pour douaire soit prefix ou coûtumier*, a esté de l'avis desdits Estats corrigé le cinquante-uniéme article de l'ancien Coûtumier, qui pour acquerir hypotheque pour le douaire prefix sur les biens du mary, requeroit expresse realisation ou reconnoissance devant les Seigneurs ou leurs Officiers, & au reste est ancien pris des quarante-neuviéme & dudit cinquante-uniéme articles dudit ancien Coûtumier.

Les articles cent vingt-deuxiéme commençant par ces mots, *La veuve doit pour les heritages tenus*, & cent vingt-quatriéme commençant par ces mots, *Femme noble se remariant*, ont esté de l'avis desdits Estats ajoûtez.

Des Baillistres & Enfans mineurs.

LEs articles cent vingt-septiéme commençant par ces mots, *Et se fait l'apprehension*, cent vingt-huit commençant par ces mots, *Toutesfois nul n'est*, & cent vingt-neuviéme commençant par ces mots, *Et s'il ne se presente*, ont esté de l'avis desdits Estats pris des quinze & seiziéme articles des Coûtumes locales de Monstreul, & ajoûtez à la Coûtume generale, pour avoir lieu à l'avenir.

Le cent trente-cinquiéme article commençant par ces mots, *Mâles & femelles*, a esté de l'avis desdits Estats, suivant les remontrances qui avoient esté faites l'an mil cinq cens sept, contenuës audit Livre imprimé, ajoûté & par consequent abrogé le quarante-sixiéme article dudit ancien Coûtumier, duquel la teneur estoit. *Un fils est tenu pour âgé & habile à demener ses causes & besongnes, en demandant & en deffendant incontinent qu'il a atteint l'âge de quinze ans complets, & une fille à douze ans complets : aprés lequel âge ainsi atteint, tels enfans peuvent contracter, vendre & aliener leurs biens & heritages, & en user à leur plaisir & volonté.*

Le cent trente-sixiéme article commençant par ces mots, *Emancipation d'enfans*, a esté par l'avis desdits Estats pris du quarante-uniéme article des Coûtumes locales de Beauquesne, & ajoûté à l'ancienne Coûtume, pour avoir lieu à l'avenir.

Des Hypotheques.

AU cent trente-septiéme article commençant par ces mots, *Contrats de venditions*, qui fait partie du soixante-cinquiéme article ancien de l'avis desdits Estats, pour & au lieu de ce mot, *auditeurs*, qui estoit audit ancien article, a esté mis ce mot, *notaires*, & si ont esté ajoûtez & entrejettez ces mots, *Pour le regard du Seigneur & creanciers*.

L'article cent trente-neuviéme commençant par ces mots, *Toutesfois és cas*, a esté de l'avis desdits Estats ajoûté pour avoir lieu pour l'avenir.

Au cent quarante-uniéme article commençant par ces mots, *La premiere que le vendeur*, qui faisoit partie du soixante-septiéme article de l'ancien Coûtumier, s'est opposé Maistre André Pecoul pour & au nom des Doyen, Chanoines & Chapitre de l'Eglise de Paris, à cause de leur Seigneurie d'Oultre bois ; & pour lesdits Abbé, Religieux & Convent de Clerfay, & pour les Religieuses, Abbesse & Convent de Willencourt, pour ledit François de Semeur Seigneur du Bus lez Arthois, à cause de sa femme : Et pour ledit frere Guillaume Fleury, Commandeur des Fieffes, disant qu'à cause desdites terres, leur sont dûs droits Seigneuriaux en cas de vente, donation, alienation & permutation, tels que du sixiéme denier, pour heritages cotriers & roturiers, & que dudit droit ils sont en possession immemorialle : auquel ausdits noms avons donné act. de son opposition, & passera ledit article sans prejudice de leurs droits, dont ils feront apparoir par titres & possession immemorialle.

Les articles cent quarante-cinq commençant par ces mots, *Le sieur ou son bailly* ; & cent quarante-six commençant par ces mots, *L'acquereur ou autre pretendant,* ont esté de l'avis desdits Estats ajoûtez, pour avoir lieu à l'avenir.

Les articles cent cinquante-unième commençant par ces mots, *Le Seigneur ne peut contraindre,* qui estoit le soixante dix-huitiéme article des Coûtumes locales de Montreul, & cent cinquante-deuxiéme commençant par ces mots, *Si depuis creation d'hypotheque,* qui estoit le douziéme des Coûtumes locales de Beauquesne, ont de l'avis desdits Estats esté ajoûtez à ladite Coûtume generale, pour avoir lieu à l'avenir.

L'article cent cinquante-troisiéme commençant par ces mots, *L'acquereur de rente realisée,* a esté aussi par l'avis desdits Estats ajoûté, pour avoir lieu à l'avenir.

Les articles cent cinquante-quatriéme commençant par ces mots, *Chacun peut demander,* qui estoit le deuxiéme de la Coûtume locale de saint Riquier, & le cent cinquante-cinquiéme commençant par ces mots, *Toutefois un tiers detenteur,* qui estoit le quarante-cinquiéme article de la Coûtume locale d'Amiens, ont esté de l'avis desdits Estats ajoûtez à ladite Coûtume generale, pour avoir lieu à l'avenir.

L'article cent cinquante-sixiéme commençant par ces mots, *Il est permis à celuy,* a esté aussi de l'avis desdits Estats ajoûté, pour avoir lieu à l'avenir.

L'article cent cinquante-septiéme commençant par ces mots, *Peut aussi proceder* ; qui estoit le quarante-troisiéme article de ladite Coûtume locale d'Amiens, a esté par l'avis que dessus ajoûté, pour avoir lieu à l'avenir.

L'article cent cinquante-huitiéme commençant par ces mots, *Et peut le locateur,* a esté aussi de l'avis desdits Estats ajoûté, pour avoir lieu à l'avenir.

De Prescription.

LEs articles cent soixante commençant par ces mots, *Celuy qui joüit,* cent soixante-un commençant par ces mots, *Et s'il joüit par trente ans,* cent soixante-deuxiéme commençant par ces mots, *Par le temps de trente ans,* & cent soixante-trois commençant par ces mots, *Meuble se prescrit,* ont esté mis au lieu du troisiéme article de l'ancien Coûtumier, dont la teneur estoit. *Par ladite Coûtume generale quiconque joüit & possesse paisiblement, ou demeure quitte & paisible d'aucun heritage, droit réel ou personnel, par le temps & espace de vingt ans complets, continuels & ensuivans l'un l'autre ou sans titre entre presens ou absens, personnes âgées & non privilegiées, & entre gens d'Eglise & privilegiez, par le temps de quarante ans aussi complets & ensuivans l'un l'autre : tel possesseur acquiert le droit de la chose ainsi par luy possessée, ou dont il est demeuré paisible par ledit temps & espace : en telle maniere qu'aprés ledit temps passé & expiré, aucun autre n'est recevable d'en faire demande, action ou poursuite à l'encontre de tel possesseur ou demeuré paisible : Et sont par ledit laps de temps & prescription, toutes actions sopies, éteintes & abolies.*

A la fin de l'article cent soixante-quatre commençant par ces mots, *Le vassal ne prescrit,* qui estoit le soixante-quatrième article de l'ancien Coûtumier, ont esté de l'avis desdits Estats ajoûtez ces mots, *Mais les arrerages des redevances, cens & profits seigneuriaux, se peuvent prescrire,* pour avoir lieu à l'avenir.

L'article cent soixante-cinq commençant par ces mots, *Nul ne peut acquerir,* qui estoit le trente-sixiéme de la Coûtume locale d'Amiens, a esté de l'avis desdits Estats ajoûté à ladite Coûtume generale, & à la fin d'iceluy ajoûté ces mots, *S'il n'y a titre ou possession de quarante ans,* le tout pour avoir lieu à l'avenir.

Le cent soixante-sixiéme article commençant par ces mots, *Nul ne peut faire fosse,* qui estoit le trente-huitiéme de la Coûtume locale d'Amiens, a esté de l'avis desdits Estats ajoûté à ladite Coûtume generale, pour avoir lieu à l'avenir.

Des Retraits lignagers & feodaux.

AL'article cent soixante & septiéme commençant par ces mots, *Quand aucun vend* ; qui fait partie du quarante septiéme article de l'ancien Coûtumier, ont esté de l'avis desdits Estats au lieu de ces mots, *En dedans l'an ensuivant le jour de la saisine baillée d'iceux heritages,* ajoûtez & entrelassez ces mots, *Dedans l'an & jour que le contrat est ensaisiné & dûement insinué au registre du Seigneur duquel est mouvant ledit heritage, ou de sa jurisdiction,* pour avoir lieu à l'avenir.

Les articles cent soixante & dixiéme commençant par ces mots, *Le lignager dans la hui-aine*, cent soixante & onze commençant par ces mots, *Aussi doit ledit lignager*, & cent soixante & douziéme commençant par ces mots, *Ledit lignager est tenu*; ont esté de nouvel ajoûxez par l'avis desdits Estats.

Aussi les articles cent soixante & treize commençant par ces mots; *Le retrait n'a lieu*, cent soixante & quatorziéme commençant par ces mots, *Mais estant l'heritage vendu*, & cent soixante & quinziéme commençant par ces mots, *Et si deux en même degré*, ont esté de l'avis desdits Estats de nouvel ajoûtez pour avoir lieu à l'avenir, & mis au lieu de ces mots, *Et reconnoit l'acheteur par dedans l'an cestuy de la cotte & ligne du vendeur dont l'heritage est venu, tel que bon semble audit acheteur : & par ladite Coûtume ledit retrait lignager n'a lieu en permutation & échange, ne semblablement en donation : soit par entre-vifs ou testamentaire, ainsi que dit est dessus*, qui estoit à la fin du quarante-septiéme article de l'ancien Coûtumier, & par consequent lesdits mots ont esté abrogez.

Le cent soixante-dix-septiéme article commençant par ces mots : *Semblablement n'a lieu*; qui estoit le soixante & quinziéme article de la Coûtume locale de Monstreul, a esté par l'avis desdits Estats ajoûté.

Le cent soixante-dix-neuviéme article commençant par ces mots, *Quand l'heritage propre est acquis*, a esté par l'avis desdits Estats, suivant les remontrances qui avoient esté faites en l'an mil cinq cens sept, ajoûté pour avoir lieu à l'avenir, & mis au lieu du quarante-huitiéme article de l'ancien Coûtumier qui a esté abrogé, & duquel la teneur estoit. *Si durant le mariage de deux conjoints, le mary de leurs deniers communs retrait par proximité de lignage aucuns heritages vendus par ses parens venans de son costé & ligne, tellement qu'ils luy seroient adjugez en vertu dudit retrait, & aprés va de vie à trépas, delaisse sa femme veufve; icelle veufve aura (si elle veut) la moitié desdits deniers employez par sondit mary audit retrait, qui est à payer à l'heritier dudit mary qui succederoit audit heritage retrait : Mais si ledit heritier ne veut restituer la moitié desdits deniers, il sera contraint laisser jouir ladite veufve de la moitié d'iceux heritages hereditablement : & par ladite Coûtume si ledit mary retrait par proximité, comme dessus, aucuns heritages vendus par leurs parens & amis de sa femme, & du costé & ligne d'elle, en ce cas à ladite femme doivent appartenir lesdits heritages ainsi retraits, & aux hoirs d'icelle, & non aux hoirs de sondit mary, sans qu'elle soit tenue en restituer aucune chose.*

Le cent quatre-vingtiéme article commençant par ces mots, *Toutefois si celuy*, a esté de l'avis desdits Estats ajoûté, pour avoir lieu à l'avenir.

Des droits des Seigneurs & Justiciers, Jurisdictions & amendes.

A L'article cent quatre-vingt-un commençant par ces mots, *Seigneurs ayans haute*, qui estoit le soixante-onziéme article dudit ancien Coûtumier, s'est opposé ledit André Pecoul pour Charles de Gomet Escuyer, Seigneur de Cugneres, comme mary & bail de Damoiselle Jeanne de la Trametie Dame de Quevauviller, disant qu'il y a Coûtume locale audit lieu de Quevauviller, situé en la Prevosté de Beauvoisis : par laquelle il a droit de mort & vif herbage, tel que de chacun sujet ayant bestes à laine jusques au nombre de neuf & au-dessous pernoctans la veille de Noël és metes & fins d'icelle seigneurie, luy appartient de chacune desdites bestes une obole parisis, pour mort herbage, qui se doit payer sans demander la veille de saint Jean Baptiste, à peine de soixante sols parisis d'amende : & si ledit nombre de bestes à laine est de dix & au-dessus pernoctans la veille de Noël, comme dit est, luy appartient pour droit de vif herbage, une desdites bestes à son choix; aprés toutefois que celuy à qui appartiennent lesdites bestes en auront choisi une : lequel droit de vif herbage se paye quand il est demandé, & sans autre peine d'amende, s'il n'étoit refusant lors que l'on le demande, & que le Seigneur ou son Commis fût empêché à la perception d'iceluy. Auquel cas y auroit semblable amende de soixante sols parisis, sans prejudice aux fiefs & lieux francs dudit droit : duquel droit ledit sieur & ses predecesseurs Seigneurs dudit Quevauviller ont jouy paisiblement par temps immemorial : & même ses sujets audit lieu luy ont reconnu & confessé ledit droit par les aveux & dénombrement qu'ils luy ont baillé, quarante ans sont & plus; & aussi en appert par la Coûtume locale dudit Quevauviller, mise au Greffe dudit Baillage d'Amiens dés l'an mil cinq cens sept, empêché par ces moyens qu'à son prejudice ledit article soit passé & homologué. Par ledit Avocat du Roy, a esté dit, que ledit opposant n'est recevable en son opposition, attendu le laps de temps qui est de soixante ans & plus que lesdites Coûtumes du Baillage d'Amiens furent homologuées, sans que ledit opposant ne ses predecesseurs s'y soient opposez. Avons ordonné que ledit article demeurera comme il est, sans prejudice des droits dudit opposant & autre, dont il sera apparoir par titre, convention ou possession immemoriale.

A l'article cent quatre-vingt-quatre commençant par ces mots, *Tous Seigneurs ayans haute Justice ou moyenne, sont Seigneurs voyers*, qui estoit le soixante & quatorziéme de l'ancien Coûtumier, se sont opposez, ledit Cardinal de Crequy en personne, ledit des Essars pour ledit Cardinal de Bourbon Abbé & Comte de Corbie, & les Religieux & Convent dudit lieu : ledit du Gart tant pour le Vidame d'Amiens, le sieur de la Freite, que pour luy en son nom privé : encore ledit des Essars pour ledit Sieur de Rambures, ledit Jacques Bauduyn pour le sieur de Gamaches, à cause de sa terre & seigneurie de Thiembronne, disant qu'ils persistent aux oppositions formées par leurs predecesseurs dés ladite année mil cinq cens
sept, &

sept, & qu'ils ont Justices & autres droits en aucunes eauës & rivieres, combien qu'ils ne soient Seigneurs des terres contiguës : même ledit Seigneur de la Freste qu'il a seigneurie en plusieurs chemins à trois lieuës de ladite terre de la Freste. Aussi ledit Beguyn pour le Seigneur d'Esclebecq, a fait semblable opposition : pareillement se sont opposez audit article lesdits Lescouverte & Vaillant pour ledit Seigneur Cardinal de Chastillon, disans que combien qu'aucuns Seigneurs sujets & vassaux dudit Cardinal ayent au-dedans dudit Vidamé de Gerberoy Justice, toutefois ledit Seigneur Cardinal est seul Seigneur voyer : aussi ledit Miremont pour lesdits Maître Jean Vauchelles Prêtre Curé, Antoine le Blond Seigneur, Bernard Flamen & Guillaume Caze, Echevins de l'Estoile, s'est opposé, à ce que ledit article ne préjudicie aux chartres, titres & droits desdits Curé, Seigneur & Eschevins : mêmement ledit le Blond pour le droit de pêcherie qu'il a dit avoir en la riviere de Somme, non seulement és endroits de sa seigneurie, mais aussi ailleurs, dont il a titres particuliers & possessions immemoriales. Nous avons ordonné que ledit article passera pour Coûtume gene ale, sans préjudice ausdits opposans de leurs droits, si aucuns en ont, par titres ou possession immemorialle.

Le cent quatre-vingt-cinquiéme article commençant par ces mots, *Tous chemins Royaux,* qui estoit le cinquante-quatriéme de la Coûtume locale de Monstreüil, a esté de l'avis desdits Estats ajoûté à ladite Coûtume generale, pour avoir lieu à l'avenir.

A l'article cent quatre-vingt six commençant par ces mots, *Ceux qui tiennent fiefs en plein hommage,* qui estoit le soixante & quinziéme de l'ancienne Coûtume, ont esté de l'avis desdits Estats, & suivant la remontrance qui en fut faite audit an mil cinq cens sept, contenuë audit Livre imprimé, ajoûtez & entrejettez ces mots, *ou par Procureur specialement fondé,* pour avoir lieu à l'avenir.

L'article cent quatre-vingt-sept commençant par ces mots, *Toutesfois quand pour bonne,* a esté de l'avis desdits Estats ajoûté, pour avoir lieu à l'avenir.

A l'article cent quatre-vingt-huit commençant par ces mots, *Lesdits vassaux doivent,* qui estoit le quatre-vingt-dix-huitiéme article de l'ancien Coûtumier, ont esté de l'avis desdits Estats ajoûtez & entrejettez ces mots, *Ou y a contention entre le Seigneur & les vassaux, ou entre les vassaux, pour droits de leurs fiefs,* & au lieu de ces mots, *soixante sols parisis,* pour avoir lieu à l'avenir.

Le cent quatre-vingt-onziéme article commençant par ces mots, *Si aucuns eps ou mousches,* qui estoit le trente-neuviéme de Monstreüil, a esté de l'avis desdits Estats ajoûté à ladite Coûtume generale, comme estant anciennement observé audit Bailliage, combien qu'il ait esté obmis audit ancien Coûtumier : Et sur la fin dudit article aprés ces mots, *Au Seigneur vicomtier,* ont esté mis ces mots, *ou autre ayant plus haute Justice,* pour avoir lieu à l'avenir.

A l'article cent quatre-vingt-douziéme commençant par ces mots, *Gens d'Eglise,* qui estoit le soixante & dix-huitiéme article dudit ancien Coûtumier, ledit du Gart pour ledit Vidame d'Amiens, a dit qu'il persiste à l'opposition que les predecesseurs d'iceluy Vidame firent sur ledit article audit an mil cinq cens sept, & soûtenu avoir droit de prendre, à cause du pont de Picquegny, droit de peage & pontenage, & à cause de sa terre de Dours droit de bac sur toutes personnes de quelque qualité qu'ils soient, excepté les Princes du sang & ceux qui portent les Fleurs de Lys en leurs armes, dont luy & ses predecesseurs sont en bonne possession & saisine, & telle qu'elle surpasse toute memoire d'homme, justifiée par plusieurs Arrests de la Cour de Parlement, donnez contradictoirement contre plusieurs personnes tant nobles qu'autres, & mêmement contre le Procureur General du Roy, dont les aucuns sont donnez depuis ladite opposition formée en ladite année mil cinq cens sept : à quoy par ledit Cardinal de Crequy a esté dit, qu'il y avoit Arrest de ladite Coué donné au contraire : par lequel ceux de la maison de Crequy & de Soissons sont exempts desdits droits alleguez par ledit du Gart, & par ledit du Gart a esté repliqué que ledit Arrest (si aucun y a) a esté donné : parceque ceux de la maison de Soissons (dont ledit Cardinal est issu) portent les Fleurs de Lys en leurs armes.

Sur quoy avons ordonné que dedans six mois ledit Vidame fera vuider avec le Procureur du Roy & gens d'Eglise, ladite opposition : autrement & où il sera negligent de ce faire, ledit article passera purement & simplement.

L'article cent quatre-vingt-quatorziéme commençant par ces mots, *Et s'il y a plusieurs Seigneurs,* a esté de l'avis desdits Estats ajoûté, pour avoir lieu à l'avenir.

A l'article cent quatre-vingt-seiziéme commençant par ces mots, *Quand aucun délaisse,* qui estoit le soixante-un de Monstreuil, a esté dudit avis ajoûté à ladite Coûtume generale & entrejettez ces mots, *En temps de paix,* & à la fin de l'article mis ces mots, *Jusqu'à ce que le proprietaire soit venu la demander,* pour avoir lieu à l'avenir.

A l'article cent quatre-vingt-dix-neuviéme commençant par ces mots, *Celuy qui doit censives,* qui estoit le dix-huitiéme article des Coûtumes locales de Vimeu, a esté de l'avis que dessus ajoûté à ladite Coûtume generale, pour avoir lieu à l'avenir.

A la fin du deux cens deuxiéme article commençant par ces mots, *Et si lesdites bestes,* qui faisoit partie du quatre-vingt-deuxiéme article dudit Coûtumier ancien, ont de l'avis desdits estats esté ajoûtez ces mots, *Tant esdits bois taillis que hauts bois,* lesquels mots ont esté pris du vingt-sixiéme article de la Coûtume locale de Vimeu, pour avoir lieu à l'avenir.

A la fin du deux cens sixiéme article commençant par ces mots, *Mais si celuy qui a garde faite,* ont esté de l'avis desdits Estats ajoûté ces mots, *Pourvû qu'il n'ait part à l'amende, dont il se purgera par serment,* pour avoir lieu à l'avenir.

Tome I.

L'article deux cens seiziéme commençant par ces mots, *Pour injure verbale*, a esté par l'avis desdits Estats mis au lieu du quatre-vingt-dixiéme article de l'ancien Coûtumier, dont la teneur s'ensuit : *Si aucun injurie de paroles aucun autre, & il en est accusé & convaincu, il doit au Seigneur dont il est sujet, ou sous la Justice duquel il a dit icelles injures, sept sols six deniers parisis. Et semblablement quiconque frappe de main garnie en la Justice d'un haut Justicier, tel facteur échet envers le Seigneur en amende de soixante sols parisis : & qui frappe de main non garnie, il échet en amende de sept sols six deniers parisis tant seulement : & si le delinquant se part d'escalenge de la Justice où il a commis le delit, iceluy delinquant se peut purger en l'un des trois lieux qui s'ensuivent : assavoir, ou en la Justice où il a commis ledit delit, ou pardevant le Seigneur où il est sujet & sous-manant, ou pardevant le Prevost Royal.*

L'article deux cens dix-sept commençant par ces mots, *Celuy qui appelle*, a esté de l'avis desdits Estats mis au lieu du quatre-vingt-onziéme article ancien, duquel la teneur estoit : *Si aucun appelle d'un Seigneur ses Bailly, gens & Officiers de Justice, & celuy qui a appellé est dit mal appellant, tel appellant est tenu & doit estre condamné envers le Seigneur duquel en a appellé, en amende de soixante sols parisis : & s'il y renonce, il doit pareillement audit Seigneur amende de soixante sols parisis.*

Le deux cens dix-huitiéme article commençant par ces mots, *Le temps de relever*, qui estoit le cinquante-deuxiéme article des Coûtumes locales de Monstreul, a esté de l'avis desdits Estats ajoûté à ladite Coûtume generale , pour avoir lieu à l'avenir.

A l'article deux cens vingt-deuxiéme commençant par ces mots, *Quand aucun est obligé*, qui estoit le quatre-vingt-quatorziéme article dudit ancien Coûtumier, se sont opposez lesdits Lescouvette & Vaillant pour ledit Cardinal de Chastillon Vidame de Gerberoy, & Maistre Nicole le Cat aussi Procureur dudit Seigneur Cardinal abbé de saint Lucien, pour les terres & seigneuries de ladite Abbaye estans aux fins & meres dudit Bailliage d'Amiens: Aussi s'est opposé ledit de Lessau pour ledit Duc d'Aumalle, à cause de sa terre & Baronnie de Boves, disans que par leurs justices & sergens desdits lieux, ils peuvent faire faire execution de lettres obligatoires & mandemens Royaux : ce qu'ont pareillement dit lesdits Maieur & Echevins d'Amiens, qui ont persisté en leur opposition faite audit an mil cinq cens sept : desquelles oppositions, encore qu'elles ne semblent pertinentes à l'article , leur avons donné acte pour leur servir ce que de raison.

A l'article deux cens vingt-cinquiéme commençant par ces mots, *Quand aucun pour crime*, qui faisoit partie du quatre-vingt-dix-septiéme article ancien, ont esté de l'avis desdits Estats entrejettez ces mots, *à plus de neuf ans.*

A l'article deux cens vingt-sixiéme commençant par ces mots, *Toutesfois en cas de crime*, qui fait le surplus dudit quatre-vingt-dix-septiéme article ancien, a esté de l'avis desdits Estats , aprés ces mots, *de leze majesté*, ajoûté ce mot, *humaine*, & neanmoins ledit des Essars pour ledit Cardinal de Bourbon Abbé & Comte de Corbie, & les Religieux & Convent de ladite Abbaye, a dit que lesdits Abbé, Religieux & Convent, ont audit lieu de Corbie tout tel & semblable droit que le Roy : & les Maieur & Echevins d'Amiens ont dit qu'ils ont Jurisdiction & connoissance du crime de fausse monnoye : ce qu'a esté denié par ledit Avocat du Roy, desquels dire & denegation leur avons octroyé acte.

Les articles deux cens vingt-septiéme commençant par ces mots, *Le mary confisquant*, & deux cens vingt-huitiéme commençant par ces mots, *Aussi la femme mariée*, ont esté de l'avis desdits Estats ajoûtez , pour avoir lieu à l'avenir.

A l'article deux cens trente-uniéme commençant par ces mots, *Audit Bailly d'Amiens ou son Lieutenant Juge Provincial*, qui estoit le cent septiéme article dudit ancien Coûtumier, s'est opposé ledit Maistre Jean Guerard pour le Lieutenant du Bailly d'Amiens au siege de Monstreul, persistant à son opposition faite dés l'an mil cinq cens sept, audit cent septiéme article, & contenant que les subjets de la Prevosté de Monstreul ne sont poursuivables au siege d'Amiens : Aussi lesdits Lescouvette & Vaillant pour ledit Cardinal de Chastillon se sont opposez, tant sur ledit article que sur le subsequent deux cens trente-deuxiéme, commençant par ces mots, *Aussi appartient*, qui estoit le cent huitiéme de l'ancien, protestant que les cas de prevention & renvoys mentionnez esdits articles, ne luy puissent prejudicier, pour le regard de sondit Vidamé de Gerberoy, sur les sujets duquel ledit Bailly d'Amiens n'a aucune connoissance, ains appartient audit Bailly de Gerberoy : & par ledit Avocat du Roy a esté employé pour réponse à ladite opposition ce qu'il a dit cy-dessus contre leur opposition faite à la comparition desdits Lescouvette & Vaillant pour ledit Cardinal de Chastillon , à cause dudit Vidamé de Gerberoy.

A l'article deux cens trente-quatriéme commençant par ces mots, *Les Prevosts Royaux dudit Bailliage*, qui estoit le cent dixiéme article ancien, lesdits Maieur, Prevost & Echevins d'Amiens ont persisté à leur ancienne opposition, soûtenans qu'ils sont Juges Royaux à cause de la Prevosté d'Amiens, annexée & incorporée avec la Mairerie & Echevinage : & comme tels sont capables & peuvent connoistre de toutes matieres criminelles, excepté de meurtre & rapt : & ne payent aucune chose pour la conduite des prisonniers en la ville de Paris, ne pour les ramener audit Amiens : & qu'ils peuvent condamner en plus grandes amendes que de soixante sols parisis.

Et par ledit Cardinal de Crequy comme Evesque d'Amiens, & du Gart pour ledit Vidame d'Amiens, a esté persisté à l'opposition de leurs predecesseurs faite sur ledit ancien article audit an mil cinq cens sept, disans que lesdits Evesque & Vidame sont en partie

Seigneurs de ladite ville d'Amiens, & y ont leurs Officiers : & en cette qualité ont part aux amendes qui sont adjugées & s'adjugent ordinairement en ladite Ville par lesdits Maire, Prevost & Echevins, lesquels peuvent condamner les mal-faicteurs en plus grandes amendes, & ont connoissance de tous cas & delits : même de crime de fausse monnoye, dont ils sont fondez par plusieurs Arrests. Et par lesdits Prevost de Beauquesne, Foulloy, saint Riquier, Doullens, Vimeu & Beauvoisis, a esté dit qu'ils sont fondez en l'Edit de Cremieu : par lequel ils peuvent connoistre de toutes matieres criminelles, comme il est plus au long contenu audit Edit, à cette cause s'opposent ausdits articles : Et par la Noblesse a esté dit, qu'ils empêchent que lesdits Prevosts connoissent de matieres criminelles, disans qu'au Bailly d'Amiens seul privativement ausdits Prevosts, appartient de connoistre desdites matieres criminelles : & par ledit le Quieu Avocat du Roy a esté dit & remontré qu'il se voyoit souvent de grands discords & troubles à la grande foule & oppression des parties entre les Officiers, pour le desir qu'ils ont de croistre & augmenter leur jurisdiction : & pour premierement répondre ausdits Maire, Prevost & Echevins, a dit qu'en leur opposition de l'an mil cinq cens sept, ils n'avoient pris ladite qualité de Juges Royaux, laquelle aussi ne se pouvoit soûtenir, parce que de tout temps la Justice des Maire & Echevins a esté distincte & separée de celle de la Prevosté : & pour ce montrer evidemment, a dit qu'il est notoire qu'il y a divers Juges, Greffiers, Sergens & divers jours & heures pour tenir leurs plaidoyez & exercer leurs Justices en chacune desdites Jurisdictions, joint que la Prevosté d'Amiens a esté baillée à ferme par le Roy ausdits Maire & Echevins, & que lesdits Maire & Echevins sont purs Juges patrimoniaux, à cette cause a empêché & denié la qualité de Juges Royaux : & quant ausdits Prevost de Beauquesne & Lieutenant particulier cydessus nommez, qui sont Juges subalternes & ressortissans par appel audit Bailliage d'Amiens de tout temps & ancienneté : même par la Coûtume generale dudit Bailliage d'Amiens, usances & anciens titres d'icelle Prevosté, ne peuvent connoistre de matieres criminelles, & condamner en amende plus grande que de soixante sols parisis : & que si leur opposition avoit lieu, ce seroit rendre inutile l'estat & office du Bailly d'Amiens ou son Lieutenant, & du tout enerver & abolir la Jurisdiction dudit Bailliage, laquelle anciennement & aupatavant que le ressort d'Arthois & Bailliage de Hesdin fût perdu, estoit l'un des beaux Sieges & d'aussi grande étenduë & ressort qu'il y eût sous ladite Cour de Parlement à Paris : que ce n'estoit du jourd'huy que lesdits Prevosts ont voulu ainsi augmenter leurs Jurisdictions au prejudice de celle dudit Bailliage : mais sitost que les Officiers du Roy audit Bailliage ont esté ouys, & que la Coûtume generale dudit Bailliage a esté donnée à entendre à Messieurs du Conseil, lesdits Prevosts n'ont obtenu à leurs intentions : mêmes y a eu lettres de Declaration du Roy pour l'entretenement & conservation de ladite Coûtume contre ledit Edit de Cremieu, entherinées en ladite Cour de Parlement, ouy sur ce le Procureur General du Roy, & Arrest contradictoirement donné entre ledit Bailly d'Amiens ou son Lieutenant, & lesdits Prevosts, en l'année mil cinq cens trente-huit : par lesquels lesdits Prevosts ont esté declarez non recevables à l'opposition par eux formée à l'entherinement desdites Lettres de Declaration. Et outre, en l'an mil cinq cens cinquante-quatre sur l'entherinement de certain Edit donné à Laon à l'avantage & à l'amplification de la Jurisdiction desdits Prevosts, y eût Lettres de Declaration du Roy, données en son Conseil Privé, obtenuës à la poursuite, instance & requeste des Maire, Prevost & Echevins d'Amiens, publiées & enregistrées en la Cour de Parlement. Par ces moyens & aussi pour l'inconvenient qui adviendroit au public, si l'opposition desdits Prevosts avoit lieu, estans les Sieges desdits Prevosts assis en lieux champestres, & la pluspart au-delà la riviere de Somme, où n'y a prisons pour tenir seurement les prisonniers, & que cela redonderoit à la grande diminution & ruine de ladite Ville d'Amiens, capitale du païs, requiert que ladite Coûtume generale soit entretenuë. Surquoy avons donné acte audit Cardinal Evesque d'Amiens & Vidame d'Amiens de leurs oppositions, & declaré que n'entendons prejudicier à leurs droits particuliers, dont ils ont titres ou possessions immemoriales : & quant aux autres oppositions, avons renvoyé les parties en la Cour au lendemain de la saint Martin, & cependant ordonné que l'article aura lieu : & neanmoins enjoint ausdites parties de garder les Edits, Ordondances & Arrests sur ce donnez entre elles sans aucune chose innover, le tout par maniere de provision, jusques à ce qu'autrement en ayt esté ordonné par le Roy ou ladite Cour.

A la fin de l'article deux cens trente-septiéme commençant par ces mots, *Celuy qui a enfraint la main*, qui estoit le quatre-vingt dix-neuviéme de l'ancien Coûtumier, ont esté de l'advis desdits Estats ajoûtez ces mots, *Et par corps*, pour avoir lieu pour l'avenir.

Les articles deux cens quarante sept commençans par ces mots, *Si aucun arrache bornes*, deux cens quarante-huit commençant par ces mots, *Avant qu'un Seigneur*, deux cens quarante-neuf commençant par ces mots, *Le bastard peut*, deux cens cinquante commençant par ces mots, *Et s'il y a enfans legitimes*, deux cens cinquante & un commençant par ces mots, *S'il n'a enfans & n'a disposé*, deux cens cinquante-deux commençant par ces mots, *Au Seigneur haut Justicier appartient*, & deux cens cinquante-trois commençant par ces mots, *La succession des aubeines*, qui estoient les vingt-huitiéme, quarante-quatriéme, quarante-cinquiéme, quarante-sixiéme & quarante septiéme article de Monstreul, horsmis quelques mots y nouvellement ajoûtez & reformez par les Officiers dudit Monstreul, ont esté de l'avis desdits Estats ajoûtez à la Coûtume generale, pour avoir lieu à l'avenir.

De Criées.

LEs articles deux cens cinquante-quatre commençant par ces mots, *Le sergent procedant,* deux cens cinquante-cinq commençant par ces mots, *Ledit Seigneur executeur,* deux cens cinquante-six commençant par ces mots, *Doit ledit sergent,* deux cens cinquante-sept commençant par ces mots, *Si le debteur sur lequel,* & deux cens cinquante-huit commençant par ces mots, *Le Seigneur feodal,* ont esté pris des cinquante-neuviéme & soixantiéme articles de l'ancien Coûtumier, excepté que l'on y a ajoûté de l'avis desdits Estats, quelques mots, pour plus grande explication d'iceux.

L'article deux cens cinquante-neuf commençant par ces mots, *L'acheteur & dernier encherisseur,* qui estoit le trente-huitiéme de Beauquesne, a esté de l'avis desdits Estats ajoûté à la Coûtume generale, pour avoir lieu à l'avenir : Et quant aux autres articles qui estoient audit ancien Coûtumier sous ledit titre de criées, ont esté rayez : & enjoint aux Juge & Officiers dudit Bailliage d'Amiens, d'observer au lieu desdits articles rayez, l'Ordonnance du Roy faite sur les criées en l'an mil cinq cens soixante-un, publiée & verifiée en ladite Cour de Parlement.

Aprés la lecture desdites Coûtumes generales, ainsi que voulions proceder à la lecture des Coûtumes locales & particulieres contenuës audit Livre imprimé, nous a esté presenté de la part desdits Maire, Prevost & Echevins d'Amiens, un cayer en papier des Coûtumes locales & particulieres desdites Mairie, Prevosté & Echevinage dudit Amiens, qu'ils nous ont dit avoir esté toûjours observées par cy-devant observées, combien qu'elles n'eussent esté imprimées; ce qui seroit advenu par faute & obmission : Nous requerant vouloir, avant toutes autres locales & particulieres dudit Bailliage, proceder à la lecture & homologation d'icelles, ce que leur avons accordé.

Coûtumes locales de la *Ville, Loy, Mairie, Prevosté, Echevinage,* & *Banlieuë d'Amiens.*

A L'article vingt-cinquiéme commençant, *Un chacun doit clôture,* ont esté de l'avis desdits Estats entrejettez & ajoûtez ces mots, *De pierre, brique, brocail, moillon ou pailliz,* & encore ces mots, *d'une part & d'autre,* pour avoir lieu pour l'avenir.

Aux articles vingt-septiéme commençant par ces mots, *Sergens à masse,* & vingt-huitiéme commençant par ces mots, *Aussi peuvent lesdits sergens,* s'est opposé ledit le Quieu Avocat du Roy, disant qu'il n'y a que quatre Sergens à masse en ladite Ville qui puissent faire les exploits mentionnez esdits articles : & que les autres douze n'ont ledit pouvoir : & par lesdits Maire, Prevost & Echevins, a esté soûtenu au contraire, disans qu'ils en ont privilege & jouy de tout temps. Sur lequel different les avons renvoyez à la Cour au lendemain de la saint Martin.

Coûtumes particulieres & locales de la *Prevosté de Monstreul sur la mer.*

L'Article cinquiéme commençant par ces mots, *Quand un tenant cottier va de vie à trépas,* a esté par l'avis desdits Estats, mis au lieu du dix-septiéme du cayer ancien desdites Coûtumes locales, dont la teneur s'ensuit : *Si aucun tenant feodal ou cottier va de vie à trépas, son tenement feodal ou cottier retourne de son plein droit en la main du Seigneur duquel il est tenu, en te la maniere que si les herimers du trépassé ne relievent ledit fief & tenement feodal du Seigneur duquel il est tenu en dedans quarante jours & quarante nuits ; & le tenement cottier en dedans sept jours & sept nuits, ledit Seigneur duquel ledit fief ou cotteries sont tenus, en peut prendre les fruits, profits & émolumens, & en joüir & profiter comme de sa chose vrayement retournée à sa table & domaine : Et en peut iceluy Seigneur joüir tant qu'il soit venu devers luy heritier habile à succeder, qui relieve lesdits fiefs & cotteries.* Poursuivant les autres articles, ledit Guerard Avocat audit Monstreul, nous a dit qu'il a presenté lesdits articles pour les sujets & répondans audit Siege de Monstreul : mais que par telle presentation, ne pour la comparition qu'il a faite ausdites Coûtumes, il n'a entendu & n'entend en rien déroger aux prerogatives du Siege de ladite Prevosté de Monstreul : lequel est du tout distinct & separé de celuy d'Amiens, & ressortit immediatement en la Cour de Parlement, & aussi qu'il ne presentoit lesdites Coûtumes comme estant de la Prevosté de Monstreul, laquelle est de present supprimée : mais comme estant dudit Bailliage d'Amiens audit lieu de Monstreul, auquel ladite Prevosté est reünie. Et par ledit le Quieu Avocat du Roy, a esté dit, que ledit Siege de Monstreul n'est tellement distinct & separé de celuy d'Amiens, que les Sergens Royaux dudit lieu ne puissent faire exploits audit Monstreul, combien que les Officiers dudit Monstreul s'efforcent ordinairement les empêcher, & les veulent contraindre de prendre pareatis : combien que ledit Siege de Monstreul soit Siege particulier dudit Bailliage d'Amiens & ressortissant audit Siege d'Amiens és cas Royaux. Surquoy avons ordonné que les Sergens Royaux dudit Bailliage d'Amiens pourront executer audit Monstreul sans demander *pareatis*, sans toutefois prejudicier aux droits & prerogatives dudit Siege de Monstreul en autres choses.

A la fin du dix-huitiéme article commençant par ces mots, *Toutes espaves doivent*, qui estoit le quarantiéme du cayer ancien, au lieu de ces mots, *Et si aucun ne vient, elles sont à son profit, & en peut faire son profit, tant que cestuy à qui elles appartiennent, vienne qui en auroit l'estimation*, ont esté de l'avis desdits Estats ajoûtez & mis ces mots, *Et s'ils y viennent dedans un an, leur doivent estre rendus en payant les frais de la garde, sinon ledit Seigneur en peut faire son profit.*

En la fin du vingt-septiéme article commençant par ces mots, *Quiconque est exempt par appel*, qui n'estoit cotté au Livre ancien de ladite Coûtume locale, & suivoit le cinquante-quatriéme article dudit Livre, ont esté de l'avis desdits Estats ajoûtez ces mots : *Pourvû que l'appel soit interjetté sans fraude, & est tenu l'appellant le faire vuider dedans six mois, autrement iceluy temps passé, l'exception n'a lieu.*

Au vingt-huitiéme article commençant par ces mots, *Celuy qui demeure cotierement*, qui estoit le cinquante-cinquiéme dudit ancien Coûtumier de Monstreul, ont esté de l'avis desdits Estats ajoûtez ces mots, *En tenant toutesfois par ledit Seigneur son bureau*, pour avoir lieu à l'avenir.

COUTUMES LOCALES ET PARTICULIERES
de la Prevosté Foraine de Beauquesne, du costé d'Arthois, & la Riviere d'Authie.

EN faisant lecture de ladite intitulation, nous a esté dit par Maistre Adrian Picquet, Prevost dudit Beauquesne, que ce qui est de ladite Prevosté de Beauquesne par deçà ladite riviere d'Authie du costé de France, se gouverne selon la Coûtume generale d'Amiens, & que la Coûtume locale n'y a lieu.

Le quatriéme article commençant par ces mots, *Chacun Seigneur ayant Justice*, qui estoit le cinquiéme article dudit ancien Coûtumier de Beauquesne, est passé avec la remontrance ancienne mise audit Livre à la fin dudit article, qui a esté reçûë & trouvée bonne par lesdits Estats.

COUTUME LOCALE ET PARTICULIERE
de la Prevosté de Foulloy.

A L'article de ladite Coûtume commençant par ces mots, *Quand un tenant cottier*, qui estoit le second article de ladite ancienne Coûtume particuliere de Foulloy, ont esté de l'avis desdits Estats, au lieu de ces mots, *sept jours*, qui estoient audit ancien, mis ces mots, *vingt jours*, pour avoir lieu à l'avenir.

Ce fait, ayant leu tous lesdits articles desdites Coûtumes particulieres & locales des Mairie, Prevosté & Echevinage d'Amiens, Prevosté de Monstreul, Foulloy, saint Riquier, Doullens, & celles que Maistre Nicole Froment Procureur du Roy en la Prevosté de Vimeu, assisté de Maistre Jacques le Fuzelier Prevost, Maistre Jean Roger Lieutenant general, Martin Herisson, Charles Roussel, Leon des Preaulx, Antoine du Rot, & autres Praticiens dudit Vimeu, nous ont presenté comme Coûtumes locales de Vimeu, * combien qu'audit an mil cinq cens sept, elles furent par obmission adirées, & par ce moyen ne furent publiées. Et que voulions proceder à la lecture de deux articles de la Prevosté de Beauvoisis estans audit Livre imprimé & non cottez, Maistre Adrian Dainval Prevost de Beauvoisis, & Adrian Herisson Lieutenant au Siege de Grandviller, nous ont requis que les sujets répondans en ladite Prevosté de Beauvoisis, fussent d'oresnavant en tout & par tout regis & gouvernez par ladite Coûtume generale.

Avons de l'avis desdits Estats ordonné, qu'à la fin des articles des susdites Coûtumes locales, seroit mis l'article non cotté, commençant par ces mots, *Ladite Mairie, Prevosté & Echevinage d'Amiens.* Et sur ce que plusieurs tant dudit Estat Ecclesiastique, que de la Noblesse, mêmement lesdits Lescouverte & Vaillant pour ledit Vidame de Gerberoy, nous ont presenté des Coûtumes locales qu'ils pretendent tous respectivement avoir en leurs terres & seigneuries ; & nous ont aussi verbalement allegué plusieurs droits particuliers qu'ils pretendent avoir en leursdites terres & seigneuries, qui ne sont compris en ladite Coûtume generale : protestant respectivement chacun d'eux, qu'elle ne puisse prejudicier à leursdits droits.

---

* Maistre Charles du Molin sur le Procez verbal de l'ancienne Coûtume avoit ajoûté : Dont le cayer des Coûtumes locales apporté audit Antoine de S. Denys, fut mangé & rongé de son levrier. Et parce que ceux de Vimeu, lors de la publication des Coûtumes, ne pûrent promptement fournir de leur cayer de leurs Coûtumes particulieres, qui avoient esté mangées des chiens, ils demeurerent sous la Coûtume generale d'Amiens : & ainsi l'ay veu juger par Arrest, en un procez, environ l'an 1548. *C. M.*

Leur avons dit que ne recevrions autres Coûtumes locales, que celles qui seroient rapportées par les trois Estats, en la maniere deuë & accoutumée : & que neanmoins nous n'entendons par cette presente redaction, prejudicier à leurfdits pretendus droits, defquels ils pourront faire apparoir par titres ou possession immemoriale.

Et le vendredy vingt-fixiéme jour dudit mois de Septembre audit an mil cinq cens foixante-sept, en procedant à la lecture, arreft & publication defdites Coûtumes, qui a esté faite par l'ordonnance & en la presence de Nous Commissaires susdits, & des Officiers du Roy audit Bailliage, Maieur, Prevoft, Echevins & autres personnes des trois Estats d'iceluy Bailliage, pour ce assemblez audit Auditoire Royal, lieu destiné pour ce faire. Avons, ledit Procureur du Roy ce requerant, dit & ordonné : disons & ordonnons que les ajournez qui n'ont comparu durant nostre seance à la redaction defdites Coûtumes, soit gens d'Eglise, de Noblesse, ou du tiers Estat, seront, pour le profit des defauts par nous contre eux donné, cenfez & reputez estre sujets aufdites Coûtumes ainsi arreftées par les trois Estats : Et au surplus avons dit & ordonné que lefdites Coûtumes seront tant par lefdits defaillans que comparans, entretenuës, gardées & observées pour loy : & à ce faire les avons condamnez, leur faisant inhibitions & deffenses de poser & articuler d'oresnavant autres Coûtumes : & aufdits Bailly, Prevofts, leurs Lieutenans, & autres Officiers dudit Bailliage, de non recevoir les parties à en poser & articuler autres, & d'en informer par turbes : & aux Avocats, Procureurs & autres gens de Conseil, de poser, articuler & alleguer en jugement & ailleurs, autres Coûtumes que les susdites accordées.

Et tout ce que dessus, Nous Commissaires susdits certifions estre vray & avoir esté fait comme est contenu en ce present nostre Procez verbal, lequel en témoignage de ce, avons signé de nos seings manuels, & scellé du Scel de nos Armes, les an & jour que dessus. Signé C. DE THOU, B. FAYE, J. VIOLE.

Extrait des Regiftres de Parlement.

Apportées en la Cour de Parlement par Meffire Chriftofle de Thou Chevalier, & premier Prefident en ladite Cour, & Confeiller du Roy en fon Privé Conseil : & Maiftres Barthelemy Faye & Jacques Viole, aussi Confeillers dudit Seigneur en ladite Cour, Commissaires en cette partie, en la presence du Procureur General du Roy, le trentiéme & dernier jour de Juin, l'an mil cinq cens foixante-huit. Signé N. de S. Germain.

DISCOURS

Concernant ce qui s'est passé au sujet des deux redactions des Coûtumes du Bailliage d'Amiens, tant generales que locales ; Et particulierement à l'égard de la Coûtume locale de Gerberoy.

LE deuxiéme jour d'Avril de l'an 1506. le Roy Louys XII. decerna fa Commission au Bailly d'Amiens, pour, en execution des precedens Edits faits pour la redaction & la refurmation de toutes les Coûtumes du Royaume, affembler par devant luy les Gens des trois Estats, enfemble les Officiers & Praticiens de fon Bailliage, à l'effet de rediger toutes les Coûtumes tant les generales, que les locales des Prevoftez fubalternes, & des Comtez, Baronnies, Chaftellenies, & autres feigneuries de ce Bailliage, pour enfuite eftre portées aux Commissaires deputez par fa Majefté.

Ces Lettres de Commission contiennent une claufe, par laquelle le Roy prevoyant que les Pairs de France, dont les caufes par privilege fe traittent directement au Parlement, feroient difficulté de comparoiftre pardevant le Bailly d'Amiens, ordonna que les Pairs de France qui avoient intereft à la redaction de ces Coûtumes, ne laifferoient point d'eftre tenus de fe trouver à l'Affemblée qui feroit convoquée à ce sujet, pour voir corriger, interpreter & rediger les Coûtumes de leurs Comtez & feigneuries qui font dans le détroit du Bailliage d'Amiens, fans prejudice de leurs droits de Pairrie & privileges, & fans que l'on pût dire que par leur comparution ils euffent efté rendus sujets à ce Bailliage plus avant qu'ils n'eftoient auparavant.

En execution de ces Lettres, l'Affemblée ayant efté convoquée au 25. Aouft de l'année fuivante 1507. comparut la plus grande partie de ceux qui avoient efté appellez, & entr'autres Maiftre Jean Fourcroy, Procureur de Monfieur l'Evefque de Beauvais, en qualité de Vidamé de Gerberoy. Tous les Prevofts Royaux, à la referve du Prevoft d'Amiens, prefenterent les Coûtumes de leurs Prevoftez, comme firent pareillement plufieurs des gens d'Eglise, Nobles & autres, les Coûtumes locales & particulieres de leurs feigneuries.

Et quant à Monfieur l'Evefque de Beauvais, il remontra par fon Procureur, qu'il n'eftoit point tenu de comparoir au Bailliage d'Amiens, mais feulement au Parlement, & que neanmoins il avoit efté envoyé aux proteftations portées par la Commission decernée par le Roy, avec offres de faire apporter fa Coûtume locale de fon Vidafmé, en luy accordant un delay raifonnable.

Surquoy & en conſequence de ce qu'il ſe trouva un ſi grand nombre de Coûtumes locales, que la lecture, à ce que contient le Procez verbal, n'en auroit pû eſtre faite en ſix mois de temps, le Lieutenant du Bailly d'Amiens ordonna que la lecture en ſeroit differée juſques à nouvel ordre du Roy. De ſorte que l'on ne lût dans cette Aſſemblée que les Coûtumes generales du Bailliage, & les Coûtumes locales des Prevoſtez Royales.

Cependant Monſieur l'Eveſque de Beauvais fit aſſembler les trois Eſtats de ſon Vidaſmé en la ville de Gerberoy, le 23. du même mois d'Aouſt de l'année 1507. pardevant Maiſtre Guillaume Chofflart ſon Bailly, où les Coûtumes du Vidaſmé furent lûës, accordées, & ſignées par une grande partie des vaſſaux de ce Vidaſmé, qui ſe trouverent en l'Aſſemblée qui avoit eſté convoquée en execution de la Commiſſion du Roy.

Mais le 28. Octobre enſuivant, les Commiſſaires deputez par le Roy ayant fait lire & decreter les Coûtumes generales avec les Coûtumes locales des Prevoſtez Royales ſeulement, ſans prejudice des autres Coûtumes locales & particulieres des ſeigneuries du même Bailliage, qui furent remiſes au premier jour de Careſme, la confuſion fut plus grande qu'auparavant à l'égard de ces Coûtumes locales des ſeigneuries; parce que l'Ordonnance des Commiſſaires ne fut point executée.

Il ſe void neanmoins par des memoires que l'on m'a communiqué, qu'y ayant eu conteſtation entre le temps de cette premiere redaction des Coûtumes generales & de la nouvelle reformation qui en a eſté faite en l'année 1567. pour ſçavoir ſi on obſervoit encore la Coûtume locale de Gerberoy dans l'eſpece du dóüaire, en ce que par l'article 66. de cette Coûtume locale il eſtoit dit, que le dóüaire eſtoit reputé le propre heritage des enfans, contre la diſpoſition de la Coûtume generale, qui ne fait point paſſer le dóüaire aux enfans, & ne l'admet qu'en uſufruit pour la femme, il y eut Arreſt, qui n'a même eſté rendu qu'après la derniere reformation, le 17. Juin de l'année 1569. entre Pierre Haincques & conſorts, demandeurs & appellans, d'une part, & Benoiſt Henry & conſorts, intimez & deffendeurs, d'autre part. Il eſt pourtant vray que le regiſtre dans lequel cet Arreſt doit eſtre inſeré, ne ſe trouve point au Greffe de la Cour.

On peut auſſi obſerver que les uſages locaux des Villages appellez les conqueſts de Huë de Gournay, & ſpecialtez de Beauvoiſis, redigez avec la Coûtume de Normandie, qui ſont Villages & Hameaux meſlez parmy le Vidaſmé de Gerberoy, ont apparemment emprunté quelque choſe de cette Coûtume locale de Gerberoy, notamment les articles deuxiéme & cinquiéme de ces uſages, qui ſtatuent qu'au fils aiſné appartiennent les deux tiers des fiefs, outre le manoir ſeigneurial; & qu'au tiers qui demeure propre aux puiſnez, les filles y ont part égale avec eux, qui ſont diſpoſitions bien éloignées des Coûtumes, ſoit de Normandie, ſoit d'Amiens, & du tout conformes à la locale de Gerberoy, laquelle probablement s'obſervoit en tout ce quartier-là juſques à la riviere d'Epte, au deçà de laquelle ſont ſituez ces conqueſts de Huë de Gournay, meſlez comme j'ay dit, avec les tenemens du Vidaſmé de Gerberoy. Et j'apprends même qu'il ſe trouve d'anciens denombremens de fiefs ſituez dans ces conqueſts, qui portent qu'ils ſe gouvernent ſuivant les us & coûtumes du Vidaſmé de Gerberoy.

Mais quoy que ç'en ſoit, Monſieur l'Eveſque de Beauvais ayant à la reformation de la Coûtume d'Amiens de l'année 1567. inſiſté inutilement à la publication de la Coûtume locale de ſon Vidaſmé, elle a paſſé en non uſage avec le temps, & ne l'a-t-on plus conſiderée pour ce qui concerne le droit public; les peuples de ce Vidaſmé, qui eſt de fort grande eſtenduë, s'eſtans petit à petit ſoûmis à la diſpoſition de la Coûtume d'Amiens, qui paſſe pour la loy commune du païs.

Et même à l'égard des droits particuliers de Seigneuries, quoy que cette Coûtume locale eût eſté accordée & ſignée par les vaſſaux, qui s'eſtoient trouvez preſens à la redaction de cette Coûtume; & ainſi, qu'il ſemblât que ce fût un titre particulier contre eux: neanmoins les mêmes vaſſaux l'ont depuis voulu conteſter contre Monſieur l'Eveſque de Beauvais, en ce qu'elle leur eſtoit plus onereuſe que la Coûtume generale, dont j'ay rapporté un Arreſt ſur l'article 7. de cette Coûtume generale, par lequel ſans avoir égard à l'inſcription en faux qui avoit eſté formée contre la Coûtume de Gerberoy, une ſaiſie feodale faite pour un droit particulier eſtably par cette Coûtume locale, fut confirmée, contre la Note que Maiſtre Charles du Molin avoit faite ſur l'ancien Procez verbal de la Coûtume generale, & que j'ay inſerée avec le nouveau.

Comme par cet Arreſt la Coûtume locale du Vidaſmé de Gerberoy ſert encore pour les droits de ſeigneuries, entre Monſieur l'Eveſque de Beauvais & les vaſſaux du Vidaſmé, & que d'ailleurs cette Coûtume contient d'aſſez belles diſpoſitions pour les droits publics qui ſervent à l'éclairciſſement des Coûtumes d'Amiens, de Senlis & de Normandie, entre leſquelles elle ſe trouve ſituée, j'ay crû que je rendrois ſervice au public, en la faiſant imprimer avec les Coûtumes generales du Bailliage d'Amiens.

¶ *J'ay rapporté ſur l'article 263. de la Coûtume de Senlis, pluſieurs Arreſts & Jugemens qui ont authoriſé en celle d'Amiens des droits des Seigneurs, plus forts que ceux qui ſont portez par la Coûtume comme des lots & ventes au ſixiéme denier du champart, outre la cenſive & autres.*

Il y a auſſi dans la ville de Beauvais des maiſons qui doivent le ſixiéme à toutes mutations, même en ligne directe: mais je ne croy pas qu'on les puiſſe exiger pour la mort ſeule, lorſqu'il y a un curateur à la ſucceſſion vacante, mais ſeulement pour la vente faite par le curateur.

Je croy auſſi que ces droits exorbitans devroient eſtre limitez, en égard au prix de l'ancienne conceſſion ſuivant Pontanus ſur Blois: quoique la Coûtume locale de Gerberoy donne des amendes pour ventes recelées, & pour s'eſtre mis en poſſeſſion ſans la permiſſion du Seigneur, on doit ſuivre celle d'Amiens, qui n'en donne pas.

COUTUMES GENERALES
DU VIDAMÉ
DE GERBEROY.

Leuës & accordées audit lieu, le Lundy vingt-troisiéme Aoust, l'an mil cinq cens sept.

L'An mil cinq cens sept, le Lundy vingt-troisiéme jour d'Aoust, pardevant Nous Guillaume Chofflart, Licentié és Loix, & Bachelier en Decret, Bailly de Beauvais & de Gerberoy, pour Reverend Pere en Dieu Monseigneur l'Evesque & Comte de Beauvais, Pair de France & Vidame dudit Gerberoy, en Jugement au Siege & Auditoire de ladite Vidamé & Bailliage, fut fait ce qui ensuit. Sur ce que pour accomplir à nôtre pouvoir, le bon vouloir du Roy nôtre Sire, & de faire rapport, accorder & rediger par écrit les Coûtumes notoirement tenuës & gardées audit Vidamé & Chastellenie de Gerberoy, avions fait ajourner à estre & comparoir pardevant Nous audit jour les gens d'Eglise, Nobles, Avocats, Praticiens, & Notaires frequentans ledit Siege, les Gardes de Justices subalternes & Officiers en icelles, & autres gens laïcs, en vertu de la Commission de Nous donnée, dont la teneur ensuit. Guillaume Chofflart Licentié és Loix, & Bachelier en Decret, Bailly de Beauvais & de Gerberoy, pour Reverend Pere en Dieu Monseigneur l'Evêque & Comte de Beauvais Pair de France & Vidame de Gerberoy: Au premier Sergent de mondit Seigneur esdits Bailliages, qui sera sur ce requis, SALUT. De la partie du Procureur General de mondit Seigneur, nous à esté dit & remonstré, que puis huit jours en ça, en ensuivant la volonté & bon plaisir du Roy nôtre Sire, ayt esté mandé de rediger par écrit & accorder les Coûtumes du Royaume ; & en ensuivant ce a esté enjoint à mondit Seigneur ou à ses Officiers, de rediger & mettre par écrit les Coûtumes desquelles on a accoûtumé user en la Vidamé & Chastellenie de Gerberoy, & icelles faire porter & envoyer au vingt-cinquiéme jour du present mois d'Aoust, en la ville d'Amiens, pour les porter aux Commissaires sur ce ordonnez de par le Roy nôtredit Seigneur. Et parce qu'en ladite Vidamé & Chastellenie y a plusieurs Coûtumes locales & particulieres, lesquelles est expedient de rediger par écrit & accorder ; Pour lesquelles choses valablement faire, convient assembler les gens des trois Estats d'icelle Vidamé & Chastellenie. A CES CAUSES, vous mandons qu'ajourniez à Lundy prochain, heure de dix heures du matin, les gens d'Eglise, Nobles, leurs Officiers & Praticiens dudit Vidamé & Chastellenie, sur certaines grosses peines, à comparoir audit lieu de Gerberoy, pour illec à l'Auditoire assister avec nous & les Officiers de mondit Seigneur, à rediger par écrit & accorder lesdites Coûtumes, sans que pour la brieveté du délay entendons prejudicier au privilege de leur Noblesse, & nous certifiez suffisamment audit jour de ce que fait en aurez, de ce faire vous donnons pouvoir, mandons à vous en ce faisant estre obey : Donné sous le contre-scel aux causes dudit Bailliage, le Samedy vingt-uniéme jour d'Aoust, l'an mil cinq cens sept. Ainsi signé, J. Malingre. C'est assavoir les Doyen, Chanoines & Chapitre de l'Eglise de Beauvais, à cause de leur terre & seigneuries de Rothengy, & autres leurs terres & seigneuries tenuës dudit Vidamé, comparans par venerable & discrete personne Maistre Blanchet le Tellier, Licentié en Droit, Chanoine de ladite Eglise, & Procureur d'iceux de Chapitre, suffisamment fondé de Lettres de Procuration, passées sous le Scel du Chapitre, desquelles il est apparu : les Doyen, Chanoines & Chapitre de l'Eglise saint Pierre de Gerberoy, par Maistre Andry Cossart, Chanoine de ladite Eglise, & Procureur d'iceux fondé aussi de Lettres de procuration. Les Religieux, Abbé & Convent de saint Germer de Flay, à cause des terres & Seigneuries qu'ils ont audit Vidamé, comparans Reverend Pere en Dieu Monseigneur Guy de Villers, Abbé dudit lieu. Les Religieux, Abbé & Convent de l'Eglise Nostre-Dame de Beaupré, par Berthault Thicquet leur garde de Justice. Les Religieuses, Abbesse & Convent de Nostre-Dame de saint Paul, par Maistre Guillaume des Quesnes leur Procureur & Receveur, fondé de Lettres de procuration. Messire Jean le Febvre Prestre, Curé de Fontaines, present: Guillaume Marc Vicegerent de Rothengy, present: Jean de la Marre Prestre, Curé de Haucourt sous Cahgny, present: Raoul Laffineur Prestre, Curé de Caigny, present: Martin Damileville, present: Mathieu de la Fontaine, Curé de Canny & de Bazancourt, present: Maistre Jean le Long, Curé de Hanache, present: Jean le Monnier, Curé de saint Pol, absent, & excusé pour sa maladie: Et Messire Adam de la Fontaine, Curé de saint Denicourt, Prestres, presents. Messire Guillaume de Pisseleu, Chevalier, Seigneur de Fontaine la Vaigant, comparant par Nicolas Avril son Procureur: Messire Jean de Gouy, Chevalier, Seigneur en partie de saint Sanson, par Jean du Saussoy son Procureur: Jean Lhuillier Escuyer, Seigneur aussi en partie dudit saint Sanson, par Berthault Ticquet son Procureur, & garde de Justice dudit lieu: Perceval de Melchastel, aussi Seigneur en partie dudit lieu, absent, & mis en defaut:

Adrien

Adrien de sainte Marie Escuyer, Seigneur de Frommeries, comparant par Mahieu Fournier
son Procureur : Charles de Boulanvillers, Ecuyer, aussi Seigneur dudit Frommeries, comparans par ledit Fournier : Josse de Paillart Ecuyer, Seigneur de Songneuses lez Benars, present.
Jean de Bousliers Ecuyer, Seigneur de Caigny, present. Jean le Charpentier, Ecuyer, Seigneur
de Suions, en partie. Maistre Jean Descourtils, Ecuyer, Seigneur de Vrocourt, present. Jean
Aubert, Ecuyer, Seigneur de Molaignies, present. Rioul de Lymermont Ecuyer, Seigneur
de Champeaux, present : Richard de Courcelles, Ecuyer, Seigneur de Creules, present : Jean
Bigant, Ecuyer, Seigneur de Carrois, present : Claude de Buziers, Ecuyer, Seigneur de
Feuquieres, present : François de Luzieres Ecuyer, Seigneur en partie dudit Feuquieres, pre-
sent : Jean Toupiole, Ecuyer, Seigneur de la Bucaige, present : Bertault Ticquet, Seigneur de
Vrocourt & Fretoy, present : Maistre Jean le Voignier, Licentié en Decret, heritier de deffunt
Guillaume le Voignier, en son vivant Seigneur de la Place, & d'un fief assis à la Chapelle en
Bray. Andry d'Abencourt, Seigneur dudit lieu, comparant par Nicolas de Bruau son Procureur : Mahost le Sueur, Seigneur de Bosqueaux, absent : le Seigneur de Sareut, par Jean Ladi-
re son Procureur : Guillaume de Pisseleu bastard, Ecuyer, Seigneur Desmarets & saint Delin-
court, par Jean Dupuy son Procureur : Guillaume Roiault absent, excusé par Maistre Jean Descourtils : Pierre Lenglentier, Ecuyer, Seigneur de saint Arnoul, absent, excusé parce qu'il est
au service du Roy : Adam de Villers, Ecuyer, comparant par Simon Bontemps : les hoirs Josse
de Gourlay absens & mis en deffaut. Adrien de saint Remy, Ecuyer, Seigneur de Courcelles
la Ranton, par Jean du Sauffoy son Procureur & Garde de Justice. Louys de Gronchy, Seigneur de Reaucourt, par Jean de Quesnes, dit Dauregny : Guillaume de Ricarville, par Jean
du Saulchoy son Procureur & Garde de Justice : les hoirs de feu François le Cat, Seigneurs de
Bazencourt, par Maistre Jean Descourtils leur tuteur & curateur : Jean Bastard d'Abencourt,
Seigneur de Ravines, par Nicolas de Breüil son Procureur, Jean d'Abencourt, Seigneur en
partie dudit lieu, comparant aussi par ledit de Breüil : Antoine de l'Espinay, Escuier, Seigneur
de Blacourt & le bois Aubert, par Jean de l'Espinay, Ecuyer, son fils : Messire Guillaume de
Bissepart, Seigneur de Hennaches absent, & excusé parce qu'il est dit au service du Roy. Raoul
de Halecourt, par Jean du Saulchoy son Procureur : les hoirs Jean de Guisemoust, Seigneurs
de Guisencourt, par Jehaminet du Bois leur Procureur. Tassin Duchier, Seigneur de Rieul,
avec Jean Lhuillier Ecuyer, par Berthault Ticquet leur Procureur : Louys de Pisseleu Ecuyer,
Seigneur de Greimeviller, par Nicolas Eurard son Garde-Justice. Charles de saint Arnoul,
Seigneur de Hancourt sous Caigny, par Raoulin de la Vigne : Martin de Baaleu, Ecuyer, Seigneur de Baaleu, par Jean le Charpentier : Antoine de la Place, Ecuyer, Seigneur d'Enoy &
Fresnoy : Noël le Bel Ecuyer, Grenetier de Creil, mary & bail de Peronne Aubert, Seigneur
de Bontavant, par Jean Fourcroy l'aîné : Guillaume Mallet, Seigneur de la Ruttoire en partie :
Roy & Handerelles, present : Nicolas de Creil, Seigneur de Lecourt & Lievecourt, par Jean
de Niviller leur Procureur : Pierre de Puymont Escuier, ayant la garde-noble de enfans de luy
& de deffunte Damoiselle Marie de Bailleul, Seigneur du Mont, par Jean Fourcroy : Jean de
Monceaux, Ecuyer, Seigneur de Hodent, Blacourt & Glatigny, par Maistre Jean le Caron son
Procureur & Receveur : Venerable & discrete personne Maistre Thiebault le Bastier, Vicaire
de l'Evêché de Beauvais, Seigneur du Quesnoy Marcille, par Maistre Guillaume Bochard son
Procureur : les hoirs Philippes de Rivery, par Maistre Guillaume Desquesnes leur Procureur :
Madamoiselle du Boissay, ayant la garde-noble de ses enfans, par Tassin le Goix son Procureur.
Nicolas Chabaille, garde de la Justice dudit Rothengy present. Nicolas Durant, garde de la
Justice de Marceille, Roy & Gremeviller en partie : Jean Gregoire, garde de la Justice de He-
vecourt, par Louys de la Vigne, & Jean Fortier Lieutenant du Garde de la Justice de Songneu-
ses lez Benars : Jean de saint Pré és Champs, Ecuyer : Pierre Tonnel & Jacques Leaderet Ecuyer,
aussi present : Maistre Jean Dugué, Avocat audit Siege : Maistre Jean le Voignier, aussi Avocat :
Jean Fourcroy l'aîné : Guillaume Mallet, Jacques Ogier, Pierre Louvy, Mahieu Fournier,
Antoine Castelain Greffier & Praticien, Jean du Sauffoy, Jean Cary, Jean de Niviller, Guillaume d'Airie & Benhault Triquet : Tous Presens Procureurs Praticiens audit Siege : Jean Pinart
l'aîné, Jacques de la Fontaine, Maistre Nicole le Voignier, Avocats & Praticiens, absens : Antoine Dairie, Nicolas Thorel, Jean Godebes, Mahieu Baillet, Jean Dubus, Nicolas du Puy
& Honorot Patin, Jean Anglier, Mahieu Dupuys, Colinet de la Trepaigne, Jean le Roy,
Charlot Cornet, Pierre du Saulchoy, Jean Rigault, Quentin Deshayes, & plusieurs autres Habitans dudit Vidamé, presens, ajournez & presens. Ausquels comparans a esté par nous dit
& remontré és presences de honorables hommes & sages Maistre Jean Fourcroy, Licentié és
Loix & en Decret, Procureur general de mondit Seigneur, ledit Dugué, Licentié en Decret,
Avocat : Nicolas Boileau, Receveur general dudit Seigneur : Nicolas Dexin, Lieutenant general dudit Gerberoy. Godegran Moreau, Verdier des bois & garennes de mondit Seigneur :
Nicolas Regnard, Hector Danviller, Jacques de Bommieres, Sergens audit Bailliage, & autres. Que le vouloir & bon plaisir du Roy nostre Sire estoit afin de soulager son peuple, le relever de frais & autres causes à ce le mouvans, de faire rapport, accorder & rediger par écrit
les Coûtumes de son Royaume, & qu'il avoit esté mandé à mondit Seigneur & autres Pairs
de France, & aux Comtes tenans en appanage du Roy nostre Sire, à leurs Officiers de porter
& bailler les Coûtumes de leurs Comtez, terres & seigneuries : A Monseigneur le Bailly d'A-
miens ou son Lieutenant, pour icelles ainsi rapportées, accordées, redigées par écrit & signées,
porter envoyer & bailler à Messeigneurs les Commissaires sur ce ordonnez & deputez par le
Roy nostredit Seigneur, lequel toutesfois n'entend point & ne veut aucunement déroger ne prejudicier aux droits & privileges de Pairrie de mondit Seigneur, ne des autres Pairs de France,

ne que par les Lettres Patentes fur ce par luy decernées, & ce que dit eft cy-deffus, ils foient
fujets à mondit Seigneur le Bailly d'Amiens ou fon Lieutenant. Pour lefquelles caufes, & que
ladite Vidamé tenuë par mondit Seigneur de Beauvais en Pairrie du Roy noftredit Seigneur,
fous le reffort de fa Cour de Parlement, eftoit de grande étenduë, en laquelle il avoit affifes &
reffort, & où les Coûtumes d'icelle, où la plûpart d'icelle, où la plûpart, eftoient & font differentes des Coûtumes generales dudit Bailliage d'Amiens, ils avoient efté appellez pour rapporter, accorder & rediger par écrit en un cayer, les Coûtumes dudit Vidamé & Chaftellenie
dudit Gerberoy, & icelles figner pour faire & fournir, à ce que dit eft, & recité cy-deffus, &
par proteftation expreffe faite par ledit Procureur General, de non attribuer audit Bailly d'A-
miens ou fondit Lieutenant, aucune Jurifdiction contre mondit Seigneur de Beauvais, fes Officiers ou fujets, & que ce ne puiffe aucunement préjudicier à fondit droit de Pairrie. En declarant outre par nous, que par le rapport & accord qui prefentement feront faits defdites Coûtumes, ne fera & n'entendons eftre dérogé au droit des mefures, aulnes, eftallons, au droit
d'aubeine, & autres droits particuliers que mondit Seigneur a en fondit Vidamé, ne pareillement aux Arrefts par luy & fes predeceffeurs obtenus en ladite Cour de Parlement, ne auffi
aux droits particuliers de fes vaffaux, qu'ils ont à caufe de leurfdits fiefs, par la nature d'iceux
ou autrement. Ce fait, ont efté rapportées & accordées en ladite Affemblée par tous concor-
dablement, lefdites Coûtumes de ladite Vidamé, leuës en Jugement les unes aprés les autres,
ainfi & par la maniere qui enfuit.

TITRE I.

De haute Juftice.

I.

LE meurtre, rapt, boute-feu, peché contre nature, toutes batures, & mutilleures faites de
fait, d'aguet & de propos deliberé, *& maximè* à la priere d'autruy, pardon, promeffe ou
autrement, & de port d'armes, la connoiffance en appartient au haut Jufticier.

II.

Item, le haut Jufticier a connoiffance d'efpaves, confifcations & trefors trouvez & viennent
à fon profit.

III.

Item, la connoiffance de punition corporelle, comme d'abfcifion de membres, fuftigation,
banniffement de fa terre & feigneurie, comme bannir à temps, ou bannir à toûjours, & faire
declaration de confifcation.

IV.

Item, le haut Jufticier connoift des cas criminels qui font de fa Jurifdiction, de toutes caufes réelles, poffeffoires & civiles, paffer les Decrets en fa Cour, pourvû que les criées ayent
efté publiées au lieu de fa feigneurie, & les folemnitez fur ce gardées.

V.

Item, un haut & bas Jufticier peut mettre & faire mettre en fa main les heritages tenans
ou mouvans de luy, eftans en fa feigneurie haute ou baffe, par faute de titre non montré,
champart emporté, cens non payez, ventes celées, droits de faifine & deffaifine, amendes
pour ce deuës, foy & hommage non faits, droits & devoirs pour ce dûs non payez.

VI.

Item, il loift auffi à un haut ou bas Jufticier de faifir ou faire faifir & mettre en fa main
tous les heritages eftans és fins & metes de fa Juftice, pour contraindre les détenteurs defdits heritages, à montrer & enfeigner à quel titre ils les tiennent & poffedent.

VII.

Item, fi les détenteurs & poffeffeurs defdits heritages faifis à faute dudit titre non montré,
s'oppofent audit arreft, ledit arreft ferviroit feulement pour ajournement; & pendant le
procés, lefdits détenteurs & poffeffeurs jouyront defdits heritages ainfi faifis que dit eft,
pofé ores qu'il fût & foit notoire que ledit heritage ou heritages ainfi faifis que dit eft,
fuffent fituez & affis és fins & metes de la Juftice dudit Seigneur.

VIII.

Item, & ce au moyen dudit arreft & faifie au regime & gouvernement defdits heritages
faifis à Commiffaire ou Commiffaires ordonnez, & fi ledit Commiffaire en eft pourfuivy pour
rendre compte de l'adminiftration defdits heritages faifis, & le détenteur & poffeffeur s'op-
pofe audit arreft, & à ce eft receu, ladite pourfuite fe pourra affeoir fur ledit Commiffaire,
& aura ledit détenteur & poffeffeur main-levée, & tournera la matiere en action réelle, où il
échet veuë & garens formels.

IX.

Item, il loift au haut Jufticier & Seigneur mettre en fes mains tous biens vacans, qui ne
font tenus ne occupez par les Proprietaires, ne de leur confentement, & jouïr d'iceux heritages & biens vacans, jufques à ce qu'aucun Proprietaire s'appere. Mais par ladite Coûtume
fur iceux biens vacans, les creanciers feront payez de leur dû où ils feront vendre iceux biens
& heritages vacans.

X.

Item, quand aucuns biens situez & assis en la haute Justice d'aucun Seigneur sont dits & declarez confisquez, ledit haut justicier ne sera tenu payer aucune dette, ne rente ou arrerages d'icelle, si telle rente n'est proprietaire, ensaisinée ou infeodée, si c'est rente constituée.

XI.

Item, la femme d'un homme executé pour ses demerites, est tenuë payer la moitié des dettes deuës par les conjoints, à l'heure du trépas dudit executé.

XII.

Item, droit de travers est droit seigneurial de haute Justice, & les exploits qui en sont faits à la conservation dudit droit, sont tenus & reputez exploits de haute Justice, auquel appartient la punition & correction des transgresseurs dudit droit de travers, & non pas au bas Justicier.

XIII.

Item, au haut Justicier appartient faire bournaige & separation de terroirs, justice & seigneurie, & non au bas Justicier.

XIV.

Item, au haut Justicier d'aucun lieu appartient à faire le cry le jour de la Feste dudit lieu, prendre ou faire prendre, punir & corriger les malfaicteurs, les punir criminellement ou civilement, par amendes arbitraires ou autrement, selon les exigences des cas, si mestier est. Donner congé de faire prendre prix, pour joüer à la paulme, aux barres & autres jeux, appeller ou faire appeller à ban les delinquans, saisir leurs biens, inventorier, faire pendre, traîner fustiger, exoriller, escheller, pilloriser, faire bournaiges & separations de seigneuries, comme dit est, & donner congé d'estaller marchandises.

XV.

Item, aux Seigneurs hauts Justiciers ayans droit de garenne ou gruirie, appartient la paisson & penage des bois assis en leurs terres & seigneuries estans dedans les fins & metes de leur haute Justice, gruirie & seigneurie, & non pas aux bas Justiciers.

XVI.

Item, & n'y a audit Vidamé aucuns Seigneurs particuliers ayans moyenne Justice seulement.

TITRE II,

De basse Justice.

XVII.

LE bas Justicier a connoissance des meubles, & de battre autruy sans sang & sans poing garni, de vilaines paroles & injures entre ses hostes & sujets.

XVIII.

Item, peut mettre bornes entre deux sentiers entre champs & terres arables, faire division de champs & terres voisines, entre divers heritages de ses sujets.

XIX.

Item, avoir connoissance de sa saisine, condamner ses sujets en amende, par defaut de cens non payez.

XX.

Item, faire arrester & mettre brandons sur les terres muës de luy par faute dudit cens non payé, commettre Commissaires à icelles terres arrestées, comme dit est.

XXI.

Item, avoir connoissance de sa main brisée & de champars emportez, avec plusieurs autres cas particuliers, selon la diversité d'iceux, desquels ont la connoissance les hauts & bas Justiciers, chacun en son regard.

TITRE III.

De matiere feodale.

XXII.

PAr la Coûtume notoirement gardée en ladite Vidamé, il loist à un Seigneur feodal de saisir & mettre en sa main & en la main du Seigneur souverain, en confortant la sienne, les fiefs, terres & seigneuries noblement tenus de luy par faute d'homme, droits & devoirs non faits; Et ce fait, joüira ledit Seigneur dudit fief, & fait les fruits siens, sans aucune chose restituer, tant que lesdites foy & hommage luy seront faits.

XXIII.

Item, aussi à faute de denombrement baillé, peut ledit Seigneur feodal faire saisir & mettre Commissaire, qui joüira sous la main de Justice desdits fiefs, tant & jusques à ce que tel vassal ait baillé son denombrement, & qu'il luy soit accordé, & qu'il ait main levée: Toutes voyes, ledit Seigneur feodal ne fait point les fruits siens.

XXIV.

Item, il loist au nouveau Seigneur feodal saisir & faire saisir les fiefs tenus de luy par defauts de droits & devoirs non faits & payez, & ledit arrest signifié suffisamment au lieu des fiefs desdits vassaux: Et aprés les quarante jours passez de ladite saisie, & que lesdits vassaux ou vassal n'auroient voulu faire les foy & hommage, payer les droits & devoirs non payez pour ce dûs, ledit Seigneur feodal peut derechef faire saisir lesdits fiefs & mettre en sa main, & iceux regaler & faire les fruits siens, supposé comme dit est, que lesdits vassaux eussent fait les foy & hommage, payé les droits & devoirs pour ce dûs au predecesseur Seigneur dudit nouveau Seigneur.

XXV.

Item, en ligne directe en matiere de fief, comme de pere à fils, n'est dû aucune finance pour droit de relief, mais seulement bouche & mains avec le chambellage, qui est selon la nature dudit fief, si ce n'est que par la nature des fiefs il y eût relief de toutes mains. Mais en ligne collaterale ceux à qui échéent lesdits fiefs, doivent plein relief au Seigneur dont les fiefs sont tenus, avec ledit droit de chambellage.

XXVI.

Item, droit de relief est tel, qu'il se doit offrir au Seigneur feodal par le vassal, & au chef-lieu du fief seigneurial: C'est assavoir une somme de deniers pour une fois, ou de trois années l'une, ou le dict des Pairs & vassaux estans sous le Seigneur feodal, au choix dudit Seigneur feodal, au cas que le fief ou arriere-fief n'auroit esté estimé ou apprecié selon sa nature, soit d'esperons dorez ou autre chose.

XXVII.

Item, en matiere de fiefs aprés le trépas d'un vassal, son Seigneur peut faire saisir le fief tenu de luy, & les quarante jours passez aprés la saisie, peut regaler ledit fief & faire les fruits siens, au cas que dedans lesdits quarante jours, aprés le trépas dudit vassal n'aura esté fait chevy, ou composé par celuy à qui est écheu tel fief à sondit Seigneur foy & hommage, droit de relief ou chambellage, si aucuns en sont dûs.

TITRE IV.

De succession de Fiefs.

XXVIII.

QUand aucun va de vie à trépas, & il délaisse plusieurs enfans, ou enfans de ses enfans ses heritiers en ligne directe, masles & femelles, le masle aîné pour son droit d'aînesse aura & emportera les deux parts és fiefs demeurez du decés de ses pere & mere, ayeul, ayeule, ou autres en ligne directe, & les autres enfans auront l'autre tiers seulement, sans ce que l'aîné prenne aucun droit audit tiers.

XXIX.

Item, par la Coûtume dudit Vidamé, entre filles n'a point de droit d'aînesse; & pour ce si dudit trépas n'y a que filles deux, trois, ou plusieurs, & y a fiefs, la fille aînée n'aura point plus de prerogative en la succession que les autres maisnez, & n'en emportera plus l'aînée que les autres.

XXX.

Item, en ligne collaterale filles ne succedent point, ou en pareil degré, il y a hoir masle, comme de frere à sœur, cousins ou cousines, soit entre nobles ou non nobles, & és fiefs le masle emporte tout, & n'y ont rien les femelles, posé ores qu'elles soient aînées du masle.

XXXI.

Item, & s'il y a plusieurs freres ou cousins en un même degré de lignage, lesdits fiefs ainsi échûs en ligne collaterale se partiront teste à teste entre eux, sans prérogative du droit d'aînesse, lesquels freres ou frere prefereront d'un degré lesdits cousins.

XXXII.

Item, entre nobles conjoints ensemble par mariage, le survivant peut prendre & apprehender les meubles demeurez du decés dudit trépassé, en payant les dettes dûës au jour du trépas, obseques & funerailles.

XXXIII.

Item, un noble homme allé de vie à trépas, sa femme peut renoncer aux meubles & acquests par eux faits durant & constant leur mariage, incontinent aprés ledit trépas; & en ce faisant, elle demeurera quitte des dettes personnelles que devoit son feu mary auparavant leur mariage, & que le trépassé avoit faites durant & constant leurdit mariage, esquelles elle ne se seroit point obligée.

XXXIV.

Item, quand de deux nobles conjoints par mariage, l'un va de vie à trépas, les biens im meubles & acquefts durant & conftant leurdit mariage, fe divifent & partiffent également entre le furvivant & les heritiers du trépaffé.

XXXV.

Item, fi l'un des deux nobles conjoints par mariage ayans enfans mineurs va de vie à trépas, le furvivant defdits conjoints ou eux decedez, l'ayeul ou l'ayeule pourra avoir la garde defdits enfans ; & en acceptant telle garde aura les meubles de tels mineurs, & fi joüira de leurs heritages, en payant droit de relief, & faifant les foy & hommage au Seigneur feodal, avec le chambellage, felon la nature du fief.

XXXVI.

Item, les gardiens qui ont la garde noble d'aucuns mineurs, font les fruits des heritages defdits mineurs à eux, fans en rendre compte à iceux mineurs ou mineur, quand ils viendront en âge ; & en ce faifant, feront tenus nourrir & entretenir bien & honneftement lefdits mineurs felon leur eftat, & entretenir les heritages defdits mineurs ou mineur, & les rendre en la fin en auffi bon eftat qu'ils eftoient quand ils prirent ladite garde, payer les dettes, acquitter lefdits mineurs, & les rendre en la fin en auffi bon eftat qu'ils eftoient quand ils prirent ladite garde, regir & gouverner les Juftices defdits mineurs, & en la fin icelles Juftices rendre quittes & dépefchées de tous troubles & empêchemens mis & donnez efdites Juftices.

XXXVII.

Item, fi la mere qui aura, ainfi que dit eft, pris la garde de fes enfans, fe remarie, à caufe dudit mariage, fera fondit mary tenu de relever & payer relief au Seigneur feodal, pour raifon defdits enfans mineurs.

XXXVIII.

Item, un enfant noble mafle eft reputé âgé à vingt ans & un jour, & une femme & une fille à feize ans & un jour.

XXXIX.

Item, fi plufieurs mineurs n'ont parent en ligne directe, ou que tel parent en ligne directe ne veüille prendre la garde dudit mineur, les parens en ligne collateralle pourront prendre le Bail de tels enfans, entre lefquels parens fera preferé l'aîné qui atteindra tels mineurs au plus prochain degré ; lequel Bailliftre fera tenu relever les Fiefs defdits mineurs, entrer en foy & hommage pour iceux mineurs, & payer le relief, & fera tel Bailliftre les fruits des heritages defdits mineurs fiens, fans ce qu'il foit tenu ne fujet rendre compte : Mais toutesfois il fera tenu payer les dettes defdits mineurs, & rendre en la fin les heritages d'iceux en bon eftat, & leurs Juftices dépefchées de tous troubles & empêchemens, les nourrir, gouverner & entretenir, & fi feront tenus inventorier, garder & rendre compte des meubles defdits mineurs qu'ils auroient à l'heure que ledit Bail a efté pris.

XL.

Item, en une fucceffion où il y a fiefs & filles, ou filles feulement, & il y a fiefs, le fils fait la foy & hommage feulement une fois defdits fiefs au Seigneur feodal, fi bon luy femble, la fille tant qu'elle fe tient à marier, elle ne payera aucun relief pour fa part dudit fief, parce que par ladite Couftume, comme dit eft, de pere à fils, ou fille, n'y a que bouche & mains, avec chambellage.

XLI.

Item, mais incontinent que ladite fille fe mariera, le mary eft tenu relever l'heritage de fadite femme, parce qu'il eft étrange perfonne : & toutesfois qu'elle fe remariera, fera femblablement tenuë & fon mary pour elle, payer relief, tel que deffus eft declaré.

XLII.

Item, un vaffal ne peut charger fon fief d'aucune rente ou hypotheque, au prejudice de fon Seigneur feodal, duquel eft tenu & mouvant ledit fief, finon que telle rente & hypotheque fût enfaifinée ou infeodée dudit Seigneur feodal, au profit de celuy ou ceux à qui font dües telles rentes & hypotheques.

XLIII.

Item, un vaffal ne peut démembrer fon fief fans le confentement de fon Seigneur.

XLIV.

Item, fi tels fiefs ainfi chargez que dit eft, de telles rentes ou hypotheques non enfaifinées ou infeodées, viennent en la main du Seigneur feodal par regale, aubeine, confifcation, commiffion de fiefs, ledit Seigneur peut regaler & tenir ledit fief entierement, fans payer aucunes chofes defdites rentes & hypotheques non enfaifinées & infeodées, & n'en eft aucunement tenu ledit Seigneur feodal, comme dit eft.

XLV.

Item, le mary peut recevoir les foy & hommage des vaffaux qui tiennent en fief de la feigneurie de fa femme, & femblablement bailler les faifines des heritages roturiers vendus eftans en la cenfive ou feigneurie de fadite femme, & n'eft pas requis à ce faire le confentement de fadite femme.

XLVI.

Item, un vaffal fe peut joüer de fon fief jufques à demiffion de foy & hommage, en telle maniere qu'il peut bailler le tout ou partie d'iceluy à cens ou rente, ou autres droits feigneuriaux, s'il ne fe deveft & deffaifit de fondit fief és mains de fondit Seigneur feodal, lequel Seigneur eft tenu de mettre fon confentement avant qu'il fortiffe aucun effet, touchant lefdites alienations.

TITRE V.

De Successions en general.

XLVII.

Par ladite Coûtume, quand en une succession n'y a qu'heritages roturiers, soit propres, acquests ou conquests & meubles, & en icelle y a plusieurs enfans tant masles que femelles, ils viennent également à ladite succession, de pere ou mere, ayeul ou ayeulle, sans y avoir quelque prérogative pour raison du droit d'aînesse.

XLVIII.

Item, en ligne directe si un fils ou fille va de vie à trépas, sans hoirs de son corps, à iceluy ou icelle fille, succedera le pere ou la mere, ayeul ou ayeulle, quant aux meubles, acquests ou conquests immeubles : Et quant aux propres heritages, les freres & sœurs, ou autres qui seront les plus prochains du trépassé, du costé & ligne desquels ils sont avenus au trepassé succederont, pource que les propres heritages d'un trépassé ne remontent point.

XLIX.

Item, le mort saisit le vif, son plus prochain heritier habile à luy succeder, lequel par ladite Coûtume est saisi de tous les biens meubles & immeubles demeurez du decés du trépassé, pour d'iceux en joüir, comme vray heritier.

L.

Item, aucun ne peut estre heritier & legataire ensemble : mais celuy à qui seroit fait aucun legs se peut tenir à sondit legs, & renoncer à la succession dudit deffunt, si bon luy semble.

LI.

Item, les propres heritages d'un deffunt retourneront toûjours au plus prochain parent du costé & ligne dont ils viennent, posé ores qu'ils ne soient si prochains au trépassé comme d'autres : comme les heritages venus au trépassé du costé de son feu pere, iront aux heritiers du costé dudit deffunt son pere, & ceux du costé de sa mere aux heritiers du costé de sa mere, & succedent les freres & sœurs du pere & mere, ou du costé du pere ou de la mere seulement également, quant aux meubles & acquests.

LII.

Item, les heritiers d'un trépassé peuvent estre poursuivis personnellement des faits, promesses & obligations du trépassé, pour telle part & portion qu'ils sont heritiers, & hypothequairement pour le tout, supposé qu'aucuns desdits heritiers ait plus grande portion par droit d'aînesse, que l'un des autres, & n'en est point tenu l'aîné plus que l'un des autres.

LIII.

Item, institution d'heritier audit Vidamé n'a point de lieu, parce qu'il est en païs Coûtumier.

LIV.

Item, les heritiers d'un trépassé sont tenus des faits, promesses & obligations d'iceluy trépassé, chacun pour telle part & portion qu'il est heritier des dettes personnelles.

LV.

Item, quand aucun habile à estre heritier d'un trépassé, s'immisce & prend de la succession dudit trépassé, ou applique à son profit jusques à la valeur de cinq sols parisis, il est tenu & reputé vray heritier dudit trépassé, & comme tel peut estre poursuivy par les heritiers dudit trépassé.

LVI.

Item, quand aucuns enfans ont esté mariez des biens communs de leurs pere & mere, & l'un d'eux, soit le pere ou la mere, vont de vie à trépas, & iceluy enfant ou enfans ainsi mariez que dit est, veulent venir à la succession de tel trépassé avec les autres enfans non mariez, faire le peuvent, en rapportant la moitié de ce qui leur aura esté donné en mariage ou autres avantages ; & si tous deux, c'est assavoir si les pere & mere estoient decedez, tels avantagez rapporteront le tout.

LVII.

Item, par la Coûtume dudit Vidamé, representation n'a point de lieu.

LVIII.

Item, par ladite Coutume en ladite Vidamé hors la ville dudit Gerberoy, quand aucuns conjoints ensemble par mariage vont de vie à trépas delaissans plusieurs enfans masles, au maisné d'iceux masles appartient hors partage le principal manoir, si manoir y a ; sinon la principale mazure qu'il voudra choisir des heritages cottiers & roturiers appartenans au jour dudit trépas à leur pere ou mere decedez, & non des autres heritages. Mais s'il n'y a qu'un fils masle & filles, n'y a point de droit de maisnesse.

TITRE VI.

D'hypotheque.

LIX.

PAr la Coûtume dud't Vidamé, l'hypotheque n'a point de lieu, sinon contre l'obligé sa vie durant, & pour autant que les heritages seront en sa main, si ce n'est que tel hypotheque soit infeodée, ensaisinée ou reçûë par le Seigneur.

LX.

Item, tous detenteurs & proprietaires d'aucuns heritages, ou de part & portion d'iceux chargez & redevables d'aucunes rentes, ou autre charge réelle & annuelle, sont tenus personnellement payer & acquitter lesdites charges, ensemble les arrerages desdites charges & rentes échûës de leur temps, si lesdites rentes sont ensaisinées, comme dit est, toutesfois lesdits détenteurs & proprietaires desdits heritages ainsi chargez que dit est, incontinent lesdites rentes venuës à leur connoissance, peuvent renoncer ausdits heritages ainsi chargez, sans pour ce estre tenus payer aucune chose desdites charges & rentes, & des arrerages pour ce dûs.

LXI.

Item, droit & action d'hypotheque ensaisiné ne se divise point.

TITRE VII.

Des Executeurs de Testament.

LXII.

PAr ladite Coûtume l'executeur ou executeurs du Testament d'un trépassé, sont saisis des biens meubles dudit testateur, jusques à la concurrence dudit Testament pour iceluy accomplir en dedans l'an & jour.

LXIII.

Item, les executeurs d'un Testament, aprés le trépas du deffunt, peuvent faire délivrance aux legataires quant aux biens meubles, & quant aux conquests immeubles & quints des propres heritages, aux heritiers du trépassé appartient faire ladite délivrance.

TITRE VIII.

De Doüaires.

LXIV.

PAr ladite Coûtume il y a deux manieres de doüaire, l'un qu'on appelle doüaire coûtumier, & l'autre doüaire prefix.

LXV.

Item, doüaire coûtumier dont la femme peut estre doüée, est de la moitié en usufruit de tous heritages que le mary avoit le jour de ses nopces, & de ceux qui luy sont échûs & écheront en ligne directe durant & constant leur mariage.

LXVI.

Item, le doüaire est reputé propre heritage des enfans, si que le pere, s'il a dudit mariage aucuns enfans aprés le trépas de sadite femme, joüira desdits heritages sujets à doüaire quant à l'usufruit seulement, & lesdits enfans en seront vrais seigneurs & proprietaires.

LXVII.

Item, les enfans desdits conjoints aprés le trépas de leur pere & mere, peuvent prendre & apprehender lesdits heritages sur lesquels estoit doüée ladite femme leur mere franchement, sans payer aucunes dettes, pourvû qu'ils renoncent à la succession de leur pere.

LXVIII.

Item, doüaire coûtumier est dû incontinent aprés le trépas du mary, & est tenuë la veufve le demander aux heritiers dudit deffunt, pour avoir les fruits.

LXIX.

Item, si ladite femme estoit doüée du doüaire coûtumier sur heritages estans en fief tenus d'aucuns Seigneurs, incontinent aprés le trépas du mary, ses heritiers seront tenus aller devers les Seigneurs ou Seigneur feodal, relever lesdits fief ou fiefs, & pour raison d'iceux en faire les foy & hommage, ou obtenir souffrance desdits Seigneurs ou Seigneur feodaux, afin que ladite femme pût joüir & posseder de sondit doüaire, aprés qu'ils auront esté sommez par laite veufve.

L X X.

Item, doüaire préfix c'est quand une femme est accordée en mariage, & par les parens & amis du mary, ou par iceluy mary, ou l'un d'eux, est baillé ou assigné aucun heritage ou heritages, pour une somme de deniers, à ladite femme, ses parens & amis, tel heritage ou heritages est dit & reputé doüaire préfix à ladite femme, incontinent que le doüaire aura lieu.

L X X I.

Item, ledit doüaire préfix est aussi propre heritage aux enfans venus & procréez dudit mariage, comme est le doüaire coûtumier à ladite femme usufructuaire seulement, aprés le trépas de sondit mary.

L X X I I.

Item, combien que ladite femme ait esté doüée de doüaire préfix, comme dit est, neanmoins incontinent après le trépas de sondit mary, ou que doüaire aura lieu, peut ladite femme delaisser ledit doüaire préfix, & prendre le doüaire coûtumier.

L X X I I I.

Item, le doüaire coûtumier & préfix se doivent demander par ladite veuve ou ses enfans, aux heritiers du trépassé, duquel doüaire préfix s'il consiste en fiefs, les heritiers du trépassé sont tenus en faire les foy & hommage aux Seigneurs ou Seigneur feodaux, en payer les droits & devoirs pour ce dûs, ou obtenir souffrance, afin que ladite veuve en puisse joüir, comme dessus est dit de doüaire coûtumier.

L X X I V.

Item, si le mary de ladite femme après le trépas de ladite femme, se remarioit la seconde fois delaissant enfans du premier mariage, la seconde femme sera doüée seulement sur la moitié des heritages sur lesquels ladite premiere femme avoit esté doüée, que on dit doüaire d'un quart égaré; & outre, sera doüée de la moitié de tous les heritages qui après le premier mariage solut tel mary auroit acquis & luy seroient écheus, & desquels il possessoit à l'heure de sondit second mariage, & de la moitié de tous ceux qui luy écherront en ligne directe durant & constant tel second mariage; lequel doüaire sera semblablement tenu & reputé propre heritage des enfans dudit second mariage; & l'usufruit à ladite seconde femme comme du precedent, *& sic consequenter*, des mariages subsequens.

L X X V.

Item, l'homme ne peut vendre, aliener ne aucunement hypothequer le propre heritage de sa femme, son douaire coûtumier ne préfix, sans l'exprés consentement de sa femme & enfans quant au doüaire: & si autrement est fait, lesdites obligations & alienations sont nulles.

TITRE IX.

De Prescription.

L X X V I.

Quiconque a jouy & possessé d'aucun heritage à juste titre & de bonne foy continuellement, sans contredit ou empêchement, aucun par le temps & espace de dix ans entre presens, & vingt ans entre absens âgez & non privilegiez, & trente ans sans titre, il a acquis & acquiert par prescription la proprieté & seigneurie de tel heritage.

L X X V I I.

Item, toutes actions personnelles sont esteintes & prescrites par l'espace & temps de trente ans.

L X X V I I I.

Item, quiconque a jouy & possessé d'aucun heritage à titre ou sans titre, tant par luy que ses predecesseurs, franchement, sans payer aucune rente ou autre charge réelle par le temps & espace de quarante ans continuels & accomplis, il a acquis par prescription la franchise de ladite rente ou charge réelle.

L X X I X.

Item, toutes actions en matiere d'hypoteque pour rentes & autres droits réels, sont éteintes & expirées par le temps & espace de quarante ans, excepté le droit seigneurial de censive & fonds de terre, qui ne se prescrit point, combien que les arrerages de ce soient prescrits par trente ans.

L X X X.

Item, prescription n'a point de lieu contre l'Eglise, sinon par l'espace de quarante ans seulement.

L X X X I.

Item, veües & égoussts n'acquierent point de possession ne saisine, par quelque laps de temps que ce soit, sans titre.

TITRE

TITRE X.

De ceux qui ont puissance d'aliener, & comment tiennent telles alienations ou constitutions de rente.

LXXXII.

PAr ladite Coûtume toute personne usant de ses droits, ayant le gouvernement & administration de ses biens, peut vendre, aliener & constituer rentes sur les heritages tenus en fief ou en censive d'aucun Seigneur; & telle vendition ou constitution de rente, est bonne & valable, si elle est ensaisinée ou infeodée, comme dit est.

LXXXIII.

Item, ladite rente ensaisinée & infeodée a cours sur les heritages dudit vendeur & constituant, quand ils sont tenus & possedez par ledit constituant ou ses heritiers, ou par un tiers détenteur.

LXXXIV.

Item, si les heritages sur lesquels l'on a constitué rentes non ensaisinées ne infeodées, sont reünis au Domaine du Seigneur feodal ou censuel, par defauts de droits & devoirs non faits, confiscation par aubeine ou amission de fiefs, en ce cas ledit Seigneur censuel ou feodal ne seroit tenu de ladite charge ou rente non ensaisinée ou infeodée, & en demeurent quittes.

LXXXV.

Item, nul ne peut estre rentier & proprietaire de l'heritage ainsi chargé que dit est de ladite rente, car icelle rente est confuse au crediteur, en prenant par luy la proprieté.

TITRE XI.

De Donations.

LXXXVI.

PLusieurs sont especes de dons, il y a dons entre-vifs, dons par testament, & ordonnance de derniere volonté.

LXXXVII.

Donation faite entre-vifs vaut & tient, quand elle est faite par personne usante de ses droits, ayant le gouvernement & legitime administration de ses biens, à personne autre que sa femme, si telle donation n'estoit faite à sa femme par don mutuel, comme sera cy-aprés declaré.

LXXXVIII.

Item, donner & retenir ne vaut rien, en telle maniere que si aucun a donné une rente, maison ou autre heritage, à un quidam, soit son parent ou autre estrange, avant que ledit don sortisse son effet, convient que le donateur se dessaisisse de tel heritage ou rente donnée és mains du Seigneur de qui il est tenu & mouvant, & que le donataire en soit saisi du vivant du donateur, autrement ledit don seroit nul & recherroit en la succession dudit donateur, ou que du vivant & consentement dudit donateur il y ait apprehension de fait à la chose donnée, qui vaut saisine au prejudice du donateur. Et donner & retenir ne vaut rien, comme dit est, posé ores que le donateur ait en soy retenu l'usufruit de la chose donnée, s'il n'y a dessaisine faite par ledit donateur, & que ledit donataire en soit saisi & vêtu du vivant d'iceluy donateur, quoy qu'il soit que ledit donataire en ait pris & apprehendé de fait la possession, present ledit donateur qui vaut saisine au prejudice dudit donateur, mémement quand telle chose valablement peut estre saisie par le Seigneur de qui elle est mouvante.

LXXXIX.

Item, quand aucun est avantagé par donation entre-vifs de pere ou mere, tant en mariage qu'autrement, tel avantagé se peut tenir au don & transport à luy fait, sans ce qu'il peut estre contraint rien en rapporter en commun entre ses freres & sœurs, ou autres ses coheritiers. Mais s'il veut venir à la succession d'iceluy donateur, comme son heritier, faut qu'il rapporte ce qui luy aura esté donné ou transporté ou autrement, il ne pourra rien prendre à ladite succession.

XC.

Item, quand aucun donne aucun heritage, soit en fief, ou roturier, & ledit don est recompensatif, le donateur est tenu dedans quarante jours avertir & faire sçavoir à sondit Seigneur de son don, & payer les quints deniers, & en faire les foy & hommage: & s'il est roturier, il en sera tenu payer dedans quarante jours les droits & ventes, qui sont de seize sols parisis, seize deniers parisis, avec le droit de saisine, sur peine de soixante sols parisis d'amende.

XCI.

Item, quand à deux diverses personnes a esté donné ou vendu un heritage en fief ou roturier, celuy qui premier aura esté saisi dudit heritage, mis & receu en foy & hommage, ou de celuy heritage aura eu apprehension de fait, qui en ce équipolle à saisine, au sçeu ou consentement du donateur ou vendeur, sera preferé audit heritage donné & vendu, posé ores qu'il soit le second donataire ou acquesteur, & a le plus clair droit.

XCII.

Item, un chacun soit homme ou femme, peuvent laisser par testament & ordonnance de derniere volonté, à un étrange, ses meubles, acquests & conquests immeubles, avec le quint de son propre heritage à toûjours.

XCIII.

Item, en simple donation d'heritage noble & tenu en fief, quand elle est faite à l'heritier apparent habile à succeder en avancement d'hoirie & de succession, n'en est dû quint ne requint, mais seulement relief : C'est assavoir une somme de deniers, le revenu d'une année prise en trois, ou est le dict des pairs, comme dit est, avec le droit de chambellage, & en heritage roturier audit cas n'en sont point deuës ventes. Mais le donataire doit prendre la saisine du Seigneur en dedans les quarante jours de la donation, sur peine de soixante sols parisis d'amende, & payer le relief.

XCIV.

Item, homme & femme conjoints ensemble par mariage, peuvent par testament & ordonnance de derniere volonté, laisser l'un à l'autre leurs meubles, acquests & conquests immeubles, avec le quint de leurs propres heritages, au préjudice de leurs enfans & autres heritiers.

XCV.

Item, quand aucun a vendu ou donné aucun heritage à l'Eglise, soit à augmentation du divin service ou autrement, le Seigneur de qui est tenu ledit heritage ainsi vendu ou donné que dit est, dedans l'an & jour que tel don ou transport sera venu à la connoissance dudit Seigneur, sera telle Eglise tenuë, ou les Marguilliers d'icelle, les mettre hors de leurs mains en dedans l'an & jour de la sommation ou commandement à eux faits par tels Seigneurs.

XCVI.

Item, homme & femme conjoints par mariage, peuvent faire l'un à l'autre don mutuel de tous leurs biens meubles, acquests & conquests immeubles, ensemble du quint de leurs propres heritages au survivant, pourvû qu'ils n'ayent aucuns enfans, que iceux conjoints soient égaux en sorte, âge & chevance.

XCVII.

Item, quand aucun est avantagé en mariage ou autrement, par donation faite entre-vifs par ses pere & mere, ou autre en ligne directe, tel avantagé se peut tenir au transport à luy fait, sans qu'il pût estre contraint à venir à succession, & à rapporter tel avantage.

TITRE XII.

De Retraits lignagers.

XCVIII.

Quand aucun a vendu ou autrement cedé & transporté par titres onereux équipolens à vendition son propre heritage à personne étrange de son lignage, du costé ligne dont luy est venu & échû par succession ledit propre heritage ainsi vendu que dit est, il est loisible au parent du lignage dudit vendeur, du costé & ligne dont est venu & écheu ledit heritage, à requerir & demander par retrait lignager ledit heritage dedans un an & jour de ladite vendition, ou dedans l'an & jour que ledit acheteur ou acquesteur en sera saisi, s'il est tenu en censive, ou qu'il en ait esté receu en foy & hommage, s'il est tenu en fief, en remboursant ledit acheteur du sort principal, & des loyaux coûtemens.

XCIX.

Item, le lignager qui requiert & demande par retrait ledit heritage ainsi vendu que dit est, est tenu offrir à l'acheteur bourse & deniers, & à parfaire pour ledit sort principal & loyaux coustemens, & ainsi faire par chacune journée que ladite cause sert, ou consigner és mains de Justice ledit argent, si ledit deffendeur qui est acheteur ne consent lesdites offres estre faites une fois pour tout : autrement ledit retrayant décherra de ladite action en matiere de retrait.

C.

Item, retrait lignager n'a point de lieu quand un heritage venu de propre est donné ou échangé but à but sans soulte, à l'encontre d'autres heritages d'une même nature, & sans dol ou fraude, comme d'un heritage feodal ou d'un autre heritage tenu en fief à l'encontre d'un autre heritage feodal ou tenu en fief, & d'un heritage tenu en censive à l'encontre d'un autre heritage aussi tenu en censive.

CI.

Item, en matiere de retrait n'est pas requis que le retrayant soit tenu & reputé le plus prochain en degré & ligne du vendeur, mais suffit qu'il monstre ou enseigne suffisamment qu'il est parent & lignager dudit vendeur du costé & ligne dont est venu & échû en succession ledit heritage vendu audit acheteur étrange.

CII.

Item, si un Seigneur feodal a retenu & reüny à sa table par puissance de seigneurie aucun fief, terre ou seigneurie ainsi vendu par son vassal, comme dit est, ledit Seigneur feodal est tenu laisser par retrait au lignager du parent du vendeur venu du costé & ligne dont est venu & écheu par succession ledit heritage, fief, terre & seigneurie ainsi vendu, comme dit est, en venant dedans l'an & jour de ladite retenuë & reünion faite par ledit Seigneur feodal du fief, terre & seigneurie ainsi vendu que dit est, en luy offrant par ledit lignager bourse & deniers, tant pour le pur sort que loyaux coustemens, & à parfaire si mestier est.

CIII.

Item, pareillement quand un Seigneur censuel retient par puissance de seigneurie heritage vendu par un lignager tenu à cens de luy, le parent lignager qui veut retraire ledit heritage ainsi vendu que dit est, est tenu venir dedans l'an & jour de ladite retenuë dudit heritage, faire par ledit Seigneur censuel, offrir la bourse & deniers pour le pur sort & loyaux coustemens, & à parfaire si mestier est.

CIV.

Item, esdits deux cas derniers, l'an de retrait desdits heritages, tant en fief qu'en censive, retenus par les Seigneurs par puissance de seigneurie, commence à courir à l'encontre des retrayans lignagers, du temps de la retenuë desdits heritages, par puissance de seigneurie, quand ladite reünion est faite par lesdits Seigneurs feodaux ou censuels, pardevant Juge competant ou personne publique, & en appert sinon en secret.

CV.

Item, si le mary durant & constant le mariage de luy & de sa femme, acquiert aucun heritage qui soit propre heritage dudit vendeur, & soit iceluy vendeur lignager à icelle femme du costé & ligne dont vient ledit heritage vendu, un autre lignager prochain dudit vendeur, ne pourra ravoir par retrait ledit heritage ainsi vendu que dit est, durant & constant le mariage de ladite femme, pour ce qu'elle est lignagere audit vendeur : mais aprés le trépas d'icelle un lignager dudit vendeur du costé & ligne dont est venu ledit heritage, dedans l'an & jour du trépas d'icelle pourra ravoir par retrait la part & portion dudit heritage ainsi vendu que dit est, audit mary, & dont il joüissoit par le moyen de ladite acquisition ; en luy remboursant la moitié desdits deniers.

CVI.

Item, ledit heritage ainsi acquesté que dit est, par ledit mary, durant & constant le mariage de luy & de sa femme, sera tenu & reputé acquest audit mary, pour moitié, si aprés l'an & jour du trépas de sadite femme, aucun lignager d'elle du costé & ligne dont est venu & échû ledit heritage ainsi vendu que dit est, ne veut requerir & demander par retrait ledit heritage vendu audit mary, & luy offrir bourse & deniers pour le pur sort & loyaux coûtemens, en dedans l'an de sa saisine, s'il n'estoit saisi avant le trépas de ladite femme.

CVII.

Item, quand aucun heritage est donné purement & simplement à personne ou personnes conjoints ensemble par mariage, & non pas en mariage ou en avancement d'hoirie, tel heritage ainsi donné est tenu & reputé acquest, quand il est fait sans dol & fraude, & ne chiet point de retrait, comme dit est.

TITRE XIII.

D'eschange.

CVIII.

Par ladite Coûtume quand aucun heritage est baillé par échange à autruy, à l'encontre d'un autre heritage d'une même condition, comme heritage roturier à l'encontre d'un autre heritage roturier, ou d'un fief à l'encontre d'un autre fief tenu en fief but à but, sans soulte, & tellement, qu'il n'y ait aucun retrait, comme dit est, les heritages ainsi baillez par échange sont tenus & reputez de telle nature, comme ceux qui ont esté baillez : C'est assavoir que s'ils estoient tenus & reputez propres, aussi seront ceux ainsi baillez par échange l'un à l'autre.

TITRE XIV.

De droits seigneuriaux.

CIX.

Quand aucun a vendu aucun heritage, terre ou seigneurie tenus en fief ou en censive, tel vendeur est tenu venir devers le Seigneur feodal ou censuel dedans quarante jours, en luy notifiant ladite vendition, payer & bailler les droits & ventes, si c'est heritage tenu en cenfive : C'eft affavoir feize deniers parifis pour chacun franc : & fera tenu foy deffaifir, és mains dudit Seigneur, fur peine de foixante fols parifis d'amende : & ne fe peut l'acqueftcur bouter en tel heritage, finon par la main dudit Seigneur, & en prenant la faifine, fur peine d'autres foixante fols parifis d'amende ; & fi c'eft fief, ledit vendeur fera tenu payer quint denier au Seigneur feodal, & foy deffaifir d'iceluy heritage dedans le temps de quarante jours, & requerir par ledit achepteur en eftre faifi & receu en foy & hommage, en payant le droit de chambellage & lettres d'hommage au Seigneur de qui font tenus lefdits heritages feodaux & cenfuels, aprés lefdits quarante jours paffez, fi lefdits Seigneurs ne veulent retenir par puiffance de fief & feigneurie lefdits heritages ainfi vendus, comme dit eft, en rendant audit acheteur les deniers qu'il en auroit laiffez, avec loyaux coûtemens, & en déduifant par ledit Seigneur ledit quint denier, requint ou ventes pour ce dûës.

CX.

Item, fi ladite vendition eft faite à francs deniers, foit à cenfive ou fief, lefdits Seigneurs auront pour raifon de ladite vente, fi c'eft fief, quint & requint : c'eft affavoir cinquiéme denier de ladite vente, & le cinquiéme denier dudit quint denier ; & fi c'eft heritage tenu à cenfive, aura defdites ventes de feize fols parifis feize deniers parifis ; & les venterolles eft le feiziéme denier defdites ventes.

CXI.

Item, lefdits Seigneurs feodal & cenfuel aprés lefdits quarante jours paffez, depuis ladite acquifition, pour eftre payez de leurs droits de ventes & quint denier, & pour les droits de faifine, pourroient proceder ou faire proceder par arreft par leurs Jufticiers fur lefdits heritages ainfi vendus que dit eft : lequel arreft ou main-mife tiendra quant aux heritages tenus en fiefs, jufques à ce que lefdits droits & devoirs ayent efté payez, & les foy & hommage faits ; & quant aux roturiers, jufqu'à ce que ledit détenteur fe foit rendu oppofant, lequel au moyen de fadite oppofition, aura main-levée, en baillant caution fujette : ou fi bon femble aufdits Seigneurs feodaux, peuvent faire ajourner lefdits vendeur & acheteur pour payer lefdits droits, & faire lefdites foy, hommage & ventes.

CXII.

Item, fi le vendeur n'a payé les droits de ventes au Seigneur cenfuel dedans quarante jours, & l'acheteur n'eft enfaifiné dudit Seigneur, & qu'il fe foit bouté audit heritage acquefté fans avoir faifine du Seigneur, ils échéent chacun en amende de foixante fols parifis envers le Seigneur : pour raifon defquels droits, ventes & faifines, la main du Seigneur mife & appofée audit heritage ainfi vendu que dit eft, tiendra jufqu'à plein payement & fatisfaction d'iceux droits feigneuriaux, s'il n'y a oppofition donnée comme dit eft, & en ce cas il eft tenu de bailler caution : Et fi ledit heritage eft faifi, pour les arrecages de la cenfive de plufieurs années, l'oppofant n'aura point & ne doit avoir main-levée, finon en nantiffant de la derniere année.

CXIII.

Item, par ladite Coûtume y a droit de relief en ladite Vidamé és heritages cottiers & roturiers, qui eft tel qu'aprés le trépas d'aucun decedé, les heritiers d'iceluy deffunt font tenus relever du Seigneur feodal ou cenfuel, les heritages cottiers & roturiers tenus d'iceux en dedans fept jours aprés ledit trépas, fur peine de l'amende ; & pour ce faire font tenus payer au Seigneur dont font tenus lefdits heritages cottiers, pour chacune mazure cinq fols parifis, & pour chacune mine de terre ou pré, douze deniers parifis.

CXIV.

Item, quand aucuns heritages feodaux ou cottiers font échangez but à but, fans foulte, à l'encontre d'autres heritages d'une même nature, & tenus d'une même feigneurie fans moyen, eft dû au Seigneur feodal ou cenfuel droit de relief feulement, tel que cy-deffus a efté declaré, avec les foy hommage, & droit de chambellage quant aux feodaux : Mais fi les fiefs font tenus de diverfes feigneuries, ou qu'il y ait foulte, eft dû au Seigneur ou Seigneurs droit de quint denier par appréciation defdits fiefs ou fief, foy & hommage, & droit de chambellage. Et quant aux heritages cottiers où il y a foulte, & qui font tenus de diverfes feigneuries, eft dû droit de ventes, de faifine & deffaifine aux Seigneurs dont ils font tenus, lefquels droits faut payer & fignifier aufdits Seigneurs, comme deffus eft dit des venditions, fur pareilles amendes.

TITRE XV.

De faifine.

CXV.

PAr ladite Coûtume quiconque a joüy & poffeffé d'aucune chofe par le temps & efpace d'un an paifiblement, *non vi, non clam, vel precariò*, il a acquis faifine & poffeffion de telle chofe.

CXVI.

Item, quiconque a joüy par an d'aucune chofe, *non vi, non clam, vel precariò*, & il eft inquieté en ladite poffeffion & faifine, aprés l'an & jour paffé de ladite poffeffion paifible,

icelny poffeffeur peut valablement intenter fon cas de nouvelleté contre celuy qui ainfi l'a trou-
blé, dedans l'an & jour dudit trouble & empêchement.

TITRE XVI.

De Sentence coutumace.

CXVII.

PAr ladite Coûtume devant que aucun puiffe .obtenir Sentence diffinitive par coutumace
contre aucun, pour raifon d'aucune dette perfonnelle ou pour la propriété d'aucun heritage, il convient ajourner le détenteur & poffeffeur, ou debter, & obtenir contre luy jufqu'à quatre defauts bien & deuëment obtenus & continuez. faits par quatre divers ajournemens, dont l'un d'iceux convient eftre fait à perfonne, & ledit defaut bien & dûëment obtenu & continuez, comme dit eft; autrement fur lefdits defauts ne fera donnée aucune Sentence diffinitive pour l'adjudication dudit heritage ou de la dette perfonnelle, & fi faut que ledit demandeur affirme par ferment fa demande.

TITRE XVII.

D'Arrefts & main-mife.

CXVIII.

PAr ladite Coûtume aucun ne peut proceder ou faire proceder pour fon dû par voye d'arreft ou
main-mife de fait, fur le corps & biens d'autruy, s'il n'a fur luy ou fes biens bonne
obligation, condemnation, chofe privilegiée ou qui vaille.

TITRE XVIII.

De conjoints par mariage.

CXIX.

PAr ladite Coûtume femme ne peut efter en jugement, fans l'autorité de fon mary, ou
qu'elle foit autorifée par Juftice.

CXX.

Item, le mary eft maiftre & Seigneur de tous les biens meubles & acquefts immeubles,
faits durant & conftant leur mariage, & d'iceux en peut difpofer à fon bon plaifir, iceux
vendre & aliener fans le confentement de fa femme: & fi joüit de l'ufufruit des propres heritages de fadite femme conftant leur mariage.

TITRE XIX.

De Criées.

CXXI.

QUand aucun heritage chargé de rentes non proprietaires, non enfaifinées, non infeodées, mais de rentes conftituées ou ufuraires, eft mis en criées & fubhafté à defaut
de payement, pour arrerages defdites rentes, icelles rentes font tenuës & reputées dettes
mobiliaires feulement: en telle façon que les créanciers defdites rentes qui fe font à ce oppofez, viendront tous à contribution aux deniers qui viendront de la vendition defdits heritages ainfi criez & fubhaftez, comme dit eft, fans avoir égard à la priorité ne pofteriori-
té de la conftitution defdites rentes, combien que par ladite Coûtume tels créanciers de
telles rentes font preferez aux autres creanciers, qui fur la propriété defdits heritages ainfi
criez, comme dit eft, auroient aucun droit d'hypotheque pour raifon d'aucune dette particuliere ou fomme de deniers, pour une fois, en efpece de chofe, comme du vin, du bled
ou autrement. Mais toutesfois lefdits heritages pour lefdites rentes ne fe peuvent crier,
finon fur l'obligé & fes heritiers, ainfi que deffus eft touché.

CXXII.

Item, en matiere de criées les furcens ou rentes proprietaires aufquelles feroient baillez
les heritages & les arrerages d'icelles rentes, feront preferez devant toutes autres rentes conftituées & non infeodées.

CXXIII.

Item, mais quand lefdits heritages ainfi criez que dit eft, font chargez de rentes conftituées, qui font enfaifinées ou infeodées, les créanciers à qui font dûës lefdites rentes enfaifinées ou infeodées, font préferez aux autres, à qui feulement font dûës lefdites rentes conftituées non enfaifinées ne infeodés, pofé ores qu'elles foient de datte fubfequanc de celles non enfaifinées ne infeodées : Et encore préfereront les premieres enfaifinées, celles qui depuis font enfaifinées : & fi doivent les heritages ainfi criez eftre adjugez par decret, à la charge defdites rentes enfaifinées ou infeodées, & arrerages d'icelles, s'il y a aucun qui les mette à prix à la valeur de ce, & non autrement.

CXXIV.

Item, il convient que les créanciers defdites rentes proprietaires & rentes enfaifinées s'oppofent fi bon leur femble aufdites criées, avant l'adjudication ou fcellé du decret : Car fi ils ne s'y oppofoient, ils perdoient leur droit de rente d'hypotheque, tant pour le principal que les arrerages, fur lefdits heritages criez, & fur celuy à qui ils auront efté adjugez.

CXXV.

Item, en fimple action & pourfuite, autre qu'en matiere de criées, quand il y a plufieurs créanciers, celuy qui a la premiere obligation & conftitution de rente mobiliaire, préferera les autres créanciers, fi iceux derniers créanciers n'eftoient poffeffeurs des rentes enfaifinées ou infeodées, auquel cas lefdits feconds créanciers à qui eroient dûës lefdites rentes enfaifinées ou infeodées, préfereront les autres précedentes, comme dit eft : Et au cas deffufdit, l'on vend les biens par autorité de Juftice, fans qu'il foit neceffaire garder les folemnitez requifes en criées.

CXXVI.

Item, quand aucun qui eft détenteur & proprietaire d'aucun heritage, foit par decret ou autre titre particulier, a acquis ou acquiert aucune rente conftituée fur ledit heritage, icelle rente eft confufe & éteinte, & ne s'en peut ledit détenteur ou proprietaire ayder contre les autres créanciers ayans droit de rente ou hypotheque fur iceux heritages, pofé ores qu'ils fuffent fubfecutifs en datte defdites rentes ou rente confufe, fi ce n'eftoit toutesfois que la proprieté defdits heritages fût évincée par Juftice dudit détenteur ou proprietaire, auquel cas par ladite Coûtume, ledit acquefteur de rente ou autre charge de qui feroit évincée la proprieté defdits heritages, peut valablement demander fes droits & action des rentes & autres charges par luy acqueftez, tant fur lefdits heritages évincez, comme fur les autres non évincez comme les autres créanciers, & tout ainfi qu'il eût pû faire auparavant l'acquifition de la proprieté defdits heritages évincez.

CXXVII.

Item, quand aucun heritage eft crié ou fubhafté, le droit de cens ou fonds de terre feigneurial doit préceder tous autres droits de rente conftituée, ou autre droit, foit proprietaire, enfaifinée ou infeodée, pofé ores qu'aufdites criées, ledit Seigneur foit oppofant ou non : combien que fi le Seigneur n'eft oppofant, il perdroit les arrerages de tel droit de cens.

CXXVIII.

Item, outre droit de cens & fonds de terre dû à aucun Seigneur, ne fe perd point par criées, ne eft prefcrit.

CXXIX.

Item, quand aucun heritage eft crié, tel heritage crié & adjugé eft franc de toutes autres charges, excepté de celles des oppofans, & aufquelles tel heritage eft adjugé avec les droits de cenfive & fonds de terre.

CXXX.

Item, quand heritage eft mis en criées & adjugé par decret au plus offrant, fans la charge de l'oppofition d'aucun qui y prétendoit droit qui ne s'y eft oppofé, tel oppofant par l'adjudication du decret qui en eft faite, perd le droit réel qu'il y prétendoit, & qu'il eût pû demander fur ledit heritage crié, & d'icelny droit en eft debouté, excepté le Seigneur pour fondit droit de cenfive ou fonds de terre, comme dit eft deffus.

CXXXI.

Item, avant l'adjudication du decret de l'heritage mis en criées, faut qu'il y ait criées folemnellement faites par un Sergent par vertu d'une obligation ou condamnation, en faute de payement du dû, après les commandemens faits, & biens meubles non trouvez, par quatre quinzaines, au lieu où lefdits heritages font fituez & affis, publiquement, & rapportées au lieu où le decret fe doit adjuger, & qu'icelles criées foient bien & dûëment faites, fans difcontinuation : & avec ce que ledit debteur fur lequel fe fait ledit decret, foit ajourné en fa perfonne ou domicile, pour voir adjuger ledit decret.

CXXXII.

Item, le créancier qui fait faire les criées d'aucun heritage, n'eft tenu de faire fignifier lefdites criées & adjudication dudit decret, aux autres créanciers ayans droit d'hypotheque fur lefdits heritages criez, fi bon ne luy femble, fi lefdits créanciers ne s'eftoient oppofez aufdites criées, en la main du Sergent executeur ou Greffier du lieu auquel fe doit faire le decret, auquel cas leur feroit donné jour pour dire leurs caufes d'oppofition.

CXXXIII.

Item, quand aucun heritage eft mis en criées, chacun eft habile à foy oppofer aufdites criées, jusqu'à ce que lesdites criées & decret soient signez & scellez en Jugement du Scel du Juge pardevant lequel est faite l'adjudication dudit decret de l'heritage ainsi crié, comme dit est, aprés lequel Scel apposé, aucun n'est recevable à soy opposer, ne à y mettre enchere.

TITRE XX.

Des heritages baillez à surcens ou rente.

CXXXIV.

ITem, quand aucun a pris aucun heritage à rente, & à ce s'est obligé à toujours ou à temps, & promis ledit heritage entretenir tellement que ladite rente y pût estre perçûë, tel preneur ne se peut départir dudit contrat de prise, ne renoncer à icelle prise, sans le consentement du bailleur, ou de celuy qui aura cause de luy.

TITRE XXI.

De loüage.

CXXXV.

ITem, un locateur de maison, le terme dudit loüage échû, peut faire executer le conducteur, & luy faire garnir la maison de biens pour le dû ; & s'il se part hors ladite maison loüée, & a emporté tous ses biens, ledit locateur le peut contraindre par Justice à remettre des biens meubles en ladite maison loüée; peut faire execution sur lesdits biens ainsi remis que dit est, jusqu'à la concurrence dudit loüage.

CXXXVI.

Item, un locateur de soy peut gaiger son conducteur pour ledit loüage, sans autre Sergent ou homme de Justice; mémement quand il voit sondit conducteur soy partir de ladite maison ou heritage loüée, avec ses biens, sans payer ledit loüage par luy dû. *Signez Guy Abbé de saint Germer, G. Chofflart, Fourcroy Dugué, Malingre, C. le Voisguier, le Tellier, Oger, P. Lonvi, Luzieres, Baileaue, du Saulchoy, Aubert, Cauy, Ma. Fournier, Patin, Chastelain, de la Mare, Asineur, Daric, Prevost, Mortellier, Luzieres, G. Marc, Descourtils, Charpentier, B. Ticquet, A. Cossart, de la Vigne, Bouchart, Robinet, Aventin.*

OBSERVATION

Sur ce qui a esté dit de la Coûtume locale de Gerberoy, par Monsieur du Fresne, dans son Commentaire sur la Coûtume d'Amiens.

LEs termes avec lesquels j'ay donné au public les Coûtumes locales du Vidamé de Gerberoy, redigées en l'année 1507. par Maistre Guillaume Chofflart mon trisayeul, lors Bailly du Comté de Beauvais, & les precautions que j'avois prises dans la Preface que j'ay faite à ce sujet, en observant ce qui pouvoit faire contre leur establissement, aussi-bien que ce qui pouvoit les favoriser, & en insinuant que je les presentois plûtost pour servir de memoire que de loy, particulierement pour ce qui concerne les Reglemens publics, devoient sans doute contenter également ceux qui se trouvent dans des inclinations contraires; mais, comme l'interest n'a point de mesure, quelques particuliers qui sont engagez à ne laisser aucune vigueur à cette Coûtume locale, par le motif d'une instance qu'ils ont pendante au Parlement, ayans sçû que je les faisois imprimer, me firent solliciter d'y ajoûter un Arrest du septiéme Janvier 1608. qui se trouve conforme à leur intention : mais estans de ma connoissance, aussi-bien que de la leur, que cet Arrest avoit esté annullé par un posterieur, j'évitay la surprise qu'ils me vouloient faire, & laisseray les choses dans la verité.

Mais le dessein de ces particuliers a mieux reüssi dans une autre entreprise qu'ils ont faite. Ils ont sçû que Monsieur du Fresne Avocat en Parlement, faisoit imprimer un nouveau Commentaire sur la Coûtume d'Amiens ; d'où ils ont pris occasion de luy porter l'Arrest de l'année 1608. pour l'inserer dans son Livre, & combattre en même temps un autre Arrest de l'année 1621. duquel je me suis servy, & qui a jugé le contraire aprés que les choses, pour la forme, avoient esté remises en leur entier, par un Arrest du 7. Juillet 1618. qui avoit entheriné les Lettres en forme de Requeste civile, obtennës contre le premier Arrest de l'année 1608.

Cependant le sieur du Fresne a ajoûté plus de foy aux memoires que ces particuliers luy ont fournis, & qu'il a inserez à la fin de son ouvrage, qu'à ce que j'en avois dit, & à ce qu'il en avoit luy-même écrit dans les observations que nous avons fait l'un & l'autre, sur l'article septiéme de la Coûtume d'Amiens, & n'épargnant pas mon nom, il m'a taxé d'avoir legerement rapporté l'Arrest de l'année 1621. & de m'estre servy d'une preuve suspecte pour authoriser les Coûtumes locales de Gerberoy.

Je ne me serois pas mis en peine de me purger contre ce reproche, si j'avois esté seulement combatu dans la resolution d'une question ; parce qu'il y a long temps que je me suis persuadé que les hommes n'estoient pas irfaillibles dans leurs sentimens, sur tout ceux qui ont aussi peu de lumiere que moy ; Mais comme je n'aurois pû me servir d'un Arrest supposé, sans me rendre coupable de mauvaise foy, & que j'ay même tellement affecté d'estre exact dans toutes les citations que j'ay faites, que je n'ay point employé de loy, ou d'autre authorité dans mes ouvrages, que je n'aye reveu jusqu'à deux fois dans leurs originaux, ni aussi rapporté d'Arrests modernes, que je n'aye entendu prononcer, ou que je n'aye vû sur les Registres de la Cour, & fait tirer coppie des plus notables ; J'ay estimé que mon honneur se trouvoit engagé à faire connoistre que l'Arrest de l'année 1621. est veritable, & que celuy de l'année 1608. que le sieur du Fresne luy a opposé ne subsiste plus, ayant esté annullé par un Arrest subsequent de l'année 1618. Ce qui m'est d'autant plus facile, que je n'ay qu'à opposer cet Autheur à luy même, & à transcrire les trois Arrests.

EXTRAIT

Du Commentaire de Monsieur du Fresne, sur l'Article VII. de la Coûtume d'Amiens.

CE n'est pas que quelques Seigneurs ne puissent faire payer par leurs vassaux de plus grands droits pour les Reliefs, que ceux qui sont icy specifiez, quand ils en ont titre ou possession immemoriale, parce que les droits Feodaux & Seigneuriaux, dépendent des pactions & conditions qui ont esté imposées lors de l'investiture des Fiefs, lesquels par consequent, peuvent estre plus grands à l'endroit des uns que des autres, selon la diversité des conventions : Et de fait, Messieurs les Commissaires deputez du Parlement, qui ont procedé à la reformation de cette Coûtume, l'ont ainsi prudemment jugé, sur l'opposition qui fut lors formée à la reduction de cet Article septiéme, par les Doyen, Chanoines, & Chapitre de Beauvais, qui soûtenoient par du Beguin leur Procureur, qu'en leur terre de Gainecourt, & autres qu'ils possedoient dans l'étenduë du Bailliage d'Amiens, ils avoient plusieurs Mairies en Fiefs mouvantes de leur Eglise, pour le relief desquelles leur estoit dû à toutes mutations, même de pere à fils, revenu d'année : & qu'outre ils avoient droit de Relief sur toutes les terres cottieres ; sçavoir pour chacune mesure tenuë à cens, & pour chacune mine de terre tenuë en champart, cinq sols parisis.

Et l'ont encore jugé de cette façon, à l'égard de l'opposition qui fut aussi lors formée par le Sieur Cardinal de Chastillon, qui remontroit par l'Escouvette & Vaillant ses Procureurs, que dans l'étenduë de son Vidamé de Gerberoy, en cas de donation faite d'aucun heritage Noble, & tenu en Fief par un vassal, à son heritier apparent, & en avancement d'hoirie & de succession, luy appartenoit pour droit de Relief revenu d'année, ou une somme de deniers pour une fois, offerte au Chef-lieu du Fief Seigneurial, ou le dire des Pairs & vassaux, estans sous le Seigneur Vidame, au choix dudit Seigneur.

Et bien que ce jugement pour le relief de revenu d'année en cette hypothese, ne dût, ce me semble, servir de prejugé aux mutations de Fiefs, qui arrivoient par mort ou par Mariage, quand la Femme ayant Fiefs se marie, dont le mary est bail & garde, ou qu'il luy échet pendant le mariage ; Neanmoins il a esté jugé par Arrest contradictoire du quatorziéme Aoust 1621. qu'il y devoit avoir aussi lieu avec d'autant plus de raison, qu'il y avoit bien moins de repugnance d'ordonner le Relief de revenu d'année, en ces trois sortes de mutations, qu'en celle qui arrive par donation entre-vifs ; parce que lors le donataire laisse toûjours l'ancien vassal vivant, & comme l'homme ordinaire du Seigneur. Et cet Arrest a esté donné au profit de Messire Augustin Potier Evesque de Beauvais, & Vidame de Gerberoy contre le Sieur Senemont Ecuyer, & Dame Gabrielle Tiercelin son épouse, appellans d'une Sentence du Baillif dudit Gerberoy, qui avoit declaré la saisie du Fief de Lignieres, appartenans à ladite Dame, bonne & valable, faute de payement fait par ledit Sieur de Senemont son mary, & bail du Relief de revenu d'année dudit Fief, conformément à la Coûtume locale & particuliere du Vidamé de Gerberoy, redigée en l'année 1507.

EXTRAIT

Des Observations generales, sur la Coûtume d'Amiens, que le même Autheur a ajoûtées à son Commentaire.

DE sorte qu'il est à douter, vû ladite Ordonnance & les Arrests cy-dessus rapportez, & ceux en particulier donnez de temps en temps contre les Evesques de Beauvais qui les ont deboutez comme Seigneurs & Vidames de Gerberoy, de pouvoir alleguer & mettre en fait, autres Coûtumes locales *mes locales dans l'étenduë d'iceluy, que la generale du Bailliage d'Amiens, où il est assis: qu'il soit intervenu Arrest du quatorziéme Aoust 162. au profit de Messire Augustin Potier Evesque de Beauvais, en qualité de Vidame de Gerberoy, contre Jean de Senemont Ecuyer, & Damoiselle Gabrielle de Tiercelin sa femme, par lequel il ait esté jugé, selon que Maistre Jean Marie Ricard Avocat au Parlement, le cite en ses Notes qu'il a faites n'agueres sur cette Coutume, que la saisie feodale faite à la requeste du Procureur fiscal dudit Vidamé, sur le Fief de Lignieres appartenans à ladite Damoiselle Tiercelin, tiendroit tant que ledit Sieur de Senemont son mary, & Bail, auroit payé le Relief audit Sieur Evesque, selon la Coutume locale & particuliere dudit Vidamé, qui est de revenu d'année, & jusqu'à ce, les fruits du Fief saisi, avoir esté declarez acquis depuis ladite saisie.*

Car il faudroit qu'il y eût eu Requeste civile, obtenuë par ledit Sieur Evesque, contre l'Arrest du septiéme Janvier 1608. transcrit cy-dessus, qui a envoyé absous ledit Sieur de Senemont, des fins & conclusions contre luy prises par Messire René Potier son predecesseur audit Evesché, dont ne fait mention ledit Arrest, & que ladite Requeste civile eust esté entherinée, ou qu'en tout cas ledit Arrest n'ait esté donné, tant en vertu d'aucune Coutume locale, qu'en consideration d'une Loy, paction, & condition de Fief, imposée lors de l'investiture par les premiers Vidasmes de Gerberoy à leurs vassaux, dont ledit Sieur Evesque eût fait apparoir, n'y ayant point de doute que les Coutumes generales des Bailliages & Senechaussées, qui ont étably les droits de Relief, selon que le frequent usage les avoit authorisez, in his quæ ἐπὶ τὸ πλεῖστον, id est, ut plurimum fiebant, ne font point de prejudice aux Seigneurs particuliers, qui par convention & loy de Fiefs s'en sont reservé de plus grands, quand ils ont mis hors leurs mains partie de leurs terres. Namque agrorum lex dicta servanda est, en la loy 1. §. Denique ff. de aqua, pluvia, arcenda.

Arrest du 7. Janvier 1608. qui avoit donné main-levée d'une saisie feodale, faite en consequence de la Coûtume locale de Gerberoy.

Extrait des Regiftres de Parlement.

ENtre Jean de Senemont Ecuyer, appellant d'un Jugement donné par le Baillif de Gerberoy, le vingt-quatriéme Decembre 1604. & des deffenses faites en vertu du Jugement dudit jour neuviéme Septembre 1606. Et Messire René Potier, Evesque & Comte de Beauvais, Vidame de Gerberoy, intimé d'autre, sans que les qualitez puissent préjudicier; aprés que Germain pour l'appellant a conclu en son appel, tant de ce, qu'au prejudice de ses offres, suivant la Coûtume d'Amiens, pour le droit de Relief; saisie a esté faite de son Fief, que de ce que le Juge a reçû l'intimé à faire preuve d'un fait d'une Coûtume locale contraire, ensemble de toute la procedure, & à ce qu'il soit dit mal & nullement, que ses offres seront declarées valables, avec main levée, dommages & interests. Desmarests, pour l'intimé dit, que par le Procés verbal de reformation de la Coûtume, son predecesseur est conservé en ses droits à luy appartenans par la Coûtume locale, laquelle écrite; luy attribuë plus grands droits que ceux offerts par l'appellant, qui d'ailleurs ne les a offerts en personne, ni fait les foy & hommage, partant & que le Reglement à informer, a esté executé, soûtient qu'il n'y a aucuns griefs, comme il a esté jugé par la Sentence diffinitive. Le Bret, pour le Procureur General du Roy, dit que l'appellant ayant épousé sa femme, a offert, comme Bail d'icelle, le droit de Relief de soixante sols parisis, pour le Fief qui releve de l'intimé, se disant exempt du droit de Chambellage: Au contraire, l'intimé a soûtenu que la foy & hommage n'a esté faite en personne, & par la Coûtume locale de Gerberoy, le droit de Relief est de plus grande somme, ou des fruits d'une année, ou le dire de Prudhommes dont est en possession: Quant à ce qui est de n'avoir fait les offres en personne, ne s'y arrestent; parce que lors l'intimé n'estoit en personne sur les lieux; & pour ce qu'il allegue de la Coûtume locale qui luy donne les droits qu'il prétend, que par le Jugement des Commissaires à la derniere reformation, il a esté ordonné que nonobstant icelle, l'article de la Coûtume generale demeureroit, de vray, sans prejudicier aux droits ausquels les Seigneurs se trouveroient fondez par leurs titres ou possession immemoriale. Mais ledit Sieur n'ayant depuis fait apparoir de l'un ni de l'autre par écrit, comme il est requis, l'appellant avoit satisfait à ce qu'il est tenu. La Cour a reçû & reçoit l'appellant, appellant de toute la procedure & Sentence diffinitive, l'a tenu & tient pour bien relevé: Et faisant droit sur toutes les appellations, les a mises; & ce dont a esté appellé, au neant, sans amende & dépens des causes d'appel. A fait, & fait main-levée à l'appellant du Fief saisi, faisant par luy les foy & hommage, & payant le droit de Relief, suivant la Coûtume du Bailliage d'Amiens. Fait en Parlement le 7. Janvier 1608.   Signé Du TILLET.

Arrest du 7. Juillet 1618. par lequel les Lettres obtenuës par Monsieur l'Evesque de Beauvais contre le premier Arrest, ont esté entherinées.

Extrait des Regiftres de Parlement.

ENtre Messire René Potier, Evêque & Comte de Beauvais, Vidame de Gerberoy, Pair de France, demandeur à l'entherinement des Lettres Royaux, en forme de Requeste civile par luy obtenuës le 28. Mars 1608. d'une part: Et Jean de Senemont Ecuyer Sieur de Lignieres, assis à Feuquieres, & Damoiselle Gabriële Tiercelin sa femme, deffendeurs, d'autre. Vû par la Cour lesdites Lettres en forme de Requeste civile dudit jour 28. Mars 1609 Arrest du 29. Novembre 1610. par lequel sur lesdites Lettres les Parties avoient esté appointées au Conseil, Plaidoyer & Productions desdites Parties, même l'Arrest du 8. Janvier 1608. contre lequel lesdites Lettres de Requeste civile auroient esté obtenuës, forclusions de baillet contredits par lefdits deffendeurs, aprés que le demandeur auroit renoncé d'en bailler de fa part, la Requefte du 30. Juin 1612. Conclufions du Procureur General du Roy : tout confideré. Dit a efté, que ladite Cour ayant égard aufdites Lettres, & en les enterinant à remis & remet lefdites Parties en tel eftat qu'elles eftoient auparavant ledit Arreft du 8. Janvier 1608. a ordonné & ordonne, que les parties concluront au Procés par écrit, fur l'appel de la Sentence donnée par le Baillif de Gerberoy le 20. Septembre 1607. Joint les appellations verbales de l'appointement & contrarieté du 23. Decembre 1604. & autres procedures faites pardevant ledit Baillif, pour ledit Procés communiqué au Procureur General du Roy, eftre procedé au jugement d'iceluy ainfi qu'il appartiendra, fans dépens. Prononcé le 7. jour de Juillet 1618.

Arreft du 14. Aouft 1621. Entre les mêmes Parties, & fur la même conteftation, par lequel la faifie feodale faite par M^r l'Evêque de Beauvais, faute de Relief payé felon les Us & Coûtumes du Vidamé de Gerberoy, a efté confirmé.

Extrait des Regiftres de la Cour de Parlement.

COmme de la Sentence donnée par le Baillif du Vidamé de Gerberoy, ou fon Lieutenant le 20. Septembre 1607. entre le Procureur Fifcal dudit Vidamé, demandeur en faifie du fief de Luzieres, affis à Feuquieres d'une part : Et Jean de Senemont Efcuyer, & Damoifelle Gabriëlle de Tiercelin fa femme, deffendeurs & oppofans d'autre, par laquelle ledit Baillif ou fon Lieutenant avoit declaré la faifie faite dudit Fief bonne & valable : & ordonné qu'elle tiendroit jufqu'à ce que lefdits deffendeurs euffent payez les droits de Relief dûs audit demandeur, felon les Us & Coûtumes dudit Vidamé de Gerberoy, & fait les devoirs pour raifon dudit Fief, & que les fruits perçûs depuis ladite faifie, & qui fe percevroient par cy-aprés jufqu'à ce que lefdits droits fuffent payez, & devoirs faits, feroient & demeureroient acquis audit Procureur, & condamné lefdits deffendeurs és dépens : Eut efté appellé à noftre Cour de Parlement, en laquelle Parties oüyes en leurs caufes d'Appel, & le Procés par écrit conclu, & receu pour juger entre lefdits de Senemont & fa femme appellans d'une part : Et noftre amé Coufin Auguftin Potier, Evêque & Comte, Pair de France, Vidame de Gerberoy, prenant le fait & caufe pour fon Subftitut audit Gerberoy, & ayant repris le procés au lieu auffi de noftre amé Coufin René Potier, vivant Evêque dudit Beauvais intimé. Et encore entre Geofroy Tiercelin Sieur de Broffes & Leuquieres, reçû partie intervenante audit procés, par Arreft du 4. Janvier 1620. appellant de ladite Sentence : Et ledit Evêque de Beauvais d'autre, joint les griefs hors le procés, pretendus moyens de nullité, & production nouvelle defdits appellans, qu'ils pourroient bailler dans le temps de l'Ordonnance, aufquels griefs & moyens de nullité, ledit intimé pourroit répondre & contre ladite production nouvelle bailler contredits aux dépens defdits appellans : Joint les appellations verbales par lefdits Senemont & fa femme, & ledit Tiercelin interjettées de l'appointement de contrarieté du 23. Decembre 1604. & de ce qui s'en feroit enfuivy, fur lefquelles lefdites Parties écriroient, par mêmes griefs & réponfes, & produiroient, joint auffi les fins de non recevoir dudit intimé, que ledit Tiercelin n'eftoit denommé aux jugemens dont eftoit appel, & n'avoit intereft à la condamnation portée par ladite Sentence du 21. Septembre. Deffenfes au contraire, fur lefquelles feront prealablement fait droit, iceluy procés vû : Forclufions de fournir griefs, moyens de nullité, & produire de nouvel par lefdits appellans, & des deffentes par ledit Tiercelin aufdites fins de non recevoir, Productions dudit intimé fur lefdites appellations, & d'y fournir de contredits fuivant l'Arreft du 21. Juin 1619. productions defdites Parties fur ladite intervention, & Requeftes des 12. Mars & 28. Avril 1620. employées pour contredits par ledit intimé contre la production dudit Tiercelin : Contredit dudit Tiercelin, Acte d'infcription en faux, faite au Griffe de noftredite Cour le 27. Aouft 1620. par le Procureur dudit Tiercelin, contre un Livre dans lequel la pretenduë Coûtume de Gerberoy du 23. Aouft 1507. eft tranfcrite. Moyens de faux, baillez par ledit Tiercelin, joint audit procés par Arreft du trentiéme Janvier 1621. Conclufions de noftre Procureur General, & tout diligemment examiné : NÔTREDITE COUR, par fon Jugement & Arreft, faifant droit tant fur ledit procés par écrit, qu'appellations verbales, fans s'arrefter aufdites fins de non recevoir, & avoir égard tant aufdits moyens de faux, qu'intervention, a mis & met lefdites appellations au neant, fans amende : A ORDONNE' & ORDONNE que la Sentence, & ce dont a efté appellé, fortiront leur effet, condamne lefdits appellans és dépens des caufes d'appel, chacun à leur égard ; & ledit Tiercelin en ceux de l'inftance d'intervention, fans prejudice des fruits écheus depuis le Contrat du 1. Fevrier 1613. produit audit procés, fur lefquels lefdits Evêques de Beauvais & Tiercelin, compteront plus amplement, la taxe des dépens adjugez à nôtredite Cour refervée. Prononcé le quatorziéme Aouft 1621.

FIN.

✳✳✳✳✳✳✳✳✳✳✳✳✳✳✳✳✳✳✳✳✳✳✳✳✳✳✳✳✳✳

TABLE
DES MATIERES

Contenuës tant au Texte de la Coûtume d'Amiens , qu'aux Remarques.

Les articles sont signifiez par ce mot abregé , art. Et les Remarques sont distinguées par pages. Et les nouvelles Additions par une marque de cette maniere ¶ Dans lesquelles plusieurs autres difficultez se trouvent expliquées , aprés avoir conferé les Remarques de M. Jean du Fresne , avec celles de M^e. J. M. Ricard.

A

AGe, pour donner entre-vifs, vingt-cinq ans , *Page* 10
Pour faire Testament , *art.* 56
Pour l'émancipation des mineurs, *art.* 135. & 136.
Dans cette Coûtume qui préfere le plus âgé, le neveu peut exclure l'oncle, pag. 27. & 28.
¶ Age, pour contracter des meubles, & acquests , pag. 41
Accroissement des portions du quint en faveur des puisnez. *voyez* , infra verbo succession.
Aînesse , n'a lieu en matiére de donation , art. 53.
¶ *Aîné* , sa légitime, si l'on a disposé de tous les fiefs d'acquêts, · pag. 17
¶ Aîné , à représentation,
¶ Aîné , paye les dettes immobiliaires à proportion de l'émolument ; les mobiliaires prises sur les meubles , pag. 29
¶ Aîné , majeur, doit récompenser ses puisnez des quints en argent ou terres dans trois ans , du jour de la succession écheuë ,

¶ Aîné , renonçant , n'est dû que le relief , & chambellage , mais s'il renonce en faveur d'un puisnez, autre que celui qui doit succeder les quints & requints sont prétendus,

¶ Aîné , quand peut être restitué contre le partage , pag. 50
Aîné , mâle , préféré par cette Coûtume, pour la succession des fiefs en collaterale, s'entend même des mâles issus de femelles, p. 17
Du droit d'aînesse , *voyez* , infra verbo succession.
Amende , du mal jugé, *art.* 188
Pour cens non payé, *voyez* , infra verbo censive.
Pour bêtes en dommage , *art.* 200. 201
Pour bois coupez & abbatus, art. 210. 211. 112
Pour injures , *art.* 216.
En cas d'appel , *art.* 217. 291
Pour nouvelleté , *art.* 220
Pour défauts , *art.* 221
Pour obligation non payée , *art.* 222
Contre les Sergens qui exécutent sans *pareatis* , *art.* 229. 241
pour avoir enfraint la main de Justice , *art.* 237.
pour dommages faits en houant ou fouil-

lant la terre , *art.* 238
pour avoir coupé ou émondé les arbres d'un haut Justicier , *art.* 239
pour danser, joüer & étaller marchandises le jour du Patron , sans demander permission , *art.* 242
pour roüir lins ou chanvres sans congé , *art.* 243.
pour éteulle , *art.* 244
pour puits à marne , *art.* 246
pour bornes arrachées , *art.* 247
¶. *Amende* , pour chacun champ , ne s'entend que de ce qui est tenu du même Seigneur pour la censive, ce qui s'étend au delà pour le champart , *art.* 193
¶. *Amende* , pour avoir démoli sans permission , pag. 58
Amiens. Coûtume locale de la ville & banlienë d'Amiens , p. 71
¶. *Année & jour*, quand commence en cas d'alienation des héritages retirez par le conjoint qui a des enfans en ligne , ou de ceux retirez du chef de la femme , 51. 54
¶. Année & jour, pourquoi le *jour* est ajoûté, 51
Appel , quand doit être relevé , *art.* 218
¶. *Apprehension* de fait , saisit l'acquereur ou donataire , à l'effet d'être poursuivi par le Seigneur, pour ses droits , dans l'an de la possession , aprés lequel ils ne peuvent résilir à son préjudice ; elle suffit aussi jointe au titre , quoique personnel, pour être conservé dans la possession , contre les créanciers postérieurs, même hipotecaires & nantis , la chose n'étant plus en biens , & néanmoins ce n'est pas un titre pour inscrire par 10 & 20 ans ,
Arriereban , droit d'arriereban est dû par la doüairiere , *art.* 122
Artilleries étans en un Château ; sont réputées immeubles , *art.* 97
Aubein , ne peut tester , pag. 68
Le Roy succede aux Aubeins, *art.* 253. pag. 68
Ayde , dûë au Seigneur , *art.* 189

B

BAil , de bail à cens ou à rente , n'est dû aucun droit au Seigneur , *art.* 26
Bail à cens ou à surcens , ne peut être fait sans le consentement du Seigneur, pour avoir lieu à son préjudice , *art.* 41
Bail des mineurs , à qui appartient, art. 125. 126.

Il doit être administré par un seul, pag. 40
L'ayel & l'ayeule font admis au bail, quoy-qu'il n'en foit point parlé, *ibid.*
Celui qui a accepté le bail ne le perd point par un fecond mariage, *ibid.*
L'acceptation du bail eft volontaire, *art.* 128
Charges aufquelles le bail eft obligé, *art.* 130. 131.
Les meubles, fiefs reftraints & rotures ne tombent en bail, *art.* 132
Bail, quand finit, *art.* 134
§. Bail des Fiefs, même échus en collaterale en faveur du plus proche parent qui doit fucceder à la difference de la garde qui eft de tous les biens, & eft reftreinte aux peres, meres & autres afcendants; les fimples arriere fiefs tombez en commife, appartiennent au baillistre pendant le bail & non la proprieté, quoiqu'il profite de la confifcation des immeubles,
§. Bail ou garde n'a plus lieu aprés l'acceptation de la tutelle,
§. Le Bail ou garde fait confondre par la veuve la reprife en cas de renonciation à la Communauté, ou le préciput, & non les actions réputées immobiliaires, *art.* 130
Bannalité, Moulin ou Four bannal, *art.* 240
§. Bannalité, pag. 66. 33
Bâtard, peut difpofer de fes biens par teftament ou par donation, *art.* 249
Les enfans du Bâtard lui fuccedent, *art.* 250
A faute d'enfans qui lui fuccede, *art.* 251
Maris & Femme bâtards fe fuccedent l'un à l'autre, pag. 68
Beauquefne. Coûtume locale de la Prevôté de Beauquefne, pag. 81
Bêtes, en dommage, *art.* 201. 202. 203. 204. 205. 206. 207. 208.
Bois, dans quel temps doit être coupé, *art.* 213

C

*C*As Royaux, *art.* 231. 232. 233
§. Cas Royaux & Prevotaux, 64. 65
§. *Cateux*, 33
Cens, fe pourfuit contre le Poffeffeur ou le Proprietaire, au choix du Seigneur, *art.* 154
Sçavoir fi l'héritage tenu en cenfive peut être changé fans le confentement du Seigneur, *art.* 198. pag. 58
Cenfive, payable à peine d'amende, *art.* 199. pag. 58.
S'il eft dû autant d'amendes que d'années d'arrérages, pag. 58
Si l'amende eft dûe par chacun tenement, *ibid.*
Cenfive en bled, fi doit être payée du meilleur, pag. 59
§. Cenfive, bled de cenfives du meilleur que la terre produit, 59
Chambellage, droit de Chambellage, en quoi confifte, *art.* 7
Champart, de quelle maniére il fe paye, *art.* 193. 194.
Terre en champart qui demeure trois ans fans être labourée par le Proprietaire, le Seigneur la peut faire valoir, *art.* 195
Qui doit Champart ou Terrage ne peut changer l'héritage de face, fans le confentement du Seigneur, *art.* 197
§. Champart, réputé Seigneurial, s'il y a eu referve de la Juftice ou Seigneurie, fans aucun argent donné,
§. Champart, fi on fe peut exempter de le payer par prefcription, pag. 57
Chemins, de l'étendue des chemins, *art.* 185
Command, doit être nommé par l'adjudicataire par decret, dans quarante jours, *art.* 259.
Commife, de fief ou de foy, quand a lieu, *art.* 44. 45.
§. Commife, fi elle a lieu fans charge de dettes, pag. 6
Communauté, entre conjoints, *art.* 95
§. Communauté, s'étend aux biens fituez dans les Coûtumes où elle n'a pas lieu, pag. 33
§. *Confifcation*, fi elle eft avec charge des dettes, pag. 6. 32
Confifcation, quand a lieu, & au profit de qui, *art.* 225. 226. 227. 228
Confignation, néceffaire pour gagner les fruits, en matiére de retrait, *art.* 169
Entre les mains de qui doit être faite, pag. 52.
§. *Continuation* de communauté, ce qui y entre, & fes charges, pag. 34
§. *Contremurs* & contrefermetures, pag. 73
Coûtumes, ont lieu du jour qu'elles ont été arrêtées & publiées en l'affemblée des Etats, auparavant même qu'elles ayent été portées au Greffe du Parlement, pag. 1
Quelles Coûtumes locales doivent avoir lieu *art.* 134.
§. Coûtume, fi elle eft perfonnelle pour les dettes mobiliaires de celui qui a des biens fituez en une autre Coûtume, pag. 29
§. Si elle eft perfonnelle ou réelle pour la Communauté, l'hypotheque des biens, la garde-noble, & le don mutuel, pag. 33
§. Coûtume du domicile des parties pour la prefcription, pag. 49
§. Coûtume prohibitive, fi elle s'étend aux biens fituez ailleurs, pag. 35
§. Coûtume, qu'elle doit être fuivie pour la nature de la rente, pag. 27

D

*D*Ecret, fi peut être fait en vertu d'une dette adjugée par provifion, pag. 16
Forme du décret, *art.* 254. *& fuiv.*
Déguerpiffement ou délaiffement de l'heritage fujet à cens, quand & à quelles conditions peut être fait, pag. 9
Déguerpiffement admis, en quels cas, *art.* 155
Délit privilegié, *art.* 231. 233. 234. 235
Démembrement de fief, comment fe fait, *art.* 31. 32.
§. Démembrement de fief, ne peut être fait par celui qui n'a ni Cenfives ni Juftice, pag. 6
Dénombrement, quand & comment doit être baillé, *art.* 15
Il ne fe baille par le vaffal qu'une fois en fa vie, *art.* 18
Doit être accordé ou contefté dans trois mois, *art.* 19
Il fe peut préfenter valablement à l'un de plufieurs Seigneurs pour tous, mais le Seigneur ne le peut approuver fans le confentement de tous, *art.* 24
Dérogations

Derogation au doüaire est valable. 34.

Desherence. art. 252.

¶. Dessaisine, n'ayant pas été faite, ni pouvoir donné, sur qui tombe le péril de la chose, pag. 44

Dettes de la succession comment se payent entre l'aisné & les puisnez, pour le regard des fiefs. art. 80. pag. 22.

Quid en collaterale. pag. 22.

Qui succede à titre universel aux meubles, est tenu de toutes les dettes personnelles. art. 90.

Si autre que l'heritier est compris en cette disposition. pag. 29.

Dettes payables par portions hereditaires ou portions viriles. pag. 48.

Dettes même mobiliaires se payent par chaque heritier pour le tout. art. 191. pag. 159.

Si la femme à cause de la communauté est sujette à cette disposition.

Dettes comment payables. art. 196.

Peres & meres succedans comment tenus des dettes. pag. 48.

¶. Dettes immobiliaires, se prennent sur tous les immeubles à proportion, entre l'aîné & les puisnez, pag. 23

¶. Dettes mobiliaires en la Coûtume de Ponthieu, prises sur les meubles avant que l'aîné, au préjudice duquel on a disposé, contribuë, *à rata*, *ibid.*

¶. Suivant Duchesne, ceux qui prennent les meubles après avoir acquitté les dettes mobiliaires, contribuënt encore pour le revenant-bon des meubles, avec les heritiers ou légataires universels des acquests & propres au doüaire préfix & rentes constituées; mais il m'a paru rigoureux qu'un ascendant, qui est le plus proche, soit réduit à rien, par cette double contribution,

¶. Dettes mobiliaires, prises subsidiairement sur les acquests, à la décharge des Propres, page 29.

¶. Dettes mobiliaires, si elles se prennent sur les Propres & acquests, situez dans la Coûtume de Paris, quand le défunt étoit domicilié en cette Coûtume, *ibid.*

¶. Dettes deuës par l'héritier apparent, donataire en avancement d'hoirie, s'il est poursuivi du vivant, mais non après la mort, s'il a heritier solvable, art. 51

¶. La décharge des dettes a lieu sur les biens qui pouvoient être donnez ou léguez, s'il n'y a fraude;

¶. Dettes, comment payées, en cas de confiscation ou commise, pag. 6. 32

¶. Dettes, comment contribuë le légataire du quint, pag. 25

Discussion comment est pratiquée en cette Coustume. art. 153.

¶. Discussion pour rentes, sur lesquelles il n'y a que des Sentences ou autres hypotheques légales, pag. 47

¶. Domicile accidentel, quand doit être consideré, pag. 35

Donation. Donataire entre-vifs comment chargé des dettes tant à l'égard des heritiers que des creanciers du donateur art. 52. pag. 12.

Donation faite par un pere à son fils en avancement d'hoirie, peut être retenuë par le fils, même en renonçant à la succession du pere. pag. 12.

Donations n'ont point d'effet faute de saisine, & neanmoins le donataire peut poursuivre l'execution de la donation contre les heritiers du donateur. art. 54.

Que l'appréhension de fait n'équipole point à la saisine pour la validité des donations, dans cette Coustume. pag. 11.

Donation entre vifs à qui peut estre faite, & dequoy est permise. art. 46.

Pour pouvoir donner entre-vifs, faut avoir vingt-cinq ans. pag. 10.

Meubles peuvent estre donnez entre-vifs aussi-bien que les propres & les acquests. *ibid.*

Donation faite à l'heritier presomptif en avancement d'hoirie, est propre au donataire. art. 51.

Quid, du propre ancien donné à l'héritier apparent, mais non en avancement d'hoirie, tant pour regler la succession, que pour la communauté du donataire. pag. 11.

Donations entre-vifs entre conjoints sont prohibées: mais ils peuvent s'avantager par testament. art. 106.

¶. Don mutuel, s'il a effet pour les biens situez dans une autre Coustume qui le défend, pag. 33.

¶. Donations en santé, faites *cogitatione mortalitatis*, ou avant que d'entrer dans un Convent; si elles peuvent être faites en forme de donations entre-vifs, pag. 10.

¶. Donation en avancement d'hoirie, si elle est sujette à saisine, pag. 11.

¶. Si elle doit être en saisine, pour ce qui excede la part héréditaire du donataire, *ibid.*

Double lien. v. *infra verbo*, succession.

Doullens. Coustumes locales de la Prévosté de Doullens. pag. 84.

Doüaire, femme en est saisie par le deceds du mary. art. 109.

Doüairiere doit joüir comme un bon pere de famille. art. 118 119.

En quels cas la Doüairiere peut pretendre son habitation. art. 120. 121.

Doüairiere doit l'arriere-ban. art. 12.

Doüaire demeure à la femme nonobstant sa renonciation à la communauté. art. 100.

Derogation au Doüaire est valable. pag. 34.

Doüairiere prend les fruits sans rembourser les labeurs & semences. pag. 37. art. 123.

Doüairiere peut opter le doüaire coustumier ou le prefix. art. 110.

Doüaire s'acquiert par la perfection & consommation du mariage. *ibid.*

Quotité du doüaire. art. 112 113.

Femme ne perd son doüaire en se remariant. art. 114.

Doüaire a hypotheque legale. art. 115.

Doüaire ne produit aucuns droits seigneuriaux. art. 116.

Partage des biens sujets à doüaire se fait aux dépens de la veuve. art. 117.

¶. Doüaire stipulé propre, vient après les reprises pour les enfans aussi bien que pour la femme, & précede les remplois & indemnitez, p. 38.

¶. Arrérages de doüaire se prennent sur le fond, en cas de don mutuel, *ibid.*

¶. On pretend qu'ils se perdent à proportion, hors le cas du don mutuel, jugé au contraire contre des collateraux, heritiers de la propriété. *Voyez au Traité du don mutuel.*

§. Arrérages de la femme paroissent plus favorables lorsqu'il n'est propre que par convention, pag. 38

Droits Seigneuriaux ne sont dûs de donations de pere à fils. art. 48.

Non plus que des accommodemens faits entre les peres & leurs enfans. pag. 11.

Mais bien des donations de fiefs faites aux estrangers, mesme aux présomptifs heritiers faites en collaterale. art. 48. & pag. 11.

Des partages faits par les ascendans entre leurs descendans, ne sont dûs droits. art. 49.

Pour retention d'usu-fruit de la part du donateur ou du vendeur, aucuns droits ne sont dûs. art. 50.

Droits seigneuriaux ne sont deus pour partages. pag. 12. & art. 94.

Droits seigneuriaux payez par le creancier qui s'est fait nantir, sçavoir si le debiteur est obligé de les rendre par forme de loyaux cousts. pag. 45.

Droits seigneuriaux, si le Seigneur peut obliger le creancier à les payer en cas de nantissement. art. 146. 151.

Droits seigneuriaux deus à cause de la mise de fait, appartiennent au Seigneur du temps duquel elle a été faite, quoyque la sentence ne soit intervenuë que du temps d'un autre Seigneur. pag. 46.

Droits seigneuriaux payez lors du nantissement se déduisent lorsque l'heritage est vendu. art. 152.

Droit de mort & vif herbage. art. 181.

§. Droits dûs d'un Contrat non signé de la femme, dont l'acquereur a voulu se servir en le presentant au Seigneur, pag. 7

§. S'ils sont dûs ou rendus quand l'acquereur a faculté de réméré, rentre dans neuf ans, ibid.

§. S'ils sont dûs pour partages & cessions entre coproprietaires, pag. 32

§. Droits exorbitans & plus forts que ceux que donne la Coûtume, quand peuvent avoir lieu, pag. 111

§. Droits ne sont dûs, suivant Me J. M. Ricard, que lorsque le Seigneur les a demandé après l'an, du jour du Contrat; & suivant Dufresne, ils sont dûs après l'an, du jour du Contrat; encore que le Seigneur ne les ait demandé, & ils sont dûs aussi-tôt si l'acquereur s'est mis en possession actuelle, si l'on ne veut s'en désister dans l'an, art. 38.

§. Droits ne sont dûs pour donation, à l'heritier présomptif, en avancement d'hoirie, mais bien pour donation à celuy qui n'est pas habile à succeder, qu'on destinoit pour faire heritier, s'il ne devient heritier, & qu'il n'ait pas payé au moyen de la retention d'usufruit, art. 47. 50

§. Sont dûs pour donnation au pere au ayeul, d'un propre maternel, auquel ils n'étoient habiles à succeder, art. 47

§. Sont dûs pour donation d'heritages stipulez propres, à autres qu'à l'heritier présomptif, art. 51.

§. On ne croit pas qu'ils soient dûs, si celuy à qui on a donné en avancement d'hoirie, se tient à son don, art. 53

E

§. E*au*, ne peut être détournée, au préjudice de ceux qui ont acquis droit, pag. 55.

Ecclésiastiques sont exempts de tailles, aydes, travers, &c. art. 192.

§. *Enfans*, peuvent être avantagez par prélegs ou par contrat de mariage, quoi qu'inégalement, pag. 32

Eschanges d'heritages situez sous mesmes seigneurs, ne produisent aucuns droits. art. 28.

Si les heritages sont de diverses seigneuries, les droits sont deus comme d'une vente. art. 29.

Eschange rend les heritages eschangez de pareille nature. art. 30.

Espave à qui appartient. art. 190.

Eps & mouches à miel. art. 191.

Esteulles. art. 244. 245.

Executeurs testamentaires sont saisis par an & jour. art. 61.

Comment font délivrance des legs mobiliaires. art. 62.

F

F*Ermier*, droits seigneuriaux sont deus au Fermier, qui étoit lors du Contract de vente, & non point à celuy qui est au temps de la dessaisine, aussi bien en vente volontaire, qu'en vente forcée. pag. 7.

Fief noble tenu en Pairie ou en plein hommage, quel est il? art. 25.

Un pere peut en cette Coustume disposer de son fief au préjudice de son aisné. pag. 21.

Fiefs, comment se partagent entre coheritiers, *v. infrà verbo*, succession.

§. Fief peut être démembré en plusieurs portions, par celuy qui a Justice & Seigneurie, art. 26. 53.

§. Et le Seigneur ne peut retirer que la directe, cens & rentes, s'il n'y a eu argent donné, art. 26

§. Fief, conserve sa même nature, nonobstant les éclipsemens, démembremens & adjonctions d'autres Fiefs non mouvans, art. 33. pag. 6.

§. Fiefs d'acquests peuvent être donnez à qui bon semble des enfans, sauf la légitime de l'aîné, pag. 17

§. Fiefs restreints, partagez comme fiefs dans la succession, quoique retirez à l'égard du Seigneur, art. 132

Fiscus post omnes. art. 88.

Forage. art. 183.

Foulloy, Coustume locale de la Prévosté de Folloy. pag. 84.

Frais funeraux entre conjoints se prennent sur la part du predecedé. art. 105.

§. Francs deniers, si la vente n'est pas faite, francs deniers, les droits sont déduits au Seigneur qui retire, sauf le recours de l'acquereur contre le vendeur. art. 38

Froes, Flogards, Voiries. art. 184. 242.

Fruits se prennent par la doüairiere, sans rembourser les labeurs & semences; Et

neanmoins aprés sa mort, le remboursement en est deu à ses heritiers de ceux qu'elle a faits. pag. 37.
¶. Fruits des propres, s'ils peuvent être obligez à 10 ans, séparément du fond, pag. 41
¶. Fruits du quint datif, de quel jour, pag. 25
¶. Frocs, flégards, pag. 55

G

¶. Garde, voyez Bail.
¶. Garde-noble, & le droit de prendre les meubles, en vertu de la Coûtume, suivant le domicile, indépendamment du Contrat de mariage, pag. 33
¶. Garantie, entre coheritiers, pag. 50
Gerberoy, de la Coustume locale de Gerberoy. pag 2. & 112.
¶. Gruerie, pag. 61

H

Haute Justice, quand se presume en un fief. art. 25.
Haut Justicier, de sa connoissance. art. 223. 224. 236.
Heritier ne se peut dessaisir d'un fief au profit d'un autre, s'il n'a été auparavant saisi. art. 12.
On peut en cette Coustume être heritier legataire & donataire, tant en directe que collaterale. pag. 30.
Il y a pourtant cette difference entre la directe & la collaterale, qu'en directe l'heritier ne peut conserver le legs ou le don, s'il n'est fait par forme de prelegs & hors part. pag. 31. 32.
Mais le petit fils peut estre legataire, & son pere heritier, quoyque la disposition ne soit point faite par forme de prelegs. pag. 31.
Heritiers sont tenus des dettes hypothequairement pour le tout. art. 159.
Heritier presomptif se considere au temps que l'acte est passé. pag. 81.
Heritages se gouvernent par la Coustume de leur situation. art. 96.
Hommage personnel, & que doivent faire les Seigneurs pour obliger les vassaux à la faire. art. 20.
Hommage une fois fait ne se reïtere point. art. 21.
Hommage se fait valablement à un de plusieurs Seigneurs pour tous. art. 24.
¶. Hypoteque, sur les biens d'un mineur qui a ratifié en majorité, pag. 41
Hypotheque, Doüaire a hypotheque legale. pag. 42. art. 115.
Hypotheque comment s'acquiert. art. 137. 138. 140. 141. 142. 143. 144. 145.
Sentences donnent hypotheque. pag. 42.
Hypotheque tacite & legale a lieu. art. 139.
Le Seigneur n'est tenu de consentir hypotheque sur heritage cottier, que pour six mois. art. 148. 149. 150.
Action en declaration d'hypotheque. art. 153.

I

Infeodation. Quand du fief le vassal fait un arriere-fief, il n'en est rien deu au Seigneur superieur. art. 27.
Injure verbale. art. 26.
D'injures verbales le Juge ne doit informer si elles ne sont atroces. pag. 61.
Interests. Reflexion sur l'augmentation des interests, au sujet des estimations portées par nos Coustumes. pag. 21.
Jurisdiction, v. latè au titre des droits des seigneurs & Justiciers, Jurisdictions & amendes. pag. 54.
Jurisdiction Ecclesiastique. art. 233.
¶. Inventaire, sans légitime contradicteur, pag. 41.
¶. Incendie, s'il est cas Royal, pag. 65

L

Legs est sujet à delivrance. pag 18. art. 65.
Lorsque le legs des propres excede le quint, sçavoir si le legataire doit avoir sa recompense sur les meubles & acquests? p. 17.
Legs qui excede le quint vaut du consentement de l'heritier. art. 58.
Legs sont acquests. art. 60.
Si ce n'est qu'ils soient faits à l'heritier apparent, qui conserve le legs au lieu de sa portion hereditaire. pag. 18.
Legs fait par l'un ou l'autre des conjoincts, d'un meuble de la communauté, vaut pour le tout, sauf la recompense de l'heritier. art. 63.
Si ce n'est un meuble précieux. art. 64.
Le payement des legs se divise entre les heritiers. pag. 30.
¶. Legs, comment l'héritier des propres y contribuë, pag. 28. 29
¶. Si les heritiers sont tenus hypothequairement des legs, en vertu d'un testament devant Notaires, pag. 36
¶. Legs universel des meubles & conquests, ne comprend les acquests faits avant le mariage, pag. 35
Lin. pag. 67.
Loyers de maisons comment se pourfuivent. art. 1,6. 157. 158.

M

Mary succede à sa femme, & è contra au défaut d'heritiers du sang. pag. 28.
¶. Mary, s'il peut disposer des héritages retirez du chef de sa femme sans son consentement, pag. 54
Meubles se regissent suivant la Coustume du Domicile. art. 96.
Artillerie estant en un Chasteau & ornemens d'une Chapelle, sont reputez immeubles. art. 97.
Meubles suivent le corps. pag. 77.
¶. Mineurs, s'ils peuvent changer de domicile, pag. 32
¶. Mineur, âgé de 20 ans, s'il est restitué d'un cautionnement, pag. 41.
¶. Au même âge il peut engager les fruits des propres, suivant l'usage, pag. 41. 42
¶. Par quel temps on prescrit contre le mineur, pag. 50
¶. Mise de fait, doit être signifiée aux proprietaires & aux Seigneurs, avec assignation sur laquelle on obtient Sentence qui a effet

retroactif au jour de l'exécution, *art.* 144. 147
¶. Mise de fait, pour quels droits peut être prise, *art.* 145
¶. Peut être prise par les héritiers, si l'acquereur ou donataire n'a pas été en possession de son vivant, *art.* 144
Monstreüil. Coustumes locales de la Prévosté de Monstreüil. *pag.* 74.
¶. Moulins, *pag.* 55
¶. Si le Moulin peut être construit sans la permission du Seigneur, *pag.* 66
¶. Murs, Palis & contre-fermetures, *pag.* 73
¶. A quelle distance des murs on peut faire aisances, *pag.* 73

N

*N*antissement comment se fait ? *art.* 137.
Si est nécessaire en rente constituée pour supplément de partage. *pag.* 42.
Tiers detempteur mesme à tiltre gratuit, ne peut estre inquieté par un creancier non nanty. *pag.* 43.
Nantissement. *v. infrà*, saisine.
¶. Nantissement une fois acquis, demeure après le partage sur heritages échus au lot d'un autre, sauf le recours privilegié sur le lot du débiteur, *art.* 244
Neveu. L'oncle & le neveu d'un deffunt succedent également en roture. *pag.* 25. & 80.
Si ce n'est aux propres naissans du deffunt que le neveu prend entierement. *pag.* 25.
Noblesse. Femme noble se mariant à un roturier perd sa noblesse durant le Mariage. *art.* 124.
¶. Nôces, en secondes nôces, de quels biens il est permis de disposer, quels sujets à retranchement, & quels doivent être reservez, *pag.* 36

O

¶. *O*ffices susceptibles d'hypotheque sans nantissement, *pag.* 45
Oncle. L'oncle & le neveu d'un deffunt succedent également. *pag.* 25. & 80.
Si ce n'est aux propres naissans que le neveu prend entierement. *pag.* 25.

P

*P*Artages faits par peres & meres entre leurs enfans sont revocables jusques à la mort. *pag.* 11.
Pasturages. Vaines Pastures en quel temps permises *art.* 208.
Bestes à laine ne se doivent mettre dans les marais communs. *art.* 209.
Les Seigneurs sont reçûs à provoquer leurs habitans à partage des marais communs. *ib.*
¶. *Pasturage*, à qui le droit en appartient, & s'il peut être prescrit dans une autre Paroisse, *pag.* 61.
Paterna paternis : materna maternis, *art.* 87.
Perots, bois de deux âges. *art.* 210.
Pesche, quelle deffenduë. *art.* 215.
Prescription. Seigneur qui joüit du fief de son vassal à titre de Seigneur, ne prescrit point. *art.* 5.

Le tiers acquereur ne prescrit point sans saisine. *pag.* 14.
Prescription avec titre. *art.* 160.
Sans titre. *art.* 161.
Contre l'Eglise. *art.* 161 & *pag.* 49.
Prescription des actions personnelles par trente ans, & des hypothequaires par quarante ans. *art.* 162. *pag.* 50.
Prescription des meubles par trois ans. *art.* 163.
Entre le Seigneur & le vassal il n'y a point de prescription quant à la propriété. *art.* 164.
¶. Prescription interrompuë par l'action personnelle, intentée contre l'un des heritiers, & non par l'hypothequaire, *pag.* 49
¶. Pour la prescription, on se regle par le domicile des parties, *pag.* 49
¶. Comment le temps doit être compté en matiére de Prescriptions, *ibid.*
¶. Prescription contre femme alliée de mari, *ibid.*
¶. Prescription des dettes conditionnelles & substitutions, *ibid.*
¶. Comment peut avoir lieu contre mineurs, *pag.* 50.
¶. Prescription des droits qui sont de faculté, *pag.* 57.
¶. Prescription, si elle a lieu à cause de l'erreur commun, la saisine ayant été prise du Seigneur ou Receveur dans les confins de cette Coûtume, *pag.* 14
¶. Pressoirs bannaux & autres, s'ils sont meubles ou immeubles, *pag.* 33
¶. Propre étant au delà de ce que permet la Coûtume, si la récompense en est dûë, *p.* 17
¶. Aux Propres sont préferez ceux qui sont descendus de l'acquereur, sans distinguer s'ils sont de la même tige ou autre, *pag.* 16
¶. Propres, subrogez par partages, échanges & conventions, *pag.* 17. 18
¶. Propres conventionnels ne peuvent être léguez entre conjoints en cette Coûtume, quoiqu'ils puissent être léguez pour le tout aux étrangers, *pag.* 35
¶. Legs de l'usufruit des Propres, peut avoir effet, au lieu des meubles, acquests & quint des Propres qui pouvoient être léguez, *p.* 36
Prevention des Juges Royaux. *art.* 230. 244.
Des hauts Justiciers sur leurs vassaux. *art.* 236.
Prevosts Royaux n'ont connoissance des crimes. *art.* 234.
Propres. Dans le quint des propres dont il est permis de disposer par testament, sçavoir si les propres donnez par donation entre-vifs doivent être comptez. *pag.* 35.

Q

¶. *Q*Uint datif, Propre en la succession d'un ascendant, *pag.* 18. Aussi en celle d'un descendant non habile à succeder, *pag.* 25.
¶. Quint datif, ne comprend ni le quint du principal manoir, ni du droit de patronage, ni de l'institution des Officiers, *pag.* 21. 22.
¶. Quint datif, & quint naturel compatibles, *pag.* 17.

§. Legs du quint datif, s'il est sujet à délivrance à l'égard d'un enfant, & de quel jour il a les fruits, pag. 25
§. Doit être fourni par l'heritier, ibid.
§. Au quint naturel les parts de ceux qui meurent, accroissent aux puisnez & non au datif, ibid.
§. Quint, quoique releve de l'aîné pour la premiere fois, releve depuis du Seigneur, & chaque portion devient Fief-noble, de même que la part de l'aîné, & chacun joüit à proportion de la part, de la Justice, Seigneurie & confiscations, à l'exception des droits honorifiques, art. 71. & suiv.

R

Rappel en dedans les termes de droit, s'admet fort facilement par quelqu'acte qu'il soit fait, pag. 19
Le rappel peut être fait de l'un de plusieurs neveux, ibid.
Rapport n'a lieu en succession entre enfans que lorsqu'ils n'ont point tous été mariez, art. 92
§. Rapport, si le fils doit rapporter l'héritage retiré par le pere; sous son nom, pag. 51
Rapport, s'il a lieu quand tous les enfans sont dotez & mariez, pag. 32
Rapport des donations, fruits, interêts, en cas de continuation de Communauté, page 34.
Relief, droit de relief en quoi consiste, art. 7.
Relief de bail en quoi consiste, art. 8. 9. 10
Lorsque le Fief de la femme a été relevé pendant son mariage; elle n'est tenuë d'aucun relief, après la mort du mari, art. 11
Relief est dû en toutes mutations quand il n'échet point de plus grands droits, art. 49
Relief dû pour legs, art. 57
Le puisné releve son quint de l'aîné pour la premiere fois, art. 79
Relief n'est dû par la femme à cause de la Communauté, art. 98
Religieux ne succedent, art. 95
Renonciation. Pour la renonciation d'un heritier à la succession, n'est dû aucun droit de relief au Seigneur, art. 13
Femme peut renoncer à la Communauté, art. 99.
Si la femme après les quarante jours n'est plus recevable à renoncer à la Communauté, pag. 35
Femme renonçant, retient ses habillemens ordinaires, art. 161
Rentes constituées, non nanties ni réalisées, ne laissent point d'être immeubles sous cette Coûtume, art. 83 & 99
Rente rachetée pendant la Communauté, dont le propre de l'un des conjoints étoit chargé, revit pour la moitié au profit de l'autre, la Communauté étant dissoluë, art. 108
Rente seigneuriale, comment payable, art. 148
Rente fonciere, créée sur Maison de Ville, racheptable à toûjours, pag. 71
§. Rente constituée, immeuble, & suit le domicile du creancier s'il va demeurer dans une autre Coûtume où elle est meuble, p. 17
§. Rente sous seing privé, immeuble, & neanmoins ne peut être réputée propre, ni le prix distribué par hypotheque, pag. 17

§. Rente sur laquelle a été obtenuë Sentence contre le débiteur seul, & sans les formalitez requises, pour la mise de fait, n'exclut pas le benefice de discussion, pag. 47
§. Rentes, le fond s'en prescrit activement & passivement contre le Seigneur, pag. 50
§. Rentes foncieres sur Maisons des Villes, si elles peuvent être racheptées aux Eglises, page 71.
Representation a lieu en ligne directe infiniment, art. 69
Et en collaterale, jusques aux enfans des freres & sœurs, art. 70
Aussi bien en matiere de propres que d'acquêts, pag. 19
Ce qui doit s'entendre en collaterale, lorsqu'il y a des oncles ou des tantes survivantes, pag. 19. 20. & 80
§. Representation, fils d'un frere, exclut sa tante qui est sœur, pag. 27
§. Fils de l'aîné, exclut ses oncles, ibid.
§. Il semble contraire à l'esprit de la Coûtume que la fille de l'aîné excluë ses oncles, n'ayant pas les qualitez de son chef, quoyqu'en directe la petite fille de l'aîné excluë ses oncles; mais le fils & même la fille de l'aînée peut exclure ses tantes.
§. Reprise de ce qui a été mis en communauté, précéde le doüaire, mais est éteinte par le prédécès de la femme, s'il n'y a clause contraire, pag. 54
§. Reprise de ce qui a été mis en Communauté s'éteint par l'acceptation du bail ou garde, & non la reprise de ce qui est stipulé propre, & des remplois des propres aliénez, ce qui a lieu au défaut d'inventaire, pag. 41
§. Reprises & remplois se prennent sur la Communauté & dans la succession entre les héritiers des acquêts & des propres; & même s'il y avoit un heritier des meubles, comme ces actions participent du mobiliaire & de l'immobiliaire, & que leur nature n'a pas été déterminée par la Coûtume, il y a de la justice d'y faire contribuer les meubles, acquêts & les propres, à proportion, suivant la Coûtume de Paris, pag. 29
§. Restitution de majeur de vingt ans, qui a cautionné, pag. 42
§. Restitution de femme mariée, pag. 49
§. Restitution contre partage, pag. 50
Retrait. Espece de retrait donné aux aînez contre leurs puisnez, art. 84-88
Retrait lignager a lieu en heritage avenu par succession au vendeur, art. 89. & 235
Retrait par les lignagers, art. 167
Temps du retrait, ibid.
Forme de retrait, art. 168. & pag. 51
Consignation necessaire pour gagner le fruits, art. 169.
En ce cas doit rembourser les labeurs & semences, pag. 52
Affirmation du retrayant, où doit être faite, pag. 53.
Frais & loyaux coûts comment remboursables, art. 171
Affirmation, art. 172
Retrait lignager n'a lieu lorsque l'heritage est vendu dans la famille, art. 173
Le plus prochain préférable lorsqu'il y a lieu au retrait, art. 174

Si deux égaux en dégré se presentent, le plus prochain est préféré, *art.* 1-5

Quid, s'ils ont fait tous deux donner leurs Exploits en même jour, pag. 33

Retrait n'a lieu en échange ni donation, *art.* 176.

Ni en acquêt, *art.* 177

Heritage propre achepté pendant la Communauté, dont l'un des conjoints est lignager, *art.* 179. 180.

Retrait lignager préféré au féodal, *art.* 178

Retrait féodal si peut être intenté si tôt le contrat passé, & auparavant la dessaisine, pag. 7. *& art.* 38.

Seigneur partiaire d'un même Fief intentant le retrait, peut être forcé à retirer le tout, pag. 8.

Retrait féodal dans quel temps peut être intenté, *art.* 39

Retrait féodal n'a lieu en échange ni en donation, *art.* 40

Si le retrayant féodal, faute de rembourser demeure décheu, pag. 52

Retrait particulier, introduit par cette Coûtume du quint, donné en faveur du proprietaire des quatre quints, *art.* 74. *& suiv.*

¶. *Retrait* féodal ou censuel a lieu dans l'an du jour de la dessaisine, ou que l'acquereur ou donataire est entré en jouissance actuelle, duquel jour il a pû être poursuivi pour les droits, si mieux il n'aime, &c. désister dans l'an; mais le lignager ne peut avoir lieu, même en cas de jouissance actuelle que dans l'an de la possession publique après la saisine, & s'il n'y a ni jouissance ni saisine, il dure trente ans, pag. 33. 38

¶. En cas de retrait censuel, un de plusieurs coseigneurs peut être contraint de retirer ce qui est tenu des autres, pag. 8

¶. Retraïant lignager après l'an peut répéter les impenses & méliorations, pag 53

¶. Retrait, s'il a lieu de propre, échus en collaterale, qui n'ont pas souche en directe, page 51.

¶. Retraïant, de quelles impenses doit tenir compte, s'il doit entretenir les baux, pag. 51.53

¶. Retraïant convaincu de fraude, pag. 51

¶ Retrait n'a lieu si l'acquereur a enfans ou petits enfans en ligne, si quand commence l'année du retrait après leur mort, *ibid.*

¶. Quel doit être plus favorable du plus proche ou du plus diligent, pag. 51

¶. *Rivieres*, à qui appartiennent, pag. 55

S

Saisie féodale en cas de mort du Vassal, quand se peut faire, *art.* 1

Peine du Vassal qui enfraint la main-mise, *art.* 2.

Saisie féodale tient nonobstant l'opposition, *art.* 3.

Où doit être signifiée, *art.* 4

Elle ne dépossede point le Fermier, *art.* 6

Au cas du mariage de la femme, *art.* 9

Faute de dénombrement non baillé, *art.* 16. 17

Faute d'hommage; *art.* 21

Saisie. Le Seigneur ne peut saisir le fonds pour les droits de lods & ventes, pag. 7

Lorsque la saisie est faite pour Cens non payé, ou pour arrérages de moissons, faut consigner une année pour avoir main-levée, *art.* 24.

Saisine d'un heritage cottier peut être prise par l'un de plusieurs Seigneurs, *art.* 23

Saisine necessaire pour la validité d'une donation, & comment? *art.* 54

Saisine ne se supplée point par l'apprehension de fait, pag. 13

Saisine se supplée par le payement des censives, par trois ans, *art.* 41

Le Seigneur ou ses Officiers sont tenus de faire Registre des saisines, *art.* 145

Forme de l'acte de saisine, pag. 46

De l'effet de la saisine ou du nantissement, p. 81

¶. Saisine ou nantissement ne sont nécessaires, pour exclure de la Communauté les immeubles acquis avant le mariage, pag. 14

¶. Saisine n'est suppléée par appréhension de fait au Vidame de Gerberoy, *ibid.*

¶. Défaut de saisine ne nuit ni au Seigneur ni au créancier, sauf la récompense de l'acquereur ou donataire, contre la succession; néanmoins l'appréhension de fait suffit pour conserver la chose acquise contre les héritiers, & pour exclure le retrait lignager après l'an, & même pour exclure les créanciers postérieurs, *ibid. & art.* 34

Saint Riquier. Coûtume locale de la Prevôté de S. Riquier, pag. 83

Secondes nôces. Femme convolant en secondes nôces est obligée de conserver les gains nuptiaux du premier mariage aux enfans du premier lit, *art.* 107

Idem de l'homme, pag. 36

Seigneur, comment peut faire valoir l'heritage qui est en friche, *art.* 195. 196

¶. *Seigneurs*, chacun d'eux prend les meubles qui se trouvent dans sa Seigneurie, en cas de confiscation & de déshérence, pag. 32

¶. Seigneur ne prescrit même par cent ans, le Fief qu'il a fait saisir, *art.* 5. S'il ne l'a possedé, comme étant de son domaine; mais il prescrit par 30 ans, les terres de son Vassal non mouvantes de lui qu'il possede autrement que par sa saisie, *ibid.*

¶. Seigneur, quel droit il a sur les rémérez, pag. 55. & sur les terres incultes, *ibid.*

¶. Seigneur peut faire labourer la terre tenuë de lui à champart, dont il doit au moins jouir d'une année, p. 57. aussi de celle qui n'est pas à champart laissée en friche, & s'il ne jouit pas de l'année après avoir semé, *ibid.*

¶. Seigneur, quelle part & droits il a dans les Communes & Pâturages, pag. 61

¶. Seigneur doit reconnoître pour homme celui qui a fait quelqu'acte en sa Cour, ou qui a reçû trois années de censives, *art.* 41

Sentences de maintenuë ont un effet retroactif au jour de la main assise, *art.* 147

Sergens ne doivent exécuter en terre d'autrui sans *pareatis*, *art.* 229

Sergens creus en leurs rapports pour légeres amendes, *art.* 205. 206. 208

Servitude en chose occulte, imprescriptible, *art.* 165.

Servitude de latrines, *art.* 166

¶. *Solidité* contre les heritiers, pag. 48. 49

Succession. En succession le mort saisit le vif, *art.* 66.

DE LA COUSTUME D'AMIENS.

En succession la ligne descendante exclud l'ascendante, & l'ascendante la collaterale, si ce n'est aux propres qui ne sont du côté des ascendans, *art.* 68

En succession directe l'aîné mâle, & à son défaut, l'aînée femelle prend les quatre quints aux fiefs, *art.* 71

En succession le quint des cadets accroît entre eux, *pag.* 20. *art.* 81

Et cet accroissement a lieu, même à l'égard d'une terre donnée par le pere à l'un de ses puisnez, pour sa part, *pag.* 95

Et même à l'égard de la fille qui a renoncé à la succession du pere, moyennant la dot en argent qu'elle avoit reçûë, *pag.* 20

Outre les quatre quints, le principal Manoir appartient entierement à l'aîné, ensemble les provisions des Officiers, & les émolumens de la Justice, & la presentation aux Benefices, *art.* 72. 73

L'aîné peut recompenser les cadets de leur quint en terre, sinon en argent, *art.* 74. 75

L'accroissement en faveur des puisnez n'a point de lieu à l'égard du quint datif, *pag.* 24

Sçavoir si l'accroissement a lieu en faveur des puisnez, sans qu'ils se portent heritiers de leur frere prédécédé, *pag.* 20

Les meubles & les rotures se partagent également, *art.* 82

En collaterale, l'aîné mâle, ou à son défaut, l'aînée femelle prend tout le fief, *art.* 84

Quid, si au cas de representation, le neveu est plus âgé que l'oncle, *pag.* 27

Double lien n'exclud en succession, *art* 86

Soit entre freres & sœurs, ou autres degrez plus éloignez, *pag.* 25. 28

Paterna paternis ; materna maternis, *pag.* 87

Au défaut des heritiers d'une ligne, les autres succedent, *art.* 88

Mari & femme se succedent au deffaut d'autres heritiers, *pag.* 28

¶. *Suggestion* dans les Testamens, *pag.* 16

¶. Testament mutuel, il est vitié par l'authorisation du mari, *pag.* 35

¶. S'il peut être révoqué, quand, par qui & comment, *pag.* 35. 36

¶. Temps, s'il est compté de moment à moment pour les prescriptions, restitutions, retraits, *pag.* 59

¶. Temps ne se compte pas de moment à moment pour l'âge de tester, & il suffit que le jour soit commencé, quoique l'heure ne soit par venuë, *ibid.*

Terrage, voyez *Champart*.

Testament. De sa forme, *art.* 55

Testament, doit faire mention qu'il a été fait sans suggestion, *pag.* 15

Testament fait en temps de peste, si est dispensé des solemnitez, *ibid.*

Testateur, de quoy peut dispenser, *art.* 57

Ne peut disposer en deniers quand ils sont à prendre sur les propres plus avant que des propres mêmes, *pag.* 16

Le quint des fiefs propres dont le testateur peut disposer par testament, ne déroge au quint des puisnez, qui le prennent entier sans diminution, *pag.* 17

T

Ayon, bois de trois âges, *art.* 110

Témoins employez dans le testament doivent sçavoir signer, *pag.* 15

Mais non le testateur, *ibid.*

Lequel toutefois doit signer ou déclarer qu'il ne sçait ou ne peut signer, *ibid.*

¶. *Témoins* & Testamens idoines, au delà du dégré de cousin germain, *pag.* 16

¶. Aux Testamens les termes de la Coûtume doivent être observez à la lettre, *ibid.*

¶. Pour les solemnitez quelle Coûtume doit être suivie, *ibid.*

V

Vente sans possession actuelle, ne produit qu'une action personnelle en la personne de l'acquereur, *art.* 33

En cas de vente l'acquereur peut se départir dans l'an du contrat, sans payer les droits, *art.* 34.

L'acquereur peut resilir du contrat en quelque temps que ce soit, & après l'an, sans payer droits, pourvû que ce soit auparavant l'action du Seigneur, *pag.* 7

En cas de vente d'un fief, le quint est dû, *art.* 35.

Même le requint, s'il est dit francs deniers, *art.* 35.

En vente d'heritage cottier, est dû le treiziéme denier, *art.* 36

Même le treiziéme du treiziéme, s'il est dit francs deniers, *ibid.*

Vendeur est tenu de payer les droits seigneuriaux, s'il n'est dit francs deniers, *art.* 37

Vendeur non nanti, si a hypotheque sur l'heritage par lui vendu, pour le prix qui lui en est dû, *pag.* 43

Vicaires, que doivent faire pour être reconnus en cette qualité, *art.* 55

Vimeu. Coûtume locale de Vimeu, *pag.* 70. 84

¶. *Usufruit* de la part du prédécédé dans les conquêts, par la mort du dernier des enfans n'a lieu en cette Coûtume, *pag.* 19

Fin de la Table des Matieres.